Meine Rezeptebibliothek 15

von Ute Marion Wilkesmann

Dies ist der fünfzehnte Band einer etwa achtzehnteiligen Reihe, in die ich meine gesamten Rezepte einarbeite. Dieser Band umfasst die Zeit Juli 2019 bis März 2021, insgesamt sind das mehr als 800 Rezepte.

Meine Rezeptebibliothek 15

Juli 2019 bis März 2021

Von Ute Marion Wilkesmann

Bibliografische Information der Deutschen Nationalbibliothek:
Die Deutsche Nationalbibliothek verzeichnet diese Publikation in der Deutschen Nationalbibliografie; detaillierte biblio-grafische Daten sind im Internet über dnb.dnb.de abrufbar.

Verlag:
BoD · Books on Demand GmbH, Überseering 33,
22297 Hamburg, bod@bod.de
Druck:
Libri Plureos GmbH, Friedensallee 273, 22763 Hamburg

ISBN: 978-3-8192-0841-6

Vorwort

Die Reihenfolge dieser Bände bzw. Rezepte ist rein chronologisch, statt eines Inhaltsverzeichnisses gibt es daher ein ausführliches Stichwortverzeichnis am Ende. Seit diesem Band zeigt sich meine Abkehr von der Vollwerternährung nach Dr. Bruker verstärkt in den Rezepten. Die meisten Bilder habe ich selbst aufgenommen. In diesem Zeitraum gab es auch einige Rezepte mit entweder gar keinen oder zu kleinen/ähnlichen Fotografien. Vor allem bei Entwicklungsreihen habe ich für die Webseite häufig dasselbe Foto genommen, weil das Ergebnis genauso aussah. Für ein Buch finde ich das indiskutabel. Daher bat ich in diesen Fällen KIs um ein entsprechendes Foto. Alle Aufnahmen sind aus Kostengründen (Buchpreis für den Endverbraucher) schwarzweiß im Druck.

Entschuldigen möchte ich mich für eventuell vorhandene Tipp- und/oder andere Fehler. Auch bei sorgfältiger Arbeit lassen sie sich nicht immer komplett vermeiden. Hier sei auch mein Dank an diejenigen gerichtet, die mir über die Jahre Fehler auf der Webseite gemeldet haben.

Persönliche Anmerkungen habe ich kursiv vom restlichen Text abgehoben. Es sind Texte, die beim Originalrezept stehen.

Bei manchen Zutaten verweise ich auf ein vorheriges Rezept oder einen älteren Band. Meist lässt sich diese Zutat einfach durch etwas anderes ersetzen. Wenn ich aber alles, was ich vorher aufgeschrieben habe, auch in jeden Band neu aufnehmen will, nimmt das wertvollen Platz für neue Rezepte, so meine Überlegung. Ab diesem Band schreibe ich auch nicht mehr „o. Ä." zu den Nummern. Das sollte jedem klar sein, dass diese Hinweise generell sind und nicht sklavisch befolgt werden müssen.

Eines kann ich garantieren: Meine Bücher enthalten ausnahmslos Alltagsrezepte, es wurden nicht nur die besten Dinge ausgesucht. Ich wünsche allen Lesern viel Spaß beim Durchblättern und Ausprobieren!

April 2025

Ute-Marion Wilkesmann

Allgemeines:

Ich verwende stets einen *Heißluftofen*. Im Laufe der Zeit bin ich dazu übergegangen, *Gewicht* nur noch in netto anzugeben, das heißt, nach Vorbereiten, Schälen, Entkernen usw. Ebenso wiege ich Flüssigkeiten in Gramm ab. Auch wenn ich vielleicht in zehn Rezepten *gleichartige Arbeitsvorgänge* vorgenommen habe, beschreibe ich sie jedes Mal neu. Wer will beim Kochen blättern? Es gibt eine Ausnahme: Bei häufig wiederkehrenden Anweisungen verweise ich auf ein voriges Rezept, wenn ich dadurch Platz gewinnen kann, der für ein anderes Rezept oder eine gute Seitengestaltung erforderlich ist.

Kartoffeln, Möhren, Äpfel usw. schäle ich nicht. Oktober 2016 begann eine Phase mit *Tiereiweiß* (*vegetarisch*). Ab 2018 hat sich meine Einstellung zur Vollwerternährung nach Bruker geändert. Das zeigt sich ansatzweise bereits in diesem Buch.

Bei den Rezepten für diesen Band habe ich mein *Getreide* selbst gemahlen. Das geht nicht nur mit der Mühle, sondern z. B. auch mit einem Thermomix. Wer beides nicht hat, dem empfehle ich gekauftes Mehl (Vollkornmehl oder Typ 1050). Es verbackt sich sogar etwas leichter als Mehl aus der *eigenen Mühle*, es kann aber zu leichten Unterschieden bei der Flüssigkeitsmenge kommen, die zugegeben wird. *Nackthafer* bedeutet *keimfähiger Hafer*. Wer darauf keinen Wert legt, nimmt Hafer. Dasselbe gilt für *Nacktgerste*.

Mengenangaben: Was für einen als Hauptspeise reicht, ist für den anderen nicht genug. Dennoch ist es ein Hinweis. Wenn ich bei einem Rezept keine Zahl der Portionen angebe, ist es ein Gericht für 1 Person.

Abkürzungen:

EL = Esslöffel

TL = Teelöffel

LS = Löffelspitze

MS = Messerspitze

Min. = Minute(n);

Sek. = Sekunde(n), Std. = Stunde(n)

geh. = gehäuft (vor Einheit) bzw. gehackt (nach Einheit)

gem. = gem./ger. = gerieben/getr. = getr.

FKG = Abkürzung für Frühstück (ursprünglich Frischkorngericht)

RT = Raumtemperatur

schw. = schwarz

TK = Tiefkühl

TM = Thermomix

Evtl. unbekannte Begriffe: *Cumin* und *Kreuzkümmel* sind Synonyme, dasselbe gilt für *Bataten* und *Süßkartoffeln*. *Tamari* ist eine spezielle Sojasoße und lässt sich einfach durch eine beliebige Sojasoße ersetzen. Die Bezeichnung *Apfelmark* verwende ich für Apfelmus ohne Zusätze, also auch ohne Zucker. *Essigpeperoni* sind in Apfelessig eingelegte Peperonistücke (7/4573). *Tahini* ist eine Sesampaste.

Gelegentlich beziehe ich mich auf ältere Rezepte und verweise auf Band und Nummer (3/2008 bedeutet Band 3, Nr. 2008). Was ich hier mitgebe, sind die Gemüsepfanne und das Grundrezept Weiße Soße, weil sie häufig vorkommen. Einen Sauerteigansatz findet man unter Nummer 12777. *Die „bekannten" Dinge ohne Verweis sind immer die aus dieser Rubrik zuletzt hergestellten bzw. ihre Standardversionen und im Stichwortverzeichnis hinten zu finden.* Den Markennamen *Vitamix* verwende ich gelegentlich synonym für Hochleistungsmixer. *Peng-Schüsseln* sind Plastikschüsseln, deren Deckel mit „Peng" aufspringt, wenn die Hefe ausreichend gegangen ist. *Grüne Rosinen* finde ich sehr lecker, sie färben auch in der Verarbeitung nicht alles dunkel ein. Sie sind teurer, lassen sich in Gerichten geschmacklich gleichwertig durch normale Rosinen (Sultaninen, Weinbeeren) ersetzen. *Milch* bezeichnet hier noch meist als Oberbegriff eine *Pflanzenmilch*.

Das Prinzip der Gemüsepfanne

Pfanne lieber zu groß als zu klein wählen. Angegebene Flüssigkeitsmenge in die Pfanne geben. Darauf die anderen Zutaten wie klein geschnittenes Gemüse usw. Deckel auflegen und auf höchster Einstellung zum Kochen bringen, bis Dampf unter dem Deckel austritt. Auf kleinste Einstellung bringen und 15 Min. dünsten. Dies ist eine durchschnittliche Zeitangabe. Je nach Rezept kann diese Zeit anders aussehen. Für 1 Portion eignet sich meist eine 20-cm-Pfanne, bei 2 Portionen ist ein Durchmesser von 24 cm besser geeignet.

Weiße Soße Grundrezept

Je 125 g Flüssigkeit (etwa die Hälfte Hafermilch): 10 g Butter und 10 g Mehl; z. B.
- 20 g Butter
- 20 g Mehl
- 125 g Wasser
- 125 g Hafermilch
- Salz

Mit Thermomix: Butter schmelzen (2 Min. 30 Sek./100 °C/Stufe 1). Mehl zugeben und dünsten (2 Min. 30 Sek./100 °C/Stufe 1). Flüssigkeiten und Salz zugeben und kochen (6 Min./90 °C/Stufe 4).

Ohne Thermomix: Butter im Topf zerlassen, Mehl darin „anrösten". Flüssigkeiten anfangs nur esslöffelweise mit einem Schneebesen einrühren. Wenn die Soße (dickflüssig) ist, den Rest nach und nach unter Rühren zugeben. Salzen und 6-10 Min. ziehen lassen.

Wilkesmannsche Formel

Mithilfe dieser Formel kann man praktisch jeden „normalen" Kuchen ohne Ei und/oder Fett backen.
- Fett = gekochte rote Linsen
- Eier = je Ei 60 g, davon 2/3 Stützcreme, 1/3 Apfelmus
- Backpulvermenge = verdoppeln; evtl. 10 % mehr Mehl nehmen.
- Zucker = Honig (mache ich immer identisch) oder Ahornsirup (minus 10 %)

12303. Brownies aus dem TM mit Nussmus IV, Juli 2019

Vorläufer 14/12290; 1/2 Backblech; im TM

- 3 x 50 g Schokolade 99 % Lindt
- 135 g Butter
- 60 g Viernussmus
- 110 g Apfelmus (reine Frucht)
- 185 g Dinkel, fein gemahlen
- 40 g Puddingpulver Vanille
- 2 TL Backpulver
- 1 TL Natron
- 140 g Vollrohrzucker
- 20 g Trinkschokoladenpulver
- 1 Fläschchen Rumaroma
- 1 Prise Salz

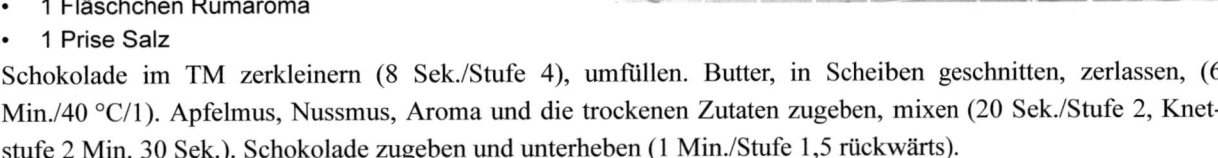

Schokolade im TM zerkleinern (8 Sek./Stufe 4), umfüllen. Butter, in Scheiben geschnitten, zerlassen, (6 Min./40 °C/1). Apfelmus, Nussmus, Aroma und die trockenen Zutaten zugeben, mixen (20 Sek./Stufe 2, Knetstufe 2 Min. 30 Sek.). Schokolade zugeben und unterheben (1 Min./Stufe 1,5 rückwärts).

Ofen auf 175 °C vorheizen. Teig auf ein Backpapier geben, etwa 1 cm hoch ausstreichen (Blech ist bei weitem nicht voll) und 20 Min. bei 175 °C backen. 3 Min. im ausgeschalteten Ofen nachbacken (besser nicht). Auf dem Blech lauwarm werden lassen, erst dann in Stücke schneiden.

12304. Butternusskürbis aus dem Reiskocher, Juli 2019

- 1/4 Messbecher (vom Reiskochtopf) Jasminvollkornreis
- 1/4 Messbecher Linsen (keine roten oder gelben)
- 2 x 3/4 Messbecher Wasser
- 1/2 Butternusskürbis (250 g) von 1 kleinem, Butternusskürbis, ca. 600 g brutto
- Salz
- 2-3 EL Joghurt
- 2-3 EL Hummus als Soße 14/12286
- 1-2 TL Sambal Manis, zweiter Versuch 14/12289

Reis, Linsen und Wasser in den Reiskochtopf geben, unzerteilte Kürbishälfte mit der Schnittfläche nach oben in den Dünstaufsatz legen. Als Vollkornreis garen und abkühlen lassen (muss man nicht, aber ich mag das). Kürbisschnittfläche leicht salzen, Linsen-Reis-Gemisch ebenfalls mit einer Prise Salz mischen. Beides nebeneinander auf einen Teller geben. Joghurt und Hummus in zwei kleine Schälchen füllen und mit dem Sambal im Glas dazu servieren.

12305. Aprikosensirup, Juli 2019

- 400 g Honigaprikosen
- 300 g Wasser
- 80 g Zitronensaft
- 400 g Ahornsirup

Aprikosen im Wasser (TM) zerkleinern (5 Sek./Stufe 5 + 5 Sek./Stufe 8). Zitronensaft und Ahornsirup hinzufügen und ohne Messbecher eindicken, Gareinsatz als Spritzschutz aufsetzen. Den Spritzschutz evtl. mit Küchenpapier auslegen: 25 Min./100 °C/Stufe 1 + 10 Min./Varoma/Stufe 3. Pürieren: 30 Sek./Stufe 10.

12306. Exotischer Milchshake mit Joghurt, Juli 2019

Vorläufer 12302; 2 Gläser zu je 400 ml

- 150 g tiefgekühlte Stücke: Mango, Papaya, Ananas
- 50 g Joghurt 3,5 %
- 30 g Ahornsirup
- auffüllen auf 700 g mit Pflanzenmilch (ca. 520 g)

Im (z. B.) Vitamix gut durchmixen. Auf zwei Gläser verteilen. Mögliche Deko:

- Gemahlener Zimt
- Karamellsoße
- Aprikosensirup

12307. Latte Sirupiato, Juli 2019

1 Glas zu 400 ml

- 175 g Pflanzenmilch (s. Index)
- 30 g Tee-Sirup 14/12273
- 45 g kochendes Wasser
- 1 TL Aprikosensirup 12305
- 1/2 TL Trinkkakaopulver

Pflanzenmilch aufschäumen. Sirup und Wasser verrühren, das Glas damit auffüllen, den Aprikosensirup hineinfließen lassen. Oberfläche mit Kakaopulver bestreuen.

12308. Hummus mit Industriehilfe III, Juli 2019

Vorläufer 14/12286

- 1 Dose Kichererbsen (400 ml), 260 g Einwaage
- 40 g Flüssigkeit aus der Dose
- 20 g Sonnenblumenöl
- 1 Knoblauchzehe, in Scheiben (4 g)
- 30 g Zitronensaft
- 1 LS gem. Kreuzkümmel
- 1 LS gem. Paprika edelsüß
- 1 gestr. TL Salz
- 1 Prise Pfeffer
- 15 g Tahini aus dem Glas (Inhaltsstoffe: nur Sesam)

Alle Kichererbsen aus der Dose mit den restlichen Zutaten in ein hohes Gefäß geben und mit dem Pürierstab zu einer glatten Creme verarbeiten.

12309. Marzipanersatz, Versuch 1, Juli 2019

310 Gramm

- 50 g Walnussöl (Mandelöl wäre besser)
- 75 g Pflanzenmilch
- 1 bitterer Aprikosenkern
- 105 g Vollrohrzucker
- 125 g Weichweizengrieß
- 1/2 Fläschchen Rumaroma

Öl und Pflanzenmilch mischen. Aprikosenkern mit dem Zucker pulverisieren (Thermomix 10 Sek./Stufe 10). Flüssigkeitsgemisch in eine Keramikpfanne geben (oder ein Gefäß, in dem garantiert nichts anbrennt) und mit dem gepuderten Zucker verrühren. Auf den Herd setzen, auf kleiner Einstellung erhitzen. Dabei unter ständigem Rühren den Grieß einrieseln lassen. Zum Kochen bringen (8/14 Induktion), Aroma einrühren und 5 Min. kochen lassen (dabei allmählich herunterdrehen). Deckel aufsetzen und 10 Min. quellen lassen. In eine Schüssel geben und abkühlen lassen.

12310. Mandelhörnchen II, Juli 2019

Vorläufer 14/12292; 9 Stück; TM

- 200 g Vollrohrzucker
- 245 g Marzipanersatz Versuch 1; 12309
- 155 g Marzipanrohmasse
- 50 g Apfelmus
- 1 Tüte Puddingpulver Vanille
- 1 TL Natron
- 3 Tropfen Bittermandelaroma
- Ca. 150 g gehobelte Mandeln
- 2 EL Grieß

Zucker im TM pulverisieren (20 Sek./Stufe 10). Marzipanroh-
masse in Stücke schneiden, mit dem Marzipanersatz und dem Apfelmus in den Mixtopf geben und mischen (15 Sek./Stufe 5). Puddingpulver, Natron und Aroma zugeben, einarbeiten (10 Sek./Stufe 5).

Eine kleine Fläche dick mit gehobelten Mandeln bestreuen. Mit einem Esslöffel Teigstücke abnehmen und auf die gehobelten Mandeln legen, mit Mandeln bedecken und Stangen bzw. Hörnchen formen. Nebeneinander auf ein mit Backpapier ausgelegtes Backblech legen. Ich hatte noch etwas Teig übrig, den habe ich als Stange dazugelegt.

Da ich nach 6 Hörnchen sicher war, dass die Masse zu dünnflüssig ist, habe ich unter den Rest (etwa 1/3) noch 2 EL Grieß gegeben. Wirklich geholfen hat das auch nicht.

In den auf 190 °C vorgeheizten Ofen (Heißluft) schieben und 11 Min. backen. Sie zerlaufen total.

Hinweis: *Optisch leider völlig daneben, da muss ich doch wieder mit Mehl arbeiten.*

12311. Mangoshake mit Joghurt, Juli 2019

Vorläufer 14/12306; 2 Gläser zu je 400 ml

- 150 g tiefgekühlte Mangostücke
- 50 g Joghurt 3,5 %
- 35 g Aprikosensirup 12305
- Auffüllen auf 700 g mit Pflanzenmilch
- Deko: Zimtzucker 14/12210

Im (z. B.) Vitamix gut durchmixen. Auf zwei Gläser verteilen.

12312. Joghurttest, Juli 2019

Gekauft habe ich mir einen Rommelsberger Joghurtbereiter mit 8 Gläschen zu je 150 ml. Auf den Gläschen kann man Daten eingeben, ich habe die Zahlen dann als Kennzeichnung genutzt. Für jede Zahl habe ich zwei Gläschen:

1 = Sojamilch (war bei Zimmertemperatur) + 6 g Joghurt-Ferment aus dem Bioladen

2 = Meine Pflanzenmilch (erhitzt auf 37 °C) + 6 g Joghurt-Ferment aus dem Bioladen

3 = 3,5%-Biomilch (erhitzt auf 37 °C) + 6 g Joghurt-Ferment aus dem Bioladen

4 = 3,5%-Biomilch (erhitzt auf 37 °C) + 4 TL Naturjoghurt

Ergebnisse:

1 = gut optisch, geschmacklich nicht akzeptabel für mich

2 = flüssig

3 = optisch gut, geschmacklich okay

4 = optisch gut, geschmacklich gut (= am besten)

Fazit: *Leider schmeckt fertig gekauftes Joghurt besser.*

12313. Marzipanersatz, Versuch 2, August 2019

Vorläufer 12309; 310 Gramm

- 30 g Sonnenblumenöl
- 20 g Pflanzenmilch
- 3 EL Sojamilch
- 100 g Vollrohrzucker
- 125 g Weichweizengrieß
- 1/2 Fläschchen Bittermandelaroma

Öl und Pflanzenmilch mischen. Zucker pulverisieren (Thermomix 10 Sek./Stufe 10). Flüssigkeitsgemisch in eine Keramikpfanne geben (oder ein Gefäß, in dem garantiert nichts anbrennt) und mit dem gepuderten Zucker verrühren. Auf den Herd setzen, auf kleiner Einstellung erhitzen. Dabei unter ständigem Rühren den Grieß einrieseln lassen. Zum Kochen bringen, Aroma einrühren und 5 Min. kochen lassen (dabei allmählich herunterdrehen). Deckel aufsetzen und 10 Min. quellen lassen. In eine Schüssel geben und abkühlen lassen.

12314. Grießbrei Soja, August 2019

Vorläufer 14/12291; der Brei ist nicht vollwertig, ich habe im Supermarkt keinen vollwertigen Grieß gefunden, wollte es aber unbedingt ausprobieren.

- 350 g Sojamilch
- 10 g Vollrohrzucker
- 40 g Grieß

In den Thermomix geben, Rühraufsatz einsetzen und garen (10 Min./90 °C/Stufe 2).

12315. Bananenshake mit Mango 1, August 2019

Vorläufer 12311; 2 Gläser zu je 400 ml

- 2 Bananen (220 g)
- 50 g tiefgekühlte Mangostücke
- 20 g Zitronensaft
- 50 g Joghurt 3,5 %
- auffüllen auf 700 g mit Pflanzenmilch
- Deko: Zimtzucker 14/12210

Im (z. B.) Vitamix gut durchmixen. Auf zwei Gläser verteilen.

12316. Bananenshake mit Mango 2, August 2019

Vorläufer 12315; 2 Gläser zu je 400 ml

- 2 Bananen (205 g)
- 30 g Aprikosensirup
- 75 g tiefgekühlte Mangostücke
- 50 g Soja-Joghurt 3,5 % selbstgemacht 12312
- Auffüllen auf 710 g mit Pflanzenmilch
- Deko: Trinkkakaopulver

Im (z. B.) Vitamix gut durchmixen. Auf zwei Gläser verteilen.

12317. Marzipanersatz Mischform, August 2019

In gleichen Mengen:

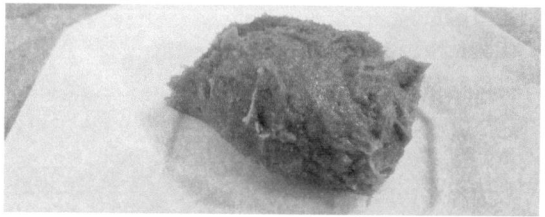

- Marzipanersatz, Versuch 2; 12313
- Marzipanersatz aus Bohnen 12318

Je nach Menge mit den Händen oder dem Stabmixer verkneten.

12318. Marzipanersatz aus Bohnen, August 2019

Anfang 20, also vor etlichen Jahren, hatte ich in der Zeitschrift „Menü" ein Rezept für einen Kuchen gesehen, der mit Bohnenmarzipan gemacht wurde. Damals schon recht experimentierfreudig, habe ich das nachgemacht und war bitter enttäuscht. Nun stieß ich wieder auf Hinweise, dass Bäcker z. B. Bohnenpaste als Marzipanersatz nehmen. Also habe ich mir die Inhaltsangabe so eines Marzipans online gesucht und einen Versuch gestartet. Fazit: Es ist wie damals, es schmeckt einfach nicht richtig gut.

- 30 g Vollrohrzucker
- 75 g abgetropfte gekochte weiße Bohnen
- 3 g Sonnenblumenöl
- 1 winzige Prise Salz
- 1/2 Fläschchen Bittermandelöl
- 2-3 g Guarkernmehl

Alle Zutaten bis auf das Guarkernmehl mit dem Pürierstab zu einer glatten Masse verarbeiten, dann das Guarkernmehl hinzufügen. Klumpt leicht, Vorsicht!

Hinweis: *Eric war unabhängiger Tester und bevorzugt eindeutig das Grieß-Marzipan.*

12319. Brownies aus dem TM mit Nussmus V, Aug. 2019

Vorläufer 12303; 1/2 Backblech

- 3 x 50 g Schokolade 99 % Lindt
- 135 g Butter
- 50 g Viernussmus
- 110 g Apfelmus (reine Frucht)
- 185 g Dinkel, fein gemahlen
- 40 g Puddingpulver Vanille
- 1 P Backpulver
- 1 TL Natron
- 140 g Vollrohrzucker
- 20 g Trinkschokoladenpulver
- 1 Fläschchen Rumaroma
- 1 Prise Salz

Schokolade im TM zerkleinern (8 Sek./Stufe 4), umfüllen. Butter, in Scheiben geschnitten, zerlassen, (4 Min./40 °C/1). Apfelmus, Nussmus, Aroma und die trockenen Zutaten zugeben, mixen (20 Sek./Stufe 2, Knetstufe 2 Min. 30 Sek.). Schokolade zugeben und unterheben (1 Min./Stufe 1,5 rückwärts).

Ofen auf 175 °C vorheizen. Teig auf ein Backpapier geben, etwa 1 cm hoch ausstreichen (Blech ist bei weitem nicht voll) und 20 Min. bei 175 °C backen. Nicht im ausgeschalteten Ofen nachbacken. Auf dem Blech lauwarm werden lassen, erst dann in Stücke schneiden.

12320. Sambal Oelek III (gekocht), August 2019

1 Honigglas voll

- 1 größere Zwiebel (130 g), geviertelt
- 3 Knoblauchzehen (10 g)
- 213 g rote Peperoni (3 Päckchen zu 75 g)
- 40 g Sonnenblumenöl
- 1 TL Salz (8 g)
- 10 g Vollrohrzucker

Zwiebel mit Knoblauch, Peperoni und Öl zerkleinern (5 Sek./Stufe 5). Garen (5 Min./Varoma/Stufe 1) und nochmals pürieren (5 Sek./Stufe 5; 5 Sek./stufe 6). Die Kerne sollten intakt bleiben.

12321. Pflanzenmilch-für-Joghurt und Joghurttest, August 2019

Vier Sorten Milch zu je 500 g, Wasser Zimmertemperatur bis 250 g, auffüllen mit kochendem Wasser auf 500 g, 2 Min. 10 Sek. Vitamix:

Milch I:
- 15 g Cashewnüsse
- 15 g Rundkornnaturreis

Milch II:
- 13 g Cashewnüsse
- 13 g Rundkornnaturreis
- 7 g rote Linsen

Milch III:
- 13 g Cashewnüsse
- 13 g Rundkornnaturreis
- 7 g rote Linsen
- 1 TL (3 g) Sonnenblumenöl

Milch IV:
- 25 g Cashewnüsse
- 5 g Rundkornnaturreis
- 1 TL (gut 1 g) Sonnenblumenöl

Ich habe die Gläser von 1 bis 8 nummeriert und jeweils 150 g Milch genommen:

1. Milch I plus 3 g Ferment
2. Milch I plus Inhalt einer probiotischen Kapsel
3. Milch II plus 3 g Ferment
4. Milch II plus Inhalt einer probiotischen Kapsel
5. Milch III plus 3 g Ferment
6. Milch III plus Inhalt einer probiotischen Kapsel
7. Milch IV plus 3 g Ferment
8. Milch IV plus Inhalt einer probiotischen Kapsel

Rommelsberger, Einstellung 16 Std.

Ergebnisse:

1. flüssig, schmeckt nicht, Wasser abgesetzt (Ferment)
2. flüssig, sehr sauer, Wasser abgesetzt, Geschmack geht (Kapsel)
3. flüssig, schmeckt nicht, aber homogen (Ferment)
4. flüssig, sehr sauer, homogen, Geschmack geht so (Kapsel)
5. viskös, nicht sauer, Geschmack nicht nach Joghurt (Ferment)
6. flüssig, sauer, ungenießbar und gleich entsorgt (Kapsel)
7. flüssig, schmeckt leicht nach Cashew, Geschmack nicht schlecht (Ferment)
8. flüssig, sehr sauer, kein besonders guter Geschmack (Kapsel)

Fazit: Es lässt sich also nicht einmal sagen, ob prinzipiell Ferment oder Kapsel besser ist. Interessant ist für mich, dass die Milch Nr. III so unterschiedlich ausfällt: Mit Ferment ist es ganz ok, mit Kapsel ungenießbar. Weiteres Nachdenken ist erforderlich!

Zwei Tage später: Töpfchen 5 und 8 mit 1 Messlöffel Johannisbrotkernmehl verrührt.

12322. Mandelhörnchen III, August 2019

Vorläufer 12235; ca. 12 Stück
- 125 g Vollrohrzucker
- 150 g Dinkel, fein gemahlen
- 1 P Backpulver
- 1 Prise Salz
- 60 g Apfelmark
- Ca. 100 g gehobelte Mandeln

- 400 g Marzipan wie folgt
  - 67 g Marzipanersatz aus Bohnen 12318
  - 38 g Marzipanersatz Mischform 12317
  - 155 g Marzipanersatz, Versuch 2; 12313
  - 140 g Honigmarzipan gekauft

Schokoladenglasur
- 50 g Kakaobutter
- 35 g Ahornsirup
- 1 EL Kakao

Marzipan mit dem Apfelmark im TM mischen (5 Sek./Stufe 2; 5 Sek./Stufe 4; 5 Sek./Stufe 5; 5 Sek./Stufe 7). Dinkel mit den anderen trockenen Zutaten mischen, in den Thermomix geben und zu einem weichen Teig verarbeiten (5 Sek./Stufe 5; 2 Min./Knetstufe. 5 Sek./Stufe 5). Einen Teil der gehobelten Mandeln dick auf ein Stück Silikonfolie o. Ä. streuen. Einen Esslöffel der Marzipanmasse auf die Mandeln geben und mit Hilfe der Mandeln zu einem Hörnchen formen. Nebeneinander auf ein mit Backpapier ausgelegtes Backblech legen. Das Backblech 1 Std. bei Raumtemperatur stehen lassen, in den letzten 10 Min. auf 190 °C vorheizen.

Ofen (Heißluft) auf 190 °C vorheizen und 10 Min. backen, dann noch 5 Min. bei 160 °C. Hörnchen erst auf dem Blech abkühlen lassen, dann mit einem Pfannenwender vorsichtig auf ein Gitterrost legen.

Butter zerlassen, Süßungsmittel und Kakao einrühren. Die Hörnchen auf zwei mit Haushaltsfolie überspannte große Essteller legen. Die Enden mit Schokolade bestreichen, nach jeder Schicht in den Kühlschrank stellen, bis die Schokolade fest ist. Insgesamt gibt es 3 Schichten.

12323. Mandelsplitter, August 2019

1,5 Eisbehälter; Foto von frisch gegossenem Konfekt.
- 50 g Kakaobutter
- 40 g Ahornsirup
- 10 g Kakao
- 60 g weißes Mandelmus
- 1 paar Salzkörnchen
- 100-120 g Mandeln gestiftelt

Kakaobutter in einer Pfanne auf kleiner Einstellung (Induktion 2-3/14) zerlassen. Ahornsirup, Kakao, Mandelmus und Salz nach und nach unterrühren. Mandeln unterrühren, auf Förmchen verteilen und im Kühlschrank fest werden lassen.

12324. Pflanzliches Joghurtdressing, August 2019

2 Portionen
- 4 EL selbstgemachtes Joghurt aus Milch II (s. Pflanzen-milch-für-Joghurt- und Joghurttest 12321)
- 2 TL Öl
- 2 TL Aprikosensirup
- 1 gute Prise Salz

Mit einer Gabel gut verquirlen.

12325. Bananenshake mit Himbeere, August 2019

Vorläufer 12316; 2 Gläser zu je 400 ml
- 2 Bananen (205 g)
- 40 g Aprikosensirup
- 105 g tiefgekühlte Himbeeren
- 100 g pflanzliches Joghurt, Nr. II
- auffüllen auf 710 g mit Pflanzenmilch
- Deko: Trinkkakaopulver

Im (z. B.) Vitamix gut durchmixen. Auf 2 Gläser verteilen.

12326. Grießbrei mit Joghurt, August 2019

Vorläufer 12314

- 350 g Pflanzenmilch
- 10 g Vollrohrzucker
- 40 g Vollkorndinkelgrieß
- 60 g Joghurt (gekauft)
- 50 g TK Himbeeren

In den TM geben, Rühraufsatz einsetzen und garen (10 Min./90 °C/Stufe 2). Rühraufsatz entfernen, Joghurt zufügen und verrühren (10 Sek./Linkslauf/Stufe 2). Auf zwei Schüsselchen verteilen und mit den tiefgekühlten Himbeeren belegen.

12327. Vanillepudding aus dem TM, August 2019

3-4 Portionen

- 500 g Pflanzenmilch
- 1 Päckchen Puddingpulver Vanille (zum Kochen)
- 30 g Vollrohrzucker

Rühreinsatz im Thermomix aufsetzen. Zutaten in den Mixtopf geben und kochen (7 Min./90 °C/Stufe 2). Normalerweise gilt immer: 40 g Zucker auf 500 g Milch, mir ist das aber zu süß. Und dieser Pudding ist noch sehr süß!

12328. Hüttiger Joghurtdip, August 2019

1-2 Portionen

- 80 g türkischer Joghurt 3,5% (Çiftlik, schmeckt mir besser als Demeter-Joghurt, leider)
- 20 g Hüttenkäse
- 1 Prise Salz
- Kleine Salatstückchen als Dekoration

Joghurt, Hüttenkäse und Salz verrühren. Mit den Salatstückchen dekorieren.

Tipp: Passt gut zu Linsengerichten.

12329. Kohlenhydrate-Reste-Bombe, August 2019

Gemüsepfanne 25 Min.:

- 50 g rote Linsen
- 55 g Kartoffel, gewürfelt
- 40 g Brot, gewürfelt
- 4 g Knoblauch
- 250 g Wasser (ich habe mit 190 g angefangen)

Abschmecken mit:

- 1 Prise Salz
- 1 Prise Pfeffer
- 1 TL Sonnenblumenöl
- 1 TL Zitronensaft

Tipp: Dazu habe ich den hüttigen Joghurtdip 12328 und Sambal Oelek z. B. 12320 gegessen.

12330. Fünfminutenbrot mal wieder V, August 2019

Vorläufer 12282; 30-cm-Kastenform

- 500 g Dinkel
- 100 g Sonnenblumenkerne
- 2 knappe TL Salz (oder wer mag auch Kräutersalz)
- 180 g Pflanzenmilch

- 20 g Gerstenmalzextrakt
- 250 g handwarmes Wasser
- 2 EL Apfelessig
- 1 Würfel frische Hefe (42 g)
- Butter für die Form

Dinkel fein mahlen, mit Sonnenblumenkernen und Salz mischen. Wasser mit Gerstenmalzextrakt und Pflanzenmilch auf 40 °C bringen (TM 3 Min./40 °C/1). Essig und Mehlgemisch in den Thermomix füllen, Hefe auf die Oberfläche bröseln und den Teig in der Maschine kneten (3 Min./Knetstufe).

Brotform einfetten. Eventuell mit etwas Mehl ausstreuen. Teig hineingeben, 15 Min. ruhen lassen und die Form auf dem Gitterrost in den kalten Backofen schieben. Den Ofen auf 200 °C (Umluft) aufheizen und das Brot darin 60 Min. bei 200 °C backen. Das fertige Brot aus der Form stürzen, mit Wasser einsprühen (z. B. mit einer Blumenspritze) und auf einem Kuchengitter auskühlen lassen.

12331. Vanillepudding, Mandelmilch, August 2019
Vorläufer 12327; 3-4 Portionen

- 500 g Mandelmilch (gekauft, ohne Zusätze außer Salz)
- 1 Päckchen Puddingpulver Vanille (zum Kochen)
- 30 g Vollrohrzucker

Rühreinsatz im Thermomix aufsetzen. Zutaten in den Mixtopf geben und kochen (7 Min./90 °C/Stufe 2). Der Pudding ist heller als aus eigener Pflanzenmilch. Mandelmilch so trinken mag ich nicht, schmeckt halt nach Mandeln. Im Pudding ist das okay.

Hinweis: Das Rezept ist nicht 100 % vollwertig, aber immerhin für mich angenehmer als ein „normaler" Pudding. Geschmack identisch!

12332. Tomatenketchup XXXVIII, August 2019
Vorläufer 14/12296; 2 Cashewnussmus-Gläser

- 2 Dosen Tomaten inklusive Saft (800 g)
- 45 g Sultaninen
- 90 g Datteln Deglet Nour
- 10 g Knoblauchzehen (frisch)
- 150 g Apfelessig (davon 10 g Peperoniessig)
- 100 g Wasser
- 1 TL Salz
- 1 Zwiebel (130 g), geviertelt
- 2 Stück Essigpeperoni (8 g) 7/4573
- 1 Prise (1/4 TL) Pfeffer
- 2 TL Paprika edelsüß
- 5 g Tamari
- 10 g Tomatenmark
- 160 g Wasser

Alle Zutaten bis auf die zweite Menge Wasser in den Mixtopf geben. 15 Sek. auf Stufe 10 zerkleinern, dabei den Messbecher fest andrücken, anschließend garen (30 Min./Varoma/Stufe 3). Nach Ende der Garzeit Rest Wasser zugeben und fein pürieren (30 Sek./Stufe 10). Direkt in Schraubgläser füllen.

12333. Joghurttest II, August 2019

Vorläufer 12312; hauptsächlich gekaufte Nussmilch.

Mandelmilch 150 g + 10 g Naturjoghurt

Leicht muffig-nussiger Geschmack, oben abgesetzt, nicht ganz so flüssig wie Wasser; hat nach ein paar Std. Klümpchen gebildet.

Cashewmilch 150 g + 10 g Naturjoghurt

Leicht gesäuert, schmeckt „mehlig-nussig", flüssig.

Meine Pflanzenmilch 150 g + 10 g Naturjoghurt

Sauer, aber kein Joghurtgeschmack

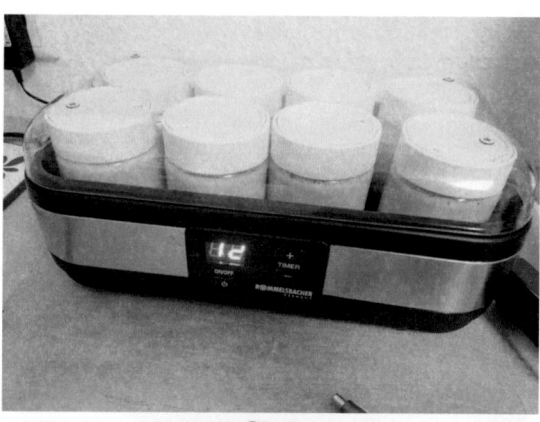

Gläser 2, 4, 6 und 8

Gläser 7, 5, 3 und 1

Cashewmilch 160 g + Inhalt 1/2 probiotische Kapsel

Entsorgt, da sehr sauer und ausgefällt.

Mandelmilch 160 g + Inhalt 1/2 probiotische Kapsel

Gesäuert, aber unangenehmer Geschmack, flüssig.

Cashewmilch 155 g + 3 g Joghurtferment

Schleimig, nussig, aber nicht wie Joghurt.

Mandelmilch 155 g + 3 g Joghurtferment

Leicht viskös, leicht sauer, aber nicht wie Joghurt

Meine Pflanzenmilch 155 g + 3 g Joghurtferment + 1 g Flohsamenschalen

Die Flohsamenschalen haben sich oben als Deckel abgesetzt. Der Rest ist irgendwie eklig. Entsorgt.

Einstellung: 12 Std.

12334. Zwiebel-Relish V, August 2019

Vorläufer 14/12297

- 465 g Gemüsezwiebeln
- 3 Knoblauchzehen (16 g)
- 50 g Ketchup /Tomatenketchup XXXVIII 12332)
- 1 geh. TL Salz
- 100 g Vollrohrzucker
- 40 g Ahornsirup
- 25 g Agavendicksaft
- 1 Prise getr. Thymian, zwischen den Händen verrieben
- 1 Prise getr. Rosmarin, zwischen den Händen verrieben
- 145 g Apfelessig (davon 10 g Peperoniessig)
- 10 g Tamari
- 70 g Wasser

Alles zusammen im TM zerkleinern (10 Sek./Stufe 5). 55 Min./100 °C/Linkslauf/Stufe 1 ohne Messbecher garen. Sobald es kocht, Garkörbchen als Spritzschutz aufsetzen. Relish in ein leeres Nussmusglas füllen. Sofort verschließen und abgekühlt im Kühlschrank aufbewahren.

12335. Käsekuchen vegan II, August 2019

Vorläufer 14/12299; 26-cm-Springform

Teig:
- 150 g Hafer
- 40 g Sonnenblumenöl
- 60 g Ahornsirup
- 75 g Wasser

Käsemasse:
- 80 g Rundkorn-Naturreis
- 1 Päckchen Vanillepuddingpulver (oder mehr (110 g) Reis und eine Prise Vanille)
- 400 g Seidentofu
- 300 g „normaler" Tofu
- 150 g Ahornsirup
- 70 g Zitronensaft
- 1/2 TL getr. Zitronenschale
- 30 g Sonnenblumenöl
- 80 g Pflanzenmilch

Für den Teig Hafer flocken. Öl und Sirup erhitzen, Hafer zugeben und gut rösten. Wasser einrühren (gibt etwas Bindung). Eine Springform mit Backpapier auslegen und Teig darin gleichmäßig verteilen und festdrücken. Einen kleinen Rand hochdrücken. Ofen (Heißluft) auf 190 °C vorheizen und 10 Min. bei 190 °C backen. In dieser Zeit die Käsemasse vorbereiten.

Für die Käsemasse Reis in der Mühle mahlen und mit Puddingpulver mischen. Tofu mit Ahornsirup, Zitronensaft, Schale und Öl fein pürieren (30 Sek./Stufe 10). Pflanzenmilch hinzugeben und nochmals mixen (5 Sek./Stufe 10). Thermomix auf Stufe 4 laufen lassen und Reis-Puddingpulvermischung langsam per Teelöffel zugeben. Alles zusammen mixen (5 Sek./Stufe 10).

Käsemasse auf den Boden gießen. Backofen auf 180 °C (Heißluft) vorheizen und Kuchen 45 Min. bei 180 °C backen. 10 Min. bei 160 °C backen, bei halb geöffneter Backofentür 10-15 Min. stehen lassen. Auf einem Gitterrost auskühlen lassen.

12336. Haselnusshagel, August 2019

Vorläufer 12323

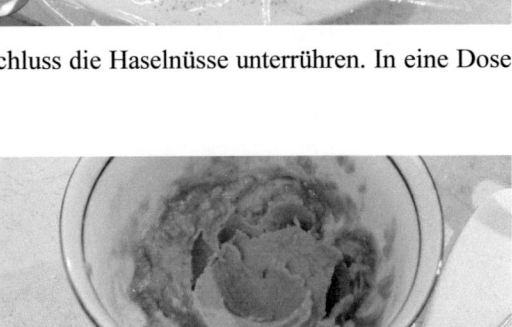

- 50 g Kakaobutter
- 15 g Ahornsirup
- 25 g Agavendicksaft
- 10 g Kakao
- 80 g weißes Mandelmus
- 1 paar Salzkörnchen
- 2-3 Tropfen Bittermandelaroma
- 85 g Haselnüsse gehackt

Kakaobutter in einer Pfanne auf kleiner Einstellung (Induktion 2-3/14) zerlassen. Vom Herd nehmen. Ahornsirup, Kakao, Mandelmus und Salz nach und nach unterrühren. Zum Schluss die Haselnüsse unterrühren. In eine Dose geben, in den Kühlschrank stellen und alle 15 Min. umrühren.

12337. Marzipanersatz, Versuch 6, August 2019

Vorläufer 12340

- 100 g Kichererbsen, gekocht
- 30 g Vollrohrzucker
- 3-4 Tropfen Bittermandel-Aroma

Mit dem Pürierstab verkneten.

Hinweis: *Eric findet es gut. Ich bin noch nicht sicher.*

12338. Brownies aus dem TM mit Nussmus VI, Aug. 2019

Vorläufer 12319; 1/2 Backblech; im Thermomix

- 3 x 50 g Schokolade 99 % Lindt
- 135 g Butter
- 40 g Viernussmus
- 110 g Apfelmus (reine Frucht)
- 185 g Dinkel, fein gemahlen
- 40 g Stärkepulver
- 2 TL Backpulver
- 150 g Vollrohrzucker
- 1 Fläschchen Butter-Vanille-Aroma
- 1 Prise Salz

Schokolade im TM zerkleinern (8 Sek./Stufe 4,5), umfüllen. Butter, in Scheiben geschnitten, zerlassen, (4 Min./40 °C/1). Apfelmus, Nussmus, Aroma und die trockenen Zutaten zugeben, mixen (20 Sek./Stufe 2, Knetstufe 2 Min. 30 Sek.). Schokolade zugeben und unterheben (1 Min./Stufe 1,5 rückwärts).

Ofen auf 175 °C vorheizen. Teig auf ein Backpapier geben, etwa 1 cm hoch ausstreichen (Blech ist bei weitem nicht voll) und 17 Min. bei 175 °C backen und 1 Min. ausgeschalteten Ofen nachbacken. Auf dem Blech lauwarm werden lassen, erst dann in Stücke schneiden.

12339. Marzipanersatz, Versuch 3, August 2019

Nach einer Vorlage aus dem Internet, lässt sich hier nicht verlinken (Umlaute im Link), etwas suchen: https://oemchensrezepte.jimdo.com/rezepte/

- 5 g Sonnenblumenöl
- 50 g Weizengrieß
- 4 EL Pflanzenmilch
- 40 g Rohrohrzucker
- 1/2 Fläschchen Bittermandelaroma

Öl erhitzen, Grieß rösten, bis er duftet. Milch zugeben und „verpuffen" lassen. Den leicht abgekühlten Grieß mit den restlichen Zutaten verkneten.

Fazit: *Zucker ist zu viel, ebenso das Aroma auf die kleine Menge. Eric findet es am besten von allen Versuchen bisher.*

12340. Marzipanersatz, Versuch 4, August 2019

Vorläufer 12338

- 5 g Sonnenblumenöl
- 50 g Vollkorndinkelgrieß
- 1 EL Pflanzenmilch
- 40 g Agavendicksaft (3 EL)
- 4-5 Tropfen Bittermandelaroma

Öl erhitzen, Grieß rösten, bis er duftet. Milch zugeben und „verpuffen" lassen. Agavendicksaft und Aroma einrühren. Den leicht abgekühlten Grieß verkneten.

Fazit: *Zu körnig.*

12341. Marzipanersatz, Versuch 5, August 2019

- 50 g Kichererbsen, gekocht
- 30 g Agavendicksaft
- 3-4 Tropfen Bittermandel-Aroma

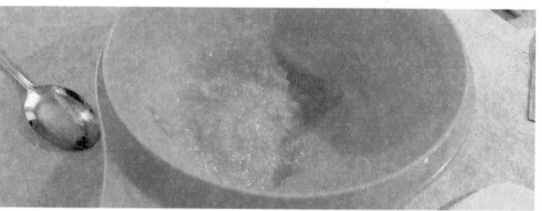

Mit dem Pürierstab verkneten. Viel zu flüssig und auch nicht genug für den Pürierstab.

12342. Pflanzenmilch-für-Joghurt und Joghurttest II, August 2019

Vorläufer 12319

Nachdem ein Versuch mit gekochten Kicher-erbsen (70 g auf 1 Liter Wasser) komplett fehl-geschlagen ist (sofort starke Ausfällung), heute ein Versuch mit rohen Kichererbsen:

- 70 g Kichererbsen roh
- 30 g Cashewkerne
- 1 Liter Wasser, davon 700 g kochend

Trockene Zutaten mahlen (besser wäre: nur die Kichererbsen mahlen, dann Kerne zugeben). 3 Min. im Vitamix. Es entstehen Ausfällungen, die aber mit Durchrühren verschwinden.

Ich habe die Gläser von 1 bis 8 nummeriert:

- 1+2   300 g Milch + 3 TL Joghurt
- 3+4   300 g Milch + Inhalt einer probiotischen Kapsel
- 5+6   290 g Milch + 3 g Joghurt-Ferment
- 7+8   160 g Milch (s.o.) + 70 g Pflanzenmilch + 3 TL Joghurt + 2 g Johannisbrotkernmehl

Rommelsberger, Einstellung 14 Std.

Ergebnisse:

1+2   dickflüssig, recht guter Geschmack, nur leicht nach Kichererbse;

3+4   ähnlich wie 1, schmeckt bisschen „mehlig"; nach 2-3 Tagen cremig und guter Geschmack;

5+6   dickflüssig, schmeckt nicht sehr nach Joghurt, stärker nach Kichererbsen; 2 Tage später;

7+8   recht gut geworden, dickflüssig wie Kefir vielleicht.

Keine Ausfällung.

12343. Reis-Mungbohnen mit Erdnusssoße, August 2019

Digitaler Reiskocher; ich hatte hoffnungsfroh die Erdnusssoße „Saté" von Sanchon (Bio) gekauft. Ich kann sie kaum essen, sie kratzt im Hals und ist eher eine Kokossoße mit leichtem Erdnussflair. Aber wegwerfen gibt's nicht!

- 1/4 Messbecher Jasminvollkornreis
- 1/4 Messbecher Mungbohnen
- 2 x 3/4 Becher Wasser

Nach Anweisung garen.

Soße

- 1 geh. EL Saté (50 g)
- 10 g Tomatenmark
- 5 g Tamari (oder Sojasoße)
- 10 g Sonnenblumenöl
- 10 g Sambal Oelek (selbstgemacht)
- 125 g Pflanzenmilch
- 1 Prise Salz

Erhitzen unter Rühren.

- 1 TL Stärke
- 1 EL Wasser
- 65 g Joghurt

Stärke mit Wasser verrühren, unter die Soße geben und unter Rühren zum Kochen bringen. Wenn die Soße nicht mehr kocht, Joghurt einrühren.

12344. Nussschokocremesoße aus dem Vitamix XIII, August 2019

14/12090; 1 Honigglas + 1 Cashewmusglas + 1 kleiner Rest

- 50 g Sonnenblumenkerne
- 200 g Cashewnüsse
- 30 g Kakaopulver
- 25 g Carob Rohkostqualität
- 140 g Agavendicksaft
- 435 g Wasser
- 1 Prise Salz

Im Vitamix mit dem Stößel gut durcharbeiten, bis es wirklich glatt ist. Dann ist die Masse warm bis heiß. In Gläser füllen und im Kühlschrank aufbewahren.

12345. Pflanzenmilch Trockenmischung IX, August 2019

Vorläufer 12277; 16 Portionen; im Thermomix Reis und Linsen 3 x 1 Min./Stufe 10 (war: 1 Min./Stufe 10, Rest dazu, 2 x 30 Sek./Stufe 10)

- 400 g Rundkornreis
- 200 g rote Linsen
- 440 g Cashewnüsse

Verwenden 65 g/Liter. Verarbeitung im Vitamix: 425 g Wasser kalt, Rest auf 1 Liter kochend, 2 Min. 10 Sek.

Hinweis: *Da ich übersehen hatte, dass Linsen und Reis zuerst gemahlen werden und ich alles zusammen gemahlen habe, sind die Linsen nicht mehr fein geworden. – Nicht empfehlenswert, da die pure Milch nicht lecker genug ist. Sie schäumt ausreichend.*

12346. Grieß mit Joghurt, August 2019

- 40 g Dinkelvollkorngrieß
- 10 g Vollrohrzucker
- 500 g Wasser
- 125 g Joghurt (von Pflanzenmilch-für-Joghurt und Joghurttest II Nr. 8; 12342)

Grieß, Zucker, Wasser im TM mit Rühreinsatz zubereiten (10 Min./90 °C/Stufe 2). Einsatz entfernen, Joghurt zugeben und verrühren (10 Sek./Stufe 2).

12347. Sambal Oelek IV (gekocht), August 2019

Vorläufer 12322; mehr als 1 Honigglas voll.

- 1 größere Zwiebel (140 g), geviertelt
- 3 Knoblauchzehen (10 g)
- 275 g rote Peperoni (4 Päckchen zu 75 g)
- 50 g Sonnenblumenöl
- 1 TL Salz (8 g)
- 10 g Vollrohrzucker
- 1 TL Johannisbrotkernmehl (3-4 g)

Zwiebel mit Knoblauch, Peperoni und Öl zerkleinern (6 Sek./Stufe 5). Garen (8 Min./Varoma/Stufe 1), Johannisbrotkernmehl zugeben und nochmals pürieren (10 Sek./Stufe 5,5). Die Kerne sollten intakt bleiben.

12348. Marzipankugeln, August 2019

- Ca. 230 g Marzipanersatz, hier jeweils ca. 70-75 g von Marzipanersatz, Versuch 3, Marzipanersatz, Versuch 4 und Marzipanersatz, Versuch 6
- 50 g Kakaobutter
- 10 g Kakao
- 35 g Agavendicksaft
- 60 g Mischnussmus

Marzipan zu Kugeln formen, auf mit Haushaltsfolie überspannte Frühstücksbrettchen oder Teller geben. Am besten diese dann erst 1 Std. ins Tiefkühlfach setzen.

Kakaobutter zerlassen (Induktion 3/14), Kakao, Agavendicksaft und Mischnussmus mit dem Schneebesen einrühren. Etwas abkühlen lassen. Kugeln hineingeben und rollen, bis sie ganz mit Schokolade umgeben sind. Mit einer Gabel wieder auf die Folie setzen und im Kühlschrank fest werden lassen.

12349. Brownies aus dem TM mit Nussmus VII, August 2019

Vorläufer 12338; 1/2 Backblech; im Thermomix

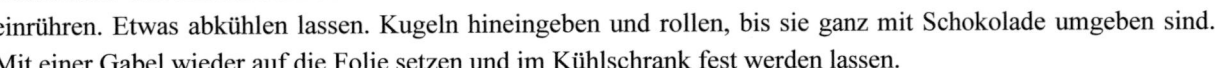

- 3 x 50 g Schokolade 99 % Lindt
- 135 g Butter
- 40 g Viernussmus
- 20 g weißes Nussmus
- 110 g Apfelmus (reine Frucht)
- 185 g Dinkel, fein gemahlen
- 40 g Dennree Puddingpulver Vanille (38 g)
- 2 TL Backpulver
- 140 g Vollrohrzucker
- 1 Fläschchen Butter-Vanille-Aroma
- 1 Prise Salz

Schokolade im TM zerkleinern (8 Sek./Stufe 4,5), umfüllen. Butter, in Scheiben geschnitten, zerlassen, (4 Min./40 °C/Stufe 1). Apfelmus, Nussmus, Aroma und die trockenen Zutaten zugeben, mixen (20 Sek./Stufe 2, Knetstufe 2 Min. 30 Sek.). Schokolade zugeben und unterheben (1 Min./Stufe 1,5 rückwärts).

Ofen auf 175 °C vorheizen. Teig auf ein Backpapier geben, etwa 1 cm hoch ausstreichen (Blech ist bei weitem nicht voll) und 16 Min. bei 175 °C backen und 2 Min. ausgeschalteten Ofen nachbacken. Auf dem Blech lauwarm werden lassen, erst dann in Stücke schneiden.

12350. Marzipanersatz, Versuch 3a, August 2019

Vorläufer 12339

- 1/2 Fläschchen Bittermandelaroma
- 100 g Rohrzucker
- 15 g Sonnenblumenöl
- 150 g Dinkelvollkorngrieß
- 135 g Pflanzenmilch

Zucker im TM pulverisieren (10 Sek./Stufe 10, hätte länger sein können), dabei etwas Folie über den Becher spannen. Aroma hinzufügen. Öl erhitzen, Grieß in einer Keramikpfanne rösten, bis er duftet. Milch zugeben und „verpuffen" lassen. Den Grieß zum Zucker geben und verkneten (Knetstufe 2 Min.).

Hinweis: *nach längerer Lagerung in Erics und meinem Urteil das beste „Marzipan". Daher habe ich heute eine größere Menge hergestellt, mit kleinen Änderungen auch in der Herstellung.*

12351. Pflanzenmilch-für-Joghurt und Joghurttest III, August 2019

Vorläufer 12342. Da Test II recht erfolgversprechend war, habe ich weiter experimentiert. Eine Milch wie bei II, aber mit höherem Cashew- und niedrigerem Kichererbsenanteil und eine Milch in den alten Verhältnissen, aber mit roten Linsen.

Milch I (auf dem Bild links)

- 30 g Kichererbsen roh
- 20 g Cashewkerne
- 500 g Wasser, davon 300 g kochend

Kichererbsen mahlen, Kerne und Wasser zugeben, 2 Min. 10 Sek. im Vitamix. Es entstehen Ausfällungen, die aber mit Durchrühren verschwinden.

Milch II (auf dem Bild rechts)

- 35 g rote Linsen roh
- 15 g Cashewkerne
- 500 g Wasser, davon 300 g kochend

Zubereitung wie Milch I. Es tritt keine Ausfällung auf.

Gläser von 1 bis 8:

1   150 g Milch I + 2 TL Joghurt
2   160 g Milch I + 3 g Ferment
3   160 g Milch I + Inhalt von 1/2 probiotische Kapsel
4   150 g Milch II + 2 TL Joghurt
5   150 g Milch II + 3 g Ferment
6   170 g Milch II + Inhalt von 1/2 probiotische Kapsel
7   55 g MilchI+60 g MilchII+35 g „norm. Pflanzenmilch"+2 TL Joghurt
8   150 g „Pflanzenmilch"+2 TL Joghurt +3 g Johannisbrotkernmehl

Rommelsberger, Einstellung 15 Std.

Ergebnisse:

1 (150 g Milch Kicher + 2 TL Joghurt):
Nach ca. 10 Std. im Kühlschrank cremige Konsistenz. Geschmacklich nicht so ganz hervorragend, ohne Fruchtmus dazu hätte ich es nicht gern gegessen. Bild 1.

2 (160 g Milch I + 3 g Ferment)
Nach ca. 24 Std. im Kühlschrank oben drauf rötliche Flüssigkeit, aber ok. Dickflüssig. Geschmacklich nicht so dolle. Bild 2.

3 (160 g Milch I + Inhalt von 1/2 probiotische Kapsel)
Nach ca. 24 Std. im Kühlschrank dickflüssig, recht sauer. Pur nicht sehr lecker.

4 (150 g Milch II + 2 TL Joghurt)
Das Beste bis jetzt, gute Konsistenz, Geschmack auch gut; nur oben drauf etwas Schaum (nicht unangenehm) Bild 3

5 (150 g Milch II + 3 g Ferment)
Fest, bitter = ungenießbar Bild 4

6 (170 g Milch II + Inhalt von 1/2 probiotische Kapsel)
Eher fest, sehr sauer.

7 (55 g Milch I + 60 g Milch II + 35 g „normale Pflanzenmilch" + 2 TL Joghurt)
Flüssig, mehlig, Klumpen in der Flüssigkeit

8 (150 g „normale Pflanzenmilch" + 2 TL Joghurt + 3 g Johannisbrotkernmehl)

Johannisbrotkernmehl hat sich auf der Oberfläche unappetitlich zusammengezogen, der Rest war flüssig, aber okay. Bild 5

Zwischenfazit: Die Kichererbsenmilch mit mehr Cashews und weniger Kichererbsen gewinnt geschmacklich nicht und bringt schlechtere Konsistenz.

12352. Vanillepudding aus dem TM II, August 2019

Vorläufer 12327; 3-4 Portionen.

- 550 g Pflanzenmilch
- 1 P Puddingpulver Vanille (zum Kochen)
- 30 g Agavendicksaft

Rühreinsatz im Thermomix aufsetzen. Zutaten in den Mixtopf geben und kochen (7 Min./90 °C/Stufe 2). Normalerweise gilt immer: 40 g Zucker auf 500 g Milch, mir ist das aber zu süß. Und dieser Pudding ist kalt süß genug.

Hinweis: Auch mit dieser Flüssigkeitsmenge lässt sich der Pudding gut stürzen. Wer ihn warm essen möchte, sollte 5-10 g Agavendicksaft mehr nehmen.

12353. Latte fruttiato, August 2019

2 Latte macchiato-Gläser zu je 400 ml

- 100 g TK-Obst (hier: exotische Fruchtmischung)
- 45 g Joghurt (aus Pflanzenmilch oder „normal")
- 25 g Agavendicksaft
- 130 g + 340 g Pflanzenmilch
- Wer mag, Deko

Obst, Joghurt, Agavendicksaft und 130 g Milch im Vitamix flüssig schlagen und auf zwei Latte-Gläser teilen. 340 g Pflanzenmilch kalt aufschäumen (ich habe das in zwei Milchaufschäumern gemacht) und in die Gläser geben. Mit etwas fertiger Karamellsoße beträufeln und/oder mit etwas Zimtzucker bestreuen.

12354. Vanillepudding aus dem TM III, Creme, Aug. 2019

Vorläufer 12352

- 600 g Pflanzenmilch
- 1 P Puddingpulver Vanille (zum Kochen)
- 45 g Agavendicksaft

Rühreinsatz im Thermomix aufsetzen. Zutaten in den Mixtopf geben und kochen (7,5 Min./90 °C/Stufe 2).

Fazit: Kann man nicht stürzen, ist aber schön cremig - aber mir schmeckt er nicht mehr so richtig. Also zurück zu 500 g Milch.

12355. Vanillepudding aus dem TM IV, August 2019

Vorläufer 12352; 6-8 Portionen

- 1000 g Pflanzenmilch
- 2 P Puddingpulver Vanille (zum Kochen)
- 70 g Agavendicksaft

Rühreinsatz im Thermomix aufsetzen. Zutaten in den Mixtopf geben und kochen (10 Min./90 °C/Stufe 2). Trotz der einfachen Verdopplung der Zutaten ist der Pudding nicht sturzfähig.

12356. Pflanzenmilch-für-Joghurt und Joghurttest IV, August 2019

Vorläufer 12351. Da Test III recht erfolgversprechend war, habe ich weiter experimentiert. Eine Milch wie bei III (Linsen und Cashew), aber mit höherem Cashewanteil. Ich habe zwei neue Joghurt-Fermente aus dem Bioladen, die ich im Vergleich getestet habe.

Milch
- 70 g rote Linsen roh
- 40 g Cashewkerne
- 1000 g Wasser, davon 420 g kochend

Zutaten 2 Min. 10 Sek. im Vitamix mischen. Ist zu Beginn stark schaumig.

Gläser von 1 bis 8:
- 1+2   300 g Milch + 6 g Ferment (pro- und prebiotisch, Packung orange)
- 3+4   300 g Milch + 3 g Ferment (probiotisch)
- 5+6   300 g Milch + 3 g Ferment (mild)
- 7+8   180 g Milch + 30 g Joghurt (gekauft) + 110 g „normale" Pflanzenmilch

Rommelsberger, Einstellung 14 Std.

Ergebnisse:

Nach etwa 4 Std. im Kühlschrank: Milch 1-6 sind dickflüssig und schmecken nicht sonderlich gut, wenn auch unterschiedlich. Bis jetzt schmeckt Nr. 7-8 am ehesten nach Joghurt.

Nach etwa 10-11 Std. schmeckten 3+4 leicht käsig, ich habe sie entsorgt.

Nr. 5 war nach 4 Tagen von wunderbarer Konsistenz, Geschmack aber nicht so richtig wie Joghurt (siehe Bild).

12357. Saté-Dip, August 2019

1-2 Portionen
- 60 g Saté (gekauft)
- 60 g Joghurt (türkisch 3,5 %)
- 10 g Tamari
- 30 g Sambal Oelek
- 10 g Walnussöl
- 5 g Agavendicksaft

Mit einem Löffel verrühren. Schmeckt gut zu Reis- und Gemüsegerichten (hier mit Fenchel und Reis, Reiskocher).

12358. Grießcreme, August 2019

Vorläufer 14/12291
- 500 g Pflanzenmilch
- 15 g Vollrohrzucker
- 40 g Dinkelvollkorngrieß

In den TM geben, Rühraufsatz einsetzen und garen (10 Min./ 90 °C/Stufe 2).

12359. Saté-Dip II, August 2019

Vorläufer 12357; 1-2 Portionen
- 50 g Saté fertig gekauft
- 50 g Joghurt (türkisch 3,5 %)
- 50 g Hummus mit Industriehilfe
- 15 g Sambal Oelek
- 15 g Tomatenmark
- 1 Prise Salz

Mit einem Löffel verrühren. Schmeckt gut zu Reis- und Gemüsegerichten.

12360. Hummus mit Industriehilfe IV, Aug. 2019

Vorläufer 12308

- 1 Dose Kichererbsen (400 ml), Einwaage: 240 g
- 40 g der Flüssigkeit aus der Dose
- 20 g Walnussöl
- 1 Knoblauchzehe, in Scheiben (4 g)
- 40 g Zitronensaft (vorher 30 g)
- 1 LS Kreuzkümmel
- 1/2 TL Paprika edelsüß (1 g)
- 1/2 TL Salz
- 1 Prise Pfeffer
- 15 g Tahini aus dem Glas (Inhaltsstoffe: nur Sesam)

Alle Kichererbsen aus der Dose mit den restlichen Zutaten in ein hohes Gefäß geben und mit dem Pürierstab zu einer glatten Creme verarbeiten.

12361. Grieß-Vanillecreme, August 2019

Vorläufer 12358

- 1000 g Pflanzenmilch
- 60 g Vollrohrzucker
- 40 g Dinkelvollkorngrieß
- 1 P Vanillepuddingpulver

In den TM geben, Rühraufsatz einsetzen und garen (10 Min. /90 °C/Stufe 2).

12362. Eisschokolade, August 2019

2 Portionen

- 150 g Eiswürfel
- 20 g Trinkkakaopulver
- 25 g Vollrohrzucker
- 300 g Pflanzenmilch

Eiswürfel im Vitamix crushen (3-4 Sek.). Restliche Zutaten zugeben und mixen. Wer es kalt mag, achtet darauf, dass die Eismasse noch ein wenig „ausfällt". Im Glas steigt das Eis dann nach oben. Auf zwei Gläser verteilen.

Tipp: *Statt Trinkkakaopulver und Vollrohrzucker kann man auch 1 geh. TL Kakao und 40 g Süßmittel verwenden.*

12363. Marzipan-Schokoschnitten, August 2019

- 50 g Kakaobutter
- 10 g Kakao
- 35 g Agavendicksaft
- 70 g Mischnussmus
- 200 g Marzipanersatz, Versuch 3a, 12350
- 50 g gehackte Mandeln

Kakaobutter zerlassen (Induktion 3/14), Kakao, Agavendicksaft und Mischnussmus mit dem Schneebesen einrühren. Etwas abkühlen lassen. Zwei tiefere Glasteller (Durchmesser wie eine Untertasse) mit Haushaltsfolie auslegen. Jeweils 3 EL Schokolade hineingeben und im Kühlschrank fest werden lassen. In der Zwischenzeit je 100 g Marzipan zwischen zwei Stück Haushaltsfolie zu einem Kreis etwas größer als der Grundfläche der Teller ausrollen. In der Folie im Kühlschrank aufbewahren. Restschokolade mit gehackten Mandeln verrühren. Marzipan auf die erkaltete Schokolade legen, darüber die Schokolade mit Mandelstücken verteilen. Im Kühlschrank halbfest werden lassen und in Stücke schneiden.

12364. Brownies aus dem TM mit Nussmus VIII, August 2019

Vorläufer 12349; 1/2 Backblech

- 3 x 50 g Schokolade 99 % Lindt
- 135 g Butter
- 30 g Viernussmus
- 30 g weißes Nussmus
- 110 g Apfelmus (reine Frucht)
- 185 g Dinkel, fein gemahlen
- 40 g Bio-Puddingpulver Vanille (38 g)
- 2 TL Backpulver
- 135 g Vollrohrzucker
- 1 Fläschchen Butter-Vanille-Aroma
- 1 Prise Salz

Schokolade im TM zerkleinern (8 Sek./Stufe 4,5), umfüllen. Butter, in Scheiben geschnitten, zerlassen, (4 Min./40 °C/Stufe 1). Apfelmus, Nussmus, Aroma und die trockenen Zutaten zugeben, mixen (20 Sek./Stufe 2, Knetstufe 2 Min. 30 Sek.). Schokolade zugeben und unterheben (1 Min./Stufe 1,5 rückwärts).

Ofen auf 175 °C vorheizen. Teig auf ein Backpapier geben, etwa 1 cm hoch ausstreichen (Blech ist bei weitem nicht voll) und 16 Min. bei 175 °C backen und 2 Min. ausgeschalteten Ofen nachbacken. Auf dem Blech lauwarm werden lassen, erst dann in Stücke schneiden.

12365. Eisschokoladenslush, August 2019

Vorläufer 12362; 2 Portionen

- 40 g Vollrohrzucker
- 20 g Trinkkakaopulver
- 250 g Eiswürfel
- 500 g Pflanzenmilch

Zucker und Kakaopulver pulverisieren (10 Sek./Stufe 10). Eiswürfel zugeben und zerkleinern (20 Sek./Stufe 10). Milch zugeben und schlagen (15 Sek./Stufe 5 + 10 Sek./Stufe 10). Auf zwei Gläser (zu je 400 ml) verteilen.

Tipp: *Statt Trinkkakaopulver und Vollrohrzucker kann man auch 1 geh. TL Kakao und 40 g Süßmittel verwenden. – Ein weiterer Beweis dafür, wie schlecht Rezepte teils geschrieben sind. Ursprünglich ist das ein Rezept für „Cremiger Eiskaffee (ohne Reue)" aus der Thermomixrezeptwelt. Das mit dem cremig ist einfach Quatsch. Und von wegen „Milch zugeben und 15 Sek./Stufe 5 schaumig schlagen". Das Eis setzt sich ab, so auch gestern im Vitamix. Das ist lecker, aber weder cremig noch schaumig. Und ich glaube nicht, dass der Unterschied am Kakaopulver liegt! Da meine Milch im Milchaufschäumer bestens schäumt, kalt und warm, liegt es auch nicht dran.*

12366. Tomatenketchup XXXIX, August 2019

Vorläufer 12332

- 2 Dosen Tomaten inklusive Saft (800 g)
- 70 g Softfeigen
- 80 g Softdatteln
- 10 g Knoblauchzehen (frisch)
- 150 g Apfelessig (davon 10 g Peperoniessig)
- 100 g Wasser
- 1 TL Salz
- 1 Gemüsezwiebel (140 g), geviertelt
- 1 Stück Essigpeperoni (5 g) 7/4573
- 1 Prise (1/4 TL) Pfeffer
- 2 TL Paprika edelsüß
- 5 g Tomatenmark
- 150 g Wasser

Alle Zutaten bis auf die zweite Menge Wasser in den Mixtopf geben. 15 Sek. auf Stufe 10 zerkleinern, dabei den Messbecher fest andrücken, anschließend garen (30 Min./Varoma/Stufe 3). Nach Ende der Garzeit Rest Wasser zugeben und fein pürieren (30 Sek./Stufe 10). Direkt in Schraubgläser füllen.

12367. Zwiebel-Relish VI, August 2019

Vorläufer 12334

- 500 g Gemüsezwiebeln
- 3 Knoblauchzehen (17 g)
- 65 g Ketchup/Tomatenketchup XXXIX 12332
- 1 TL Salz
- 100 g Vollrohrzucker
- 65 g Ahornsirup
- 1 Prise getr. Thymian, zwischen den Händen verrieben
- 1 Prise getr. Rosmarin, zwischen den Händen verrieben
- 150 g Apfelessig (davon 10 g Peperoniessig)
- 70 g Wasser

Herstellung im TM. Zwiebeln und Knoblauch zerkleinern (6 Sek./Stufe 5). Nach unten schieben und die restlichen Zutaten zugeben. 55 Min./100 °C/Linkslauf/Stufe 1 ohne Messbecher garen. Sobald es kocht, Garkörbchen als Spritzschutz aufsetzen. Relish in ein leeres Schraubglas füllen. Sofort verschließen und abgekühlt im Kühlschrank aufbewahren.

12368. Bananen-Traubenshake, August 2019

Vorläufer 12325; 2 Gläser zu je 400 ml

- 1 Banane (140 g)
- 100 g grüne kernlose Trauben
- 25 g Ahornsirup
- 60 g Joghurt (türkisch, 3,5 %)
- 100 g Eiswürfel
- Auffüllen auf 710 g mit Pflanzenmilch
- Deko: Trinkkakaopulver

Im (z. B.) Vitamix gut durchmixen. Auf zwei Gläser verteilen.

12369. Pflanzenmilch-für-Joghurt und Joghurttest V

Vorläufer 12356. Ich habe mal eine ganz andere Milch herge-stellt: vorwiegend Cashewnüsse.

Milch

- 100 g Cashewkerne
- 10 g Vollkornrundkornreis
- 1000 g Wasser, davon mehr als 500 g kochend

Zutaten 2 Min. 10 Sek. im Vitamix mischen. Ist zu Beginn stark schaumig.

Gläser von 1 bis 8:

- 1+2   300 g Milch + 4 TL = 45 g Joghurt
- 3+4   340 g Milch + 1 probiotische Kapsel
- 5+6   340 g Milch + 2-3 g Joghurtferment mild (violett)
- 7+8   105 g Milch + 235 g „normale" Pflanzenmilch + 6 g Ferment (pro- und prebiotisch, Packung orange)

Rommelsberger, Einstellung 14 Std.

Ergebnisse: Sie waren allesamt nur dickflüssig, auch noch nach 2-4 Tagen. Geschmacklich waren sie okay, wie immer schmeckte das mit echtem Joghurt am besten.

12370. Karamellsoße doppelt I, August 2019

Vorläufer 12264; 2 Honiggläser sehr voll

- 750 g Wasser
- 500 g Sahne
- 1/2 TL Salz
- 180 g Ahornsirup
- 180 g Agavendicksaft

Alle Zutaten in den Mixtopf geben und erhitzen (50 Min./Varoma/Stufe 5), dabei das Garkörbchen bis zum Ende als Spritzschutz verwenden. In leere Schraubgläser füllen und gut zudrehen.

Unterschied: *Warm ist die Soße sehr dünn, hell und die Gläser sind randvoll.*

12371. Erdnuss-Dip, August 2019

Vorläufer 12360; 1-2 Portionen

- 55 g Joghurt (türkisch 3,5 %)
- 75 g Hummus mit Industriehilfe z. B. 12360
- 25 g Sambal Oelek
- 35 g Erdnussmus
- 1 Prise Salz
- 2-3 g Agavendicksaft

Mit einem Löffel verrühren. Schmeckt gut zu Reis- und Gemüsegerichten.

12372. Zarter Kasten-Stuten, August 2019

30 cm-Form; angelehnt an ein Rezept von www.rezeptwelt.de, zartes Kastenweißbrot (Stuten).

- 250 g Pflanzenmilch
- 1 Würfel Hefe (42 g)
- 40 g Butter
- 55 g Vollrohrzucker
- 600 g Dinkel, gemahlen
- 1 TL Salz
- 50 g Joghurt (3,5 %)
- 50 g Mischnussmus
- Butter für die Form
- Sesamsamen, ungeschält

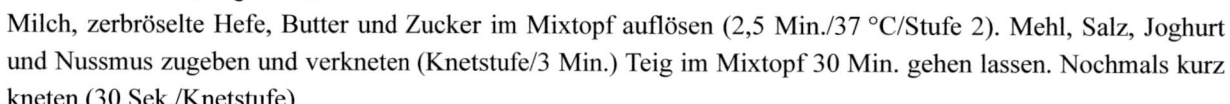
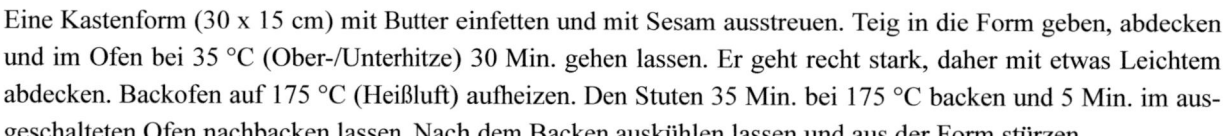

Milch, zerbröselte Hefe, Butter und Zucker im Mixtopf auflösen (2,5 Min./37 °C/Stufe 2). Mehl, Salz, Joghurt und Nussmus zugeben und verkneten (Knetstufe/3 Min.) Teig im Mixtopf 30 Min. gehen lassen. Nochmals kurz kneten (30 Sek./Knetstufe).

Eine Kastenform (30 x 15 cm) mit Butter einfetten und mit Sesam ausstreuen. Teig in die Form geben, abdecken und im Ofen bei 35 °C (Ober-/Unterhitze) 30 Min. gehen lassen. Er geht recht stark, daher mit etwas Leichtem abdecken. Backofen auf 175 °C (Heißluft) aufheizen. Den Stuten 35 Min. bei 175 °C backen und 5 Min. im ausgeschalteten Ofen nachbacken lassen. Nach dem Backen auskühlen lassen und aus der Form stürzen.

12373. Milchreis Naturreis aus dem TM III, Sep. 2019

Vorläufer 14/12280

- 100 g Natur Rundkornreis
- 600 g Pflanzenmilch
- 1 Prise Salz
- 3-4 Tropfen Butter-Vanille-Aroma
- 10 g Agavendicksaft

In den Mixtopf geben. Deckel aufsetzen, aber ohne Messbecher kochen: 70 Min./95 °C/rückwärts/Stufe 1.

12374. Joghurtbrot, September 2019

Vorläufer 14/12282

Stufe 1 (12 Std. vorher):

Sauerteigansatz:
- 400 g Roggen
- 410 g Wasser
- 150 g Sauerteig

Stufe 2 (Backen, bei mir am Morgen):
- 425 g Dinkel
- 15 g Salz
- 160 g Joghurt (aus Cashewmilch, flüssig)
- 140 g Wasser
- 100 g Sonnenblumenkerne
- 1/4 Würfel frische Hefe (= 10 g)
- Ca. 800 g Sauerteigansatz
- 20 g Butter für die Form

Stufe 1: Roggen fein mahlen, mit Wasser und altem Sauerteig mischen. In einer Plastiktüte über Nacht stehen lassen. 150 g von der Stufe 1 abnehmen und in einem gut schließenden Schraubglas in den Kühlschrank stellen für das nächste Backen.

Stufe 2: Getreide mit dem Kümmel mahlen (Vorabend). Joghurt und Wasser mischen und über Nacht im Kühlschrank stehen lassen. Backmorgen: Hefe in einem Teil des Wassers auflösen. Zutaten (außer der Butter) mit einem großen Löffel gründlich verrühren, bis kein Mehl mehr sichtbar ist. Eine 30-cm-Brotform, Profi-Email von Dr. Oetker, gut einfetten. Teig hineingeben, mit der nassen Hand herunterdrücken und glattstreichen. Mit einem scharfen Messer kreuzweise einschneiden. Form im kalten Ofen etwa 90 Min. gehen lassen. Ofen so programmieren, dass das Brot 3 Std. (70 Min. Backzeit, 190 °C Heißluft) später fertig ist.

12375. Brownies aus dem TM mit Nussmus IX, Sep. 2019

Vorläufer 12364; 1/2 Backblech.
- 3 x 50 g Schokolade 99 % Lindt
- 135 g Butter
- 30 g Viernussmus
- 30 g Erdnussmus
- 110 g Apfelmus (reine Frucht)
- 185 g Dinkel, fein gemahlen
- 1 P Puddingpulver Vanille (38 g)
- 2 TL Backpulver
- 130 g Vollrohrzucker
- 1 Fläschchen Rum-Aroma
- 1 Prise Salz

Schokolade im TM zerkleinern (8 Sek./Stufe 4,5), umfüllen. Butter, in Scheiben geschnitten, zerlassen, (4 Min./40 °C/Stufe 1). Apfelmus, Nussmus, Aroma und die trockenen Zutaten zugeben, mixen (20 Sek./Stufe 2, Knetstufe 2 Min. 30 Sek.). Mit dem Spatel Schokoladenstücke unterheben und nochmals 30 Sek./Stufe 1,5 rückwärts). Ofen auf 175°C vorheizen. Teig auf ein Backpapier geben, etwa 1 cm hoch ausstreichen (Blech ist bei weitem nicht voll) und 16 Min. bei 175°C backen und zwei Min. im ausgeschalteten Ofen nachbacken. Auf dem Blech lauwarm werden lassen, erst dann in Stücke schneiden.

12376. Joghurtdip, September 2019

12371; 1-2 Portionen
- 120 g Joghurt (Nr. 3 von 12377)
- 25 g Paprikamark (türkischer Laden)
- 10 g Harissa (gekauft, Erhardt)
- 1 Prise Salz
- 5 g Sonnenblumenöl

Mit einem Löffel verrühren. Gut zu Reis und Gemüse.

12377. Pflanzenmilch-für-Joghurt und Joghurttest VI, September 2019

Vorläufer 12370 + 12356

Milch I

- 100 g Cashewkerne
- 10 g Vollkornrundkornreis
- 500 g Wasser, davon etwa 250 g kochend

Zutaten 2 Min./10 Sek. im Vitamix mischen. Ist zu Beginn stark schaumig.

Milch II

- 25 g rote Linsen
- 60 g Cashewnüsse
- 525 g Wasser

Zubereitung wie Milch I.

Gläser von 1 bis 8:

1 145 g Milch I + 2 TL Joghurt (30 g)
2 165 g Milch I + Joghurtferment probiotisch (grün), 2 g
3 160 g Milch I + Joghurtferment pro- und prebiotisch (2 g)
4 145 g Milch II + 2 TL Joghurt (30 g)
5 165 g Milch II + Joghurtferment probiotisch (grün), 2 g
6 160 g Milch II + Joghurtferment pro- und prebiotisch (2 g)
7 30 g Milch I + 90 g Milch II + 2 TL Joghurt
8 Pflanzenmilch + Joghurt

Rommelsberger, Einstellung 14 Std.

Ergebnisse:

(2) Milch I + Joghurtferment grün: Konsistenz cremig okay, Geschmack okay, aber überhaupt nicht säuerlich

(7) Milch I + Milch II + Joghurt: Konsistenz recht ordentlich, Geschmack gut

Das war am selben Tag getestet. Drei Tage später war die Konsistenz von allen recht ordentlich. Außer Nr. 5 (probiotisches Ferment und Milch II) schmeckten alle recht gut. Am besten schmeckten Nr. 6 (Milch II + orange Ferment) und Nr. 7 (eine Milchmischung mit Joghurt). Auch 1 und 4 schmeckten „ordentlich", das ist bei Varianten mit Joghurtimpfung meist der Fall.

12378. Schoko-Rum-Muffins, September 2019

Vorlage 14/12212; 20 Muffins

- 300 g Dinkel, fein gemahlen
- 190 g Vollrohrzucker
- 1 Prise Salz
- 1 P Weinsteinbackpulver
- 20 g Kakao (Backkakao)
- 100 g Schokolade 76 %
- 75 g Sonnenblumenöl
- 40 g Rum
- 1 Fläschchen Rumaroma
- 280 g Pflanzenmilch
- 50 g Apfelmus

Muffinförmchen nebeneinander auf ein Blech stellen. Schokolade im Thermomix zerkleinern (5 Sek./Stufe 5). Die trockenen Zutaten gut mischen. Öl, Rum, Aroma und Milch im TM mixen (10 Sek./Stufe 5). Apfelmus und trockene Zutaten zugeben und mixen (10 Sek./Stufe 5). Schokoladenstücke unterziehen (10 Sek./rückwärts/Stufe 2). Ofen (Heißluft) auf 175 °C vorheizen, am besten nach dem Zerkleinern der Schokolade. Je 2 EL Teig in die Förmchen füllen. In den heißen Ofen schieben und 20 Min. bei 175 °C backen. 5 Min. im ausgestellten Ofen nachbacken. Blech abstellen, bis man die Muffins anfassen kann. Auf einem Gitterrost auskühlen lassen.

12379. Möhren-Paprika-Ajvar, September 2019

Vorläufer 13/11354

- 530 g Wasser
- 1/2 gelbe Paprikaschote (90 g)
- 180 g Möhren, in Scheiben
- 1 rote Zwiebel, in Stücken (140 g)
- 2-3 Knoblauchzehen (12 g netto)
- 1 frische rote Peperoni in Scheiben (20 g)
- 1 TL Salz
- 2 TL Paprika edelsüß
- 1 gute Prise schw. gem. Pfeffer
- 2 EL Peperoniessig
- 50 EL Sonnenblumenöl
- 45 Datteln Deglet Nour ohne Stein (vorher: 38 g)

Wasser in den Mixtopf geben. Von den Süßkartoffeln die Enden entfernen und in Stücke schneiden. Zwiebel und Knoblauch abziehen, klein schneiden. Gemüse mit den Essigpeperoni in den Garkorb geben und dünsten (40 Min./100 °C/Stufe 3). Gegartes Gemüse mit den restlichen Zutaten in den Mixtopf geben und offen einkochen (10 Min./Varoma/Stufe 2). In Schraubgläser füllen, Deckel zudrehen und im Kühlschrank aufbewahren.

12380. Zarter Kasten-Stuten mit Rosinen, Sep. 2019

Vorläufer 12372; 30 cm-Form

- 250 g Pflanzenmilch
- 1 Würfel Hefe (42 g)
- 40 g Butter
- 55 g Vollrohrzucker
- 600 g Dinkel, gemahlen
- 1 TL Salz
- 100 g Schmand
- 100 g Rosinen
- Butter für die Form
- Sesamsamen, ungeschält

Milch, zerbröselte Hefe, Butter und Zucker im Mixtopf auflösen (2,5 Min./37 °C/Stufe 2). Mehl, Salz, Schmand und Rosinen zugeben und verkneten (Knetstufe/3 Min.) Teig im Mixtopf 30 Min. gehen lassen. Nochmals kurz kneten (30 Sek./Knetstufe).

Eine Kastenform (30 x 15 cm) mit Butter einfetten und mit Sesam ausstreuen. Teig in die Form geben, abdecken und im Ofen bei 35 °C (Ober-/Unterhitze) 30 Min. gehen lassen. Er geht recht stark, daher mit etwas Leichtem abdecken. Backofen auf 175 °C (Heißluft) aufheizen. Den Stuten 35 Min. bei 175 °C backen und 5 Min. im ausgeschalteten Ofen nachbacken lassen. Nach dem Backen auskühlen lassen und aus der Form stürzen.

12381. Eisschokolade II, September 2019

Vorläufer 12368; 2 Gläser zu je 400 ml

- 2 Bananen (210 g)
- 10 g Kakao (1 geh. EL)
- 35 g Ahornsirup
- 175 g Eiswürfel
- auffüllen auf 750 g mit Pflanzenmilch
- Deko: Trinkkakao

Bananen, Kakao, Ahornsirup und Eiswürfel im Vitamix zu Softeis verarbeiten. Mit Milch auffüllen und gut durchmixen. Auf zwei Gläser verteilen.

12382. Sambal Oelek groß, September 2019

Vorläufer 14/12236; doppelte Portion im TM.

- 285 g rote Chili
- 55 g Apfelessig
- 10 g Salz
- 50 g Agavendicksaft
- 30 g Zitronensaft
- 50 g Sonnenblumenöl
- 2 g Johannisbrotkernmehl

Die Stile der Chili abschneiden, die Chilischoten in Stücke schneiden (TM: 5 Sek./Stufe 6), am besten am spitzen Ende festhalten und von der anderen Seite schneiden, dann ist die Gefahr der Berührung recht klein. Die restlichen Zutaten zufügen und mixen (10 Sek./Linkslauf/Stufe 2), die Kerne bleiben ganz. In ein Schraubgefäß umfüllen und im Kühlschrank aufbewahren.

12383. Sambal-Oelek-Öl, September 2019

- 85 g Sambal Oelek groß 12382
- 100 g Sonnenblumenöl
- 1 große Knoblauchzehe (10 g), vorgeschnitten

Im Thermomix mixen (20 Sek./Stufe 5). Mit einem Spatel herunterschieben und erneut mixen (10 Sek./Stufe 5).

12384. Fünfminutenbrot mal wieder VI, September 2019

Vorläufer 12330; dieses ist misslungen, weil eingefallen und zu löchrig. Kastenform von 30 cm.

- 400 g Dinkel
- 100 g Buchweizen
- 100 g Sonnenblumenkerne
- 2 knappe TL Salz (oder wer mag auch Kräutersalz)
- 1 TL gem. Kümmel
- 45 g Kichererbsenkochwasser
- 100 g Honigwasser (Rest Honig im Glas)
- 305 g Wasser
- 1 Würfel frische Hefe (42 g)
- Sesamsamen für die Form
- Butter für die Form

Getreide fein mahlen, mit Sonnenblumenkernen und Salz mischen. Wasser mit Honig- und Kichererbsenkochwasser auf 40 °C bringen (TM 3 Min./40 °C/1). Essig und Mehlgemisch in den Thermomix füllen, Hefe auf die Oberfläche bröseln und den Teig in der Maschine kneten (3 Min./Knetstufe).

Brotform einfetten. Mit Sesam ausstreuen. Teig hineingeben, 15 Min. ruhen lassen und die Form auf dem Gitterrost in den kalten Backofen schieben. Den Ofen auf 200 °C (Umluft) aufheizen und das Brot darin 60 Min. bei 200 °C backen. Das fertige Brot aus der Form stürzen, mit Wasser einsprühen (z. B. mit einer Blumenspritze) und auf einem Kuchengitter auskühlen lassen.

__Hinweis:__ Ich habe mehrere Fehler gemacht: 1. Ich habe die Hefe mit dem Wasser erhitzt. 2. Ich habe die Sonnenblumenkerne vergessen und dann erst, als der Teig schon in der Form war, drunter gemischt. 3. Buchweizen war wohl keine gute Idee. Schmecken tut's aber.

12385. Tomatenketchup XL, September 2019

Vorläufer 12366; 2 Cashewnussmus-Gläser + 1 Honigglas

- 2 Dosen Tomaten inklusive Saft (800 g)
- 140 g Datteln
- 8 g Knoblauchzehen (frisch)
- 150 g Apfelessig (davon 10 g Peperoniessig)
- 10 g Tamari

- 100 g Kichererbsenkochwasser
- 1 TL Salz
- 1 Gemüsezwiebel (325 g), geviertelt
- 1 Stück Essigpeperoni (5 g) 7/4573
- 1 Prise (1/4 TL) Pfeffer
- 2 TL Paprika edelsüß
- 25 g Paprikamark (Biber salcasi)
- 150 g Wasser (davon 40 g Kichererbsenkochwasser)

Alle Zutaten bis auf die zweite Menge Wasser in den Mixtopf geben. 22 Sek. auf Stufe 10 zerkleinern, dabei den Messbecher fest andrücken, anschließend garen (35 Min./Varoma/Stufe 3). Nach Ende der Garzeit Rest Wasser zugeben und fein pürieren (30 Sek./Stufe 10). Direkt in Schraubgläser füllen.

12386. Pflaumenshake, September 2019

Vorläufer 12368; 2 Gläser zu je 400 ml.
- 2 Bananen (140 g)
- 200 g runde Pflaumen
- 50 g Datteln (Deglet Nour)
- 200 g Eiswürfel
- Auffüllen auf 780 g mit Pflanzenmilch
- Deko: Trinkkakao

Im (z. B.) Vitamix gut durchmixen. Auf zwei Gläser verteilen.

12387. Quarkdessert mit Nektarinen, September 2019

2-3 Portionen
- 100 g Bio-Magerquark
- 75 g Bio-Joghurt 3,5 %
- 25 g Schmand
- 50 g Apfelmark
- 30 g Datteln Deglet Nour, in Ringen
- 1 kleine Nektarine, gewürfelt
- 2 TL Kakaonibs

Quark, Joghurt, Schmand und Apfelmark mit einem Löffel glattrühren. Dattelringe und Nektarinenwürfel unterziehen. Auf zwei Schüsselchen verteilen, mit den Kakaonibs bestreuen.

12388. Quarkdessert mit Trauben, September 2019

2-3 Portionen
- 135 g Bio-Magerquark
- 80 g Bio-Joghurt 3,5 %
- 25 g Schmand
- 25 g Agavendicksaft
- 100 g grüne kernlose Trauben
- 2 TL geh. Walnüsse

Quark, Joghurt, Schmand und Agavendicksaft mit einem Löffel glattrühren. Trauben unterziehen. Auf zwei Schüsselchen verteilen, mit den Walnüssen bestreuen.

12389. Hokkaido mit Sauce, September 2019

Als Gemüsepfanne (20-cm-Keramikpfanne, 15 Min.):

- 70 g Kichererbsen-Kochwasser
- 65 g rote Zwiebel, gehackt
- 190 g Hokkaido, in Würfeln

Soße (mit dem Löffel verrühren, unter das Gemüse rühren und kurz aufkochen):

- 30 g Erdnussmus
- 15 g Paprikamark (türk. Laden)
- 10 g Sambal Oelek 12382
- 15 g Sambal-Oelek-Öl 12383
- 15 g Sonnenblumenöl
- 1 Prise Salz
- 30 g Kichererbsenkochwasser
- 1/4-1/2 TL Agavendicksaft

Dazu gab es bei mir Basmati-Reis.

12390. Quarkdessert mit Sahne, September 2019

2 Portionen

- 65 g Bio-Magerquark
- 75 g Bio-Joghurt 3,5 %
- 25 g Sahne
- 15 g Agavendicksaft
- 1 rote runde Pflaume, in 12 Streifen
- 1/2 TL Kakaonibs

Quark, Joghurt, Sahne und Agavendicksaft mit einem Löffel glattrühren. Auf zwei Schüsselchen verteilen, mit je 6 Pflaumenstreifen belegen und mit den Kakaonibs spärlich bestreuen.

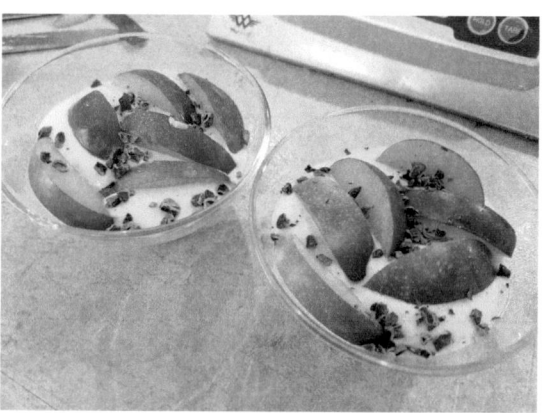

12391. Bananen-Trauben-Milch, September 2019

2 große Gläser

- 1 mittelgroße Banane (100 g)
- 100 g grüne kernlose Trauben
- 65 g Joghurt
- 35 g Süßungsmittel (hier: Agavendicksaft)
- 450 g Pflanzenmilch
- Deko: etwas Trinkschokoladenpulver

Im Vitamix gut mixen, mit Pulver bestreuen.

12392. Utes Lieblingspudding aus alten Zeiten, Sep. 2019

3-4 Portion; 100 % vollwertig im Sinne der Vollwerternährung nach Dr. Bruker ist das aufgrund des fertigen Puddingpulvers nicht.

- 1 P Puddingpulver
- 40 g Süßungsmittel (hier: Agavendicksaft)
- 500 g Pflanzenmilch
- 80 g Quark

Rühraufsatz in den Thermomix einsetzen. Puddingpulver, Süßungsmittel und Pflanzenmilch zu geben und aufkochen (7 Min./90 °C/Stufe 2). Den Quark in der letzten Min. von oben zugeben. Noch heiß auf Schüsselchen verteilen; ist sturzfähig.

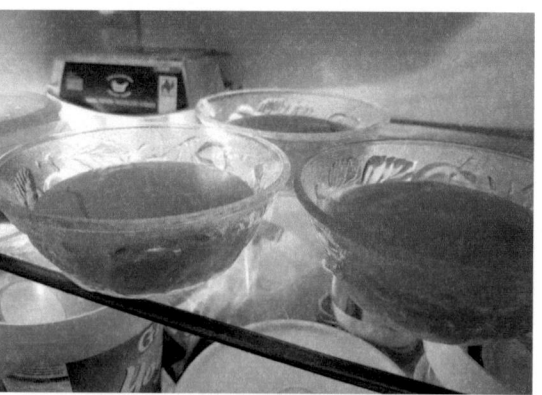

12393. Ajvarsoße zu Reis, September 2019

1-2 Portionen; bei mir gab es dazu Basmatireis.

- 100 g Ajvar (z. B. Möhren-Paprika-Ajvar 12379)
- 50 g scharfes Öl (z. B. Sambal Oelek-Öl 12383)
- 15 g Sambal Oelek (hier: Sambal Oelek groß 12382)
- 80 g Joghurt (oder Schmand/saure Sahne)
- 1 gute Prise Salz
- 1/2 TL Agavendicksaft

Zutaten in einer kleinen Pfanne verrühren und auf kleiner Einstellung erhitzen. Möglichst nicht kochen lassen, es wird dann etwas flockig (s. Foto unten) - was aber den Geschmack nicht schmälert.

12394. Brot mit Öl, September 2019

Vorläufer 12374

Stufe 1 (12 Std. vorher):
Sauerteigansatz:
- 400 g Roggen
- 410 g Wasser
- 150 g Sauerteig

Stufe 2 (bei mir Morgen):
- 100 g Roggen
- 325 g Dinkel
- 15 g Salz
- 300 g Wasser
- 1/4 Würfel frische Hefe (10 g)
- 20 g Sonnenblumenöl
- Ca. 800 g Sauerteigansatz
- 20 g Butter für die Form

Stufe 1: Roggen fein mahlen, mit Wasser und altem Sauerteig mischen. In einer Plastiktüte über Nacht stehen lassen. 150 g von der Stufe 1 abnehmen und in einem gut schließenden Schraubglas in den Kühlschrank stellen für das nächste Backen.

Stufe 2: Getreide mahlen (Vorabend). Backmorgen: Hefe in einem Teil des Wassers auflösen. Zutaten (außer der Butter) mit einem großen Löffel gründlich verrühren, bis kein Mehl mehr sichtbar ist. Eine 30-cm-Brotform, Profi-Email von Dr. Oetker, gut einfetten. Teig hineingeben, mit der nassen Hand herunterdrücken und glattstreichen. Mit einem scharfen Messer kreuzweise einschneiden. Form im kalten Ofen etwa 90 Min. gehen lassen. Ofen so programmieren, dass das Brot 3 Std. (70 Min. Backzeit, 190 °C Heißluft) später fertig ist.

12395. Nudelauflauf à la Lasagne, September 2019

2 Portionen

- 300 g Hokkaido in Stücken
- 10 g Sonnenblumenöl
- 1 Dose Tomaten „fein stückig" (450 ml)
- 1 TL Salz (10 g)
- 1 Löffelspitze Pfeffer
- 1 TL Gemüsebrühe
- 1 Prise Vollrohrzucker
- 100 g Schmand
- 2 Prisen Pizzagewürz
- 125 g Vollkorn-Fusilli-Nudeln
- Nach Wunsch: Käsescheiben

Hokkaido im TM zerkleinern (5 Sek./Stufe 6). Öl zugeben und andünsten (2,5 Min./Varoma/Linkslauf/Stufe 1). Tomaten, Gewürze, Gemüsebrühe und Zucker zufügen und aufkochen lassen (6 Min./100 °C/Linkslauf/Stufe 1). Schmand und Pizzagewürz zugeben und nochmals kochen (2 Min./100 °C/Linkslauf/Stufe 1).

Hälfte der Soße in eine 20-cm-Wollpfanne geben, Nudeln darüber verteilen und mit der restlichen Soße bedecken. Deckel auflegen und in den auf 180 °C vorgeheizten Ofen (Heißluft) schieben. 30 Min. backen, nach Wunsch mit Käse belegen, und weitere 10 Min. bei 200 °C offen backen.

12396. Brownie-Reiterchen im Schnee, September 2019

2 Desserts

- 75 g Magerquark Bio
- 85 g Joghurt (3,5 %)
- 25 g Schmand
- 30 g Agavendicksaft
- 2 Stückchen Brownies (hier Brownies 12375)
- 1/2 TL Trinkschokoladenpulver

Quark, Joghurt, Schmand und Agavendicksaft verrühren. Auf zwei Schüsselchen verteilen. Je ein Brownie in die Mitte stecken und mit etwas Schokopulver bestreuen.

12397. Brownies aus dem TM ohne Butter, Sep, 2019

12375; 1/2 Backblech

- 3 x 50 g Schokolade 99% Lindt
- 135 g gekochte rote Linsen (100 g Linsen/220 g Wasser/20 Min.)
- 30 g Viernussmus
- 30 g Erdnussmus
- 110 g Apfelmus (reine Frucht)
- 185 g Dinkel, fein gemahlen
- 40 g Stärkemehl
- 2 TL Weinsteinbackpulver
- 130 g Vollrohrzucker
- 1 Fläschchen Butter-Vanille-Aroma
- 1 Fläschchen Rum-Aroma
- 1 Prise Salz

Schokolade im TM zerkleinern (8 Sek./Stufe 4,5), umfüllen. Linsen glattrühren (4 Min./40 °C/1). Apfelmus, Nussmus, Aroma und die trockenen Zutaten zugeben, mixen (20 Sek./Stufe 2, Knetstufe 2 Min. 30 Sek.). Schokolade zugeben und unterheben (30 Sek./Stufe 1,5 rückwärts, mit dem Spatel Schokoladenstücke unterheben und nochmals 30 Sek./Stufe 1,5 rückwärts).

Ofen auf 175 °C vorheizen. Teig auf ein Backpapier geben, etwa 1 cm hoch ausstreichen (Blech ist bei weitem nicht voll) und 16 Min. bei 175 °C backen und zwei Min. im ausgeschalteten Ofen nachbacken. Auf dem Blech lauwarm werden lassen, erst dann in Stücke schneiden.

Hinweis: *Der Teig ist fester, die Zugabe von 1-3 EL Pflanzenmilch wäre möglich. Die Brownies schmecken „teigiger".*

12398. Resteauflauf, September 2019

- 80 g Kichererbsenwasser
- 100 g Ajvar (Möhren-Paprika-Ajvar 12379)
- 10 g Sambal Oelek (Sambal Oelek groß 12382)
- 1 Portion Nudelauflauf à la Lasagne 12395

Kichererbsenwasser, Ajvar und Sambal Oelek in einer Pfanne (20-cm-Wollpfanne) zum Kochen bringen. Auflauf in Scheiben schneiden und in die Soße legen. Nach ein paar Min. die Scheiben umdrehen (wenn sie zerfallen, macht das nichts). Erhitzen auf mittlerer Einstellung, bis es heiß genug ist zum Essen.

12399. Joghurttest mit Sahne, September 2019

- 177 g Sahne
- 355 g Wasser (also ein Verhältnis von 1:3)

Gläser von 1 bis 8:

- 1   140 g Sahnegemisch + 20 g Joghurt
- 2   150 g Sahnegemisch + 10 g Joghurt
- 3   = Glas 1
- 4   90 g Sahnegemisch + 55 g Wasser + 20 g Joghurt
- 5 -8 nur Wasser (da ich nicht weiß, ob man das Gerät auch mit weniger Gläsern beschicken kann

Rommelsberger, Einstellung 11 Std.

Ergebnisse:

- 1 (140 g Sahne + 20 g Joghurt): Geschmack gut, nach Sahne und Joghurt (nicht nach Sahnejoghurt), etwas zu dünnflüssig
- 2 (150 g Sahnegemisch + 10 g Joghurt): Geschmack wie 1, aber noch dünner; etwas setzt sich ab)

Nr. 1

12400. Nudelauflauf à la Lasagne II, September 2019

Vorläufer 12395; 2 Portionen

- 285 g Süßkartoffel in Stücken
- 30 g Möhre in Stücken
- 10 g Sonnenblumenöl
- 1 Dose Tomaten „fein stückig" (450 ml)
- 1 TL Salz (10 g)
- 1/4 TL Pfeffer
- 1 TL Gemüsebrühe
- 1 Spritzer Agavendicksaft
- 100 g Frischkäse
- 100 g gekochte rote Linsen (100 g Linsen/320 g Wasser/20 Min.)
- 2 Prisen Pizzagewürz
- 125 g Vollkorn-Fusilli-Nudeln
- Nach Wunsch: Käsescheiben

Gemüse im TM zerkleinern (5 Sek./Stufe 5). Öl zugeben und andünsten (2,5 Min./Varoma/Linkslauf/Stufe 1). Tomaten, Gewürze, Gemüsebrühe und Agavendicksaft zufügen und aufkochen lassen (6 Min./100 °C/Linkslauf/Stufe 1). Frischkäse mit gekochten roten Linsen und Pizzagewürz mit einem Löffel verrühren, zugeben und nochmals kochen (2 Min./100 °C/Linkslauf/Stufe 1).

Die Hälfte der Soße in eine 20-cm-Wollpfanne geben, Nudeln darüber verteilen und mit der restlichen Soße bedecken. Deckel auflegen und in den auf 180 °C vorgeheizten Ofen (Heißluft) schieben. 30 Min. backen, nach Wunsch mit Käse belegen, und weitere 10 Min. bei 200 °C offen backen (sonst einfach 10 Min. offen bei 200 °C backen).

12401. Zwiebel-Relish VII, September 2019

Vorläufer 12367

- 425 g Gemüsezwiebeln
- 3 Knoblauchzehen (eingelegt, 11 g)
- 65 g Ketchup/Tomatenketchup XLI 12403
- 1 TL Salz
- 100 g Vollrohrzucker
- 60 g Ahornsirup
- 1 Prise getr. Thymian, zwischen den Händen verrieben
- 1 Prise getr. Rosmarin, zwischen den Händen verrieben
- 150 g Apfelessig
- 75 g Wasser

Wie im Vorläufer 12367 beschrieben.

12402. Käsekuchen vegan III, September 2019

Vorläufer 12335; 26-cm-Springform

Teig
- 200 g Hafer
- 50 g Sonnenblumenöl
- 60 g Agavendicksaft
- 125 g Pflanzenmilch

Käsemasse
- 300 g Vanillepudding gekocht
- 80 g Dinkel-Vollkorngrieß
- 1 Päckchen Vanillepuddingpulver (oder mehr (110 g) Reis und eine Prise Vanille)
- 1 TL Backpulver
- 800 g Seidentofu
- 300 g „normaler" Tofu
- 150 g Agavendicksaft
- 1 Fläschchen Zitronenaroma
- 50 g Zitronensaft
- 30 g Sonnenblumenöl
- 80 g Pflanzenmilch

Hafer flocken. Öl und Süßungsmittel erhitzen, Hafer zugeben und gut anbraten. Milch einrühren und bis zu etwas Bindung kochen. Eine Springform mit Backpapier auslegen und Teig darin gleichmäßig verteilen und festdrücken. Einen kleinen Rand hochdrücken. Ofen (Heißluft) auf 190 °C vorheizen und 10 Min. bei 190 °C backen. In dieser Zeit die Käsemasse vorbereiten.

Für die Käsemasse Grieß mit Pudding- und Backpulver mischen. Tofu mit Süßungsmittel, Aroma, Zitronensaft, Öl und Pflanzenmilch fein pürieren (30 Sek./Stufe 10). Thermomix auf Stufe 4 laufen lassen und Grieß-Puddingpulvermischung langsam per Teelöffel zugeben. Alles zusammen nochmals mixen (5 Sek./Stufe 10).

Käsemasse auf den Boden gießen. Backofen auf 180 °C (Heißluft) vorheizen und Kuchen 45 Min. bei 180 °C backen. 10 Min. bei 160 °C backen, bei halb geöffneter Backofentür 10-15 Min. stehen lassen. Auf einem Gitterrost auskühlen lassen.

12403. Mojo Rojo; September 2019

1/2 Honigglas
- 175 rote Paprikaschote, grob vorgeschnitten
- 25 g Sonnenblumenöl
- 10 g Knoblauchzehen
- 1 Chilischote, ohne Kerne, gelb (12 g)
- 50 g Paprikamark
- 2 EL Essig
- 2 EL Sonnenblumenöl
- 1 TL Salz
- 2 TL Kreuzkümmel (zu viel!)
- 2 TL Paprikapulver edelsüß
- 2 g Johannisbrotkernmehl

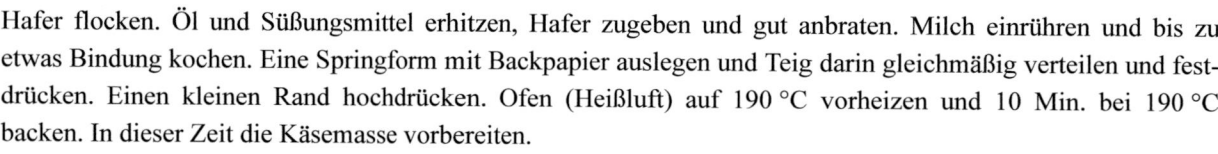

Paprikaschote, Öl, Knoblauch und die Chilischote im TM erhitzen (3,5 Min./Varoma/Stufe 2). Pürieren (15 Sek./Stufe 5,5). Mit dem Schaber die Masse am Deckel und an den Rändern herunterdrücken. Restliche Zutaten bis auf das Johannisbrotkernmehl zufügen und nochmals pürieren (15 Sek./Stufe 3,5). Bei laufendem Thermomix (Stufe 3) das Johannisbrotkernmehl untermischen. In ein Schraubglas füllen.

Hinweis: *Ich hatte mir ein Gläschen zum Test fertig gekauft, schmeckte mir recht gut. Anhand der Inhaltsangabe auf dem Glas und einigen Rezepten aus dem Internet habe ich meine eigene „Rezeptur" geschaffen.*

12404. Tomatenketchup XLI, September 2019

Vorläufer 12385; 2 Cashewnussmus-Gläser + 1 Honigglas

- 2 Dosen Tomaten inklusive Saft (800 g)
- 135 g Sultaninen
- 10 g Knoblauchzehen (eingelegt)
- 150 g Apfelessig (davon 10 g Peperoniessig)
- 10 g Tamari
- 100 g Wasser
- 1 TL Salz
- 1 Gemüsezwiebel (170 g), geviertelt
- 1 Stück Essigpeperoni (5 g) 7/4573
- 1 Prise (1/4 TL) Pfeffer
- 2 TL Paprika edelsüß
- 30 g Paprikamark (Biber salcasi)
- 150 g Wasser (davon 40 g Kichererbsenkochwasser)

Alle Zutaten bis auf die zweite Menge Wasser in den Mixtopf geben. 22 Sek. auf Stufe 10 zerkleinern, dabei den Messbecher fest andrücken, anschließend garen (35 Min./Varoma/Stufe 3). Nach Ende der Garzeit Rest Wasser zugeben und fein pürieren (30 Sek./Stufe 10). Direkt in Schraubgläser füllen.

12405. Chili-Relish, September 2019

- 55 g Chilischoten (gelb, rot und grün), ohne Kerne
- 1 Paprikaschote (200 g)
- 1 Apfel (140 g)
- 40 g Paprikamark
- 2 g Knoblauch
- 30 g Sonnenblumenöl
- 1 TL Salz
- 1 TL Paprikapulver edelsüß
- 1/4 TL Kreuzkümmel
- 15 g Apfelessig
- 10 g Ingwer, ungeschält
- 100 g Wasser

Zutaten ohne das Wasser im TM zerkleinern (10 Sek./Stufe 6). Wasser zugeben und garen (30 Min./100 °C/Stufe 2). Pürieren (10 Sek./Stufe 10). In ein Schraubglas füllen. Sehr scharf!

12406. Haferkur I (morgens), September 2019

2 Personen

- 150 g Hafer, frisch geflockt
- 100 g Wasser
- 1 Apfel (185 g)

Haferflocken im Wasser kurz einweichen. Apfel mit dem Pürierstab zerkleinern und im Kreis auf die eingeweichten Flocken geben.

12407. Haferkur II (mittags, warm), September 2019

2 Personen

- 150 g Hafer, frisch geflockt
- 1 sehr kleine Prise Salz
- 1 Liter Wasser
- 300 g Erdbeeren
- 1 Prise Zimt

Wasser im Wasserkocher zum Kochen bringen. Haferflocken und Salz in einen Topf geben. Wasser zugeben und aufkochen. 10 Min. auf keiner Einstellung kochen lassen.

Ein Drittel der Erdbeeren (= 100 g) mit dem Pürierstab pürieren. Restliche 200 g vierteln, auf zwei Schüsseln verteilen. Heißen Haferbrei darüber geben, mit Zimt bestreuen. In die Mitte die pürierten Erdbeeren gießen.

12408. Haferkur III (abends, kalt), September 2019

- 75 g Hafer, frisch geflockt
- 100 g Wasser
- 1 Apfel (300 g)
- 3 Erdbeeren (40 g)

Haferflocken und Wasser vermischen und quellen lassen. Apfel in kleine Stücke schneiden, unterziehen. Erdbeeren in Scheiben schneiden und dachziegelartig damit dekorieren.

12409. Haferkur IV (morgens, warm), Oktober 2019

2 Personen

- 150 g Hafer, frisch geflockt
- 510 g Wasser
- 125 g Heidelbeeren
- 2 Erdbeeren

Hafer mit Wasser im Thermomix garen (7 Min./90 °C/Stufe 2). Auf zwei Schüsselchen verteilen, mit Heidelbeeren bestreuen. In die Mitte je eine Erdbeere setzen.

12410. Haferkur V (mittags, warm), Oktober 2019

2 Personen

- 150 g Hafer
- 900 g Wasser
- Etwas Zimt
- 1 Apfel
- 2 Erdbeeren

Hafer mahlen (Stufe 2-3/9; Hawos Novum) und mit Wasser im Thermomix garen (9 Min./90 °C/Stufe 2). Äpfel vierteln, vier Dreiecke beiseitelegen. Apfel ansonsten kleinschneiden und auf zwei Schüsseln verteilen. Fertigen Haferbrei darüber geben. Mit den Apfelstückchen und den Erdbeeren dekorieren.

12411. Haferkur VI (abends, warm), Oktober 2019

2 Personen

- 150 g Hafer
- 800 g Wasser
- 1 kleine Prise Salz
- 1 Apfel (330 g)
- 1 frz. Pflaume

Hafer flocken. Mit Salz im Wasser 20 Min. garen. Apfel halbieren, jede Hälfte als intakte Form kleinschneiden und in die Mitte eines Esstellers setzen. Haferbrei um den Apfel klecksen. Pflaume in 8 Streifen teilen und seitlich als Dekoration auflegen.

12412. Haferkur VII (morgens, warm), Oktober 2019

Vorläufer 12409; 2 Personen

- 150 g Hafer
- 550 g Wasser
- 1 großer Apfel (300 g)
- 1/4 TL Zimt
- 2 Erdbeeren
- 1/2 TL Kakaonibs

Hafer flocken. Apfel zerkleinern (TM 4 Sek./Stufe 5). Hafer, Zimt und Wasser zugeben und garen (9 Min./90 °C/Stufe 2). Auf Schüsselchen verteilen. Mit Kakaonibs bestreuen. In die Mitte je eine Erdbeere setzen.

12413. Haferkur-Eis, Oktober 2019

2 Portionen

- 50 g Hafer, fein gemahlen
- 50 g Apfelmark (nur Apfel, sonst nichts, evtl. auch frischen Apfel)
- 100 g Wasser
- 250 g tiefgekühlte Erdbeeren
- 1/2 TL Kakaonibs

Hafer, Apfelmark und Wasser im Vitamix auf kleiner Einstellung mixen. Erdbeeren mit dem Stopfer unterarbeiten, bis sich eine Raute bildet. Auf zwei Schüsselchen verteilen und mit Kakaonibs bestreuen.

Fazit: Schmeckt ganz okay, „richtig lecker" ist anders. Ich würde beim nächsten Mal entweder deutlich mehr Apfelmark oder einen größeren Apfel nehmen.

12414. Hokkaidosoße (Blutzuckersenkung), Okt. 2019

2 Portionen

- 325 g Hokkaido
- 135 g Kartoffeln
- 13 g Knoblauch
- 5 g frischer Ingwer, ungeschält
- 1 Prise Salz
- 500 g Wasser
- 1 TL Paprikapulver edelsüß
- 1 Prise gem. Pfeffer
- 1/2 TL Salz
- 2 EL Petersilie

Gemüse grob vorschneiden, mit Knoblauch und Ingwer klein schneiden (TM: 6 Sek./Stufe 5). Wasser und 1 Prise Salz zugeben. Garen (20 Min./100 °C/Stufe 2), mit Pfeffer, Paprika und Salz pürieren (15 Sek./Stufe 8). In eine Schüssel geben und mit Petersilie bestreuen. Bei uns gab es dazu Jasminvollkornreis.

12415. Heidelbeer-Eis (für Diät), Oktober 2019

2 Portionen

- 1 Banane (105 g)
- 100 g Apfelmark
- 50 g Wasser
- 300 g tiefgekühlte Wildblau-Beeren

Banane, Apfelmark und Wasser pürieren (kleine Einstellung, Vitamix). Obst hinzufügen und mit dem Stopfer bearbeiten, bis sich die typische Raute ergibt. Auf zwei Schüsselchen verteilen.

12416. Haferkur XI (morgens, warm), Oktober 2019

2 Personen

- 150 g Hafer
- 240 g kochendes Wasser
- 1 Grapefruit (350 g)
- 1 kleine Möhre (75 g)
- Apfelmark (55 g)
- 2 Cashewnüsse

Hafer flocken, auf zwei Schüsselchen verteilen und mit kochendem Wasser übergießen. Grapefruit, Möhre und Apfelmark im Vitamix pürieren, auf die Haferflocken gießen. Mit je einer Nuss dekorieren.

12417. Haferkur VIII (warm, mittags), Oktober 2019

2 Personen

- 150 g Hafer
- 750 g Wasser
- 1 Prise Salz
- 2 Äpfel (285 g)
- 1 frz. Pflaume

Hafer in der Mühle mahlen (Stufe 4/9, Hawos Novum). Wasser und Salz zugeben und unter gelegentlichem Rühren aufkochen und 10 Min. quellen lassen. Äpfel klein schneiden, unterziehen und den Brei auf zwei Schüsselchen verteilen. Pflaume würfeln und als Deko auf den Brei legen.

12418. Haferkur IX (herzhaft, abends, warm), Oktober 2019

1 Person (Eric wollte kein salziges Experiment mit Hafer.)

- 75 g Hafer
- 180 g Hokkaido, gewürfelt
- 1 kleine Tomate (75 g), Stücke
- 1 Knoblauchzehe
- 1 Prise Salz
- 1-2 EL Petersilie
- 405 g Wasser

Hafer flocken, mit Kürbis, Tomate, Knoblauchzehe, Salz und Wasser als Gemüsepfanne 15 Min. garen. Petersilie unterziehen und kurz nachquellen lassen.

12419. Haferkur X (abends, warm), Oktober 2019

- 75 g Hafer, geflockt
- 405 g Wasser
- 2 Prisen Zimt
- 1 kleiner Apfel (125 g)

Hafer mit Wasser und Zimt aufkochen und 5 Min. nachquellen lassen. Apfel halbieren, jede Hälfte würfeln und dabei in Form halten. Nebeneinander auf einen Teller legen und mit dem Haferbrei übergießen.

12420. Ofenkartoffeln mit Ofenkürbis pur, Oktober 2019

2 Personen

- 2 Stücke vom Kürbis (Hokkaido) abgeschnitten
- Ca. 450 g Kartoffeln
- Etwas Salz

Kerne aus den Kürbisstücken entfernen, einmal durchschneiden und auf ein Pizzablech o. Ä. legen (evtl. mit Backpapier ausgelegt). Kartoffeln längs halbieren, auf der Schnittfläche mit Salz einreiben und mit dieser Seite auf das Blech legen. In den kalten Ofen (Heißluft) schieben und den Ofen auf 220 °C stellen. 30 Min. bei 220 °C backen.

12421. Pastinakenpfanne, Oktober 2019

2 Portionen; ohne Fett

- 75 g Wasser
- 355 g Pastinake, klein geschnitten
- 90 g Möhre, klein geschnitten
- 80 g Paprika, klein geschnitten

- 1 Dose Kichererbsen, 240 g Einwaage
- 1 TL Salz
- 1 EL Zitronensaft
- 1 EL Sambal Oelek mild 12426
- 2 EL Kichererbsenwasser aus der Dose

Wasser in eine Pfanne geben (24 cm, Alugusspfanne). Frisches Gemüse zugeben und 15 Min. als Gemüsepfanne garen. Kichererbsen zugeben und mit erhitzen. Mit Salz, Zitronensaft und Sambal abschmecken. Wenn es zu trocken ist, noch etwas Kichererbsenwasser zugeben.

12422. Haferkur XII (mittags, heiß), Oktober 2019

2 Personen

- 150 g Hafer
- 705 g kochendes Wasser
- 2 kleine Äpfel (210 g)
- 1 Möhre (100 g)
- 2 TL Zitronensaft

Hafer flocken und in einem Topf mit kochendem Wasser übergießen. Aufkochen und 10 Min. heiß quellen lassen. Äpfel, Möhre und Zitronensaft zerkleinern (TM: 5 Sek./Stufe 6), unter die heißen Flocken rühren.

12423. Haferkur XIII (herzhaft, abends, warm), Okt. 2019

2 Portionen

- 150 g Hafer
- 755 g Wasser
- 1 Prise Salz
- 270 g Porree, in Ringen
- 2 TL Zitronensaft
- 1 gestr. TL Salz
- 1 EL geh. Petersilie

Hafer flocken, mit Porree und, Salz und Wasser als Gemüsepfanne 15 Min. garen. Mit Salz und Zitronensaft abschmecken. Petersilie unterziehen und kurz nachquellen lassen.

12424. Peperoni Kosovo eingelegt, Oktober 2019

1 größeres Schraubglas

- 135 hellgrüne große Peperoni aus dem Kosovo, frisch
- 10 g Salz
- 15 g Honig
- 330 g Apfelessig

Peperoni in Ringe schneiden, in das Glas schichten. Restliche Zutaten zufügen, Glas schließen und im Kühlschrank aufbewahren. Mindestens 4 Wochen ruhen lassen.

12425. Spiralnudeln in Champignonsoße, Oktober 2019

Gemüsepfanne (Alugusspfanne 20 cm, 15 Min.):

- 75 g Vollkornspiralnudeln
- 6 g Knoblauch
- 250 g Champignons in Scheiben
- 150 g Wasser

Einrühren und aufkochen:

- 20 g Sambal Oelek mild 12427
- 30 g gekochte rote Linsen
- 1 Ecke Schmelzkäse Kräuter

12426. Hummus ohne Fett, Oktober 2019

Vorläufer 12359

- 1 Dose Kichererbsen (400 ml), 260 g Kichererbseneinwaage, auf der Dose steht: 240 g
- 60 g der Flüssigkeit aus der Dose
- 1 Knoblauchzehe, in Scheiben (4 g)
- 30 g Zitronensaft
- 1 LS Kreuzkümmel
- 1/2 TL Paprika edelsüß (1 g)
- 1/2 TL Salz
- 1 Prise Pfeffer
- 5 g Tahini aus dem Glas (Inhaltsstoffe: nur Sesam)

Alle Kichererbsen aus der Dose mit den restlichen Zutaten in ein hohes Gefäß geben und mit dem Pürierstab zu einer glatten Creme verarbeiten.

12427. Kartoffel-Gemüse-Pfanne fettfrei, Oktober 2019

2 Portionen

- 125 g Wasser
- 500 g Kartoffeln, in Scheiben
- 205 g Porree, in Ringen
- 1 große Tomate (150 g), in Stücken
- 200 g Lauchzwiebeln, kleingeschnitten
- Eine Prise Salz

Als Gemüsepfanne 20-25 Min. garen. Abschmecken mit:

- 1 gestr. TL Salz
- 1-2 EL Zitronensaft

12428. Sambal Oelek mild, Oktober 2019

Vorläufer 12382; im TM

- 145 g Peperoni aus dem Kosovo; eine grüne sehr scharf und 2 rote eher mild
- 40 g Apfelessig
- 10 g Salz
- 50 g Honig
- 20 g Zitronensaft
- 100 g Sonnenblumenöl
- 2 g Johannisbrotkernmehl

Peperoni aufschneiden, die Kerne entfernen (fallen fast von selbst heraus) und zerkleinern (TM: 5 Sek./Stufe 6). Die restlichen Zutaten zufügen und mixen (10 Sek./Stufe 2; 10 Sek./Stufe 4). In ein Schraubgefäß umfüllen und im Kühlschrank aufbewahren.

12429. Bananenbrot, Oktober 2019

25 cm Glasform

- 1 Tafel Schokolade 99 % (50 g; Lindt)
- 50 g Walnüsse
- 100 g Datteln Deglet Nour
- 4 Bananen (440 g netto); reif
- 50 g Apfelmark
- 25 g gekochte rote Linsen
- 250 g Dinkel, fein gemahlen
- 2 TL Backpulver
- 1/2 TL Natron
- 1 Prise Salz
- Fett für die Form (hier: Butter)

Schokolade in Stücken in den TM geben und zerkleinern (4 Sek./Stufe 6). Umfüllen und Walnüsse zerkleinern (4 Sek./Stufe 5). Umfüllen Datteln fein hacken (4 Sek./Stufe 7 + 4 Sek./Stufe 8). Umfüllen. Bananen pürieren (10 Sek./Stufe 4). Linsen und Apfelmark zugeben. Die trockenen Zutaten mit einem Löffel vermischen, zugeben und vermischen (10 Sek./Stufe 2 + 10 Sek./Stufe 5). Schokolade, Walnüsse und Datteln unterziehen (20 Sek./Linkslauf/Stufe 2 + 20 Sek./Linkslauf/Stufe 5).

Ofen (Heißluft) auf 175 °C vorheizen. Form einfetten, Teig hineingeben und glatt streichen. In den vorgeheizten Ofen geben und 50 Min. bei 175 °C backen, 10 Min. im ausgeschalteten Ofen nachbacken lassen.

12430. Nudelauflauf à la Lasagne III, Oktober 2019

Vorläufer 12400; 2 Portionen

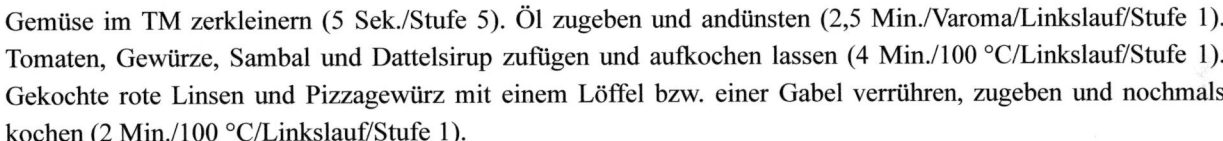

- 300 g Hokkaido in Stücken
- 10 g Sonnenblumenöl
- 1 Dose Tomaten „fein stückig" (450 ml)
- 1 TL Salz (10 g)
- 1/4 TL Pfeffer
- 2 TL Sambal Oelek mild
- 1 Spritzer Dattelsirup
- 200 g gekochte rote Linsen
- 2 Prisen Pizzagewürz
- 6 Lasagneplatten (Vollkorn)
- 2 Käsescheiben

Gemüse im TM zerkleinern (5 Sek./Stufe 5). Öl zugeben und andünsten (2,5 Min./Varoma/Linkslauf/Stufe 1). Tomaten, Gewürze, Sambal und Dattelsirup zufügen und aufkochen lassen (4 Min./100 °C/Linkslauf/Stufe 1). Gekochte rote Linsen und Pizzagewürz mit einem Löffel bzw. einer Gabel verrühren, zugeben und nochmals kochen (2 Min./100 °C/Linkslauf/Stufe 1).

Zwei Lasagneformen bereitstellen. Jeweils 3 EL Soße auf den Boden geben, mit einer Lasagneplatte bedecken. Weitere 3 EL auf die Platte geben, eine weitere Platte auflegen. Noch einmal wiederholen. Mit je 5 EL Soße abschließen. Bei mir war die Soße dann aufgebraucht. Lasagneformen gut mit Alufolie abdecken. In den auf 180 °C vorgeheizten Ofen (Heißluft) schieben. 30 Min. backen, Folie öffnen und die Soße jeweils mit 1 Scheibe Käse belegen. Weitere 10 Min. bei 200 °C offen backen.

Tipp: Wird von Beginn an offen gebacken, muss mindestens 250 ml Flüssigkeit hinzugefügt werden.

12431. Mahlen im Thermomix, Oktober 2019

Schokolade
50 g: 4 Sek./Stufe 6

Walnüsse
50 g: 4 Sek./Stufe 5

Datteln (Deglet Nour)
100 g: 4 Sek./Stufe 7

12432. Bananen-Müsliriegel, Oktober 2019

Weniger als ein Backblech

- 60 g Datteln Deglet Nour
- 395 g Banane
- 1 Apfel (195 g)
- 1/4 TL Salz
- 1/2 TL Zimt
- 1 Prise Muskatnuss gem.
- 1 Prise Gewürznelken gem.
- 60 g Sonnenblumenkerne
- 90 g Rosinen
- 450 g Hafer

Herstellung beschrieben im TM. Es spricht nichts gegen die Verwendung einer Küchenmaschine (oder eines Messers) und eines Handrührgeräts.

Datteln fein hacken (TM: 10 Sek./Stufe 8) und mit dem Spatel nach unten schieben. Banane und Apfel zufügen, pürieren (10 Sek./Stufe 8). Gewürze, Kerne und Rosinen zugeben. Vom Hafer 350 g flocken, die restlichen 100 g mahlen und zu den anderen Zutaten geben. Vermischen (20 Sek./Linkslauf/Stufe 5). Falls das Messer „durchläuft", unterbrechen, mit einem Spatel nach unten schieben und nochmals mixen.

Auf ein mit Backpapier ausgelegtes Backblech streichen. Ofen (Heißluft) auf 180 °C vorheizen. Mit einem Messer oder einem Spachtel Stücke vorziehen. Blech einschieben und Riegel 50 Min. bei 180 °C backen. Von der Folie ziehen, auf einem Gitterrost auskühlen lassen und in Stücke schneiden (eine Haushaltsschere eignet sich da gut).

12433. Zwiebel-Möhrenkuchen, Oktober 2019

1 Springform 24 cm Durchmesser; Zubereitung TM (nicht zwingend)

Teig:
- 150 g Dinkel
- 100 g Hafer
- 1 gestr. TL Salz
- 165 g Pflanzenmilch
- 1/2 Würfel Hefe (21 g)

Belag
- 1 Gemüsezwiebel (295 g)
- Möhren (um auf 500 g Gemüse aufzufüllen = 205 g)
- 1 Knoblauchzehe
- 15 g Sonnenblumenöl
- 150 g gekochte rote Linsen (100 g rote Linsen/350 g Wasser/20 Min.)
- 1 TL Salz
- 1/2 TL gem. Kümmel
- 20 g getr. Tomaten, fein gehackt
- 3 Scheiben Gouda

Für den Teig das Getreide mischen und fein mahlen. Mit Salz und Milch in den Mixtopf geben, Hefe obenauf bröseln und kneten (3 Min./Knetstufe). Mit nassen Händen in eine Pengdose umfüllen, die Dose mit dem Deckel verschließen und mindestens eine halbe Std. stehen lassen. Bei mir ist der Deckel nicht abgesprungen. Mixtopf halb mit Wasser füllen und reinigen (20 Sek./Stufe 10).

Für den Belag die Zwiebeln schälen und vierteln, die Möhren in Stücke schneiden. Mit Knoblauch und Öl in den Mixtopf geben und zerkleinern (4 Sek./Stufe 5). Anschließend garen (7 Min./Varoma/Linkslauf/Stufe 1). 10 Min. abkühlen lassen, restliche Zutaten zugeben und verrühren (5 Sek./Stufe 2).

Eine Springform mit Backpapier überspannen. Den Teig mit nassen Händen in die Form geben, verteilen und einen kleinen Rand hochdrücken. Zwiebel-Möhren-Masse darauf verteilen. Den Ofen (Heißluft) auf 200 °C vorheizen. Form einschieben und 45 Min. bei 200 °C backen. Nach 35 Min. mit Käse belegen und weitere 10 Min. backen.

12434. Bananenbrot II, Oktober 2019

12429; 25 cm Glas-Kastenform

- 1 Tafel Schokolade 99 % (80 g; Vivani)
- 50 g Walnüsse
- 100 g Datteln Deglet Nour
- 4 Bananen (440 g netto); reif
- 60 g Apfelmark
- 35 g Kichererbsen aus der Dose
- 250 g Dinkel, fein gemahlen
- 2 TL Backpulver
- 1/2 TL Natron
- 1 Prise Salz
- Fett für die Form (hier: Butter)

Schokolade in Stücken in den TM geben und zerkleinern (4 Sek./Stufe 6). Umfüllen und Walnüsse zerkleinern (4 Sek./Stufe 5). Umfüllen Datteln fein hacken (8 Sek./Stufe 8). Umfüllen. Bananen mit Apfelmark und Kichererbsen pürieren (10 Sek./Stufe 6 + 10 Sek./Stufe 7). Die trockenen Zutaten mit einem Löffel vermischen, zugeben und vermischen (10 Sek./Stufe 2 + 10 Sek./Stufe 5). Schokolade, Walnüsse und Datteln unterziehen (2 x 10 Sek./Linkslauf/Stufe 5).

Ofen (Heißluft) auf 175 °C vorheizen. Form einfetten, Teig hineingeben und glatt streichen. In den vorgeheizten Ofen geben und 50 Min. bei 175 °C backen.

12435. Pak Choi in Senfsoße, Oktober 2019

2 Portionen; dazu gab es Basmati-Vollkornreis.

- 75 g Wasser
- 255 g Pak Choi, in Streifen

Soße

- 1 Ecke Schmelzkäse (62,5 g)
- 150 g kochendes Wasser
- 1 gestr. TL Salz
- 1 TL Senf
- 1 Prise Pfeffer
- 1 EL Zitronensaft

Gemüse im Wasser als Gemüsepfanne 15 Min. dünsten. Für die Soße Käse im kochenden Wasser auflösen. Restliche Zutaten einrühren, unter das Gemüse geben und aufkochen lassen.

12436. Brownies aus dem TM, Diätversion, Oktober 2019

Vorläufer 12375; 1/2 Backblech

- 3 x 50 g Schokolade 99 % Vivani (ist mir zerlaufen)
- 65 g gekochte rote Linsen (100 g Linsen/340 g Wasser/ 20 Min.)
- 75 g Dinkelgrieß
- 150 g Apfelmus (reine Frucht)
- 185 g Dinkel, fein gemahlen
- 1 P Puddingpulver Vanille (38 g)
- 2 TL Backpulver
- 150 g Datteln
- 1 Fläschchen Rum-Aroma
- 1 Fläschchen Butter-Vanille-Aroma
- 1 Prise Salz

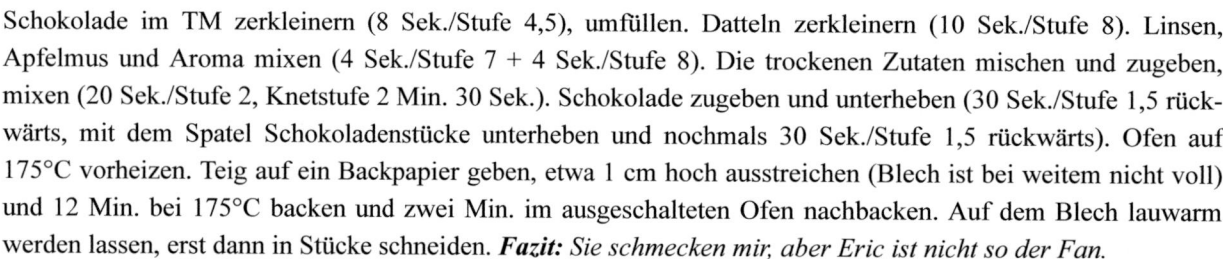

Schokolade im TM zerkleinern (8 Sek./Stufe 4,5), umfüllen. Datteln zerkleinern (10 Sek./Stufe 8). Linsen, Apfelmus und Aroma mixen (4 Sek./Stufe 7 + 4 Sek./Stufe 8). Die trockenen Zutaten mischen und zugeben, mixen (20 Sek./Stufe 2, Knetstufe 2 Min. 30 Sek.). Schokolade zugeben und unterheben (30 Sek./Stufe 1,5 rückwärts, mit dem Spatel Schokoladenstücke unterheben und nochmals 30 Sek./Stufe 1,5 rückwärts). Ofen auf 175°C vorheizen. Teig auf ein Backpapier geben, etwa 1 cm hoch ausstreichen (Blech ist bei weitem nicht voll) und 12 Min. bei 175°C backen und zwei Min. im ausgeschalteten Ofen nachbacken. Auf dem Blech lauwarm werden lassen, erst dann in Stücke schneiden. *Fazit: Sie schmecken mir, aber Eric ist nicht so der Fan.*

12437. Nudeln schnell in Tomatensoße, Oktober 2019

1-2 Portionen

- 1 Dose Tomaten (450 g)
- 300 g Wasser
- 1 große Knoblauchzehe (7 g), in Scheiben
- 1 rote Paprikaschote in Streifen (155 g)
- 150 g Vollkorn-Spiralnudeln

Deckel immer auflegen. Tomaten, Wasser, Knoblauch und Paprika aufkochen, 5 Min. kochen. Nudeln zugeben und weitere 5 Min. auf kleiner Einstellung kochen, ab und zu umrühren. Abschmecken mit:

- 1 TL Salz
- 1 Prise Pfeffer
- 1 TL gem. Paprika edelsüß
- 2 TL Sambal Oelek
- 1 EL Sonnenblumenöl
- 1/2 TL Agavendicksaft
- 60 g Sahne

12438. Bananenbrot III, Oktober 2019

Vorläufer 12434; 25 cm Glas-Kastenform

- 1 Tafel Schokolade 99 % (80 g; Vivani)
- 50 g Sonnenblumenkerne
- 100 g Datteln Deglet Nour
- 4 Bananen (405 g netto); reif
- 60 g Apfelmark
- 70 g Kichererbsen aus der Dose
- 250 g Dinkel, fein gemahlen
- 2 TL Backpulver
- 1/2 TL Natron
- 1 Prise Salz
- Fett für die Form (hier: Butter)

Schokolade in Stücken in den TM geben und zerkleinern (4 Sek./Stufe 6). Umfüllen und Datteln fein hacken (8 Sek./Stufe 8). Umfüllen. Bananen mit den Kichererbsen pürieren (20 Sek./Stufe 5). Die trockenen Zutaten mit einem Löffel vermischen, mit dem Apfelmark zugeben und vermischen (10 Sek./Stufe 2 + 2 x 20 Sek./Stufe 5). Schokolade, Sonnenblumenkerne und Datteln unterziehen (2 x 10 Sek./Linkslauf/Stufe 5).

Ofen (Heißluft) auf 175 °C vorheizen. Form einfetten, Teig hineingeben und glatt streichen. In den vorgeheizten Ofen geben und 45 Min. bei 175 °C backen und 5 Min. im ausgeschalteten Ofen nachbacken.

12439. Lebkuchentorte à la Lebkuchenteig, Nov. 2019
Vorläufer: 14/12164; Springform 26 cm

- 125 g Datteln Deglet Nour, ohne Steine
- 125 g Rosinen
- 200 g Soft-Feigen (Rossmann)
- 50 g grüne Rosinen
- 500 g Wasser
- 2 EL Rum
- 1 Prise Salz
- 45 g Kakaopulver schwach entölt
- 15 g Carobpulver Rohkostqualität
- 200 g Dinkel, gemahlen (Mühle)
- 200 g Dinkelvollkorngrieß
- 4-5 Tropfen Bittermandelöl
- 2 TL Lebkuchengewürz
- 2 Päckchen Weinsteinbackpulver
- 1 TL Natron

Für die Glasur:
- 1 Tafel Vivani Schokolade 99 % (80 g)
- 35 g Agavendicksaft

Trockenfrüchte in einer Pengdose mit dem Wasser übergießen und etwa 12 Std. gut verschlossen stehen lassen. Die Fruchtmasse mit der Flüssigkeit im Vitamix zu einer glatten Masse pürieren. Wer keinen starken Mixer hat, sollte die Stielchen von den Feigen vorher entfernen.

Die trockenen Zutaten mischen. Fruchtgemisch, Aroma, Gewürz und Rum hinzugeben und mit den Rührhaken eines Handrührgeräts gut vermischen. In eine mit Backpapier überspannte Springform geben. In den auf 160 °C (Heißluft) vorgeheizten Ofen einschieben und 42 Min. bei 160 °C backen, 10 Min. im ausgeschalteten Ofen nachbacken.

Für die Glasur die Schokolade mit dem Agavendicksaft in einer kleinen Keramikpfanne zerlassen (Stufe 2/14 Induktion). Browniekuchen mit Guss bepinseln.

12440. Vollkornnudeln Hokkaido Rosenkohl, Nov. 2019

- 75 g Vollkornnudeln
- 245 g Hokkaido, klein geschnitten
- 125 g Rosenkohl, tiefgekühlt
- 225 g Wasser

Zum Kochen bringen. Herd langsam kleiner stellen, das Wasser muss die ganze Zeit kochen.

Kochzeit insgesamt: 15 Min.

Erdnussoße
- 30 g Erdnussmus
- 1 TL Salz
- 15 g Harissa (gekauft, optional)
- 30 g Apfelmark
- 10 g Peperoniessig

Zutaten mit einem Löffel glattrühren. Unter die Nudel-Gemüsemischung rühren und kurz aufkochen.

12441. Nudelauflauf à la Lasagne IV, Oktober 2019

Vorläufer 12428; 2 Portionen

- 300 g Süßkartoffel in Stücken
- 20 g Sonnenblumenöl
- 1 Dose Tomaten „fein stückig" (450 ml)
- 1 geh. TL Salz
- 1/4 TL Pfeffer
- 1 Spritzer Dattelsirup
- 150 g Kichererbsen
- 120 g Kichererbsenwasser
- 2 Prisen Pizzagewürz
- 6 Lasagneplatten (Vollkorn)
- 4 Käsescheiben

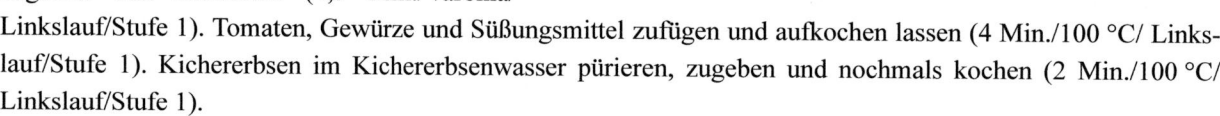

Gemüse im TM zerkleinern (5 Sek./Stufe 5). Öl zugeben und andünsten (4,5 Min./Varoma/ Linkslauf/Stufe 1). Tomaten, Gewürze und Süßungsmittel zufügen und aufkochen lassen (4 Min./100 °C/ Linkslauf/Stufe 1). Kichererbsen im Kichererbsenwasser pürieren, zugeben und nochmals kochen (2 Min./100 °C/ Linkslauf/Stufe 1).

Zwei Lasagneformen bereitstellen. Jeweils 3 EL Soße auf den Boden geben, mit einer Lasagneplatte bedecken. Weitere 4 EL auf die Platte geben, eine weitere Platte auflegen. Noch einmal mit 3 EL wiederholen. Mit je 4 EL Soße abschließen. Bei mir war die Soße dann aufgebraucht. Lasagneformen mit Alufolie abdecken. In den auf 200 °C (hätten sein sollen 180 C°) vorgeheizten Ofen (Heißluft) schieben. 30 Min. backen, Folie öffnen und die Soße jeweils mit 1 Scheibe Käse belegen. Weitere 15 Min. bei 200 °C offen backen.

Fazit: Aufgrund der schon zu Beginn hohen Temperatur hat die größere Flüssigkeitsmenge nicht viel gebracht. Aber sonst sehr lecker.

12442. Brownies aus dem TM, Diätversion II, Oktober 2019

Vorläufer 12436 + 12375; 1/2 Backblech.

- 3 x 50 g Schokolade 99 % Lindt
- 175 g Datteln, Deglet Nour (ohne Steine)
- 100 g Kichererbsen aus der Dose
- 75 g Kichererbsenwasser
- 250 g Apfelmus (reine Frucht)
- 2 EL Rum
- 85 g Dinkel, fein gemahlen
- 100 g Hafer, fein gemahlen
- 40 g Puddingpulver (1 Tüte)
- 60 g Dinkel Vollkorngrieß
- 2 TL Weinsteinbackpulver
- 1 Prise Salz

Schokolade im TM zerkleinern (8 Sek./Stufe 4,5), umfüllen. Datteln zerkleinern (20 Sek./Stufe 8*). Kichererbsen und Kichererbsenwasser zufügen und pürieren (20 Sek./Stufe 2; 20 Sek./Stufe 3; 20 Sek./Stufe 4*). Apfelmus, Rum und die gemischten trockenen Zutaten zugeben, mixen (20 Sek./Stufe 2; 10 Sek./Stufe 3; 10 Sek./Stufe 4,** Knetstufe 2 Min. 30 Sek.). Schokolade zugeben und unterheben (30 Sek./Stufe 1,5 rückwärts, mit dem Spatel Schokoladenstücke unterheben und nochmals 30 Sek./Stufe 1,5 rückwärts).

Ofen auf 175°C vorheizen. Teig auf ein Backpapier geben, etwa 1 cm hoch ausstreichen (Blech ist bei weitem nicht voll) und 16 Min. bei 175°C backen und 5 Min. im ausgeschalteten Ofen nachbacken. Auf dem Blech lauwarm werden lassen, erst dann in Stücke schneiden.

*Hinweise: * Dadurch waren die Datteln eher Mus und klebten an der Wand des Thermomix. – ** Ich hatte gedacht, abkürzen zu können und 20 Sek. auf Stufe 5 gestellt. Nichts wird gemischt.*

12443. Roggen-Sauerteigbrot, Hafertyp II, November 2019

Stufe 1 (12 Std. vorher):

Sauerteigansatz:

- 400 g Roggen
- 410 g Wasser
- 150 g Sauerteig

Stufe 2 (bei mir Morgen):

- 225 g Dinkel, fein gemahlen
- 200 g Hafer, fein gemahlen
- 100 g Sonnenblumenkerne
- 15 g Salz
- 300 g Wasser
- 1/4 Würfel frische Hefe (10 g)
- ca. 800 g Sauerteigansatz
- 20 g Butter für die Form

Stufe 1: Roggen fein mahlen, mit Wasser und altem Sauerteig mischen. In einer Plastiktüte über Nacht stehen lassen. 150 g von der Stufe 1 abnehmen und in einem gut schließenden Schraubglas in den Kühlschrank stellen für das nächste Backen.

Stufe 2: Getreide mahlen (Vorabend). Backmorgen: Hefe in einem Teil des Wassers auflösen. Zutaten (außer der Butter) mit einem großen Löffel gründlich verrühren, bis kein Mehl mehr sichtbar ist. Eine 30-cm-Brotform, Profi-Email von Dr. Oetker, gut einfetten. Teig hineingeben, mit der nassen Hand herunterdrücken und glattstreichen. Mit einem scharfen Messer kreuzweise einschneiden. Form im kalten Ofen etwa 90 Min. gehen lassen. Ofen so programmieren, dass das Brot 3 Std. (70 Min. Backzeit, 190 °C Heißluft) später fertig ist.

12444. Kohlrabi Kartoffeln Cremesoße, November 2019

- *2 Portionen*
- 150 g Wasser
- 500 g Kartoffelscheiben
- 390 g Kohlrabi
- 110 g Möhre
- 70 g Frischkäse
- 40 g Sahne
- 1 TL Salz
- 1 Prise Pfeffer

Wasser und Kartoffeln in eine 24-cm-Pfanne geben. Kohlrabi und Möhren kleinschneiden * und ebenfalls in die Pfanne geben. Als Gemüsepfanne 25 Min. garen (Kohlrabi braucht ewig), wobei das Wasser ständig etwas kochen sollte. Die restlichen Zutaten unterrühren und kurz aufkochen.

Hinweis: * Ich habe die Kohlrabi im Thermomix zerkleinert. Erst einmal 4 Sek. Stufe 4, da waren einige Stücke viel zu groß. Die habe ich dann wieder herausgenommen und mit 4/5 zerkleinert. Jetzt war's zu klein. Keine Ahnung, wie die ideale Einstellung aussieht.

12445. Sambal Oelek Vitamix, November 2019

Vorläufer 12382; doppelte Portion im Vitamix.

- 195 g rote Peperoni, frisch
- 90 g eingelegte grüne Peperoni
- 40 g Apfelessig
- 10 g Salz
- 50 g Honig
- 20 g Zitronensaft
- 100 g Sonnenblumenöl
- 3 g Johannisbrotkernmehl

Alle Zutaten außer dem Johannisbrotkernmehl in den Vitamix geben und pürieren auf der mittleren Stufe. Während der Vitamix auf kleiner Einstellung läuft, Johannisbrotkernmehl zugeben und nochmals gut auf der mittleren Stufe mischen. In ein Schraubgefäß umfüllen und im Kühlschrank aufbewahren.

12446. Kohlrabi-Ajvar TM-Mixtopf, Nov. 2019

Vorläufer 14/11447+14/11354

In den Mixtopf geben und zerkleinern (3 Sek./ Stufe 5):

- 385 g Kohlrabi
- 150 g Hokkaido
- 2 große Knoblauchzehen (12 g)

Zugeben:

- 150 g Wasser
- 45 g Sonnenblumenöl
- 17 g Essigpeperoni (Peperoni Kosovo eingelegt)

Kochen (25 Min./10 0 °C/Linkslauf/Stufe 1; wenn es blubbernd kocht, auf 90 °C stellen). Zugeben:

- 1 geh. TL Salz
- 1 geh. TL Paprika edelsüß
- 1 gute Prise schw. gem. Pfeffer
- 2 EL Peperoniessig
- 30 g Honig (besser 50 g Rosinen mitkochen und zum Schluss evtl. 5 Sek./Stufe 10 pürieren)

Zerkleinern (5 Sek./Stufe 7). Es ist noch ein wenig stückig, was ich bevorzuge. In zwei Honiggläser füllen und nach dem Abkühlen im Kühlschrank aufbewahren.

12447. Käsekuchen vegan IV, Nov. 2019

Vorläufer 12401; 26-cm-Springform

Teig

- 200 g Hafer
- 50 g Sonnenblumenöl
- 65 g Agavendicksaft
- 125 g Pflanzenmilch

Käsemasse

- 300 g fertiger Vanillepudding
- 80 g Dinkel-Vollkorngrieß
- 1 P Vanillepuddingpulver (oder mehr (110 g) Grieß und eine Prise Vanille)
- 1 TL Backpulver
- 800 g Seidentofu
- 300 g „normaler" Tofu
- 150 g Agavendicksaft
- 1 Fläschchen Zitronenaroma
- 40 g Zitronensaft
- 30 g Sonnenblumenöl
- 80 g Pflanzenmilch

Hafer flocken. Öl und Süßungsmittel erhitzen, Hafer zugeben und gut anbraten. Milch einrühren und bis zu etwas Bindung kochen. Eine Springform mit Backpapier auslegen und Teig darin gleichmäßig verteilen und festdrücken. Einen kleinen Rand hochdrücken. Ofen (Heißluft) auf 190 °C vorheizen und 10 Min. bei 190 °C backen. In dieser Zeit die Käsemasse vorbereiten: Grieß mit Pudding- und Backpulver mischen. Tofu mit Süßungsmittel, Aroma, Zitronensaft, Öl und Pflanzenmilch fein pürieren (30 Sek./Stufe 10). Thermomix auf Stufe 4 laufen lassen und Grieß-Puddingpulvermischung langsam per Teelöffel zugeben. Alles zusammen nochmals mixen (5 Sek./Stufe 10).

Käsemasse auf den Boden gießen. Backofen auf 180 °C (Heißluft) vorheizen und Kuchen 45 Min. bei 180 °C backen. 10 Min. bei 160 °C backen, bei halb geöffneter Backofentür 10-15 Min. stehen lassen. Auf einem Gitterrost auskühlen lassen.

12448. Tomatenketchup XLII, November 2019

Vorläufer 12404; 2 Cashewnussmus-Gläser + 1/2 Honigglas

- 2 Dosen Tomaten inklusive Saft (800 g)
- 135 g Sultaninen
- 12 g Knoblauchzehen frisch
- 150 g Apfelessig
- 10 g Tamari
- 100 g Wasser
- 1 TL Salz
- 1/2 Gemüsezwiebel (200 g), geviertelt
- 100 g Hokkaido, in Stücken
- 1 Stück Essigpeperoni (5 g) 7/4573
- 1 Prise (1/4 TL) Pfeffer
- 2 TL Paprika edelsüß
- 10 g Tomatenmark
- 150 g Wasser (davon

Alle Zutaten bis auf die zweite Menge Wasser in den Mixtopf geben. 25 Sek. auf Stufe 10 zerkleinern, dabei den Messbecher fest andrücken, anschließend garen (35 Min./Varoma/Stufe 3). Nach Ende der Garzeit Rest Wasser zugeben und fein pürieren (30 Sek./Stufe 10). Direkt in Schraubgläser füllen.

Fazit: Zu säuerlich für meinen Geschmack.

12449. Zwiebel-Relish VIII, November 2019

Vorläufer 12405

- 485 Gemüsezwiebeln
- 100 g Hokkaido
- 3 Knoblauchzehen (frisch; 13 g)
- 40 g Ketchup (Tomatenketchup XLII 12448)
- 1 geh. TL Salz
- 1 Prise Pfeffer
- 2 TL Paprikapulver edelsüß
- 200 g Rosinen
- 1 Prise getr. Rosmarin, zwischen den Händen verrieben
- 150 g Apfelessig
- 10 g Tamari
- 75 g Wasser

Herstellung im Thermomix. Zwiebeln, Hokkaido und Knoblauch zerkleinern (6 Sek./Stufe 5). Nach unten schieben und die restlichen Zutaten zugeben. 55 Min./100 °C/Linkslauf/Stufe 1 ohne Messbecher garen. Sobald es kocht, wenn nötig Garkörbchen als Spritzschutz aufsetzen.

Relish in ein leeres Schraubglas (750 ml) füllen. Sofort verschließen und abgekühlt im Kühlschrank aufbewahren.

12450. Dattelkonfekt IX, November 2019

Vorläufer 14/12187

- 100 g Datteln (Deglet Nour)
- 35 g (grüne) Rosinen
- 80 g Softfeigen
- 60 g Sonnenblumenkerne
- 60 g Cashewnüsse
- 2 EL Kakao, schwach entölt (20 g)
- 20 g Kakaonibs
- 1 Prise Salz
- 30 g Hafer, geschrotet (3/9 Hawos Novum)

Alle Zutaten bis auf den Haferschrot in den Mixtopf geben.

Zerkleinern (10 Sek./Stufe 6; 1 Min. 10 Sek./Stufe 8) und vermengen. Aus der Masse Kugeln formen und im Hafer wälzen. In einer geschlossenen Dose im Kühlschrank aufbewahren.

12451. Süßkartoffelsalat, November 2019

2 Portionen; eine schöne Sache für den Thermomix.

- 15 g Sonnenblumenöl
- 10 g Zitronensaft
- 10 g Agavendicksaft
- 1 gestr. TL Salz
- 1 Prise gem. Pfeffer
- 255 g Süßkartoffel
- 1 Apfel (140 g)
- 1 rote Paprikaschote (170 g)
- 1-2 EL Cashewnüsse

Öl, Zitronensaft, Agavendicksaft, Salz und Pfeffer verrühren (5 Sek./Stufe 2). Gemüse grob vorschneiden, in den TM geben und zerkleinern (5 Sek./Stufe 5). Auf zwei Schüsselchen verteilen und mit den Nüssen bestreuen.

12452. Süßkartoffelsalat II, November 2019

2 Portionen; für den Thermomix

- 15 g Sonnenblumenöl
- 20 g Zitronensaft
- 1 gestr. TL Salz
- 20 g Ajvar (z. B. Kohlrabi-Ajvar TM-Mixtopf 12246)
- 1 Prise gem. Pfeffer
- 290 g Süßkartoffel
- 1 Möhre (110 g)
- 200 g Ananas
- 100 g Feta, gewürfelt

Öl, Zitronensaft, Ajvar, Salz und Pfeffer verrühren (10 Sek./Stufe 2). Gemüse grob vorschneiden, in den TM geben und zerkleinern (5 Sek./Stufe 5). Auf zwei Schüsselchen verteilen und mit Feta bestreuen.

12453. Bananenbrot IV, November 2019

Vorläufer 12438; 25 cm Glas-Kastenform

- 1 Tafel Schokolade 99 % (50 g; Lindt)
- 50 g Sonnenblumenkerne
- 100 g Datteln Deglet Nour
- 4 Bananen (430 g netto); reif
- 80 g Apfelmark
- 50 g Kichererbsen aus der Dose
- 200 g Dinkel, fein gemahlen
- 50 g Hafer, mit dem Dinkel gemahlen
- 2 TL Backpulver
- 1/2 TL Natron
- 1 Prise Salz
- Fett für die Form (hier: Butter)

Schokolade in Stücken in den TM geben und zerkleinern (4 Sek./Stufe 6). Umfüllen und Datteln fein hacken (8 Sek./Stufe 8). Umfüllen. Bananen mit Apfelmark und Kichererbsen pürieren (20 Sek./Stufe 5). Die trockenen Zutaten mit einem Löffel vermischen, zugeben und unterrühren (10 Sek./Stufe 2 + 2 x 20 Sek./Stufe 5). Schokolade, Sonnenblumenkerne und Datteln unterziehen (2 x 10 Sek./Linkslauf/Stufe 5).

Ofen (Heißluft) auf 175 °C vorheizen. Form einfetten, Teig hineingeben und glatt streichen. Mit dem Spatel Linien in die Oberfläche ziehen. In den vorgeheizten Ofen geben und 45 Min. bei 175 °C backen und 5 Min. im ausgeschalteten Ofen nachbacken.

12454. Kartoffelpfanne mit Zwiebeln, November 2019

2 Portionen

Für die Gemüsepfanne:
- 1 Gemüsezwiebel (275 g), klein geschnitten
- 480 g Kartoffeln (festkochend), in Scheiben
- 160 g Wasser
- 300 g Ajvar (hier: Kohlrabi-Ajvar TM-Mixtopf 12446) oder Kürbis klein geschnitten

Für die Soße:
- 75 g Frischkäse
- 1 gestr. TL Salz
- 10 g Zitronensaft

Zutaten in eine 24-cm-Aluguss-Pfanne schichten und als Gemüsepfanne 25 Min. garen (ich musste ziemlich lange die Temperatur höher als ganz niedrig halten, weil es sonst nicht mehr kochte). Soßenzutaten miteinander verrühren und unter das Gemüse ziehen.

12455. Dattelkonfekt mit Nussmus II, November 2019

Vorläufer 12246 + 12450

- 100 g Datteln (Deglet Nour)
- 35 g (grüne) Rosinen
- 75 g Feigen (Softfeigen)
- 60 g Mischnussmus
- 60 g Cashewnüsse
- 60 g Hafer, geschrotet (3/9 Hawos Novum) (besser 30 g!)
- 2 EL Kakao, schwach entölt (20 g)
- 25 g Kakaonibs
- 1 Prise Salz
- Kokosflocken

Alle Zutaten bis auf die Kokosflocken in den Mixtopf geben. Zerkleinern (10 Sek./Stufe 6; 1 Min. 10 Sek./Stufe 8) und vermengen. Die Masse lässt sich eingeschlagen in Haushaltsfolie eine Weile aufbewahren, wenn man nicht direkt Zeit zur Weiterverarbeitung hat und nicht möchte, dass sie austrocknet. Aus der Masse Rollen mit einem Durchmesser von etwas mehr als 1 cm formen. Kokosflocken auf einen Teller passender Größe streuen, die Rollen darin wälzen. Die Rollen in kleine Stücke schneiden und diese Stücke mit den unbedeckten Seiten in die Kokosflocken drücken. In einer geschlossenen Dose im Kühlschrank aufbewahren.

Hinweis: Nussmus statt Sonnenblumenkerne geben einen stärkeren Nussgeschmack. Die Masse ist relativ trocken, ich würde demnächst nur 30 g Haferschrot verwenden. Mir schmeckt der Konfekt mit Nüssen/Samen besser als mit Nussmus.

12456. All-in-One-Nudeln scharf, November 2019

- 100 g Vollkornnudeln
- 20 g Walnüsse, mit den Händen in Stücke gebrochen
- 155 g Rosenkohl, tiefgekühlt
- 8 g Kokosraspeln (Rest von der Konfektherstellung, kann auch wegfallen)
- 1 Tomate (125 g)
- 100 g Ajvar (hier Kohlrabi-Ajvar TM-Mixtopf)
- 300 g Wasser

Ähnlich wie eine Gemüsepfanne 15 Min. kochen (weil Nudeln dabei sind, darauf achten, dass es wirklich immer kocht).

Einrühren:
- 1 TL Salz
- 2 TL Sambal (hier: Sambal Oelek Vitamix 12445)
- 50 g Frischkäse (für Veganer: Nussmus 20-30 g)

12457. Lebkuchentorte nach Brownies TM, Nov. 2019

Vorläufer: 12439; Springform 26 cm

- 125 g Datteln Deglet Nour, ohne Steine
- 125 g Rosinen
- 200 g Soft-Feigen (Rossmann)
- 50 g grüne Rosinen
- 500 g Wasser
- 2 EL Rum
- 1 Prise Salz
- 100 g Apfelmark
- 45 g Kakaopulver schwach entölt
- 15 g Carobpulver Rohkostqualität
- 200 g Dinkel, gemahlen (Mühle)
- 200 g Dinkelvollkorngrieß
- 4-5 Tropfen Bittermandelöl
- 2 TL Lebkuchengewürz
- 2 Päckchen Weinsteinbackpulver
- 1 TL Natron

Für die Glasur:
- 1 Tafel Vivani Schokolade 99 % (80 g)
- 35 g Agavendicksaft

Trockenfrüchte in einer Pengdose mit dem Wasser übergießen und etwa 12 Std. gut verschlossen stehen lassen. Die Fruchtmasse mit der Einweichflüssigkeit, Rum, Apfelmark und Aroma im Thermomix zerkleinern (20 Sek./Stufe 4; 1 Min./Stufe 10).

Die trockenen Zutaten mischen ein einarbeiten. Das Mischen gestaltete sich schwierig, weil dieser luftige Teig sich einfach nicht vom Messer greifen ließ. Statt mir Arbeit zu sparen (ich hatte den TM vorher für Konfekt verwendet), war es mehr. Fruchtgemisch, Aroma, Gewürz und Rum hinzugeben und mit den Rührhaken eines Handrührgeräts gut vermischen. In eine mit Backpapier überspannte Springform geben. In den auf 160 °C (Heißluft) vorgeheizten Ofen einschieben und 42 Min. bei 160 °C backen, 10 Min. im ausgeschalteten Ofen nachbacken.

Für die Glasur die Schokolade mit dem Agavendicksaft in einer kleinen Keramikpfanne zerlassen. Browniekuchen mit Guss bepinseln.

* „Gestaltete sich schwierig" ist optimistisch ausgedrückt. Als ich das erste Mal den Deckel vom Thermomix nahm und mit dem Spatel in den Teig stach, um die Luftblase zu entfernen, ergoss sich ein Regen der trockenen Zutaten aus dem Thermomix in die Umgebung. Zum Glück habe ich einen kräftigen Tischstaubsauger, denn dasselbe passierte mir beim zweiten Mal, obwohl ich da schon gewarnt und deshalb viel vorsichtiger war.

12458. Brownies aus dem TM, Diätversion III, Nov. 2019

Vorläufer 12442; 1/2 Backblech; im Thermomix

- 3 x 50 g Schokolade 99 % Lindt
- 175 g Datteln, Deglet Nour (ohne Steine)
- 100 g Kichererbsen aus der Dose
- 75 g Kichererbsenwasser
- 250 g Apfelmus (reine Frucht)
- 4 Tropfen Rum-Aroma
- 4 Tropfen Butter-Vanillearoma
- 75 g Dinkel, fein gemahlen
- 110 g Hafer, fein gemahlen
- 40 g Puddingpulver (1 Tüte)
- 60 g Dinkel Vollkorngrieß
- 2 TL Weinsteinbackpulver
- 1 Prise Salz

Schokolade im TM zerkleinern (8 Sek./Stufe 4,5), umfüllen. Datteln zerkleinern (10 Sek./Stufe 8). Kichererbsen, Kichererbsenwasser, Apfelmus, Rum und Aromen zufügen und pürieren (20 Sek./Stufe 2; 20 Sek./Stufe 3; 20

Sek./Stufe 4). Die gemischten trockenen Zutaten zugeben, mixen (20 Sek./Stufe 2; 10 Sek./Stufe 3; 10 Sek./Stufe 4, Knetstufe 2 Min. 30 Sek.). Schokolade zugeben und unterheben (30 Sek./Stufe 1,5 rückwärts, mit dem Spatel Schokoladenstücke unterheben und nochmals 30 Sek./Stufe 1,5 rückwärts).

Ofen auf 175 °C vorheizen. Teig auf ein Backpapier geben, etwa 1 cm hoch ausstreichen (Blech ist bei weitem nicht voll) und 16 Min. bei 175 °C backen und 5 Min. im ausgeschalteten Ofen nachbacken. Auf dem Blech lauwarm werden lassen, erst dann in Stücke schneiden.

12459. Hafer mit Paprika (Haferkur salzig), November 2019

- 75 g Hafer
- 1 rote Paprikaschote, klein geschnitten
- 1 orange-farbene Paprikaschote, klein geschnitten
- 2 Knoblauchzehen, in Scheiben
- 2 Prisen italienische Kräuter
- 1 gute Prise Salz
- 450 g Wasser

Alles zusammen aufkochen und 15 Min. auf kleiner Einstellung kochen lassen. Anschließend in eine Schüssel füllen und 5-10 Min. nachquellen lassen.

12460. Hafer mit Kürbis und Sellerie (Haferkur salzig), November 2019

- 75 g Hafer
- 90 g Sellerie, klein geschnitten
- 255 g Hokkaido-Kürbis, klein geschnitten
- 1 gute Prise Salz
- 350 g Wasser
- 2 Prisen italienische Kräuter

Alles zusammen aufkochen und 15 Min. auf kleiner Einstellung kochen lassen. Anschließend in eine Schüssel füllen und 5-10 Min. nachquellen lassen.

12461. Karamellsoße XXVII „mehr", November 2019

1 Honigglas; Vorläufer 14/12264

- 400 g Wasser
- 250 g Sahne
- 1/4 TL Salz
- 90 g Agavendicksaft
- 95 g Honig

Alle Zutaten in den Mixtopf geben und erhitzen (30 Min./Varoma/Stufe 5), dabei das Garkörbchen bis zum Ende als Spritzschutz verwenden. In ein leeres Schraubglas füllen (etwa 1 Honigglas) und gut zudrehen.

12462. Reis mit Blumenkohl-Zwiebeln, November 2019

(Dazu 100 g Reis (Rohgewicht) aus dem Reiskochtopf.)

- 10 g Sonnenblumenöl
- 75 g Wasser
- 80 g rote Zwiebeln, klein geschnitten
- 2 Prisen Salz
- 200 g Blumenkohl, in Röschen zerteilt

Als Gemüsepfanne 15-17 Min. zubereiten. Unterrühren:

- Evtl. Salz
- 1 Prise Pfeffer
- 20 g Mischnussmus

12463. Fünfminutenbrot mal wieder VII, November 2019

Vorläufer 12384; für 1 Brot-Kastenform von 30 cm.

- 480 g Dinkel
- 20 g Hafer
- 100 g Sonnenblumenkerne
- 2 knappe TL Salz (oder wer mag auch Kräutersalz)
- 450 g Wasser
- 1 Würfel frische Hefe (42 g)
- Sesamsamen für die Form
- Butter für die Form

Getreide fein mahlen, mit Sonnenblumenkernen und Salz mischen. Wasser. Essig und Mehlgemisch in den Thermomix füllen, Hefe auf die Oberfläche bröseln und den Teig in der Maschine kneten (3 Min./Knetstufe). Brotform einfetten. Mit Sesam ausstreuen. Teig hineingeben, 15 Min. ruhen lassen und die Form auf dem Gitterrost in den kalten Backofen schieben. Den Ofen auf 200 °C (Umluft) aufheizen und das Brot darin 60 Min. bei 200 °C backen. Das fertige Brot aus der Form stürzen, mit Wasser einsprühen (z. B. mit einer Blumenspritze) und auf einem Kuchengitter auskühlen lassen.

12464. Blumenkohl in Soße, November 2019

Als Gemüsepfanne 15-20 Min.:

- 15 g Sonnenblumenöl
- 40 g Wasser
- 155 g Blumenkohl in Röschen
- 1 Prise Salz

Unter das gegarte Gemüse rühren und aufkochen:

- 10 g Butter
- 40 g Auberginen-Aufstrich (gekauft)

Tipp: Dazu passt Reis gut.

12465. Brownies aus dem TM, Diätversion IV, Nov. 2019

Vorläufer 12458; 1/2 Backblech; im Thermomix

- 2 x 50 g Schokolade 99 % Lindt
- 50 g Rosinen
- 175 g Datteln, Deglet Nour (ohne Steine)
- 100 g Kichererbsen aus der Dose
- 75 g Kichererbsenwasser
- 250 g Apfelmus (reine Frucht)
- 2 EL Rum
- 4 Tropfen Rum-Aroma
- 4 Tropfen Butter-Vanillearoma
- 75 g Dinkel, fein gemahlen
- 110 g Hafer, fein gemahlen
- 40 g Puddingpulver (1 Tüte)
- 60 g Dinkel Vollkorngrieß
- 2 TL Weinsteinbackpulver
- 1/2 TL Natron
- 1 Prise Salz

Schokolade im TM zerkleinern (8 Sek./Stufe 4,5), umfüllen. Datteln zerkleinern (10 Sek./Stufe 8). Kichererbsen, Kichererbsenwasser, Apfelmus, Rum und Aromen zufügen und pürieren (20 Sek./Stufe 2; 20 Sek./Stufe 3; 20 Sek./Stufe 4). Die gemischten trockenen Zutaten zugeben, mixen (20 Sek./Stufe 2; 10 Sek./Stufe 3; 10 Sek./Stufe 4, Knetstufe 2 Min. 30 Sek.). Schokolade zugeben und unterheben (30 Sek./Stufe 1,5 rückwärts, mit dem Spatel Schokoladenstücke unterheben und nochmals 30 Sek./Stufe 1,5 rückwärts).

Ofen auf 175 °C vorheizen. Teig auf ein Backpapier geben, etwa 1 cm hoch ausstreichen (Blech ist bei weitem nicht voll) und 16 Min. bei 175 °C backen und 5 Min. im ausgeschalteten Ofen nachbacken. Auf dem Blech lauwarm werden lassen, erst dann in Stücke schneiden.

12466. Lebkuchentorte nach Brownies II, Dez. 2019

Vorläufer: 12457; Springform 26 cm

- 125 g Datteln Deglet Nour, ohne Steine
- 125 g Rosinen
- 200 g Soft-Feigen (Rossmann)
- 50 g grüne Rosinen
- 500 g Wasser
- 2 EL Rum
- 1 Prise Salz
- 200 g Apfelmark
- 45 g Kakaopulver schwach entölt
- 15 g Carobpulver Rohkostqualität
- 200 g Dinkel, gemahlen (Mühle)
- 200 g Dinkelvollkorngrieß
- 4-5 Tropfen Bittermandelöl
- 2 TL Lebkuchengewürz
- 2 Päckchen Weinsteinbackpulver
- 1 TL Natron

Für die Glasur:

- 1 Tafel Vivani Schokolade 99 % (80 g)
- 35 g Agavendicksaft

Trockenfrüchte in einer Pengdose mit dem Wasser übergießen und etwa 12 Std. gut verschlossen stehen lassen. Die Fruchtmasse mit der Flüssigkeit im Vitamix zu einer glatten Masse pürieren. Wer keinen starken Mixer hat, sollte die Stielchen von den Feigen vorher entfernen.

Die trockenen Zutaten mischen. Fruchtgemisch, Apfelmark, Aroma, Gewürz und Rum hinzugeben und mit den Rührhaken eines Handrührgeräts gut vermischen. In eine mit Backpapier überspannte Springform geben. In den auf 160 °C (Heißluft) vorgeheizten Ofen einschieben und 42 Min. bei 160 °C backen, 10 Min. im ausgeschalteten Ofen nachbacken.

Für die Glasur die Schokolade mit dem Agavendicksaft in einer kleinen Keramikpfanne zerlassen. Browniekuchen mit Guss bepinseln.

12467. Dattelkonfekt X, Dezember 2019

Vorläufer 12455

- 100 g Datteln (Deglet Nour)
- 35 g (grüne) Rosinen
- 75 g Feigen (Softfeigen)
- 60 g Sonnenblumenkerne
- 60 g Cashewnüsse
- 40 g Hafer, geschrotet (3/9 Hawos Novum)
- 2 EL Kakao, schwach entölt (20 g)
- 25 g Kakaonibs
- 1 Prise Salz
- Kokosflocken

Alle Zutaten bis auf die Kokosflocken in den Mixtopf geben. Zerkleinern (10 Sek./Stufe 6; 1 Min. 10 Sek./Stufe 8) und vermengen. Die Masse lässt sich eingeschlagen in Haushaltsfolie eine Weile aufbewahren, wenn man nicht direkt Zeit zur Weiterverarbeitung hat und nicht möchte, dass sie austrocknet. Aus der Masse Rollen mit einem Durchmesser von etwas mehr als 1 cm formen. Kokosflocken auf einen Teller passender Größe streuen, die Rollen darin wälzen. Die Rollen in kleine Stücke schneiden und diese Stücke mit den unbedeckten Seiten in die Kokosflocken drücken. In einer geschlossenen Dose im Kühlschrank aufbewahren.

12468. Sambal Oelek Vitamix II, Dezember 2019

Vorläufer 12445; für den 2-Liter-Becher

- 410 g rote Peperoni, frisch
- 65 g Apfelessig
- 15 g Salz
- 75 g Honig
- 25 g Zitronensaft
- 150 g Sonnenblumenöl
- 5 g Johannisbrotkern-mehl

Alle Zutaten außer dem Johannisbrotkernmehl in den Vitamix geben und pürieren auf der mittleren Stufe. Während der Vitamix auf kleiner Einstellung läuft, Johannisbrotkernmehl zugeben und nochmals gut auf der mittleren Stufe mischen. In ein Schraubgefäß umfüllen und im Kühlschrank aufbewahren.

Hinweis: *Da die Kerne zerkleinert wurden, ist das Sambal wirklich scharf.*

12469. Nuss-Grießkuchen mit Marzipanfüllung, Dez. 2019

Vorlage 14/12163; 25-cm-Kastenform (Glas)

- 200 g gem. Haselnüsse
- 100 g Dinkelvollkorngrieß
- 250 g Dinkel, fein gemahlen
- 180 g Vollrohrzucker
- 35 g Ahornsirup
- 1 Prise Salz
- 1 P Weinsteinbackpulver
- 50 g Sahne
- 200 g Wasser
- 100 g Apfelmark
- 3/4 Flasche Bittermandelaroma
- Butter für die Form
- 200 g Honigmarzipan

Glasur:
- 40 g Vivani 100 % Schokolade
- 25 g Ahornsirup

Die trockenen Zutaten verrühren, restliche Zutaten zufügen. Mit dem Handrührgerät mixen. Form einfetten. Etwa die Hälfte des Teiges in die Form geben und glattstreichen. Marzipan in Streifen schneiden und auf die Teighälfte legen. Restlichen Teig darüber verteilen. In den auf 175 °C (Heißluft) vorgeheizten Ofen schieben und 65 Min. bei 175°C backen, 10 Min. nachbacken. Auf einen Gitterrost stellen, abkühlen lassen und aus der Form nehmen. Schokolade mit dem Ahornsirup schmelzen, etwas abkühlen lassen und auftragen.

Hinweis: *Die Backzeit erscheint mir extrem lang. Das kann an der Glasform liegen.*

12470. Tomatenketchup XLIII, Dezember 2019

Vorläufer 12448; **Herstellung identisch**

- 2 Dosen Tomaten inklusive Saft (800 g)
- 135 g Sultaninen
- 12 g Knoblauchzehen frisch
- 140 g Apfelessig
- 20 g Tamari
- 100 g Wasser
- 1 TL Salz
- 1/2 Gemüsezwiebel (220 g), geviertelt
- 1 Stück Essigpeperoni (10 g) 7/4573
- 1 Prise (1/4 TL) Pfeffer
- 2 TL Paprika edelsüß
- 10 g Tomatenmark
- 150 g Wasser

12471. Zwiebel-Relish IX, Dezember 2019

Vorläufer 12449

- 560 g Gemüsezwiebeln
- 1 Apfel (130 g)
- 3 Knoblauchzehen (frisch; 10 g)
- 70 g Ketchup (Tomatenketchup XLIII 12470)
- 1 geh. TL Salz
- 200 g Rosinen
- 1 Prise getr. Rosmarin, zwischen den Händen verrieben
- 150 g Apfelessig
- 15 g Tamari
- 75 g Wasser

Herstellung im TM. Zwiebeln, Rosinen und Knoblauch zerkleinern (6 Sek./Stufe 5). Nach unten schieben und die restlichen Zutaten zugeben. 55 Min./100 °C/ Linkslauf/Stufe 1 ohne Messbecher garen. Sobald es kocht, wenn nötig Garkörbchen als Spritzschutz aufsetzen. Relish in ein leeres Schraubglas (750 ml) füllen. Sofort verschließen und abgekühlt im Kühlschrank aufbewahren.

12472. All-in-One-Nudeln scharf II, Dezember 2019

Vorläufer 12458; 1 Portion

- 100 g Vollkornnudeln
- 235 g Hokkaido, in Stücken
- 250 g Wasser

Ähnlich wie eine Gemüsepfanne 15 Min. kochen (weil Nudeln dabei sind, darauf achten, dass es wirklich immer kocht). Mit dem Schneebesen Folgendes verrühren:

- 1 TL Salz
- 25 g Mischmus
- 25 g Sambal Oelek
- 35 g Kichererbsenwasser
- 15 g Ahornsirup
- 20 g Tomatenmark
- 10 g Peperoniessig
- 1 Prise ital. Kräuter
- Deko: 25 g Walnüssen, zwischen den Händen zerbrochen

Unter die Nudeln rühren und mit Walnüssen bestreuen.

12473. Hokkaido-Sauce, Dezember 2019

Anbraten, bis Hokkaido gefärbt:

- 110 g Hokkaido, in Stücken
- 20 g Cashewnüsse
- 10 g Sonnenblumenöl

Zufügen und kochen, bis die Soße gebunden bzw. der Kürbis gar ist:

- 130 g Wasser
- 25 g Erdnussmus
- 1/2 EL Tomatenmark
- 1 TL Ahornsirup
- 1 TL Salz

12474. All-in-one-Pasta mit Spinat, Dezember 2019

Als Gemüsepfanne 15 Min.:

- 100 g Vollkorn-Spiralnudeln
- 200 g Hokkaido, in Stücken
- 150 g Tiefkühl-Spinat
- 300 g Wasser

Unterrühren:

- 1 TL Salz
- 1 Prise italienische Kräuter
- 30 g Sahne
- 10 g Sonnenblumenöl

12475. Hafer aus dem Reiskochtopf, Dezember 2019

Eine Freundin erzählt mir öfter, wie lecker sie zum Frühstück Hafer aus dem Reistopf findet. Allerdings ist ihre Zugabe der Zutaten intuitiv. Das ließ mich nicht ruhen.

- 75 g Hafer
- 280 g Wasser (1:4 also)
- 1 Apfel 200 g, klein geschnitten

Alle Zutaten in den Reiskochtopf geben, auf „Standard" laufen lassen.

Hinweis: Das ist sehr bequem, schmeckte lecker. An zwei, drei Stellen hatte der Brei angesetzt, aber wirklich nur ganz leicht. Bei einem nächsten Mal würde ich die Kochzeit um 10 Min. verkürzen (das geht beim digitalen Reiskocher) und mehr auf die Wartezeit setzen.

12476. Hokkaidosoße für Hafertag, Dezember 2019

2 Portionen, für Ofenkartoffel (völlig ohne Fett gebacken).
Der moderne Hafertag ist abwechslungsreicher. Heute waren wir beide „schwach", wir wollten „etwas Richtiges" essen. Dennoch ist es fettfrei. Erstaunlich lecker!

- Ofenkartoffeln für 2 Personen, auf Backpapier, in den kalten Ofen schieben, mit etwas Salz bestreuen: 30 Min. bei 220 °C (Heißluft)

Soße:

- 150 g Hokkaido
- 90 g rote Paprika
- 8 g Knoblauch
- 1 Tomate (170 g)
- 1 große Knoblauchzehe (8 g)
- 310 g Wasser
- 1 TL Salz
- 1 Prise Pfeffer
- 20 g Hafer, fein gemahlen

Gemüse im TM zerkleinern (5 Sek./Stufe 5). Wasser zugeben und kochen (15 Min./100 °C/Stufe 2). Restliche Zutaten zugeben und 4 Min./80 °C/2 Min. erhitzen und pürieren (10 Sek./Stufe 10).

12477. Roggen-Sauerteigbrot, Hafertyp II, Dezember 2019

Vorläufer 12443

Stufe 1 (12 Std. vorher):

Sauerteigansatz:

- 400 g Roggen
- 410 g Wasser
- 150 g Sauerteig

Stufe 2 (bei mir Morgen):

- 200 g Dinkel, fein gemahlen
- 225 g Hafer, fein gemahlen
- 100 g Sonnenblumenkerne
- 15 g Salz
- 250 g Wasser
- 1/4 Würfel frische Hefe (10 g)
- ca. 800 g Sauerteigansatz
- 20 g Butter für die Form

Stufe 1: Roggen fein mahlen, mit Wasser und altem Sauerteig mischen. In einer Plastiktüte über Nacht stehen lassen. 150 g von der Stufe 1 abnehmen und in einem gut schließenden Schraubglas in den Kühlschrank stellen für das nächste Backen.

Stufe 2: Getreide mahlen (Vorabend). Backmorgen: Hefe in einem Teil des Wassers auflösen. Zutaten (außer der Butter) mit einem großen Löffel gründlich verrühren, bis kein Mehl mehr sichtbar ist. Eine 30-cm-Brotform, Profi-Email von Dr. Oetker, gut einfetten. Teig hineingeben, mit der nassen Hand herunterdrücken und glattstreichen. Mit einem scharfen Messer kreuzweise einschneiden. Form im kalten Ofen etwa 90 Min. gehen lassen. Ofen so programmieren, dass das Brot 3 Std. (70 Min. Backzeit, 190 °C Heißluft) später fertig ist.

12478. Lebkuchentorte mit Marzipanfüllung, Dezember 2019

Vorläufer: 12466; Springform 26 cm

- 125 g Datteln Deglet Nour, ohne Steine
- 125 g Rosinen
- 200 g Soft-Feigen (Rossmann)
- 50 g grüne Rosinen
- 500 g Wasser
- 2 EL Rum
- 1 Prise Salz
- 200 g Apfelmark
- 45 g Kakaopulver schwach entölt
- 15 g Carobpulver Rohkostqualität
- 200 g Dinkel, gemahlen (Mühle)
- 200 g Dinkelvollkorngrieß
- 2 TL Lebkuchengewürz
- 2 Päckchen Weinsteinbackpulver
- 1 TL Natron

Für die Füllung:
- 250 g Honigmarzipan

Für die Glasur:
- 1 Tafel Vivani Schokolade 99 % (80 g)
- 35 g Agavendicksaft

Trockenfrüchte in einer Pengdose mit dem Wasser übergießen und etwa 12 Std. gut verschlossen stehen lassen. Die Fruchtmasse mit der Flüssigkeit im Vitamix zu einer glatten Masse pürieren. Wer keinen starken Mixer hat, sollte die Stielchen von den Feigen vorher entfernen.

Die trockenen Zutaten mischen. Fruchtgemisch, Apfelmark, Aroma, Gewürz und Rum hinzugeben und mit den Rührhaken eines Handrührgeräts gut vermischen. Die Hälfte in eine mit Backpapier überspannte Springform geben. Marzipan in Streifen schneiden und auf den Teig legen, Rest Teig darüber verstreichen. In den auf 160 °C (Heißluft) vorgeheizten Ofen einschieben und 42 Min. bei 160 °C backen, 10 Min. im ausgeschalteten Ofen nachbacken.

Für die Glasur die Schokolade mit dem Agavendicksaft in einer kleinen Keramikpfanne zerlassen (Stufe 2/14 Induktion). Browniekuchen mit Guss bepinseln.

12479. Nuss-Grießkuchen mit Tofu, Dezember 2019

Vorlage 12469; 30-cm-Kastenform

- 400 g Seidentofu
- 55 g Hafersahne
- 100 g Apfelmark
- 225 g Vollrohrzucker
- 1 Fläschchen Orangenöl
- 100 g gemahlene Haselnüsse
- 200 g Dinkelvollkorngrieß
- 250 g Dinkel, fein gemahlen
- 1 Prise Salz
- 1 P Weinsteinbackpulver
- Butter für die Form
- Evtl. 240 g Honigmarzipan für die Füllung

Glasur:

- 40 g Vivani 100 % Schokolade
- 25 g Ahornsirup

Tofu, Sahne und Apfelmark auf höchster Stufe mit dem Handrührgerät (Rührbesen) verquirlen. Zucker und Öl zugeben und nochmals gut durchrühren. Die trockenen Zutaten mischen und unterrühren. Form mit Butter einfetten, mit etwas Grieß oder Mehl ausstreuen. Teig hineingeben und glattstreichen. Wer mit Marzipan füllen will, gibt etwa die Hälfte des Teiges in die Kastenform und belegt mit dem in Stücke geschnittenen Marzipan. Restlichen Teig darüber geben und glattstreichen. In den auf 175 °C (Heißluft) vorgeheizten Ofen schieben und 45 Min. bei 175 °C backen, 10 Min. nachbacken. Auf einen Gitterrost stellen, abkühlen lassen und aus der Form nehmen. Schokolade mit dem Ahornsirup schmelzen, etwas abkühlen lassen und auftragen.

12480. Erdnusssoße quasi instant, Dezember 2019

- 50 g Hafersahne
- 50 g Erdnussmus
- 20 g Sambal Oelek (selbstgemacht)
- 1 gestr. TL Salz
- 5 g Ahornsirup
- 50-100 g Wasser (je nachdem, wie dick man die Soße möchte)

In einer kleinen Pfanne zusammen erhitzen.

Tipp: Dazu passt Reis mit Gemüse.

12481. Kartoffeln mit Spitzkohl am Hafertag, Dez. 2019

2 Portionen, 24-cm-Alugusspfanne

Als Gemüsepfanne 25 Min.:

- 400 g Kartoffeln, in Scheiben (geschält, weil schon alt)
- 270 g Spitzkohl, klein geschnitten
- 60 g Möhre, in Scheiben
- Etwas Salz
- 200 g Wasser

Für die Soße verrühren, unterrühren und aufkochen:

- 1 EL Hafer, gemahlen
- 2 Prisen italienische Kräuter
- 125 g Wasser

12482. Tomatensoße halbinstant, Dezember 2019

- 1 Tomate (135 g), klein geschnitten
- 1 große Knoblauchzehe (7 g), in Scheiben
- 105 g Wasser
- Als Gemüsepfanne 12 Min.

Mit einem Löffel verrühren:

- 20 g Hafersahne
- 25 g Tomatenmark
- 10 g Sambal Oelek (selbstgemacht)
- 50 g Mandelmus weiß
- 1 TL Salz
- 1 Prise Pfeffer
- 1 geh. TL Paprika

Unter das Gemüse rühren und aufkochen.

12483. Schokokakao, Januar 2020

Eine 500-g-Tassse.

- 15 g Schokolade 100 %
- 5 g Kakaopulver
- 20 g Dattelsirup
- 450 g Hafermilch

Im TM herstellen: 8 Min./90 °C/Stufe 2 (bei mir waren die 90 °C schon nach 6 Min. erreicht).

12484. Hokkaidosoße 2020, Januar 2020

Als Gemüsepfanne:

- 165 g Hokkaido, in Stücken
- 125 g Wasser

Soße:

- 35 g Mandelsahne
- 30 g Mandelmus weiß
- 1 TL Salz
- 1 TL Sambal Oelek

Soße unterrühren.

12485. Tomatenketchup XLIV, Januar 2020

Vorläufer 12470, 2 Cashewnussmus-Gläser + 1/2 Honigglas

- 2 Dosen Tomaten inklusive Saft (800 g)
- 140 g Sultaninen
- 12 g Knoblauchzehen frisch
- 145 g Apfelessig
- 10 g Peperoniessig 7/4573
- 25 g Tamari
- 100 g Wasser
- 1 geh. TL Salz
- 1/2 rote Gemüsezwiebel (220 g), geviertelt
- 1 Apfel ohne Kerne (100 g)
- 1 Stück Essigpeperoni (10 g) 7/4573
- 1 Prise (1/4 TL) Pfeffer
- 2 TL Paprika edelsüß
- 10 g Tomatenmark
- 150 g Wasser (davon

Alle Zutaten bis auf die zweite Menge Wasser in den Mixtopf geben. 25 Sek. auf Stufe 10 zerkleinern, dabei den Messbecher fest andrücken, anschließend garen (35 Min./Varoma/Stufe 3). Nach Ende der Garzeit Rest Wasser zugeben und fein pürieren (30 Sek./Stufe 10). Direkt in Schraubgläser füllen.

12486. Sambal Oelek Vitamix III, Januar 2020

Vorläufer 12468; für den 2-Liter-Becher

- 495 g rote Peperoni, frisch
- 23 g Habaneros in Honig (vor Jahren eingelegt)
- 70 g Apfelessig
- 1 Knoblauchzehe (5 g)
- 15 g Salz
- 75 g Honig
- 20 g Zitronensaft
- 125 g Sonnenblumenöl
- 5 g Johannisbrotkernmehl

Alle Zutaten außer dem Johannisbrotkernmehl in den Vitamix geben und pürieren. Während der Vitamix auf kleiner Einstellung läuft, Johannisbrotkernmehl zugeben und nochmals gut auf der mittleren Stufe mischen. In ein Schraubgefäß umfüllen und im Kühlschrank aufbewahren.

Hinweis: *Da die Kerne zerkleinert wurden, ist das Sambal sehr scharf.*

12487. Zwiebel-Relish X, Januar 2020

Vorläufer 12471

- 590 g Gemüsezwiebeln, 1 rote und 1 weiße
- 1 Apfel (155 g)
- 3 Knoblauchzehen (frisch; 10 g)
- 100 g Ketchup (Tomatenketchup XLIV 12485)
- 1 geh. TL Salz
- 200 g Rosinen
- 1 Prise getr. Rosmarin, zwischen den Händen verrieben
- 150 g Apfelessig
- 15 g Tamari
- 75 g Wasser

Herstellung im TM. Zwiebeln, Rosinen und Knoblauch zerkleinern (9 Sek./Stufe 5). Nach unten schieben und die restlichen Zutaten zugeben. 55 Min./100 °C/Linkslauf/Stufe 1 ohne Messbecher garen. Sobald es kocht, wenn nötig Garkörbchen als Spritzschutz aufsetzen.

Relish in zwei leere Schraubgläser füllen. Sofort verschließen und abgekühlt im Kühlschrank aufbewahren.

12488. Apfelkuchen sehr fein, Januar 2020

Vorlage 12479; 26-cm-Springform

Teig:
- 400 g Seidentofu
- 55 g Hafersahne
- 100 g Apfelmark
- 225 g Vollrohrzucker
- 1 EL Rum
- 100 g Dinkelvollkorngrieß
- 50 g Hafer
- 250 g Dinkel, fein gemahlen
- 1 Prise Salz
- 1 P Weinsteinbackpulver

Belag:
- 460 g Äpfel, in Achtel und ohne Kerne
- 15 g Mandelstifte
- 15 g Vollrohrzucker
- 25 g Butter

Tofu, Sahne und Apfelmark auf höchster Stufe mit dem Handrührgerät (Rührbesen) verquirlen. Zucker und Rum zugeben und nochmals gut durchrühren. Die trockenen Zutaten mischen und unterrühren. Formboden mit Backpapier überspannen. Teig hineingeben und glattstreichen. Apfelspalten in den Teig drücken, mit Zucker bestreuen und mit Butterstückchen belegen. In den auf 175 °C (Heißluft) vorgeheizten Ofen schieben und 45 Min. bei 175 °C backen. Auf einen Gitterrost stellen, abkühlen lassen und aus der Form nehmen.

12489. Hokkaido-Kartoffel-Pfanne Mandelsoße, Jan. 2020

2 Portionen (vorher ein großer Salat)

Als Gemüsepfanne, 24 cm, 25 Min.:

- 335 g Kartoffeln, in Scheiben
- 330 g Hokkaido, in Würfeln
- 1/2 Tomate (60 g), gewürfelt
- 5 g Salz
- 180 g Wasser

Für die Soße verrühren, unterrühren und aufkochen:

- 35 g Mandelmus weiß
- 25 g Mandelcuisine (Mandelsahne)
- 30 g Hafermilch
- Salz
- Schwarzer Pfeffer
- 1 EL Zitronensaft

12490. Kokosmilchreis, Januar 2020

- 200 g weißen Milchreis
- 1 Dose Kokosmilch (400 ml)
- 600 g Hafermilch
- 1 Prise Salz
- 50 g Vollrohrzucker

Alle Zutaten in den TM geben und garen (35 Min./90 °C/Linkslauf/Stufe 1) ohne Mixbecher. Ist nach dem Kochen noch sehr flüssig, wird dann aber in der Gesamtkonsistenz recht angenehm. Bei einem nächsten Mal würde ich noch kürzer kochen.

12491. Nudelauflauf à la Lasagne V, Januar 2020

Vorläufer 12440; 2 Portionen

- 175 g Hokkaido in Stücken
- 125 g Fenchel in Stücken
- 25 g Sonnenblumenöl
- 1 Dose Tomaten „fein stückig" (450 ml)
- 1 geh. TL Salz
- 1/4 TL Pfeffer
- 1 TL Paprika edelsüß
- 150 g Kichererbsen
- 170 g Kichererbsenwasser
- 20 g Wasser
- 2 Prisen Pizzagewürz
- 8 Lasagneplatten (Vollkorn)
- 150 g Gouda

Gemüse im TM zerkleinern (5 Sek./Stufe 5). Öl zugeben und andünsten (5 Min./Varoma/Linkslauf/Stufe 1). Kichererbsen mit Kichererbsenwasser und Wasser pürieren (Pürierstab). Tomaten, Gewürze, Kichererbsenpüree und Süßungsmittel zum Mixtopf geben und aufkochen lassen (4 Min./100 °C/Linkslauf/Stufe 1).

Zwei Lasagneformen bereitstellen. Jeweils 4 EL Soße auf den Boden geben, mit einer Lasagneplatte bedecken. Weitere 4 EL auf die Platte geben, eine weitere Platte auflegen. Noch einmal mit 4 EL wiederholen, nochmals wiederholen. Mit je 4 EL Soße abschließen. Bei mir war die Soße dann aufgebraucht. Mit Käse belegen.

In den auf 190 °C vorgeheizten Ofen (Heißluft) schieben. 30 Min. backen.

12492. Porree-Kartoffeln am Hafertag, Januar 2020

Als Gemüsepfanne 25 Min.:

- 340 g Kartoffeln, in Scheiben
- 1 Prise Salz
- 340 g Porree, in Scheiben
- 170 g Wasser

Für die Soße verrühren, unter das fertige Gemüse rühren und aufkochen:

- 1 gestr. EL Hafer, gemahlen
- 1 EL Zitronensaft
- 1 TL Salz
- 20 g Mandelmus weiß
- 50 g Wasser

12493. Karamellsoße XXVIII „mehr", Januar 2020

1 Honigglas; Vorläufer 12461

- 375 g Wasser
- 255 g Sahne
- 1/4 TL Salz
- 185 g Agavendicksaft

Alle Zutaten in den Mixtopf geben und erhitzen (30 Min./Varoma/Stufe 5), dabei das Garkörbchen bis zum Ende als Spritzschutz verwenden. In ein leeres Schraubglas füllen (etwa 1 Honigglas) und gut zudrehen.

12494. Zimt-Apfeltorte auf Browniebasis, Januar 2020

Vorläufer: Springform 26 cm

- 200 g Softdatteln
- 100 g Rosinen
- 200 g Soft-Feigen
- 500 g Wasser
- 2 EL Rum
- 1 Prise Salz
- 200 g Apfelmark
- 45 g Kakaopulver schwach entölt
- 15 g Carobpulver Rohkostqualität
- 175 g Dinkel, gemahlen (Mühle)
- 25 g Hafer, mit dem Dinkel gemahlen
- 200 g Dinkelvollkorngrieß
- 2 gestr. TL Zimt
- 2 Äpfel
- 2 Päckchen Weinsteinbackpulver
- 1 TL Natron

Guss (zusammen zerlassen):

- 45 g Agavendicksaft
- 1 Tafel Vivani 99 % (80 g)
- 1 gestr. TL Kakaopulver

Trockenfrüchte in einer Pengdose mit dem Wasser übergießen und etwa 6 Std. gut verschlossen stehen lassen. Nach ca. 4 Std. einmal erhitzen. Die Fruchtmasse mit der Flüssigkeit im Vitamix zu einer glatten Masse pürieren. Wer keinen starken Mixer hat, sollte die Stielchen von den Feigen vorher entfernen.

Die trockenen Zutaten mischen. Fruchtgemisch, Apfelmark, Gewürz und Rum hinzugeben und mit den Rührhaken eines Handrührgeräts gut vermischen. Die Hälfte in eine mit Backpapier überspannte Springform geben. Marzipan in Streifen schneiden und auf den Teig legen, mit Apfelscheiben bedecken und den Rest Teig darüber verstreichen. In den auf 160 °C (Heißluft) Ofen einschieben und 42 Min. bei 160 °C backen, 10 Min. im ausgeschalteten Ofen nachbacken.

12495. Mikrowellen-Nougat, Januar 2020

- 40 g Schokolade 100 %
- 45 g Hafersahne
- 60 g Agavendicksaft
- 10 g Mandelmus

50-60 Sek. 600 Watt, umrühren, nochmals 30 Sek. 600 Watt. Umrühren, in Förmchen oder Ähnliches geben und abkühlen lassen. Bleibt auch im Kühlschrank weich.

12496. Kartoffel-Tomatenpfanne, Januar 2020

2 Portionen (nach großem Salat)

- 325 g Kartoffeln, in Scheiben
- 10 g Knoblauch, in Scheiben
- 1 rote Zwiebel (110 g), gehackt
- 415 g Tomaten, in Stücken
- 1 gute Prise Salz
- 120 g Wasser

Als Gemüsepfanne 25 Min. garen. Für die Soße mit einem Schneebesen verrühren:

- 1 gute Prise Salz
- 1/4 TL Pfeffer
- 1 LS Kümmel gemahlen
- 1 TL Agavendicksaft
- 30-50 g Hafersahne

Unter das Gemüse ziehen und nochmals aufkochen.

12497. Nudeln aus dem Reiskocher mit Batate, Jan. 2020

- 100 g Vollkorn-Spiralnudeln
- 1 Prise Salz
- 300 g Wasser
- 130 g Süßkartoffel, in kleinen Stücken

Nudeln, Salz und Wasser in den Reiskochtopf geben. Süßkartoffeln in den Dämpfeinsatz geben. Standardprogramm bzw. starten. Dauert etwa eine halbe Std. und die Nudeln werden sehr gut!

12498. Fünfminutenbrot mal wieder VIII, Januar 2020

Vorläufer 12463; Kastenform 30 cm

- 450 g Dinkel
- 50 g Hafer
- 100 g Sonnenblumenkerne
- 2 knappe TL Salz (oder wer mag auch Kräutersalz)
- 445 g Wasser
- 2 EL Apfelessig
- 1 Würfel frische Hefe (42 g)
- Sesamsamen für die Form
- Butter für die Form

Getreide fein mahlen, mit Sonnenblumenkernen und Salz mischen. Wasser. Essig und Mehlgemisch in den Thermomix füllen, Hefe auf die Oberfläche bröseln und den Teig in der Maschine kneten (3 Min./Knetstufe). Brotform einfetten. Mit Sesam ausstreuen. Teig hineingeben, 15 Min. ruhen lassen und die Form auf dem Gitterrost in den kalten Backofen schieben. Den Ofen auf 200 °C (Umluft) aufheizen und das Brot darin 60 Min. bei 200 °C backen. Das fertige Brot aus der Form stürzen, mit Wasser einsprühen (z. B. mit einer Blumenspritze) und auf einem Kuchengitter auskühlen lassen.

Hinweis: *Die kleine Änderung beim Hafer hat die Gehfähigkeit deutlich geändert.*

12499. Süßkartoffel-Tomaten-Soße, Januar 2020

Sehr einfach

Als Gemüsepfanne (20 cm, Keramikpfanne) 15 Min.:

- 100 g Süßkartoffeln, klein geschnitten
- 190 g Tomaten, klein geschnitten
- 1 gute Prise Salz
- 25 g Wasser
- 15 g Sonnenblumenöl

Tipp: *Dazu Reis passt Reis sehr gut.*

12500. Kokosmilchreis II, Januar 2020

Vorläufer 12490

- 220 g weißer Milchreis
- 1 Dose Kokosmilch (400 ml)
- 50 g Hafersahne
- 550 g Hafermilch
- 1 Prise Salz

Alle Zutaten in den TM geben und garen 38 Min./90 °C/ Linkslauf/Stufe 1, ohne Mixbecher.

Hinweis: *Der Reis ist mir durch die Hafermilch süß genug.*

12501. Tomatensoße für Fertig-Maultaschen, Jan. 2020

- 255 g Tomaten, klein geschnitten
- 1 Knoblauchzehe
- 100 g Wasser

Als Gemüsepfanne 15 Min. garen, aber darauf achten, dass es immer kocht. Abschmecken mit:

- Salz
- Pfeffer
- 1 Messerspitze gemahlener Kümmel

Darin erwärmen:

- 1 Portion Maultaschen mit Gemüsefüllung (Bio verde)

Hinweis: *Es waren frische Nudeln, leider gibt es die nur in Bio, aber nicht in Vollkorn. Schmeckten aber lecker, was ja nicht immer garantiert ist. Für den „schnellen Notfall" für mich eine Alternative, obwohl ich nach wie vor Vollkornnudeln bevorzuge.*

12502. Kartoffeln mit Hokkomaten, Januar 2020

2 Portionen

Als Gemüsepfanne 25 Min.:

- 400 g Kartoffeln, in Scheiben
- 180 g Hokkaido, in Stücken
- 175 g Tomate, in Würfeln
- 160 g Wasser
- 1 Prise Salz

Mit einem Löffel verrühren:

- 1 TL Sambal Oelek (selbstgemacht)
- 1 gestr. TL Salz
- 1 LS Kümmel gemahlen
- 50 g Hafersahne
- 50 g Wasser
- 10 g Zitronensaft

Soße unter das Gemüse ziehen und aufkochen.

12503. Nudeln mit Goldrübchen überbacken, Januar 2020

Als Gemüsepfanne 12 Min. (Wollpfanne, 20 cm):

- 100 g Vollkorn-Spiralnudeln
- 65 g Goldrübchen, in Stücken
- 50 g Möhre, in Stücken
- 65 g Paprikaschote, in Stücken
- 300 g Wasser

Soße mit dem Löffel verrühren, unterziehen und aufkochen:

- 50 g Hafersahne
- 1/2 TL Salz
- 1 Prise Pfeffer
- 1 Prise italienische Kräuter
- 10 g Kartoffelstärke
- 50 g Wasser

Belegen mit:

- 60 g Gouda in dünnen Scheiben

In den auf 190 °C vorgeheizten Backofen (Heißluft) schieben und 30 Min. bei 190 °C backen.

12504. Roggen-Sauerteigbrot, Hafertyp III, Januar 2020

Vorläufer 12477

Stufe 1 (12 Std. vorher):

Sauerteigansatz:

- 400 g Roggen
- 410 g Wasser
- 150 g Sauerteig

Stufe 2 (bei mir Morgen):

- 185 g Dinkel, fein gemahlen
- 250 g Hafer, fein gemahlen
- 100 g Sonnenblumenkerne
- 15 g Salz
- 235 g Wasser
- 1/4 Würfel frische Hefe (10 g)
- ca. 800 g Sauerteigansatz
- 20 g Butter für die Form

Stufe 1: Roggen fein mahlen, mit Wasser und altem Sauerteig mischen. In einer Plastiktüte über Nacht stehen lassen. 150 g von der Stufe 1 abnehmen und in einem gut schließenden Schraubglas in den Kühlschrank stellen für das nächste Backen.

Stufe 2: Getreide mahlen (Vorabend). Backmorgen: Hefe in einem Teil des Wassers auflösen. Zutaten (außer der Butter) mit einem großen Löffel gründlich verrühren, bis kein Mehl mehr sichtbar ist. Eine 30-cm-Brotform, Profi-Email von Dr. Oetker, gut einfetten. Teig hineingeben, mit der nassen Hand herunterdrücken und glattstreichen. Mit einem scharfen Messer kreuzweise einschneiden. Form im kalten Ofen etwa 90 Min. gehen lassen. Ofen auf 190 °C aufheizen, das Brot ist dabei im Ofen. Backzeit 70 Min.

12505. Zwiebel-Relish XI, Januar 2020

*Vorläufer 12487.; **Herstellung s. dort***

- 5&0 g Gemüsezwiebeln
- 1 Apfel (200 g)
- 3 Knoblauchzehen (frisch; 12 g)
- 65 g Ketchup (Tomatenketchup XLV 12506)
- 1 geh. TL Salz
- 200 g Rosinen
- 1 Prise getr. Majoran, zwischen den Händen verrieben
- 155 g Apfelessig
- 15 g Tamari
- 75 g Wasser

12506. Tomatenketchup XLV, Januar 2020

Vorläufer 12485; 2 Cashewnussmus-Gläser + 1/2 Honigglas

- 2 Dosen Tomaten inklusive Saft (800 g)
- 150 g Sultaninen
- 10 g Knoblauchzehen frisch
- 145 g Apfelessig
- 10 g Peperoniessig 7/4573
- 20 g Tamari
- 100 g Wasser
- 1 geh. TL Salz
- 1/2 Gemüsezwiebel (165 g), geviertelt
- 1 Apfel ohne Kerne (120 g)
- 1 Stück Essigpeperoni (8 g) 7/4573
- 1 Prise (1/4 TL) Pfeffer
- 2 TL Paprika edelsüß
- 10 g Tomatenmark
- 150 g Wasser (davon

Alle Zutaten bis auf die zweite Menge Wasser in den Mixtopf geben. 25 Sek. auf Stufe 10 zerkleinern, dabei den Messbecher fest andrücken, anschließend garen (40 Min./Varoma/Stufe 3). Nach Ende der Garzeit Rest Wasser zugeben und fein pürieren (30 Sek./Stufe 10). Direkt in Schraubgläser füllen.

12507. Schokokuchen Trockenfrucht, Januar 2020

Vorläufer: 12494; Springform 26 cm

- 200 g Softdatteln
- 100 g Rosinen
- 200 g Soft-Feigen
- 500 g Wasser
- 2 EL Rum
- 1 Prise Salz
- 200 g Apfelmark
- 150 g Schokolade 99 % (Lindt)
- 45 g Kakaopulver schwach entölt
- 15 g Carobpulver Rohkostqualität
- 200 g Dinkel, gemahlen (Mühle)
- 200 g Dinkelvollkorngrieß
- 2 P Weinsteinbackpulver
- 1 TL Natron

Guss (zusammen zerlassen):

- 35 g Agavendicksaft
- 1 Tafel Vivani 99 % (80 g)

Dekoration:

- 1-2 EL Mandelblättchen

Trockenfrüchte in einer Pengdose mit dem Wasser übergießen und über Nacht gut verschlossen stehen lassen. Die Fruchtmasse mit der Flüssigkeit im Vitamix zu einer glatten Masse pürieren. Wer keinen starken Mixer hat, sollte die Stielchen von den Feigen vorher entfernen. Schokolade im TM zerkleinern (8 Sek./Stufe 4,5).

Die trockenen Zutaten mischen. Fruchtgemisch, Apfelmark und Rum hinzugeben und mit den Rührhaken eines Handrührgeräts gut vermischen. Schokoladenstückchen unterheben. Den Teig in eine mit Backpapier überspannte Springform geben. Marzipan in Streifen schneiden und auf den Teig legen, mit Apfelscheiben bedecken. In den auf 160 °C (Heißluft) vorgeheizten Ofen einschieben und 42 Min. bei 160 °C backen, 10 Min. im ausgeschalteten Ofen nachbacken. Für den Guss die Zutaten zusammen schmelzen. Den Kuchen damit bestreichen und mit den Mandelblättchen bestreuen.

12508. Milchreis Naturreis aus dem TM IV, Januar 2020

Vorläufer 12373

- 100 g Natur Rundkornreis
- 50 g Hafersahne
- 550 g Hafermilch

In den Mixtopf geben. Deckel aufsetzen, aber ohne Messbecher kochen: 70 Min./95 °C/rückwärts/Stufe 1.

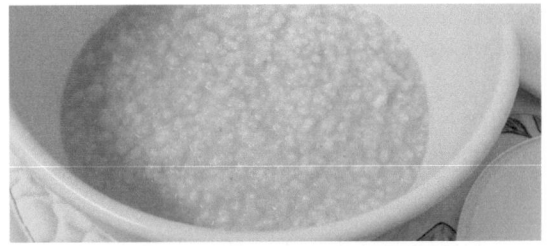

12509. Kartoffelpfanne Haferglück, Januar 2020

2 Portionen (Kartoffelpfanne am Ende des Hafertages)

Als Gemüsepfanne 25 Min.:

- 400 g Kartoffeln, in Scheiben
- 70 g Lauch in Ringen
- 145 g Möhren in Scheiben
- 200 g Wasser
- 1 Prise Salz

Mit einem Löffel verrühren, unter das Gemüse ziehen und aufkochen:

- 1 TL Speisestärke
- 40 g Hafersahne
- 1 Prise Salz
- 4 g Senf
- 50 g Wasser
- 4 Tropfen Agavendicksaft

12510. Schokokuchen Trockenfrucht II, Februar 2020

Vorläufer: 12507; Springform 26 cm

- 200 g Softdatteln
- 100 g Rosinen
- 200 g Soft-Feigen
- 500 g Wasser
- 150 g Schokolade 99 % (Lindt)
- 2 EL Rum
- 1 Prise Salz
- 200 g Apfelmark
- 40 g Kakaopulver schwach entölt
- 20 g Carobpulver Rohkostqualität
- 200 g Dinkel, gemahlen (Mühle)
- 195 g Dinkelvollkorngrieß
- 150 g Apfelmark
- 1.5 P Weinsteinbackpulver
- 1 TL Natron

Guss (zusammen zerlassen):

- 35 g Agavendicksaft
- 1 Tafel Vivani 99 % (80 g)

Dekoration:

- 1-2 EL Mandelblättchen

Trockenfrüchte in einer Pengdose mit dem Wasser übergießen und über Nacht gut verschlossen stehen lassen. Die Fruchtmasse mit der Flüssigkeit im Vitamix zu einer glatten Masse pürieren. Schokolade im TM zerkleinern (8 Sek./Stufe 4,5). Die trockenen Zutaten mischen. Fruchtgemisch, Apfelmark und Rum hinzugeben und mit den Rührhaken eines Handrührgeräts gut vermischen. Schokoladenstückchen unterheben. Den Teig in eine mit Backpapier überspannte Springform geben. In den auf 160 °C (Heißluft) vorgeheizten Ofen einschieben und 42 Min. bei 160 °C backen, 10 Min. im ausgeschalteten Ofen stehen lassen. Weiter wie in der Vorlage.

12511. Tortellini mit Biohilfe überbacken, Februar 2020

1-2 Portionen

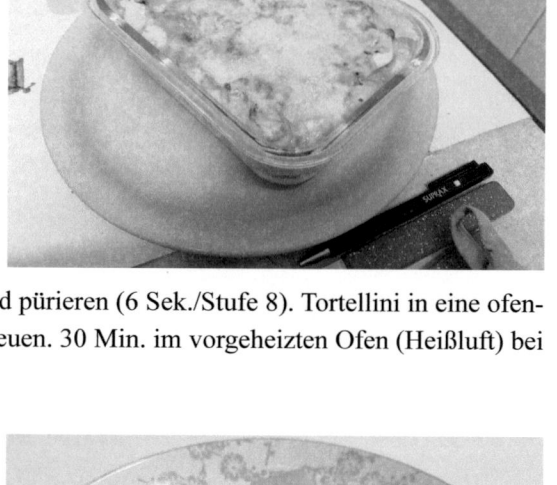

- 1/2 gelbe Paprikaschote (100 g), grob zerkleinert
- 110 g Fenchel, grob zerkleinert
- 200 g Wasser
- Salz
- Pfeffer
- 2-3 EL Hafersahne
- 250 g Tortellini mit Steinpilzfüllung (fertig, ungekocht, bio)
- 75 g Edamer gerieben

Paprika und Fenchel im TM zerkleinern (6 Sek./Stufe 5). Wasser und etwas Salz zufügen und kochen (12 Min./100 °C/ Stufe 1). Sahne zugeben, mit Salz und Pfeffer abschmecken und pürieren (6 Sek./Stufe 8). Tortellini in eine ofenfeste Form geben, mit der Soße übergießen und mit Käse bestreuen. 30 Min. im vorgeheizten Ofen (Heißluft) bei 190 °C backen.

12512. Kartoffelpfanne Paprikaglück, Februar 2020

2 Portionen (Kartoffelpfanne am Ende des Hafertages)

Als Gemüsepfanne 25 Min.:

- 420 g Kartoffeln, in Scheiben
- 230 g rote Paprikaschote, klein geschnitten
- 175 g Wasser
- 1 Prise Salz

Mit einem Löffel verrühren, unter das Gemüse ziehen und aufkochen:

- 1 TL Speisestärke
- 15 g Tomatenmark
- 50 g Hafersahne
- 1 Prise Salz
- Etwas gemahlener Pfeffer
- 1 TL Paprika edelsüß

12513. Kokos-Milchreis III, Februar 2020

Vorläufer 12508; TM

- 200 g Sahne
- 600 g Wasser
- 1 Dose Kokosmilch (400 ml)
- 1 Prise Salz
- 220 g Milchreis

In den Mixtopf geben. Deckel aufsetzen, aber ohne Messbecher kochen: 38 Min./95 °C/rückwärts/Stufe 1.

12514. Zarter Kasten-Stuten mit Tofu, Februar 2020

30 cm-Kastenform

- 250 g Hafermilch
- 300 g Tofu (normal)
- 60 g Agavendicksaft
- 1 Würfel Hefe (42 g)
- 40 g Butter
- 600 g Dinkel, gemahlen
- 1 TL Salz
- 100 g Rosinen
- Butter für die Form
- Sesamsamen, ungeschält

150 g Hafermilch mit Tofu, Butter und Agavendicksaft pürieren (Vitamix). Im TM: In 50 g Hafermilch die zerbröselte Hefe auflösen (2,5 Min./37 °C/Stufe 1). Inhalt des Vitamix in den Mixtopf geben, den Becher mit 50 g Hafermilch spülen, in den Mixtopf geben. Mehl, Salz und Rosinen zugeben und verkneten (Knetstufe/3 Min.) Teig im Mixtopf 30 Min. gehen lassen. Nochmals kurz kneten (30 Sek./Knetstufe).

Eine Kastenform (30 x 15 cm) mit Butter einfetten und mit Sesam ausstreuen. Teig in die Form geben, abdecken und im Ofen bei 35 °C (Ober-/Unterhitze) 30 Min. gehen lassen. Backofen auf 175 °C (Heißluft) aufheizen, der Stuten ist im Ofen. Nach 30 Min. backen und 10 Min. im ausgeschalteten Ofen nachbacken lassen.

12515. Gelbweizenbrötchen, Februar 2020

Mit der Küchenmaschine Kenwood Chef.

- 250 g Gelbweizen und
- 250 g Dinkel fein mahlen, mit
- 2 gestr. TL Salz,
- 1 TL Brotgewürz und
- 1 Tüte Trockenhefe (9 g) mischen. In die Knetschüssel geben,
- 325 g Wasser hinzufügen, auf niedrigster Stufe kneten lassen, bis alles Mehl aufgenommen ist, dann 4 Min auf Stufe 1 kneten.

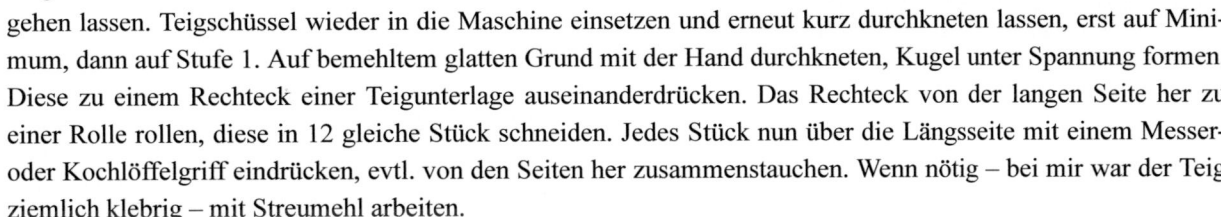

Teigschüssel mit Gärfolie und Handtuch abdecken, 60 Min gehen lassen. Teigschüssel wieder in die Maschine einsetzen und erneut kurz durchkneten lassen, erst auf Minimum, dann auf Stufe 1. Auf bemehltem glatten Grund mit der Hand durchkneten, Kugel unter Spannung formen. Diese zu einem Rechteck einer Teigunterlage auseinanderdrücken. Das Rechteck von der langen Seite her zu einer Rolle rollen, diese in 12 gleiche Stück schneiden. Jedes Stück nun über die Längsseite mit einem Messer- oder Kochlöffelgriff eindrücken, evtl. von den Seiten her zusammenstauchen. Wenn nötig – bei mir war der Teig ziemlich klebrig – mit Streumehl arbeiten.

Nebeneinander auf ein mit Dauerbackfolie ausgelegtes Backblech setzen. Gut mit Wasser einsprühen und nach Wunsch mit etwas Mohn bestreuen. Mit Gärfolie abdecken und 20 Min. gehen lassen. Herd 20 Min. auf 230 °C aufheizen, die Brötchen gehen dann noch. Dabei eine ofenfeste Form mit Wasser gefüllt auf den Ofenboden stellen. Brötchen einschieben und 24 Min. bei 200 °C backen, Klopfprobe machen. Auf ein Kuchengitter geben, mit Wasser einsprühen und abkühlen lassen.

12516. Ravioli überbacken mit Biohilfe, Februar 2020

Vorläufer 12511; 1-2 Portionen

- 50 g Hafersahne
- 15 g Tomatenmark
- 1 gestr. TL Salz
- 1 TL Paprika edelsüß
- 1 geh. TL Stärke
- 75 g geriebener Emmentaler
- 250 g Wasser
- 250 g Ravioli mit Spinat-Ricottakäse

Sahne, Mark, Salz, Paprika, Stärke, 25 g Käse und Wasser im Vitamix glatt schlagen. Ravioli in eine ofenfeste Form geben, mit der Soße übergießen und mit dem restlichen Käse bestreuen. 30 Min. im vorgeheizten Ofen (Heißluft) bei 190 °C backen.

12517. Roggen-Sauerteigbrot, Buchweizen, Feb. 2020

Vorläufer 12504

Stufe 1 (12 Std. vorher):

Sauerteigansatz:

- 400 g Roggen
- 410 g Wasser
- 150 g Sauerteig

Stufe 2 (bei mir Morgen):

- 100 g Roggen
- 225 g Dinkel, fein gemahlen
- 100 g Buchweizen, fein gemahlen
- 100 g Sonnenblumenkerne
- 15 g Salz
- 310 g Wasser
- 1/4 Würfel frische Hefe (10 g)
- ca. 800 g Sauerteigansatz
- 20 g Butter für die Form

Stufe 1: Roggen fein mahlen, mit Wasser und altem Sauerteig mischen. In einer Plastiktüte über Nacht stehen lassen. 150 g von der Stufe 1 abnehmen und in einem gut schließenden Schraubglas in den Kühlschrank stellen für das nächste Backen.

Stufe 2: Getreide mahlen (Vorabend). Backmorgen: Hefe in einem Teil des Wassers auflösen. Zutaten (außer der Butter) mit einem großen Löffel gründlich verrühren, bis kein Mehl mehr sichtbar ist. Eine 30-cm-Brotform, Profi-Email von Dr. Oetker, gut einfetten. Teig hineingeben, mit der nassen Hand herunterdrücken und glattstreichen. Mit einem scharfen Messer kreuzweise einschneiden. Form im kalten Ofen etwa 90 Min. gehen lassen. Ofen auf 190 °C aufheizen, das Brot ist dabei im Ofen. Backzeit 70 Min.

12518. Zarter Kasten-Stuten mit Tofu II, Februar 2020

Vorläufer 12514; 30 cm-Form

- 280 g Hafermilch
- 300 g Tofu (normal)
- 60 g Honig
- 1 Würfel Hefe (42 g)
- 40 g Butter
- 600 g Dinkel, gemahlen
- 1 TL Salz
- 100 g Rosinen
- 75 g gestiftelte Mandeln
- Butter für die Form
- Vollkorngrieß für die Form

150 g Hafermilch mit Tofu pürieren (Vitamix). Im TM: In 50 g Hafermilch und dem Honig die zerbröselte Hefe auflösen, in der letzten Min. die Butter zugeben (3 Min./37 °C/Stufe 1). Inhalt des Vitamix in den Mixtopf geben, den Becher mit 80 g Hafermilch spülen, in den Mixtopf geben. Mehl, Salz, Rosinen und Mandeln zugeben und verkneten (Knetstufe/3 Min.) Teig im Mixtopf 30 Min. gehen lassen. Nochmals kurz kneten (30 Sek./Knetstufe).

Eine Kastenform (30 x 15 cm) mit Butter einfetten und mit Grieß ausstreuen. Teig in die Form geben, abdecken und im Ofen bei 35 °C (Ober-/Unterhitze) 30 Min. gehen lassen. Backofen auf 175 °C (Heißluft) aufheizen, der Stuten ist im Ofen. Noch 35 Min. backen und 10 Min. im ausgeschalteten Ofen nachbacken lassen.

12519. Linsensuppe supereinfach, Februar 2020

- 85 g rote Linsen
- 325 g Wasser
- 50 g Hafersahne
- 1 gestr. TL Salz
- 1 TL Sambal Oelek (gehackte Petersilie, Kräuter o. Ä.)

Linsen im Wasser 25 Min. kochen. Sahne und Salz unterziehen und mit Sambal abschmecken.

12520. Vanillepudding Hafermilch I, Februar 2020

- 480 g Hafermilch
- 20 g Hafersahne
- 30 g Agavendicksaft
- 1 P Vanillepuddingpulver

Thermomix: 7 Min./90 °C/Stufe 2. In die Schüsseln je 1 TL Fruchtmus o. Ä. geben, dann den Pudding einfüllen.
Fazit: Ist zu flüssig.

12521. Vanillepudding Hafermilch II, Februar 2020

- 500 g Hafermilch
- 20 g Rohrohrzucker
- 1 P Vanillepuddingpulver

Thermomix: 7 Min./90 °C/Stufe 2. In die Schüsseln je 1 TL Fruchtmus oder Ähnliches geben, dann den Pudding einfüllen. *Fazit: Ist ebenfalls zu flüssig.*

12522. Schokokuchen Trockenfrucht III, Februar 2020

Vorläufer: 12507; Springform 26 cm

- 200 g Softdatteln
- 100 g grüne Rosinen
- 200 g Soft-Feigen
- 520 g Wasser
- 150 g Schokolade 99 % (Lindt)
- 45 g Kakaopulver schwach entölt
- 15 g Carobpulver Rohkostqualität
- 200 g Dinkel, gemahlen (Mühle)
- 200 g Dinkelvollkorngrieß
- 170 g Apfelmark
- 2 EL Rum
- 1 Prise Salz
- 2 P Weinsteinbackpulver
- 1 TL Natron

Guss (zusammen zerlassen):

- 35 g Agavendicksaft
- 1 Tafel Vivani 99 % (80 g)

Dekoration:

- Walnusshälften

Trockenfrüchte in einer Pengdose mit dem Wasser übergießen und über Nacht gut verschlossen stehen lassen. Die Fruchtmasse mit der Flüssigkeit im Vitamix zu einer glatten Masse pürieren. Wer keinen starken Mixer hat, sollte die Stielchen von den Feigen vorher entfernen. Schokolade im TM zerkleinern (8 Sek./Stufe 4,5).

Die trockenen Zutaten mischen. Fruchtgemisch, Apfelmark, und Rum hinzugeben und mit den Rührhaken eines Handrührgeräts gut vermischen. Schokoladenstückchen unterheben. Den Teig in eine mit Backpapier überspannte Springform geben. In den auf 160 °C (Heißluft) Ofen einschieben und 42 Min. bei 160 °C backen, 10 Min. im ausgeschalteten Ofen nachbacken. Weiter wie im Vorläufer beschrieben, mit Walnüssen belegen.

12523. Milchreis mit Hafermilch, Februar 2020

Herstellung im TM

- 1000 g Hafermilch
- 200 g Milchreis

In den Mixtopf geben. Deckel aufsetzen, aber ohne Messbecher kochen: 36 Min./95 °C/rückwärts/Stufe 1.

12524. Tortellini überbacken II, Februar 2020

Vorläufer 12519; 1-2 Portionen

- 130 g Tomaten
- 75 g Pastinake
- 1 Knoblauchzehe
- 75 g Hafersahne
- 1 gestr. TL Salz
- 1 Prise Pfeffer
- 150 g Wasser
- 50 g Wasser
- 250 g Vollkorntortellini Spinat mit Käsefüllung (Bio)
- 75 g geriebener Emmentaler

Tortellini in eine feuerfeste Form geben. Zutaten bis Wasser im Vitamix verquirlen, über die Tortellini gießen. 50 g Wasser im Vitamix spülen, ebenfalls in die Form geben. Mit Käse bestreuen. 30 Min. im vorgeheizten Ofen (Heißluft) bei 190 °C backen.

12525. Pastinaken-Topf, Februar 2020

2 Personen

Als Gemüsepfanne (24-cm-Pfanne, 25 Min.):

- 360 g Kartoffeln in Scheiben
- 140 g Pastinaken in Halbscheiben
- 1 Prise Salz
- 175 g Wasser

Für die Soße:

- 1 TL Tandoori-Gewürz
- 1 gestr. TL Salz
- 1 TL Stärke
- 1 EL Wasser
- 50 g Hafersahne

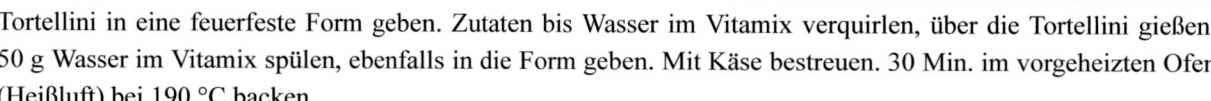

Stärke mit Wasser verrühren, mit den restlichen Soßenzutaten glattrühren. Einrühren und aufkochen.

12526. Milchreis mit Hafermilch, 3/4 Menge, Februar 2020

TM; Vorläufer 12523

- 750 g Hafermilch
- 160 g Milchreis
- 1 Prise Salz

In den Mixtopf geben. Deckel aufsetzen, aber ohne Messbecher kochen: 33 Min./95 °C/rückwärts/Stufe 1.

12527. Mercimek çorbasi, Februar 2020

Türkische Linsensuppe. Ich habe den Thermomix genommen, geht natürlich auch mit Topf und Mixer.

- 20 g Sonnenblumenöl
- 1 Zwiebel, klein geschnitten (70 g)
- 85 g rote Linsen
- 100 g Möhren, in Scheiben
- 500 g Wasser
- 1 TL Salz

- 1 TL Sambal Oelek
- 1 EL Mandelblättchen

Zwiebel im Öl anbraten (2,5 Min./Varoma/Stufe 1). Linsen, Wasser und Möhren zugeben und garen (25 Min./100 °C/Stufe 2). Salzen und Sambal zugeben und pürieren (10 Sek./Stufe 6). In eine Suppenschüssel geben und mit Mandelblättchen bestreuen.

12528. Schokokuchen Trockenfrucht IV, März 2020

Vorläufer: 12507; Springform 26 cm

- 200 g Softdatteln
- 100 g Rosinen
- 200 g Soft-Feigen
- 520 g Wasser
- 150 g Schokolade 99 % (Lindt)
- 45 g Kakaopulver schwach entölt
- 15 g Carobpulver Rohkostqualität
- 200 g Dinkel, gemahlen (Mühle)
- 190 g Dinkelvollkorngrieß
- 2 EL Rum
- 1 Prise Salz
- 175 g Apfelmark
- 2 P Weinsteinbackpulver
- 1 TL Natron

Guss (zusammen zerlassen):
- 40 g Agavendicksaft
- 1 Tafel Vivani 99 % (80 g)

Dekoration:
- 1-2 EL Mandelblättchen

Trockenfrüchte in einer Pengdose mit dem Wasser übergießen und über Nacht gut verschlossen stehen lassen. Die Fruchtmasse mit der Flüssigkeit im Vitamix zu einer glatten Masse pürieren. Wer keinen starken Mixer hat, sollte die Stielchen von den Feigen vorher entfernen. Schokolade im TM zerkleinern (9 Sek./Stufe 4,5).

Die trockenen Zutaten mischen. Fruchtgemisch, Apfelmark und Rum hinzugeben und mit den Rührhaken eines Handrührgeräts gut vermischen. Schokoladenstückchen unterheben. Den Teig in eine mit Backpapier überspannte Springform geben. In den auf 160 °C (Heißluft) vorgeheizten Ofen einschieben und 40 Min. bei 160 °C backen, 10 Min. im ausgeschalteten Ofen nachbacken. Für den Guss die Zutaten zusammen schmelzen. Den Kuchen damit bestreichen und mit den Mandelblättchen bestreuen.

12529. Tortellini überbacken III, März 2020

Vorläufer 12524

- 20 g Sonnenblumenöl
- 1 Zwiebel (60 g), gehackt
- 1 Knoblauchzehe (5 g), in Scheiben
- 115 g Möhren, in Scheiben
- 160 g Wasser
- 75 g geriebener Emmentaler
- 1 TL Salz
- 50 g Hafersahne
- 75 g Wasser
- 1 Prise Pfeffer
- 1 TL Sambal Oelek
- 125 g Vollkorntortellini Spinat mit Käsefüllung (1/2 Packung)

Ich habe die Soße im Thermomix hergestellt, im Topf und mit Pürierstab/Mixer geht das genauso gut.

Zwiebel und Knoblauch im Öl anbraten (2,5 Min./Varoma/Stufe 1). Möhren und 160 g Wasser zugeben und garen (15 Min./100 °C/Stufe 1). 25 g Emmentaler, Salz, Sahne, 75 g Wasser, Pfeffer und Sambal Oelek zugeben. Pürieren (10 Sek./Stufe 6). Tortellini in eine feuerfeste Form geben. Soße über die Tortellini gießen und mit dem restlichen Käse bestreuen. 30 Min. im vorgeheizten Ofen (Heißluft) bei 190 °C backen.

12530. Doppel-Kartoffel-Pfanne, März 2020

2 Personen

Als Gemüsepfanne (24-cm-Pfanne, 25 Min.):

- 1 kleine (40 g) Zwiebel, gehackt
- 215 g Kartoffeln in Scheiben
- 270 g Süßkartoffeln, klein geschnitten
- 1 Knoblauchzehe, in Scheiben
- 1 Prise Salz
- 185 g Wasser

Für die Soße:

- 1 gestr. TL Salz
- 1 Prise Pfeffer
- 20 g Mandelmus weiß
- 15 g Hafersahne

Soßenzutaten glattrühren. Unter das Gemüse rühren und aufkochen.

12531. Nudel-Not-Essen, März 2020

Die Zeit war mehr als knapp, aber ich wollte unbedingt etwas Warmes.

- 100 g Vollkorn-Spiralnudeln
- 250 g Wasser

Nach Anweisung kochen, allerdings koche ich immer etwas länger.

Soße:

- 25 g Erdnussmus
- 25 g Hafersahne
- 1/2 TL Salz
- 1 TL Sambal Oelek (selbstgemacht)

Zutaten mit einem Teelöffel verrühren und unter die Nudeln ziehen. Aufkochen.

12532. Erdnussdip, März 2020

Ich esse zurzeit häufig Reis mit Gemüse aus dem Reiskochtopf. Da sind kalte Dips eine prima Ergänzung.

- 1/2 TL Salz
- 30 g Hafersahne
- 30 g Erdnussmus
- 1 MS Pfeffer
- 1 TL Sambal Oelek
- 1/4-1/4 TL Agavendicksaft
- 1 TL Apfelessig

Mit einem Löffel verrühren und über Reis und Gemüse geben.

12533. Vanillepudding aus der Mikrowelle, März 2020

4 Portionen

- 1 P Vanillepuddingpulver
- 50 g Hafersahne
- 10-15 g Agavendicksaft
- 450 g Hafermilch

Puddingpulver in ein für die Mikrowelle geeignetes Gefäß geben. Mit etwa 50 g Hafermilch verrühren. Restliche Flüssigkeiten unterrühren. In der Mikrowelle wie folgt erhitzen, nach jedem Erhitzen mit dem Schneebesen durchrühren: 3 Min./620 Watt; 3 Min./620 Watt; 1 Min./620 Watt.

12534. Senfdip, März 2020

- 30 g Hafersahne
- 1/2 TL Salz
- 15 g Senf
- 20 g Mandelmus weiß
- 1 TL Essig
- 1 TL Agavendicksaft (1/2 wäre besser gewesen)

Zutaten mit einem Teelöffel verrühren.

12535. Bananeneis aus dem Vanilla Sky-Gerät, März 2020

3-4 Portionen

- 230 g Hafermilch
- 90 g Hafersahne
- 15 g Zitronensaft
- 40 g Agavendicksaft
- 2 Bananen (260 g)

Maschine auf 1 Std. stellen und starten.

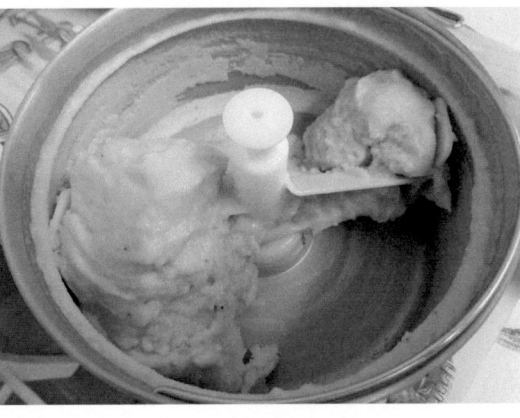

Fazit: Vorteil dieser Maschine, wie man auch unten auf dem Foto sieht: Sie kriegt nicht diesen 1-mm-dicken Rand am Eisbehälter. Die Konsistenz ist etwas ungleichmäßig, zwischen sehr cremig und recht fest. Am Geschmack lässt sich noch arbeiten, aber das ist nicht Schuld der Maschine. Sie ist deutlich hörbar, ich habe 60 Tage zum Testen.

12536. Tortellini überbacken IV, März 2020

Vorläufer 12529

- 75 g Süßkartoffel
- 2 Tomaten (155 g)
- 25 g Erdnussmus
- 100 g Wasser
- 1/2 TL Salz
- 1/2 TL Sambal Oelek

Im Vitamix pürieren.

- 125 g Vollkorntortellini Spinat mit Käsefüllung (Bio; 1/2 Packung) in eine Lasagneform geben, Gemüse darüber gießen und mit
- 75 g Käsescheiben belegen.

30 Min. im vorgeheizten Ofen (Heißluft) bei 190 °C backen.

12537. Wurzelkartoffeln am Hafertag, März 2020

2 Portionen (nach Rohkost)

- 20 g Sonnenblumenöl
- 1 Zwiebel (65 g), gehackt
- 60 g Petersilienwurzel, gewürfelt
- 180 g Süßkartoffel, gewürfelt
- 290 g Kartoffeln, gewürfelt
- 150 g Wasser
- 45 g Hafersahne
- 1/2 TL Salz
- 1 Prise Pfeffer gemahlen
- 25 g Mandelmus weiß

Öl erhitzen, Zwiebel darin andünsten, bis sie halbdurchsichtig sind. Gemüse zufügen und noch einige Min. mit anbraten. Wasser angießen und 20 Min. auf kleiner Einstellung kochen. Die restlichen Zutaten verrühren, unter das Gemüse rühren und kurz aufkochen.

12538. Naturreis aus dem Reiskochtopf, März 2020

- 100 g Langkorn-Naturreis
- 5 g Butter
- 250 g Wasser
- 1 Stück Porree
- 1 Stück Süßkartoffel

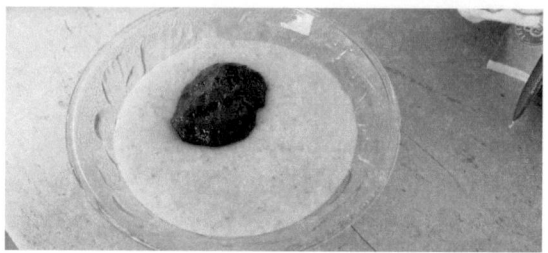

Reis, Butter und Wasser in den Reiskochtopf geben, in das Gerät einsetzen. Dampfeinsatz mit Gemüse befüllen und aufsetzen. Deckel schließen und Gerät (kleiner digitaler Reiskochtopf) auf „Brown" stellen. Nach ca. 45 Min. ist der Reis fertig, sehr locker. Dann erst salzen.

12539. Grießbrei mit Hafermilch, März 2020

2 Portionen

- 40 g Dinkel-Vollkorngrieß
- 350 g Hafermilch

Herstellung im TM: 10 Min./90 °C/Stufe 2. Ist mir zu dünnflüssig. Mit etwas Konfitüre (hier Bio mit 75 % Frucht) servieren.

12540. Roggen-Sauerteigbrot, Buchweizen II, März 2020

Vorläufer 12517

Stufe 1 (12 Std. vorher):

Sauerteigansatz:

- 400 g Roggen
- 410 g Wasser
- 150 g Sauerteig

Stufe 2 (bei mir Morgen):

- 100 g Roggen
- 275 g Dinkel, fein gemahlen
- 50 g Buchweizen, fein gemahlen
- 100 g Leinsamen
- 15 g Salz
- 310 g Wasser
- 1/4 Würfel frische Hefe (10 g)
- ca. 800 g Sauerteigansatz
- 20 g Butter für die Form

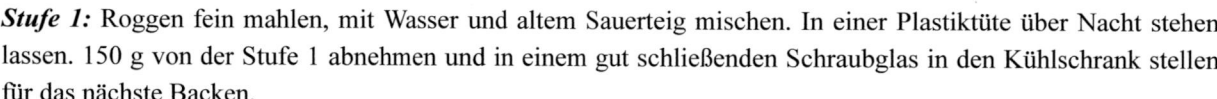

Stufe 1: Roggen fein mahlen, mit Wasser und altem Sauerteig mischen. In einer Plastiktüte über Nacht stehen lassen. 150 g von der Stufe 1 abnehmen und in einem gut schließenden Schraubglas in den Kühlschrank stellen für das nächste Backen.

Stufe 2: Getreide mahlen (Vorabend). Backmorgen: Hefe in einem Teil des Wassers auflösen. Zutaten (außer der Butter) mit einem großen Löffel gründlich verrühren, bis kein Mehl mehr sichtbar ist. Eine 30-cm-Brotform, Profi-Email von Dr. Oetker, gut einfetten. Teig hineingeben, mit der nassen Hand herunterdrücken und glattstreichen. Mit einem scharfen Messer kreuzweise einschneiden. Form im kalten Ofen etwa 90 Min. gehen lassen. Ofen auf 190 °C aufheizen, das Brot ist dabei im Ofen. Backzeit 70 Min.

12541. Vanillepudding Hafermilch III, März 2020

- 500 g Hafermilch
- 1 P Vanillepuddingpulver

Puddingpulver mit 50-60 g Milch verquirlen (Schneebesen). Restliche Milch unterrühren und kochen in der Mikrowelle: 620 Watt, 2 x 2 Min. + 1 x 1 Min, zwischendurch immer mit dem Schneebesen rühren.

12542. Schokokuchen Trockenfrucht V, März 2020

Vorläufer: 12528; Springform 26 cm

- 200 g Softdatteln
- 100 g Rosinen
- 200 g Soft-Feigen
- 520 g Wasser
- 150 g Schokolade 99 % (Lindt)
- 45 g Kakaopulver schwach entölt
- 15 g Carobpulver Rohkostqualität
- 200 g Dinkel, gemahlen (Mühle)
- 190 g Dinkelvollkorngrieß
- 2 EL Rum
- 1 Prise Salz
- 175 g Apfelmark
- 2 P Weinsteinbackpulver
- 1 TL Natron

Guss (zusammen zerlassen):
- 40 g Agavendicksaft
- 1 Tafel Vivani 99 % (80 g)
- 1 gestr. TL Kakaopulver

Dekoration:
- 1-2 EL Mandelblättchen

Trockenfrüchte in einer Pengdose mit dem Wasser übergießen und über Nacht gut verschlossen stehen lassen. Die Fruchtmasse mit der Flüssigkeit im Vitamix zu einer glatten Masse pürieren. Schokolade im TM zerkleinern (10 Sek./Stufe 4,5).

Die trockenen Zutaten mischen. Fruchtgemisch, Apfelmark und Rum hinzugeben und mit den Rührhaken eines Handrührgeräts gut vermischen. Schokoladenstückchen unterheben. Den Teig in eine mit Backpapier überspannte Springform geben. In den auf 160 °C (Heißluft) vorgeheizten Ofen einschieben und 40 Min. bei 160 °C backen, 10 Min. im ausgeschalteten Ofen nachbacken. Für den Guss die Zutaten zusammen schmelzen. Den Kuchen damit bestreichen und mit den Mandelblättchen bestreuen.

12543. Reisauflauf / Reiskochtopf, März 2020

Reis:
- 5 g Butter
- 100 g Langkorn-Naturreis
- 240 g Wasser
- 65 g Porree
- 2 Knoblauchzehen
- 55 g Hokkaido

Soße:
- 2 Tomaten (180 g)
- 1/2 TL Salz
- 1 TL Sambal Oelek
- 1 Prise Pfeffer
- 30 g Hafersahne
- 15 g Mandelmus weiß

Zum Belegen:

75 g Käse

Butter, Reis und Wasser in den Reistopf, Gemüse in den Einsatz geben. Wegen der langen Kochzeit von Naturreis das Gemüse nicht zerkleinern. Einsatz auf den Topf setzen, Gerät schließen und auf „Brown" garen. Kann abkühlen. Soßenzutaten mit dem Gemüse aus dem Dampfeinsatz im Vitamix verquirlen. Reis in eine feuerfeste Form geben, mit der Gemüsesoße übergießen und mit Käse belegen. Ofen auf 190 °C (Heißluft) vorheizen und 30 Min. bei 190 °C backen.

12544. Kartoffel-Kürbispfanne Hafertag, März 2020

2 Portionen

Gemüsepfanne (24 cm Aluguss, 25 Min.):

- 15 g Sonnenblumenöl
- 55 g Zwiebel, gehackt
- 305 g Kartoffeln, in Scheiben
- 250 g Hokkaido, gewürfelt
- 160 g Wasser

Soße (mit Teelöffel verrühren):

- 25 g Hafersahne
- 1/2-1 TL Salz
- 1 Prise Pfeffer
- 1 Prise gem. Gewürznelken
- 30 g Mandelmus weiß

Soße unter das Gemüse geben, vorsichtig verrühren und einmal aufkochen.

12545. Tomatenketchup XLVI, März 2020

Vorläufer 12506; 2 Cashewnussmus-Gläser + 1/2 Honigglas

- 2 Dosen Tomaten inklusive Saft (800 g)
- 150 g Sultaninen
- 16 g Knoblauchzehen frisch
- 145 g Apfelessig
- 10 g Peperoniessig 7/4573
- 20 g Tamari
- 100 g Wasser
- 1 geh. TL Salz
- 1/2 Gemüsezwiebel (165 g), geviertelt
- 1 Apfel ohne Kerne (150 g)
- 1/2 rote Paprika (100 g)
- 1 Stück Essigpeperoni (8 g) 7/4573
- 1 Prise (1/4 TL) Pfeffer
- 2 TL Paprika edelsüß
- 10 g Tomatenmark
- 150 g Wasser (davon

Alle Zutaten bis auf die zweite Menge Wasser in den Mixtopf geben. 25 Sek. auf Stufe 10 zerkleinern, dabei den Messbecher fest andrücken, anschließend garen (40 Min./Varoma/Stufe 3). Nach Ende der Garzeit Rest Wasser zugeben und fein pürieren (30 Sek./Stufe 10). Direkt in Schraubgläser füllen.

Hinweis: *Ist mir etwas zu scharf.*

12546. Zwiebel-Relish XII, März 2020

Vorläufer 12487; 1 Nussmus- und 1 Honigglas

- 545 g Gemüsezwiebeln, 1 rote und 1 weiße
- 1 Apfel (185 g)
- 3 Knoblauchzehen (frisch; 12 g)
- 100 g Ketchup (Tomatenketchup XLVI 12545)
- 1 geh. TL Salz
- 1 winzige Prise gem. Nelken
- 200 g Rosinen
- 1 Prise getr. Majoran, zwischen den Händen verrieben
- 150 g Apfelessig
- 15 g Tamari
- 85 g Wasser

Herstellung im TM. Zwiebeln, Rosinen und Knoblauch zerkleinern (10 Sek./Stufe 5,5). Nach unten schieben und die restlichen Zutaten zugeben. 55 Min./100 °C/Linkslauf/Stufe 1 ohne Messbecher garen. Sobald es kocht, wenn nötig Garkörbchen als Spritzschutz aufsetzen. In Gläser füllen, nach Abkühlen im Kühlschrank bewahren.

12547. Schokoladeneis aus der Tüte, März 2020

2 Portionen; Klarstein Eismaschine

- 1 Packung Eistraum Schokoladeneis (Bioladen)
- 50 g Hafersahne
- 200 g Hafermilch

Zutaten im Vitamix aufschlagen, 30 Min. Eismaschine.
Hinweis: Eric hat das Eis wunderbar geschmeckt, mir war es zu süß. Die Flüssigkeit hat auch im Vitamix das Volumen nicht vergrößert. Für Notfälle okay, denn die Konsistenz ist gut. Aber ich muss weiter experimentieren.

12548. Türkische Linsensuppe Variante, März 2020

Vorläufer 12527

- 20 g Sonnenblumenöl
- 1 Zwiebel, klein geschnitten (45 g)
- 75 g rote Linsen
- 55 g Porree, vorgeschnitten
- 55 g Kartoffel, vorgeschnitten
- 450 g Wasser
- 1 TL Salz
- 1 TL Sambal Oelek
- 30 g Hafersahne

Ich habe den Thermomix genommen, geht natürlich auch mit Topf und Mixer.
Zwiebel im Öl anbraten (2,5 Min./Varoma/Stufe 1).
Linsen, Wasser und Gemüse zugeben und garen (25 Min./ 100 °C/Stufe 1). Salz, Sambal und Sahne zugeben und pürieren (10 Sek./Stufe 6). In eine Suppenschüssel geben und servieren.

12549. Blaubeerkuchen sehr fein, März 2020

Vorlage 12488; 26-cm-Springform

Teig
- 400 g Seidentofu
- 55 g Hafersahne
- 100 g Apfelmark
- 50 g Mischmus 4-Nuss (Rapunzel)
- 225 g Vollrohrzucker
- 1 EL Rum
- 100 g Dinkelvollkorngrieß
- 300 g Dinkel, fein gemahlen
- 1 Prise Salz
- 1 P Weinsteinbackpulver

Belag:
- 470 g Heidel- oder Blaubeeren
- 10 g Mandelstifte

Tofu, Sahne, Apfelmark und Nussmus auf höchster Stufe mit dem Handrührgerät (Rührbesen) verquirlen. Zucker und Rum zugeben und nochmals gut durchrühren. Die trockenen Zutaten mischen und unterrühren. Formboden mit Backpapier überspannen. Etwa zwei Drittel Teig (bei mir 800 g) hineingeben und glattstreichen. Blaubeeren gleichmäßig auf dem Teig verteilen, Rest Teig darüber klecksen. In den auf 175°C (Heißluft) vorgeheizten Ofen schieben und 45 Min. bei 175 °C backen. Auf einen Gitterrost stellen, abkühlen lassen und aus der Form nehmen.

12550. Kartoffel-Porreegemüse überbacken, März 2020

- 15 g Kürbisöl
- 80 g Zwiebel, in dünnen Scheiben
- 225 g Kartoffel, in Scheiben
- 135 g Porree, in Ringen
- 2 g Salz
- 100 g Wasser

Für die Soße:

- 65 g Hafersahne
- 25 g Kichererbsenkochwasser
- 25 g Wasser
- 1 gestr. TL Sambal Oelek
- 1 MS gem. Gewürznelken
- 75 g geriebener Mozzarella

Öl in einer ofenfesten Pfanne erhitzen (nicht rauchend). Zwiebel bei geschlossenem Deckel anbraten, bis sie glasig sind. Kartoffel- und Porreescheiben zugeben und mit anbraten, max. 5 Min. Salz und Wasser zugeben, 20 Min. auf kleiner Einstellung kochen.

Die Soßenzutaten mit der Gabel verrühren und über das Gemüse gießen. Pfanne ohne Deckel in den auf 190 °C (Heißluft) vorgeheizten Ofen geben und 30 Min. bei dieser Temperatur überbacken.

12551. Einfache Kartoffel-Zwiebelpfanne, März 2020

2 Portionen (vorher Rohkost)

- 20 g Sonnenblumenöl
- 120 g Zwiebel, in Scheiben
- 2 Knoblauchzehen, in Scheiben (7 g)
- 485 g Kartoffeln, in Scheiben
- 100 g Wasser
- 1 TL Salz
- 1 Prise Pfeffer

Sonnenblumenöl in einer 24-cm-Pfanne erhitzen, Zwiebel- und Knoblauchscheiben darin mit geschlossenem Deckel anbraten. Wenn die Zwiebeln glasig sind, Kartoffelscheiben zufügen und mitanbraten (ca. 5 Min.). Wasser zufügen und bei kleiner Einstellung 20 Min. kochen. Mit Salz und Pfeffer abschmecken.

12552. Roggen-Sauerteigbrot, Buchweizen III, März 2020

Vorläufer 12504

Stufe 1 (12 Std. vorher):
Sauerteigansatz:

- 400 g Roggen
- 410 g Wasser
- 150 g Sauerteig

Stufe 2 (bei mir Morgen):

- 100 g Roggen
- 275 g Dinkel, fein gemahlen
- 50 g Buchweizen, fein gemahlen
- 2 TL Brecht-Brotgewürz gemahlen
- 100 g Sesam ungeschält
- 15 g Salz
- 300 g Wasser
- 1/4 Würfel frische Hefe (10 g)
- ca. 800 g Sauerteigansatz
- 20 g Butter für die Form

Stufe 1: Roggen fein mahlen, mit Wasser und altem Sauerteig mischen. In einer Plastiktüte über Nacht stehen lassen. 150 g von der Stufe 1 abnehmen und in einem gut schließenden Schraubglas in den Kühlschrank stellen für das nächste Backen.

Stufe 2: Getreide mahlen (Vorabend). Backmorgen: Hefe in einem Teil des Wassers auflösen. Zutaten (außer der Butter) mit einem großen Löffel gründlich verrühren, bis kein Mehl mehr sichtbar ist. Eine 30-cm-Brotform, Profi-Email von Dr. Oetker, gut einfetten. Teig hineingeben, mit der nassen Hand herunterdrücken und glattstreichen. Mit einem scharfen Messer kreuzweise einschneiden. Form im kalten Ofen etwa 90 Min. gehen lassen. Ofen auf 190 °C aufheizen, das Brot ist dabei im Ofen. Backzeit 65 Min., im ausgestellten Ofen 5 Min. nachbacken.

12553. Rührei aus der Mikrowelle, März 2020

2 Eier. – Ich hätte es auch nennen können „Des Vollwertlers Grusel", aber Experimentieren macht eben Spaß.

- 2 Eier
- 3 TL Hafermilch
- 1 Prise Salz
- 1/2 TL Sambal Oelek (muss nicht)
- 1/2 Tomate, gewürfelt

Zutaten außer der Tomate verquirlen. In eine mikrowellenfeste Schüssel o. Ä. geben, die Tomatenwürfel obendrauf legen. Bei 820 Watt 2 Min.

Fazit: Wird etwas zu fest, aber im Ansatz nicht schlecht. Sauber und fettfrei.

12554. Scharfer Tomatendip, März 2020

- 5 g Sambal Oelek *
- 3 g Salz
- 10 g Apfelmark
- 10 g Tomatenmark
- 30 g Hafersahne

Mit einem Löffel oder einem kleinen Schneebesen verrühren.

Hinweis: Passt gut zu Reisgerichten mit Gemüse.

* Der letzte Sambal Oelek, den ich gemacht habe, wird mit der Zeit immer schärfer. Ich weiß nicht, woran das liegt. – Rechts oben im Bild ist Gemüse, d. h. Möhren, keine Knackwürstchen.

12555. Süßkartoffeln in Hummussoße, März 2020

Bei mir gab es dazu Natur-Vollkornreis.

- 15 g Sonnenblumenöl
- 40 g Zwiebel, gewürfelt
- 240 g Süßkartoffel, gewürfelt
- 100 g Wasser

Soße:
- 70 g Hummus
- 5 g Sambal Oelek
- 40 g Hafersahne
- 1/2 TL Salz

Öl erhitzen, Zwiebel darin anbraten. Süßkartoffelwürfel kurz mit anbraten. Wasser aufgießen und auf kleiner Einstellung 15 Min. dünsten. Soßenzutaten mit einem Löffel verrühren. Unter das Gemüse rühren und aufkochen.

12556. Kokos-Milchreis Natur, März 2020

Vorläufer 12513; mit dem TM.

- 1 Dose Kokosmilch (400 ml)
- 700 g Hafermilch
- 200 g Rundkornnaturreis

In den Mixtopf geben. Deckel aufsetzen, aber ohne Messbecher kochen: 70 Min./95 °C/rückwärts/Stufe 1.

Hinweis: *Der Reis quillt noch stark nach und wird sehr fest.*

12557. Hummus mit Nussmus, März 2020

- 1 Dose Kichererbsen (400 ml), mit 260 g Kichererbseneinwaage
- 40 g der Flüssigkeit aus der Dose
- 30 g Mischmus Viernuss (Rapunzel)
- 1 große Knoblauchzehe, eingelegt, in Scheiben (11 g)
- 20 g Zitronensaft
- 1 Löffelspitze Kreuzkümmel
- 1 gestr. TL Salz
- 15 g Tahini aus dem Glas (Inhaltsstoffe: nur Sesam)

Den gesamten Inhalt der Dose mit den restlichen Zutaten in ein hohes Gefäß geben und mit dem Pürierstab zu einer glatten Creme verarbeiten.

12558. Schokokuchen Trockenfrucht VI, März 2020

Vorläufer: 12542; Springform 26 cm

- 200 g Datteln Deglet Nour
- 100 g grüne Rosinen
- 200 g Soft-Feigen
- 520 g Wasser
- 150 g Schokolade 99 % (Lindt)
- 40 g Kakaopulver schwach entölt
- 20 g Carobpulver Rohkostqualität
- 200 g Dinkel, gemahlen (Mühle)
- 200 g Dinkelvollkorngrieß
- 2 EL Rum
- 1 Prise Salz
- 150 g Apfelmark
- 50 g Mischmus 4 Nuts
- 2 P Weinsteinbackpulver
- 1 TL Natron

Guss (zusammen zerlassen):

- 45 g Agavendicksaft
- 1 Tafel Vivani 99 % (80 g)
- 1 gestr. TL Kakaopulver

Dekoration:

- 10 g gehackte Pistazien

Trockenfrüchte in einer Pengdose mit dem Wasser übergießen und über Nacht gut verschlossen stehen lassen. Die Fruchtmasse mit der Flüssigkeit im Vitamix zu einer glatten Masse pürieren. Schokolade im TM zerkleinern (10 Sek./Stufe 4,5).

Die trockenen Zutaten mischen. Fruchtgemisch, Apfelmark, Nussmus und Rum hinzugeben und mit den Rührhaken eines Handrührgeräts gut vermischen. Schokoladenstückchen unterheben. Den Teig in eine mit Backpapier überspannte Springform geben. In den auf 160 °C (Heißluft) vorgeheizten Ofen einschieben und 40 Min. bei 160 °C backen, 10 Min. im ausgeschalteten Ofen nachbacken. Für den Guss die Zutaten zusammen schmelzen. Den Kuchen damit bestreichen und in der Mitte mit Pistazien bestreuen.

12559. Porree-Lasagne, März 2020

- 15 g Kürbiskernöl (Sonnenblumen- oder Olivenöl ist weniger aufdringlich in der Farbe)
- 75 g Zwiebel, gehackt
- 175 g Porree, in Scheiben
- 100 g Wasser

Soße:
- 100 ml Hafermilch
- 40 g Hafersahne
- 25 g Gratinkäse gerieben
- 1/2 TL Salz
- 1 Prise Pfeffer
- 1 Prise gem. Gewürznelken
- 20 g weißes Mandelmus

Außerdem:
- 4 Vollkornlasagneblätter
- 50 g Gratinkäse gerieben

Zwiebel im Öl anbraten (TM: 2 Min. 50 Sek./Varoma/rückwärts/Stufe 1). Porree und Wasser zugeben, garen (15 Min./100 °C/Stufe 1). Soßenzutaten zugeben und verrühren. Kurz aufkochen (2 Min./100 °C/Stufe 1). Für die Lasagne die Blätter bereithalten. 3-4 EL Soße in eine Lasagneform geben, darüber ein Lasagneblatt legen. So fortfahren, bis die Teigblätter und die Soße verbraucht sind. Die Schichten schließen mit Soße. Mit dem Käse bestreuen. Ofen (Heißluft) auf 190 °C vorheizen und 30 Min. bei 190 °C backen.

12560. Doppel-Kartoffel mit Porree, März 2020

2 Portionen; 24-cm-Wollpfanne

Gemüsepfanne (20-25 Min.):
- 100 g Wasser
- 225 g Kartoffeln, in Scheiben
- 110 g Süßkartoffeln, in Würfeln
- 190 g Porree, in Scheiben
- 140 g Zwiebeln, in Scheiben

Soße (mit einem Löffel verrühren):
- 50 g Hafersahne
- 1 TL Salz
- 1 Prise Pfeffer
- 20 g Erdnussmus

Soße unter das Gemüse ziehen und aufkochen.

12561. Hummus-Dip, März 2020

1 Portion zu einem Reisgericht
- 60 g Hummus
- 3 g Sambal Oelek
- 10 g Apfelmark
- 30 g Hafersahne
- 1-2 TL geh. Pistazien

Hummus, Sambal, Apfelmark und Hafersahne mit einem Löffel verrühren und mit Pistazien bestreuen.

12562. Vanillepudding Hafermilch IV, April 2020

Vorläufer 12541
- 500 g Hafermilch
- 1 P Vanillepuddingpulver
- 1 gestr. TL Speisestärke

Puddingpulver und Stärke mit 50-60 g Milch verquirlen (Schneebesen). Restliche Milch unterrühren und kochen in der Mikrowelle: 620 Watt, 2 x 3 Min. + 1 x 1 Min, zwischendurch immer mit dem Schneebesen rühren.

12563. Rührei aus der Mikrowelle II, April 2020

Vorläufer 12553; 2 Eier

- 2 Eier
- 2 EL Hafermilch
- 1 Prise Salz
- 4 g Lauchzwiebel, in Ringen

Zutaten außer der Lauchzwiebel verquirlen. In eine mikrowellenfeste Schüssel o. Ä. geben, die Zwiebelringe obendrauf legen. Bei 620 Watt 2 Min, da war es in der Mitte zu flüssig. Ich habe den festen Teil entnommen, den Rest noch einmal 1 Min. 620 Watt in die Mikrowelle gegeben.

Fazit: *War okay, aber habe jetzt genug davon.*

12564. Hummus mit Kürbisöl, April 2020

Vorläufer 12556

- 1 Dose Kichererbsen (400 ml), mit 260 g Kichererbseneinwaage
- 40 g der Flüssigkeit aus der Dose
- 30 g Kürbiskernöl
- 1 große Knoblauchzehe, eingelegt, in Scheiben (7 g)
- 20 g Zitronensaft
- 1 LS Kreuzkümmel
- 1 gestr. TL Salz
- 1 kleine Prise gem. Gewürznelken
- 20 (15) g Tahini aus dem Glas (Inhaltsstoffe: nur Sesam)

Den gesamten Inhalt der Dose mit den restlichen Zutaten in ein hohes Gefäß geben und mit dem Pürierstab zu einer glatten Creme verarbeiten.

12565. Porreegemüse für Reis, April 2020

1 Portion für 100 g (Rohgewicht) Langkorn-Naturreis
Als Gemüsepfanne (20-cm-Pfanne, 15 Min.):

- 50 g Wasser
- 250 g Porree, in Scheiben

Für die Soße mit dem Löffel verrühren und untermischen:

- 1 TL Salz
- 10 g Hafersahne
- 75 g Hummus
- 15 g Apfelmark

12566. Rucola-Reste-Pfanne, April 2020

1 Portion; 20-cm-Keramikpfanne
Gemüsepfanne (15 Min.):

- 30 g Wasser
- 20 g Rucola
- 25 g Lauchzwiebel, in Ringen
- 110 g Cocktailtomaten, halbiert

Soße (mit dem Löffel verrühren):

- 25 g Erdnüsse, gesalzen und geröstet
- 75 g Hummus
- 1 Prise Salz
- 10 g Erdnussmus

Einrühren und kurz aufkochen.

Hinweis: *Bei mir gab es dazu Jasminvollkornreis aus 100 g Rohware.*

12567. Rhabarberkompott, April 2020

- 3 EL Wasser
- 170 g Rhabarber, in Stücken
- 35 g Honig

Zum Kochen bringen, auf kleiner Einstellung ca. 10 Min. kochen. Mit einem Löffel zerdrücken.

12568. Vanillepudding Hafermilch V, April 2020

Vorläufer 12562

- 500 g Hafermilch
- 1 P Vanillepuddingpulver
- 1 geh. TL Speisestärke (12 g)

Puddingpulver und Stärke mit 50-60 g Milch verquirlen (Schneebesen). Restliche Milch unterrühren und kochen in der Mikrowelle: 620 Watt, 2 x 3 Min. + 1 x 1 Min, zwischendurch immer mit dem Schneebesen rühren.

Hinweis: *Erneut etwas fester, aber immer noch nicht genug. Diesmal habe ich eine dünne Schicht Rhabarberkompott dazu gegeben.*

12569. Rhabarberstreusel, April 2020

Vorläufer 14/12159

Teig:
- 160 g Vollrohrzucker
- 200 g Butter, in Stücken
- 300 g Dinkel, fein gemahlen
- 1 Prise Salz

Pudding:
- 1 Päckchen Puddingpulver Vanille
- 250 g Hafermilch
- 25 g Agavendicksaft

Füllung:
- 250 Rhabarber, in Stücken
- 30 g Rosinen

Zucker im TM mahlen (8 Sek./Stufe 8). Restliche Zutaten in den Mixtopf geben und zu Streuseln verarbeiten (11 Sek./Stufe 6). Etwa 350 g des fertigen Teigs in eine am Rand gut gefettete und am Boden mit Papier überspannte Springform (26 cm) geben, einen kleinen Rand formen und festdrücken. Aus den Puddingzutaten in der Mikrowelle einen Pudding kochen (2 x 2 Min./620 Watt). Bis der Pudding lauwarm ist, regelmäßig durchrühren, damit sich keine Haut bildet. Wer eine andere Milch verwendet, muss eventuell eine geringere Menge nehmen, denn Hafermilch bindet Pudding schlecht. Pudding in der Springform auf dem Teig ausstreichen. Rhabarber gleichmäßig darauf verteilen, mit Rosinen bestreuen. Restliche Streusel darüber geben, mit den Händen verteilen. Ofen (Heißluft) auf 180 °C vorheizen und 25 Min. bei 180 °C backen, 5 Min. nachbacken im ausgeschalteten Ofen.

12570. Milchreis Natur, cremig, April 2020

Vorläufer 12555; Thermomix

- 1100 g Hafermilch
- 100 g Hafersahne
- 200 g Rundkornnaturreis

Die vorbereiteten Zutaten (Reis waschen) in den Mixtopf geben. Den Mixtopfdeckel aufsetzen, dabei den Messbecher weglassen, damit der Dampf entweichen kann. Anschließend 70 Min bei 95 °C im Rückwärtslauf auf Stufe 1 garen.

12571. Rhabarbereis, April 2020

2 Portionen; mit der Eismaschine

- 190 g Rhabarber
- 50 g Wasser
- 50 g Honig

Quasi als Gemüsepfanne 10 Min. garen. Abkühlen lassen. Im Vitamix mixen:

- Rhabarber (270 g)
- 50 g Mandelmus
- 45 g Hafersahne
- 45 g Honig
- 1 TL Guarkernmehl

Masse in die Eismaschine geben und 30 Min. rühren lassen.

Ergebnis: *Masse ein wenig wie Kaugummi. Geschmack zu sehr dominiert von Mandelmus und Hafersahne.*

12572. Roggen-Sauerteigbrot, Buchweizen IV, April 2020

Vorläufer 12552

Stufe 1 (12 Std. vorher):
Sauerteigansatz:

- 400 g Roggen
- 410 g Wasser
- 150 g Sauerteig

Stufe 2 (bei mir Morgen):

- 100 g Roggen
- 275 g Dinkel, fein gemahlen
- 50 g Buchweizen, fein gemahlen
- 100 g ganze Haselnüsse
- 15 g Salz
- 300 g Wasser
- 1/4 Würfel frische Hefe (10 g)
- ca. 800 g Sauerteigansatz
- 20 g Butter für die Form

Stufe 1: Roggen fein mahlen, mit Wasser und altem Sauerteig mischen. In einer Plastiktüte über Nacht stehen lassen. 150 g von der Stufe 1 abnehmen und in einem gut schließenden Schraubglas in den Kühlschrank stellen für das nächste Backen.

Stufe 2: Getreide mahlen (Vorabend). Backmorgen: Hefe in einem Teil des Wassers auflösen. Zutaten (außer der Butter) mit einem großen Löffel gründlich verrühren, bis kein Mehl mehr sichtbar ist. Eine 30-cm-Brotform, Profi-Email von Dr. Oetker, gut einfetten. Teig hineingeben, mit der nassen Hand herunterdrücken und glattstreichen. Mit einem scharfen Messer kreuzweise einschneiden. Form im kalten Ofen etwa 90 Min. gehen lassen. Ofen auf 190 °C aufheizen, das Brot ist dabei im Ofen. Backzeit 65 Min., im ausgestellten Ofen 5 Min. nachbacken.

12573. Kichererbsen-Walnuss-Dip, April 2020

- 10 g Kürbiskernöl
- 40 g Zwiebel, gehackt
- 1 Knoblauchzehe (7 g), in Scheiben
- 100 g Walnusshälften
- 30 g Haferflocken
- 240 g Kichererbsen
- 125 g Kichererbsenwasser aus der Dose
- 1 TL Salz
- 1 TL Paprika edelsüß
- 10 g Zitronensaft
- 10 g Kürbiskernöl
- 2 g Sambal Oelek (nach Geschmack)

Zwiebel im Öl garen (2 Min./Varoma/Stufe 1). Knoblauch, Nüsse und Flocken in den Mixtopf geben und mischen (6 Sek./Stufe 7). Kichererbsen zufügen und nochmals mischen (6 Sek./Stufe 7). Die restlichen Zutaten zufügen und mixen (15 Sek./Stufe 3). In eine kleine Schüssel umfüllen und ggf. mit Walnüssen dekorieren.

12574. Türkische Antipasti, April 2020

Angelehnt an: Würzig eingelegtes Gemüse, S. 20, Thermomix à la Turka

- ca. 500 g Gemüse, kleingeschnitten, hier
  - 60 g Porree
  - 170 g Möhren
  - 110 g Fenchel
  - 30 g Zwiebel
  - 155 g Zucchini
  - 100 g Wasser

Sud:
- 60 g Kichererbsenwasser
- 50 g Kochwasser
- 40 g Wasser
- 85 g Apfelessig
- 20 g Zitronensaft
- 35 g Sonnenblumenöl
- 4 g Salz (1 TL)
- 10 g Knoblauchzehen

Gemüse als Gemüsepfanne (24 cm-Pfanne) 15 Min. garen. Sudzutaten mit dem Pürierstab zu einer Flüssigkeit mixen. Gekochtes Gemüse auf zwei Gläser (Größe von Nussmus) verteilen, mit dem Sud übergießen. Mit Wasser auffüllen. Kalt stellen, ist nach 6 Std. fertig.

Hinweis: Der Sud ist nicht wie im Vorbild klar, sondern milchig. Das liegt an der anderen Zubereitung. Ein zweites Mal würde ich den Knoblauch nur klein schneiden, nicht mit pürieren.

12575. Gedipte Frühlingspfanne roten Linsen, April 2020

- 75 g rote Linsen
- 95 g Möhren, in Scheiben
- 100 g Porree, in Ringen
- 110 g Zucchini, in Halbscheiben
- 315 g Wasser
- 1 gestr. TL Salz
- 1 Prise Pfeffer
- 50 g Kichererbsen-Walnuss-Dip 12573 (oder 30 g Nussmus)

Zutaten außer Salz, Pfeffer und Dip in eine 24-cm-Alupfanne geben, zum Kochen bringen und 20 Min. auf möglichst kleiner Einstellung kochen. Mit Salz und Pfeffer würzen, Dip unterrühren und nochmals kurz aufkochen.

12576. Grießpudding aus der Mikrowelle, April 2020

4 Portionen

- 60 g Weizenvollkorngrieß
- 500 g Hafermilch

Verrühren und in der Mikrowelle erhitzen. Nach den jeweiligen Zeiten umrühren:

2 x 2 Min. 620 Watt / 1 x 2 Min. 400 Watt / 1 x 2 Min. 200 Watt / 1 x 4 Min. 200 Watt

Fazit: Im Gegensatz zum Vanillepudding lässt sich der Grießpudding nicht mehr verrühren, wenn er klumpt. Vollkorngrieß so „pur" schmeckt mir einfach pappig.

12577. Vanilleeis mit der Maschine, April 2020

2 gute Portionen

- 1 Päckchen Vanillepudding
- 2 EL Rohrohrzucker
- 500 ml Hafermilch
- 3 EL Sahne

Aus dem Puddingpulver mit Zucker und Hafermilch einen Pudding kochen (bei mir nach dem Mikrowellenrezept). Wenn der Pudding nicht mehr kochend heiß ist, die Sahne unterrühren. So etwa alle 5 Min. durchrühren. Wenn der Pudding nur noch so heiß ist, dass man sich nicht mehr verbrennt, in die Eismaschine geben. Maschine 45 Min. laufen lassen.

Fazit: Superkonsistenz, sehr guter Geschmack. Für mich war es schon grenzwertig süß, für Eric nicht süß genug (auch wenn er es gerne gegessen hat). Durchs Kühlen wird die Süßkraft nun mal vermindert. Geschmacklich fanden wir es ansonsten lecker. Das Beste bisher.

12578. Rhabarberkuchen sehr fein, April 2020

Vorlage 12549; 26-cm-Springform

Teig
- 400 g Seidentofu
- 45 g Hafersahne
- 1 EL Rum
- 70 g Apfelmark
- 55 g Mischmus 4-Nuss (Rapunzel)
- 225 g Vollrohrzucker
- 100 g Weizenvollkorngrieß
- 300 g Dinkel, fein gemahlen
- 1 Prise Salz
- 1 P Weinsteinbackpulver

Belag:
- 150 g Aprikosen-Fruchtmus (75 % Frucht)
- 385 g Rhabarber in Stücken

Flüssigkeiten und feuchte Zutaten auf höchster Stufe mit dem Handrührgerät (Rührbesen) verquirlen. Die trockenen Zutaten mischen und unterrühren, Formboden mit Backpapier überspannen. Etwa zwei Drittel Teig (bei mir 800 g) hineingeben und glattstreichen. Das Fruchtmus auf den Teig streichen, Rhabarberstücke gleichmäßig auf dem Teig verteilen, Rest Teig darüber klecksen. In den auf 175 °C (Heißluft) vorgeheizten Ofen schieben und 45 Min. bei 175 °C backen. Auf einen Gitterrost stellen, abkühlen lassen und aus der Form nehmen.

12579. Rhabarbercreme, April 2020

- 250 g Rhabarber
- 1 EL Zitronensaft
- 100 g Wasser
- 50 g Honig
- 20 g Agavendicksaft
- 1 TL Stärke (12 g)
- 2 EL Wasser

Rhabarber in Stücke schneiden. Mit Zitronensaft, 100 g Wasser und Süßungsmittel aufkochen und 10 Min. kochen lassen. Stärke in 2 EL Wasser verrühren. Unter den Rhabarber rühren und aufkochen.

12580. Tomatenketchup XLVII, April 2020

Vorläufer 12447, 2 Cashewnussmus-Gläser + 1/2 Honig-glas

- 2 Dosen Tomaten inklusive Saft (800 g)
- 75 g Sultaninen
- 75 g Datteln Deglet Nour
- 7 g Knoblauchzehen frisch
- 145 g Apfelessig
- 10 g Peperoniessig 7/4573
- 10 g Tamari
- 100 g Wasser
- 1 geh. TL Salz
- 175 g rote Zwiebeln, halbiert
- 1 Apfel ohne Kerne (120 g)
- 1 rote Spitzpaprika (70 g)
- 1 Stück Essigpeperoni (5 g) 7/4573
- 1 Prise (1/4 TL) Pfeffer
- 2 TL Paprika edelsüß
- 20 g Tomatenmark
- 150 g Wasser (davon

Alle Zutaten bis auf die zweite Menge Wasser in den Mixtopf geben. 25 Sek. auf Stufe 10 zerkleinern, dabei den Messbecher fest andrücken, anschließend garen (40 Min./Varoma/Stufe 3). Nach Ende der Garzeit Rest Wasser zugeben und fein pürieren (30 Sek./Stufe 10). Direkt in Schraubgläser füllen.

12581. Zwiebel-Relish XIII, April 2020

Vorläufer 12546; 1 Nussmus- und 1 Honigglas

- 535 g Gemüsezwiebeln
- 1 Apfel (165 g)
- 3 Knoblauchzehen (frisch; 12 g)
- 55 g Ketchup (Tomatenketchup XLVIII 12580)
- 1 geh. TL Salz
- 1 kleine Prise gem. Nelken
- 1 kleine Prise Zimt
- 200 g Rosinen
- 1 gestr. TL getr. Majoran, zwischen den Händen ver-rieben
- 150 g Apfelessig
- 15 g Tamari
- 85 g Wasser

Herstellung im TM. Zwiebeln, Rosinen und Knoblauch zerkleinern (10 Sek./Stufe 6). Nach unten schieben und die restlichen Zutaten zugeben. 55 Min./100 °C/Linkslauf/Stufe 1 ohne Messbecher garen. Sobald es kocht, wenn nötig Garkörbchen als Spritzschutz aufsetzen. Relish in zwei leere Schraubgläser füllen. Sofort verschlie-ßen und abgekühlt im Kühlschrank aufbewahren.

12582. Vanillepudding Hafermilch VI, April 2020

- 500 g Hafermilch
- 1 P Vanillepuddingpulver
- 1 geh. TL Speisestärke (14-15 g)

Puddingpulver und Stärke mit 50-60 g Milch verquirlen (Schneebesen). Restliche Milch unterrühren und kochen in der Mikrowelle: 620 Watt, 2 x 3 Min. + 1 x 1 Min, zwischen-durch immer mit dem Schneebesen rühren.

Hinweis: *Erneut etwas fester, aber immer noch nicht genug. Mehr Speisestärke möchte ich nicht nehmen, dann klumpt es.*

12583. Weißkohl sauer, April 2020

- 15 g Sonnenblumenöl
- 25 g rote Zwiebel, gehackt
- 190 g Weißkohl, klein geschnitten
- 75 g Flüssigkeit von eingelegtem Gemüse, hier Türkische Antipasti,
- 35 g Rhabarber, in Scheiben
- 2 Prisen Salz
- 1 Prise Pfeffer

Ohne Salz und Pfeffer als Gemüsepfanne 20 Min. garen, mit den Gewürzen abschmecken. Bei mir gab es Jasminvollkornreis dazu.

12584. Chili con carme für Arme, April 2020

2 Portionen

- 20 g Sonnenblumenöl
- 190 g Kartoffeln, geschält und gewürfelt
- 100 g Weißkohl, klein geschnitten
- 65 g rote Zwiebel, gehackt
- 1 Tomate (105 g), gewürfelt
- 40 g Wasser
- 70 g Gemüseflüssigkeit von einer Dose Kidneybohnen
- 20 g Tomatenmark
- 1 TL Salz
- 1 geh. TL Paprika edelsüß
- 1 Prise Pfeffer
- 1 Prise Kreuzkümmel
- 1/2 TL getr. Oregano
- 1 Prise gem. Gewürznelken
- 1/2 TL Rohrohzucker
- 1/2 TL Kakao
- 1 TL Sambal Oelek (oder Chilipulver, klein geschnittene Chilis usw.)
- 240 g Kidneybohnen aus der Dose (Inhalt einer kleinen Dose)

Öl erhitzen. Kartoffeln und Weißkohl darin anbraten (8/14). Zwiebel ebenfalls ein paar Min. mit anbraten, dann die Tomate. Flüssigkeit, Tomatenmark und Gewürze einrühren. 20-25 Min. auf kleiner Einstellung kochen. Bohnen zufügen und 5 Min. zusammen erhitzen.

12585. Weißkohl süß-sauer-scharf, April 2020

Bei mir gab es dazu Jasminvollkornreis

- 85 g Flüssigkeit von Türkische Antipasti 12574
- 155 g Weißkohl, klein geschnitten
- 2 Prisen Salz
- 1-2 kleine Prisen Pfeffer
- 10 g Agavendicksaft
- 20 g Mischmus 4 Nuts

Ohne das Nussmus als Gemüsepfanne (20-cm-Keramikpfanne) 20 Min. garen. Mischmus unterrühren und weitere 5 Min. auf kleiner Einstellung kochen.

12586. Schokokuchen Trockenfrucht VII, April 2020

Vorläufer: 12558; Springform 26 cm

- 200 g Datteln Deglet Nour
- 100 g grüne Rosinen
- 200 g Soft-Feigen
- 520 g Wasser

- 50 g Schokolade 100 % (Lindt)
- 100 g Schokolade 70 % (Lindt)
- 45 g Kakaopulver schwach entölt
- 15 g Carobpulver Rohkostqualität
- 200 g Dinkel, gemahlen (Mühle)
- 140 g Weizenvollkorngrieß
- 60 g Dinkelvollkorngrieß
- 2 EL Rum
- 1 Prise Salz
- 150 g Apfelmark
- 50 g Mischmus 4 Nuts
- 2 P Weinsteinbackpulver
- 1 TL Natron

Guss (zusammen zerlassen):
- 40 g Agavendicksaft
- 1 Tafel Vivani 92 % (80 g)
- 1 gestr. TL Kakaopulver

Dekoration:
- 10 g gehackte Pistazien

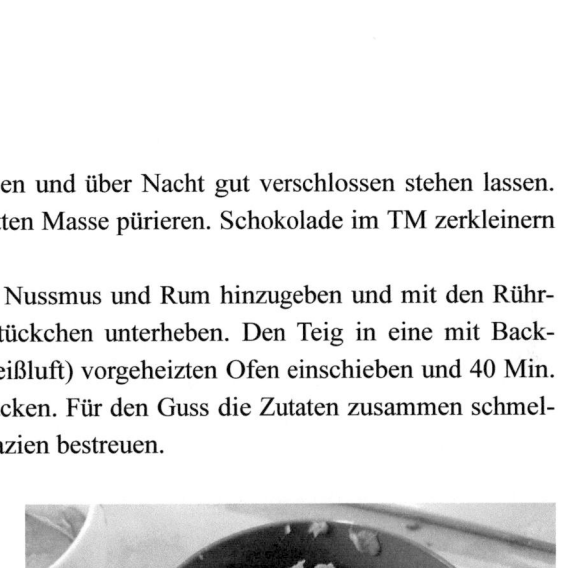

Trockenfrüchte in einer Pengdose mit dem Wasser übergießen und über Nacht gut verschlossen stehen lassen. Die Fruchtmasse mit der Flüssigkeit im Vitamix zu einer glatten Masse pürieren. Schokolade im TM zerkleinern (10 Sek./Stufe 4,5).

Die trockenen Zutaten mischen. Fruchtgemisch, Apfelmark, Nussmus und Rum hinzugeben und mit den Rührhaken eines Handrührgeräts gut vermischen. Schokoladenstückchen unterheben. Den Teig in eine mit Backpapier überspannte Springform geben. In den auf 160 °C (Heißluft) vorgeheizten Ofen einschieben und 40 Min. bei 160 °C backen, 10 Min. im ausgeschalteten Ofen nachbacken. Für den Guss die Zutaten zusammen schmelzen. Den Kuchen damit bestreichen und in der Mitte mit Pistazien bestreuen.

12587. Linsen-Tomaten-Aufstrich, April 2020
- 100 g rote Linsen
- 200 g Wasser
- 1 gestr. TL Salz
- 1 Prise Pfeffer
- 4 g Sambal Oelek
- 50 g Mischmus 4 Nuts (Rapunzel)
- 20 g Tomatenmark

Linsen im Wasser 20 Min. kochen. Mit einem Pürierstab zusammen mit den anderen Zutaten pürieren.

Hinweis: Schmeckt anfangs eher nach Erdnussmus (gut) und 2-3 Tage später ein bisschen nach Leberwurst (lustig).

12588. Gemüsepfanne Tricolor, April 2020
- 10 g Sonnenblumenöl
- 50 g Wasser
- 45 g Porreeringe
- 45 g rote Zwiebelwürfel
- 50 g Möhrenscheiben
- 50 g Linsen-Tomaten-Aufstrich 12587 (oder gekochte rote Linsen)
- 25 g Hafersahne
- 1-2 Prisen Salz

Mit Öl, Wasser und Gemüse eine Gemüsepfanne zubereiten (20-cm-Keramikpfanne, 15 Min.). Aufstrich, Sahne und Salz zufügen, kurz aufkochen. Dazu passt Reis.

12589. Vanillepudding Rewe Bio, April 2020

4 Portionen; ich hatte das Päckchen von einer Freundin geschenkt bekommen.

- 450 g Hafermilch
- 50 g Hafersahne
- 1 Päckchen Vanillepudding Bio von Rewe (35 g)

In der Mikrowelle dauert es merkwürdigerweise länger als mit „normalem" Puddingpulver. Etwas Milch mit dem Pulver verrühren, dann den Rest Flüssigkeit zugeben. 620 Watt: 3 x 2 Min., 2 x 1 Min. Zwischendurch mit einem Schneebesen durchrühren. In der letzten Min. ist es mir etwas übergekocht.

Hinweis: *Die Farbe des Puddings ist wenig ansprechend, kommt vermutlich auch durch die Hafermilch, dass er etwas grau aussieht. Der Geschmack entspricht dem Bio-Vorurteil: fade bis nach Pappe. Am ersten Tag leidlich halbfest, am nächsten Tag Soße. Dann lieber das klassische Pulver, auch wenn es vielleicht nicht ganz so gesund ist.*

12590. Blaubeerstreusel, April 2020

Vorläufer 12569

Teig:
- 160 g Vollrohrzucker
- 200 g Butter, in Stücken
- 300 g Dinkel, fein gemahlen
- 1 Prise Salz

Füllung:
- 425 g Blaubeeren

Zucker im TM mahlen (8 Sek./Stufe 8). Restliche Zutaten in den Mixtopf geben und zu Streuseln verarbeiten (11 Sek./Stufe 6). Etwa 350 g des fertigen Teigs in eine am Rand gut gefettete und am Boden mit Papier überspannte Springform (26 cm) geben, einen kleinen Rand formen und festdrücken. Blaubeeren gleichmäßig darauf verteilen. Restliche Streusel darüber geben, mit den Händen verteilen. Ofen (Heißluft) auf 180 °C vorheizen und 25 Min. bei 180 °C backen, 5 Min. nachbacken im ausgeschalteten Ofen.

12591. Nudelauflauf à la Lasagne VI

Vorläufer 12491; 2 Portionen

- 1 rote Zwiebel (65 g)
- 50 g Porreeringe
- 115 g Möhrenscheiben
- 80 g Rhabarberstücke
- 10 g Knoblauch
- 25 g Kürbiskernöl
- 1 Dose Tomaten „fein stückig" (450 ml)
- 1 geh. TL Salz
- 1/4 TL Pfeffer
- 1 TL Paprika edelsüß
- 10 g Agavendicksaft
- 60 g Linsen-Tomaten-Aufstrich 12587 (bzw. Hummus, gek. rote Linsen usw.)
- 30 g Wasser
- 2 Prisen Pizzagewürz
- 6 Lasagneplatten (Vollkorn)
- 50 g Haferflocken
- 30 g Mandelmus weiß
- 60 g Hafersahne
- 2 Prisen Schabziegerklee

- 1 gestr. TL Salz
- 85 g Wasser
- 30 g Sonnenblumenkerne

Gemüse im TM zerkleinern (5 Sek./Stufe 5,5). Öl zugeben und andünsten (5 Min./Varoma/Linkslauf/Stufe 1). Tomaten, Gewürze, Aufstrich, Wasser und Süßungsmittel zum Mixtopf geben und kurz kochen lassen (8 Min./100 °C/Linkslauf/Stufe 1).

Für die weiße Decke Haferflocken, Mandelmus, Sahne, Schabziegerklee, Salz und Wasser mit einem Löffel verrühren. In der Mikrowelle bei 620 Watt 2-3 Min. erhitzen. Kerne unterrühren.

Zwei Lasagneformen bereitstellen. Jeweils 3 EL Soße auf den Boden geben, mit einer Lasagneplatte bedecken. Weitere 3 EL auf die Platte geben, eine weitere Platte auflegen. Noch einmal mit 3 EL wiederholen. Mit je 2 EL Soße abschließen. Die Haferflockenmasse darauf verteilen. In den auf 190 °C vorgeheizten Ofen (Heißluft) schieben. 30 Min. backen.

Fazit: Die weiße Decke (sollte Soße werden) schmeckte gut, sollte aber dünnflüssiger sein. Evtl. auch den Hafer mahlen statt flocken. Die zweite Portion habe ich ungebacken eingefroren.

12592. Kartoffel-Weißkohlpfanne, April 2020

2 Portionen

- 10 g Sonnenblumenöl
- 1 rote Zwiebel (50 g), gehackt
- 225 g Weißkohl, klein geschnitten
- 300 g Kartoffeln, in Scheiben und geschält
- 1 Apfel (100 g), gewürfelt
- 100 g Flüssigkeit von Türkische Antipasti 12574
- 50 g Wasser

Soße:

- 45 g Hafersahne
- 25 g Mischmus 4 Nuts
- 1 TL Salz
- 25 g Wasser
- 1 TL Maisstärke

Öl erhitzen, Zwiebeln kurz anbraten und dann 10 Min. dünsten. Weißkohl, Kartoffeln, Apfel und Flüssigkeiten zugeben. Als Gemüsepfanne 20-25 Min. dünsten. Soßenzutaten mit dem Löffel verrühren. Zum Gemüse geben, vorsichtig unterrühren und aufkochen.

12593. Sellerie-Kartoffelsuppe, April 2020

Herstellung beschrieben im Thermomix.

- 10 g Kürbiskernöl
- 1 kleine Zwiebel, gehackt (40 g)
- 1 Knoblauchzehe, in Scheiben (4 g)
- 135 g Sellerie, grob vorgeschnitten
- 20 g Trockenmischung für Pflanzenmilch (z. B. Pflanzenmilch Trockenmischung VI 14/12195)
- 85 g Kartoffeln, grob vorgeschnitten (geschält, da schlechte Qualität)
- 525 g Wasser
- 1 TL Salz
- 50 g Kichererbsen-Zwiebel-Aufstrich 12595

Öl, Zwiebel und Knoblauch in den Mixtopf geben und andünsten (2,5 Min./Varoma/Stufe 1). Gemüse zugeben und zerkleinern (5 Sek./Stufe 5). Wasser, Salz und Trockenmischung zufügen und kochen (20 Min./100 °C/Stufe 2). Aufstrich zugeben und pürieren (8 Sek./Stufe 8).

Tipp: Wenn die Suppe dann noch zu dicklich ist, 20-50 g Wasser zugeben und nochmals pürieren. Als Deko kann man wie im Foto z. B. etwas Paprikapulver darüber streuen.

12594. Roggen-Sauerteigbrot, Buchweizen V, April 2020

Vorläufer 12572

Stufe 1 (12 Std. vorher):

Sauerteigansatz:

- 400 g Roggen
- 410 g Wasser
- 150 g Sauerteig

Stufe 2 (bei mir Morgen):

- 100 g Roggen
- 270 g Dinkel, fein gemahlen
- 55 g Buchweizen, fein gemahlen
- 100 g ganze Haselnüsse
- 50 g Leinsamen
- 15 g Salz
- 300 g Wasser
- 1/4 Würfel frische Hefe (10 g)
- ca. 800 g Sauerteigansatz
- 20 g Butter für die Form

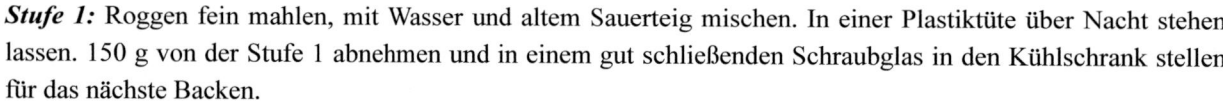

Stufe 1: Roggen fein mahlen, mit Wasser und altem Sauerteig mischen. In einer Plastiktüte über Nacht stehen lassen. 150 g von der Stufe 1 abnehmen und in einem gut schließenden Schraubglas in den Kühlschrank stellen für das nächste Backen.

Stufe 2: Getreide mahlen (Vorabend). Backmorgen: Hefe in einem Teil des Wassers auflösen. Zutaten (außer der Butter) mit einem großen Löffel gründlich verrühren, bis kein Mehl mehr sichtbar ist. Eine 30-cm-Brotform, Profi-Email von Dr. Oetker, gut einfetten. Teig hineingeben, mit der nassen Hand herunterdrücken und glattstreichen. Mit einem scharfen Messer kreuzweise einschneiden. Form im kalten Ofen etwa 90 Min. gehen lassen. Ofen auf 190 °C aufheizen, das Brot ist dabei im Ofen. Backzeit 65 Min., im ausgestellten Ofen 5 Min. nachbacken.

12595. Kichererbsen-Zwiebel-Aufstrich, April 2020

Vorläufer 12587

- 10 g Kürbiskernöl
- 1 rote und 1 weiße Zwiebel, gehackt (zusammen 90 g)
- Kichererbsen aus einer Dose (ca. 240 g)
- 100 g Kichererbsenflüssigkeit
- 1 gestr. TL Salz
- 1 Prise Pfeffer
- 5 g Sambal Oelek
- 50 g Mischmus 4 Nuts (Rapunzel)
- 20 g Tomatenmark

Zwiebeln im heißen Öl anbraten und 10 Min. dünsten. Mit einem Pürierstab zusammen mit den anderen Zutaten pürieren.

Fazit: *Sehr lecker, der Zwiebelgeschmack könnte noch stärker sein.*

12596. Vanillepudding Hafermilch VII, April 2020

Vorläufer 12582

- 440 g Hafermilch
- 60 g „normale" Sahne
- 1 P Vanillepuddingpulver

Puddingpulver mit Sahne und etwas Milch verrühren. Restliche Milch mit dem Schneebesen unterrühren und kochen in der Mikrowelle: 620 Watt, 2 x 2 Min. + 2 x 1 Min, zwischendurch immer mit dem Schneebesen rühren.

12597. Möhren-Sellerie-Gemüse, April 2020

Bei mir gab es dazu Jasminvollkornreis.

Gemüsepfanne:

- 5 g Sonnenblumenöl
- 55 g Zwiebelwürfel, weiß und rot
- 70 g Sellerie, in Streifen
- 90 g Möhre, in Scheiben
- 45 g Wasser

Unterrühren:

- 1 gestr. TL Salz
- 25 g Hafersahne
- 50 g Kichererbsen-Zwiebel-Aufstrich 12595

Als Gemüsepfanne 15 Min. Die restlichen Zutaten unterrühren und aufkochen.

12598. Vanillereis, Mai 2020

Vorläufer 12572; Thermomix

- 1000 g Hafermilch
- 100 g Rundkornnaturreis
- 1 P Vanillepuddingpulver
- 50 g Hafermilch

1000 g Hafermilch und Reis in den Mixtopf geben. Deckel aufsetzen, aber ohne Messbecher kochen: 60 Min./95 °C/rückwärts/Stufe 1. Puddingpulver mit 50 g Hafermilch verrühren, in den Mixtopf geben und kochen (5 Min./95°C/rückwärts/Stufe 1).

Hinweis: *Dickt noch gut nach!*

12599. Chili con Kartoffeln, Mai 2020

Vorläufer 12584; 2 Portionen

- 10 g Kürbiskernöl
- 185 g Kartoffeln, geschält und gewürfelt
- 75 g Sellerie, klein geschnitten
- 90 g Zwiebel, gehackt
- 1 Dose Tomaten stückig (400 g-Dose)
- 115 g Gemüseflüssigkeit von einer Dose Kidneybohnen
- 10 g Tomatenmark
- 1 TL Salz
- 1 geh. TL Paprika edelsüß
- 1 Prise Pfeffer
- 1 Prise Kreuzkümmel
- 1/2 TL getr. Oregano
- 1 Prise gem. Gewürznelken
- 1 gestr. TL Rohrohrzucker
- 1 gestr. TL Kakao
- 1 TL Sambal Oelek (oder Chilipulver, klein geschnittene Chilis usw.)
- 240 g Kidneybohnen aus der Dose (Inhalt einer kleinen Dose)

Öl erhitzen. Gemüse darin anbraten (8/14 Induktion). Tomate, Flüssigkeit, Tomatenmark und Gewürze einrühren. 20 Min. auf kleiner Einstellung kochen. Bohnen zufügen und 40 Min. zusammen kochen.

Hinweis: *Die Kochzeit 40 Min. ist kein Versehen. Ich hätte besser erst das Gemüse in wenig Wasser gedünstet und dann die Dosentomaten hinzugefügt. Dosentomaten verzögern das Garen, warum auch immer.*

12600. Kartoffel-Möhren-Kichererbsentopf, Mai 2020

2 Portionen

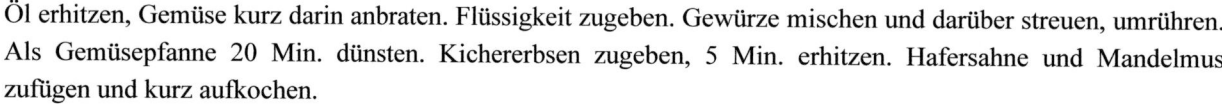

- 10 g Sonnenblumenöl
- 40 g Zwiebel
- 265 g Kartoffeln, in Scheiben (endlich wieder ungeschälte)
- 270 g Möhren, in Scheiben
- 120 g Flüssigkeit aus einer Dose Kichererbsen
- 1 TL Salz
- 1 Prise Pfeffer
- 1 geh. TL Paprika
- 1 TL gemahlener Kümmel
- 1 gestr. TL Rohrrohrzucker
- 240 g Kichererbsen
- 40 g Hafersahne
- 15 g Mandelmus

Öl erhitzen, Gemüse kurz darin anbraten. Flüssigkeit zugeben. Gewürze mischen und darüber streuen, umrühren. Als Gemüsepfanne 20 Min. dünsten. Kichererbsen zugeben, 5 Min. erhitzen. Hafersahne und Mandelmus zufügen und kurz aufkochen.

12601. Vanillepudding mit Rosinen, Mai 2020

Vorläufer 12596

- 500 g Hafermilch
- 1 P Vanillepuddingpulver
- 20 g grüne Rosinen.

Puddingpulver mit etwas Milch verrühren. Restliche Milch mit dem Schneebesen unterrühren und kochen in der Mikrowelle: 2 Min. 620 Watt. Rosinen zugeben, nochmals 2 Min. 620 Watt. Vorsichtig umrühren, 2 x 1 Min 620 Watt, zwischendurch immer mit dem Schneebesen rühren.

Tipp: Bei einem nächsten Mal würde ich die Rosinen erst zugeben, wenn der Pudding etwas dickt, also nach weiteren 2 Min.

12602. Gemüseaufstrich mit roten Linsen, Mai 2020

Zwei nicht ganz gefüllte Honiggläser; Herstellung im TM

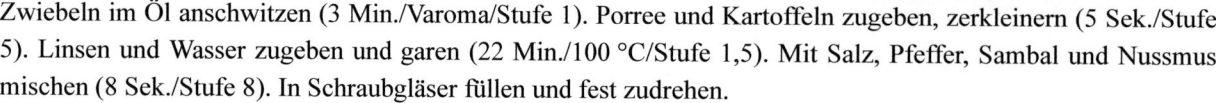

- 20 g Sonnenblumenöl
- 175 g Zwiebel, gehackt
- 170 g Porreegrün, grob zerkleinert
- 100 g Kartoffeln
- 100 g rote Linsen
- 210 g Wasser
- 10 g Salz
- 1 Prise Pfeffer
- 5 g Sambal Oelek (nach Geschmack)
- 55 g Mischmus 4 Nuts

Zwiebeln im Öl anschwitzen (3 Min./Varoma/Stufe 1). Porree und Kartoffeln zugeben, zerkleinern (5 Sek./Stufe 5). Linsen und Wasser zugeben und garen (22 Min./100 °C/Stufe 1,5). Mit Salz, Pfeffer, Sambal und Nussmus mischen (8 Sek./Stufe 8). In Schraubgläser füllen und fest zudrehen.

12603. Kasten-Stuten mit Tofu und alter Hefe, Mai 2020

Vorläufer 12518; 30 cm-Form. Ich habe lange nicht mehr mit Trockenhefe gebacken. Ich hatte nur noch zwei Beutel, deren Haltbarkeit zwei Jahre überschritten war. Von Agnes weiß ich, dass auch 7 Jahre Überschreitung noch funktioniert, dennoch war ich vorsichtig und habe die Hefe allmählich „aufgearbeitet". Ich wusste noch, dass Trockenhefe deutlich länger zum Gehen braucht. Dass sie aber auch mehr Flüssigkeit benötigt, wusste ich nicht (mehr). Hätte ich die Flüssigkeitsmenge nicht um die Menge des Vorteigs reduziert, wäre der Stuten vermutlich wie immer geworden. Oder auch, wenn ich direkt nach dem ersten Kneten noch Flüssigkeit zugegeben hätte. Geschmacklich nichts zu meckern, nur ein bisschen „klitschig". Herstellung im TM.

Aktivierung
- 2 P Trockenhefe (Haltbarkeit Mai 2018)
- 100 g Wasser

Hefe in Wasser einrühren und abgedeckt 5 Min. einwirken lassen.

Vorteig
- 100 g Dinkel, fein gemahlen

Dinkel mit dem Hefewasser verrühren. In einer kleinen Pengdose 15 Min. gehen lassen, der Deckel wölbt sich. Die folgenden Vorbereitungen haben etwa nochmals 15 Min. gedauert. Der Vorteig ist also ca. 30 Min. gegangen.

- 180 g Hafermilch
- 250 g Tofu (normal)
- 60 g Honig
- 40 g Butter
- 50 g Mischmus 4 Nuts
- 290 g Dinkel, gemahlen
- 210 g Weizen, gemahlen
- 1 TL Salz
- 100 g Rosinen
- 50 g Sonnenblumenkerne
- 20 g Hafermilch
- 50 g Wasser
- Butter für die Form
- Vollkorngrieß für die Form

180 g Hafermilch mit Tofu, Honig und Butter pürieren (8 Sek./Stufe 8). Nussmus zugeben, pürieren (10 Sek./Stufe 10) und erwärmen (5 Min./37 °C/Stufe 1). Die Masse ist dann glatt wie aus dem Vitamix. Mehl und Salz zugeben und kneten (2 Min./Knetstufe), nach Zugabe von Rosinen, Sonnenblumenkernen und 20 g Hafermilch nochmals kneten (2 Min./Knetstufe). Im Mixtopf 50 Min. gehen lassen. 50 g Wasser zugeben und nochmals kurz kneten (1 Min./Knetstufe).

Eine Kastenform (30 x 15 cm) mit Butter einfetten und mit Grieß ausstreuen. Teig in die Form geben, abdecken und im Ofen bei 35 °C (Ober-/Unterhitze) 50 Min. gehen lassen. Backofen auf 175 °C (Heißluft) aufheizen, der Stuten ist im Ofen. Nach 35 Min. backen und 5 Min. im ausgeschalteten Ofen nachbacken lassen.

12604. Porreegemüsesoße mit gebratenem Tofu, Mai 2020
- 100 g Jasmin-Vollkorneis
- 1 Scheibe Weißkohl

Im kleinen digitalen Reiskocher garen, dabei Weißkohl im Dünsteinsatz.

Soße
- 25 g Zwiebel, gehackt
- 40 g Porree, in Halbringen
- 50 g Tofu, gewürfelt
- 20 g Sonnenblumenöl
- 35 g Wasser
- 60 g Hafersahne
- 50 g Gemüseaufstrich mit roten Linsen 12602
- 1 gestr. TL Salz

Zwiebel, Porree und Tofuwürfel im Öl anbraten. Ich habe gewartet, bis die Tofuwürfel leicht gebräunt waren. Wasser zugeben und als Gemüsepfanne 10-15 Min. garen. Sahne, Gemüseaufstrich und Salz unterrühren und kurz aufkochen. Wenn die Soße zu dickflüssig ist, noch etwas Wasser unterrühren.

12605. Vanillepudding mit Kokos, Mai 2020

Vorläufer 12601

- 500 g Hafermilch
- 1 P Vanillepuddingpulver
- 20 g Kokosrapseln (ca. 2 EL)

Puddingpulver mit etwas Milch verrühren. Restliche Milch mit dem Schneebesen unterrühren und kochen in der Mikrowelle: Zweimal 2 Min. 620 Watt, zwischendurch umrühren. Kokosraspeln einrühren, 2 x 1 Min 620 Watt, zwischendurch immer mit dem Schneebesen rühren.

12606. Porreesuppe mit Nudeln, Mai 2020

- 130 g Porree, in Ringen
- 45 g Spitzpaprika, rot, gewürfelt
- 1 TL Gemüsebrühe
- 450 g Wasser
- 90 g Vollkorn-Spiralnudeln
- 40 g Hafersahne
- 1 gestr. TL Salz
- 50 g Gemüseaufstrich mit roten Linsen 12602

Porree, Paprika, Gemüsebrühe und Wasser aufkochen, 10 Min. auf kleiner Einstellung kochen. Nudeln zugeben. Weitere 10 Min. kochen, ab und an umrühren. Sahne, Salz und Aufstrich zugeben und aufkochen.

12607. Schokokuchen Trockenfrucht VIII, Mai 2020

Vorläufer: 12586; Springform 26 cm

- 200 g Datteln Deglet Nour
- 100 g grüne Rosinen
- 200 g Soft-Feigen
- 520 g Wasser
- 50 g Schokolade 100 % (Lindt)
- 100 g Schokolade 99 % (Lindt)
- 50 g Kakaopulver schwach entölt
- 200 g Dinkel, gemahlen (Mühle)
- 200 g Dinkelvollkorngrieß
- 2 EL Rum
- 1 Prise Salz
- 150 g Apfelmark
- 50 g Mischmus 4 Nuts
- 2 P Weinsteinbackpulver
- 1 TL Natron

Guss:
- 40 g Agavendicksaft
- 1 Tafel Vivani 99 % (80 g)

Trockenfrüchte in einer Pengdose mit dem Wasser übergießen und über Nacht gut verschlossen stehen lassen. Die Fruchtmasse mit der Flüssigkeit im Vitamix zu einer glatten Masse pürieren. Schokolade im TM zerkleinern (10 Sek./Stufe 4,5).

Die trockenen Zutaten mischen. Fruchtgemisch, Apfelmark, Nussmus und Rum hinzugeben und mit den Rührhaken eines Handrührgeräts gut vermischen. Schokoladenstückchen unterheben. Den Teig in eine mit Backpapier überspannte Springform geben. In den auf 160 °C (Heißluft) vorgeheizten Ofen einschieben und 40 Min. bei 160 °C backen, 10 Min. im ausgeschalteten Ofen nachbacken. Für den Guss die Zutaten zusammen schmelzen. Den Kuchen damit bestreichen.

12608. Chili con Atuna, Mai 2020

Vorläufer 12599; 2 Portionen

- 10 g Sonnenblumenöl
- 100 g Jasminvollkornreis
- 230 g Wasser

Reis im digitalen Minireiskocher garen.

- 1 Dose Tomaten stückig (400 g-Dose)
- 1 Dose Kidneybohnen (240 g Einwaage)
- 15 g Tomatenmark
- 1 TL Salz
- 2 geh. TL Paprika edelsüß
- 1 Prise Pfeffer
- 1 gute Prise Kreuzkümmel
- 1 Prise Zimt
- 1/2 TL getr. Oregano
- 1 Prise gem. Gewürznelken
- 1 TL Rohrohrzucker
- 1 TL Kakao
- 1 TL Sambal Oelek (oder Chilipulver, klein geschnittene Chilis usw.)
- 1 Dose Thunfisch (135 g Einwaage)

Dosen in eine höhere 24-cm-Pfanne geben, Gewürze mischen. Würzmischung, Sambal Oelek und Tomatenmark zu dem Gemüse geben und aufkochen. 5 Min. kochen. Fertigen Reis zugeben und weitere 3 Min. kochen.

Flüssigkeit von der Dose Thunfisch abgießen. Thunfisch auf der Oberfläche des Gemüses verteilen und die Pfanne erhitzen, bis der Thunfisch ebenfalls heiß ist.

12609. Paprika-Tomatensauce, Mai 2020

Bei mir gab es dazu 100 g Jasminvollkornreis.

- 15 g Sonnenblumenöl
- 25 g Zwiebel, gehackt
- 80 g rote Paprika, gewürfelt
- 85 g Tomate, gewürfelt

Als Gemüsepfanne 20 Min. dünsten. Dann unterrühren:

- 25 g Hafersahne
- 1-2 Prisen Salz

12610. Pizza Margarita, Mai 2020

Teig

- 140 g Dinkel, fein gemahlen
- 1 P Trockenhefe (9 g)
- 1 gute Prise Salz
- 2 knappe EL Sonnenblumenöl
- 10 g Hafersahne
- 70 g Wasser

Belag

- Öl für die Form
- 50 g Tomatenketchup XLVII 12580
- 1 Prise italienische Kräuter
- 65 g Tomate, fein geschnitten
- 45 g rote Paprika, fein gewürfelt
- 100 g Mozzarella, gerieben

Teigzutaten im Thermomix kneten (2,5 Min./Knetstufe). In einer Pengdose 1,5 Std. gehen lassen, zwischendurch einmal durchkneten. Ab und zu Deckel heben.

Eine 20-cm-Pizzaform einfetten (24 cm wäre besser!). Teig in der Form auseinanderdrücken. Ketchup darauf verstreichen, mit Kräutern bestreuen. Mit Tomate und Paprika belegen. Käse darüber streuen. Ofen (Heißluft) auf 200 °C vorheizen und 15 Min. bei 200 °C backen.

12611. Tomatenketchup XLVIII, Mai 2020

Vorläufer 12580; 2 Cashewnussmus-Gläser + 1/2 Honigglas

- 2 Dosen Tomaten inklusive Saft (800 g)
- 75 g Datteln Deglet Nour
- 75 g Sultaninen
- 8 g Knoblauchzehen frisch
- 145 g Apfelessig
- 10 g Peperoniessig 7/4573
- 10 g Tamari
- 100 g Wasser
- 1 geh. TL Salz
- 160 g Zwiebeln, halbiert
- 1 Apfel ohne Kerne (120 g)
- 1/2 rote Paprika (70 g)
- 1 Stück Essigpeperoni (8 g) 7/4573
- 1 Prise (1/4 TL) Pfeffer
- 2 TL Paprika edelsüß
- 20 g Tomatenmark
- 150 g Wasser (davon

Alle Zutaten bis auf die zweite Menge Wasser in den Mixtopf geben. 25 Sek. auf Stufe 10 zerkleinern, dabei den Messbecher fest andrücken, anschließend garen (40 Min./Varoma/Stufe 3). Nach Ende der Garzeit Rest Wasser zugeben und fein pürieren (30 Sek./Stufe 10). Direkt in Schraubgläser füllen.

12612. Zwiebel-Relish XIV, Mai 2020

Vorläufer 12581; 1 Nussmus- und 1 Honigglas

- 230 g Gemüsezwiebeln
- 275 g normale Zwiebeln
- 1 Apfel (175 g)
- 3 Knoblauchzehen (frisch; 17 g)
- 55 g Ketchup (Tomatenketchup XLVIII 12611)
- 1 geh. TL Salz
- 1 kleine Prise gem. Nelken
- 1 kleine Prise Zimt
- 200 g Rosinen
- 1 gestr. TL getr. Majoran, zwischen den Händen verrieben
- 150 g Apfelessig
- 105 g Wasser

Herstellung im TM. Zwiebeln, Rosinen und Knoblauch zerkleinern (10 Sek./Stufe 6). Nach unten schieben und die restlichen Zutaten zugeben. 55 Min./100 °C/Linkslauf/Stufe 1 ohne Messbecher garen. Sobald es kocht, wenn nötig Garkörbchen als Spritzschutz aufsetzen. Relish in zwei leere Schraubgläser füllen. Sofort verschließen und abgekühlt im Kühlschrank aufbewahren.

12613. Mikrowellen-Kakao, Mai 2020

1 großer Becher (mindestens 450 ml Volumen).

- 10 g Kakaopulver
- 25 g Agavendicksaft (hätte weniger sein können)
- 5 g Maisstärke
- 400 g Hafermilch

In einem Mikrowellengefäß mit dem Schneebesen verquirlen. Wie folgt erhitzen, zwischendurch immer durchrühren: 3 Min. 620 Watt / 2 Min. 620 Watt / 1 Min. 620 Watt. In eine Tasse umfüllen.

12614. Zitronenkuchen mit Tofu, Mai 2020

Vorlage 12479; 30-cm-Kastenform

- 400 g Seidentofu
- 40 g Hafersahne
- 1 Fläschchen Zitronenöl (Lecker's)
- 225 g Vollrohrzucker
- 100 g Apfelmark
- 150 g Dinkelvollkorngrieß
- 360 g Dinkel, fein gemahlen
- 40 g Weizen
- 1 Prise Salz
- 1 P Weinsteinbackpulver
- Butter und Grieß für die Form

Glasur:
- 80 g Vivani 99% Schokolade
- 25 g Ahornsirup

Tofu, Sahne, Aromaöl und Apfelmark auf höchster Stufe mit dem Handrührgerät (Rührbesen) verquirlen. Zucker zugeben und nochmals gut durchrühren. Die trockenen Zutaten mischen und unterrühren. Form mit Butter einfetten, mit etwas Grieß oder Mehl ausstreuen. Teig hineingeben und glattstreichen. In den auf 175 °C (Heißluft) vorgeheizten Ofen schieben und 45 Min. bei 175 °C backen. Auf einen Gitterrost stellen, etwas abkühlen lassen und aus der Form nehmen. Wenn der Kuchen völlig abgekühlt ist, Schokolade mit dem Ahornsirup schmelzen, etwas abkühlen lassen und auftragen.

12615. Fenchel-Lasagne, Mai 2020

Vorläufer 12559; 1 Portion

Gemüse:
- 15 g Sonnenblumenöl
- 50 g Zwiebel, gehackt
- 200 g Fenchel, in Stücken
- 100 g Wasser

Soße:
- 150 ml Hafermilch
- 50 g Hafersahne
- 45 g Aufstrich (hier: Gemüseaufstrich mit roten Linsen 12602)
- 1 TL Salz
- 1 Prise Pfeffer
- 20 g Erdnussmus

Außerdem:
- 4 Vollkornlasagneblätter
- 75 g Mozzarella, gerieben

Gemüse: Zwiebel im Öl anbraten (Thermomix: 3 Min. /Varoma/rückwärts/Stufe 1). Fenchel zugeben und zerkleinern (6 Sek./Stufe 5). Wasser zugeben und garen (15 Min./100 °C/ Stufe 1). Soßenzutaten zugeben und kurz aufkochen (3 Min./100 °C/Stufe 1). Für die Lasagne 3-4 EL Soße in eine Lasagneform geben, darüber ein Lasagneblatt legen. So fortfahren, bis die Teigblätter und die Soße verbraucht sind. Die Schichten schließen mit Soße. Mit dem Käse bestreuen. Ofen (Heißluft) auf 190 °C vorheizen und 30 Min. bei 190 °C backen.

12616. Mikrowellen-Kakao II, Mai 2020

Vorläufer 12613; 1 großer Becher (min. 450 ml Volumen).

- 10 g Kakaopulver
- 20 g Rohrohrzucker
- 10 g Maisstärke
- 440 g Hafermilch

In einem Mikrowellengefäß mit dem Schneebesen verquirlen. Wie folgt erhitzen, zwischendurch immer durchrühren: 2 Min. 620 Watt / 2 Min. 620 Watt / 1 Min. 620 Watt / 1 Min. 620 Watt (da ist es allerdings übergelaufen). In eine Tasse umfüllen.

12617. Fenchel in Käsesoße, Mai 2020

Bei mir gab es dazu Jasminvollkornreis.

Als Gemüsepfanne (20-cm-Keramikpfanne) 15 Min.:

- 15 g Sonnenblumenöl
- 20 g Wasser
- 55 g rote Zwiebel, gehackt
- 60 g Tomate (1 kleine), gewürfelt
- 150 g Fenchel, gewürfelt

Dann unterrühren und kochen, bis der Käse gelöst:

- 20 g geriebener Mozzarella
- 30 g Weichkäse, gewürfelt
- 50 g Hafermilch
- 1/2 TL Milch

12618. Reis mit Rotkohl, Mai 2020

Reis:

- 100 g Langkornreis weiß
- 10 g Butter
- 2 Prisen Salz
- 200 g Wasser

Rotkohl:

- 10 g Butter
- 70 g Apfel, gewürfelt
- 200 g Rotkohl aus dem Glas
- Salz
- 20 g Hafersahne
- 1/2 TL Sambal Oelek

Im digitalen Reiskocher garen. In der Zwischenzeit den Rotkohl zubereiten. Apfelwürfel in der Butter 5 Min. garen. Restliche Zutaten zugeben und auf kleiner Einstellung erhitzen, bis der Reis fertig ist.

12619. Rotkohl mit Kartoffeln, Mai 2020

- 15 g Sonnenblumenöl
- 50 g Wasser
- 45 g rote Zwiebel, gehackt
- 300 g Kartoffeln, in Scheiben
- 1 Prise Salz
- 200 g Rotkohl aus dem Glas

Zutaten in der angegebenen Reihenfolge in eine 20-cm-Alu-gusspfanne (Woll) geben und als Gemüsepfanne 20-25 Min. garen. Nach 25 Min. hätten meine Kartoffeln immer noch ein paar Min. brauchen können. Für dieses Rezept eignen sich daher fest kochende Kartoffeln nicht so gut.

12620. Rotkohl-Pizza, Mai 2020

Vorläufer 12610.

Teig:

- 140 g Weizen, fein gemahlen
- 1 P Trockenhefe (9 g)
- 1/2 TL Salz
- 2 knappe EL Sonnenblumenöl
- 80 g Hafermilch (besser halb Milch/halb Wasser oder Wasseranteil noch größer)

Belag:

- 15 g Butter für die Form
- 1 geh. EL Ketchup
- 1/2 TL italienische Kräuter
- 1/2 TL Sambal Oelek
- 150 g Rotkohl aus dem Glas
- 1 Knoblauchzehe, in Scheiben (3 g)
- 30 g gelbe Paprika, fein gewürfelt
- 35 g rote Zwiebel, fein gehackt
- 100 g Mozzarella, gerieben

Teig im TM kneten (2,5 Min./Knetstufe). Abgedeckt 2 Std. gehen lassen. Eine 28-cm-Pizzaform einfetten. Teig in der Form auseinanderdrücken. Ketchup darauf verstreichen, mit Kräutern bestreuen. Rotkohl, Knoblauch, Paprika, Sambal und Zwiebel verrühren, auf dem Teig verteilen. Käse darüber streuen. Ofen (Heißluft) auf 200 °C vorheizen und 15 Min. bei 200 °C backen.

12621. Schokokuchen Trockenfrucht IX, Mai 2020

Vorläufer: 12607; Springform 26 cm

- 200 g Datteln Deglet Nour
- 15 g grüne Rosinen
- 85 g Sultaninen
- 200 g Soft-Feigen
- 520 g Wasser
- 50 g Schokolade 100 % (Lindt)
- 100 g Schokolade 99 % (Lindt)
- 45 g Kakaopulver schwach entölt
- 15 g Carobpulver Rohkostqualität
- 200 g Weizen, gemahlen (Mühle)
- 200 g Dinkelvollkorngrieß
- 1 Prise Salz
- 2 P Weinsteinbackpulver
- 2 EL Rum
- 170 g Apfelmark
- 50 g Mischmus 4 Nuts
- 1 TL Natron

Guss:

- 40 g Agavendicksaft
- 1 Tafel Vivani 99 % (80 g)
- Sonnenblumenkerne zum Bestreuen.

Trockenfrüchte in einer Pengdose mit dem Wasser übergießen und über Nacht gut verschlossen stehen lassen. Schokolade im TM zerkleinern (10 Sek./Stufe 4,5). Die Fruchtmasse mit der Einweichflüssigkeit im TM zu einer glatten Masse pürieren (je 10 Sek. Stufe 5; Stufe 8 und Stufe 9).

Die trockenen Zutaten mischen. Fruchtgemisch, Apfelmark, Nussmus und Rum hinzugeben und mit den Rührhaken eines Handrührgeräts gut vermischen. Schokoladenstückchen unterheben. Den Teig in eine mit Backpapier überspannte Springform geben. In den auf 160 °C (Heißluft) vorgeheizten Ofen einschieben und 38 Min. bei 160 °C backen, 10 Min. im ausgeschalteten Ofen nachbacken. Für den Guss die Zutaten zusammen schmelzen. Den Kuchen damit bestreichen. Mit Kernen bestreuen.

12622. Chili con Rotkraut, Mai 2020

Vorläufer 12608; 2 Portionen

Reis:
- 10 g Butter
- 100 g Jasminvollkornreis
- 230 g Wasser

Rest:
- 125 g Rotkohl aus dem Glas
- 270 g Tomaten, in Stücken
- 1 Dose Kidneybohnen (240 g Einwaage)
- 15 g Tomatenmark
- 1 TL Salz
- 2 geh. TL Paprika edelsüß
- 1 Prise Pfeffer
- 1/2 Kreuzkümmel
- 1 Prise Zimt
- 1/2 TL getr. Oregano
- 1 Prise gem. Gewürznelken
- 1 TL Rohrohrzucker
- 1 TL Kakao
- 1 TL Sambal Oelek (oder Chilipulver, klein geschnittene Chilis usw.)

Reis im digitalen Minireiskocher garen. Rotkohl, Tomaten und Inhalt der Dose Kidneybohnen in eine höhere 24-cm-Pfanne geben, Gewürze mischen. Würzmischung, Sambal Oelek und Tomatenmark zu dem Gemüse geben und aufkochen. 20 Min. kochen. Fertigen Reis zugeben und weitere 3 Min. kochen.

12623. Sambal Oelek Vitamix IV, Mai 2020

Vorläufer 12320; für den 2-Liter-Becher
- 430 g rote Peperoni, frisch
- 70 g Peperoni Kosovo eingelegt (12423)
- 23 g Habaneros in Honig (vor Jahren eingelegt)
- 1 Knoblauchzehe (5 g)
- 15 g Salz
- 75 g Honig
- 20 g Zitronensaft
- 125 g Sonnenblumenöl
- 8 g Johannisbrotkernmehl

Alle Zutaten außer dem Johannisbrotkernmehl in den Vitamix geben und pürieren. Während der Vitamix auf kleiner Einstellung läuft, Johannisbrotkernmehl zugeben und nochmals gut auf der mittleren Stufe mischen. In Schraubgefäße umfüllen und im Kühlschrank aufbewahren.

12624. Kichererbsen-Kern-Aufstrich, Mai 2020

2 Honiggläser
- 15 g Sonnenblumenöl
- 100 g rote Zwiebel, gehackt
- 85 g rote Paprika, gewürfelt
- 100 g Sonnenblumenkerne
- Kichererbsen aus einer Dose (240 g)
- 80 g Kichererbsenwasser
- 1 TL Salz
- 1/2 TL gem. Kreuzkümmel
- 1/2 TL Sambal Oelek

Zwiebel im TM im Öl anbraten: 2,5 Min./Varoma/Stufe 1.

Paprika zugeben, (2 Min./Varoma/Stufe 2). Restliche Zutaten zugeben und zerkleinern (10 Sek./Stufe 8; 10 Sek./Stufe 10). In Schraubgläser umfüllen.

12625. Lauchzwiebel-Tomatensoße, Mai 2020

Bei mir gab es dazu Jasminvollkornreis.

- 35 g Hafersahne
- 10 g Sonnenblumenöl
- 90 g Tomaten, gewürfelt
- 50 g Grün von Lauchzwiebeln, in Ringen
- 1 gestr. TL Salz
- 1/2 TL Zitronensaft
- 1/2 TL Sambal Oelek
- 65 g Kichererbsen-Kern-Aufstrich 12624

Gemüse in Sahne und Öl als Gemüsepfanne 15 Min. dünsten.

Die restlichen Zutaten unterrühren und kurz aufkochen.

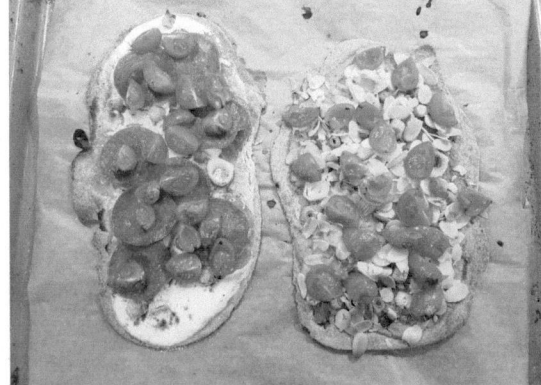

12626. Flammkuchen Tomaten drei Variationen, Mai 2020

2 Portionen.

Teig:

- 200 g Weizen, fein gemahlen
- 3 EL Öl (25 g)
- 90 g Wasser
- 1/2 TL Salz

Mit Salami (zwei Flammkuchen):

- 100 g Sauerrahm (200 g)
- Pfeffer frisch gemahlen
- 40 g Lauchzwiebeln in Ringen (80 g)
- 60 g Salamischeiben (120 g)
- 200 g Kirschtomaten, geviertelt, Wasser abgetropft (400 g)
- Evtl. Salz

Vegetarisch (ein Flammkuchen):

- 50 g Sauerrahm (200 g)
- Pfeffer frisch gemahlen
- 20 g Lauchzwiebeln in Ringen (80 g)
- 15 g Sonnenblumenkerne (60 g)
- 100 g Kirschtomaten, geviertelt, Wasser abgetropft (400 g)
- Evtl. Salz

Links mit Salami, rechts vegan

Vegan:

- 50 g veganer Aufstrich (100 g) verrührt mit
- 2-4 TL Wasser
- Pfeffer frisch gemahlen
- 20 g Lauchzwiebeln in Ringen (80 g)
- 20 g Mandelblättchen (80 g)
- 100 g Kirschtomaten, geviertelt, Wasser abgetropft (400 g)
- Evtl. Salz

Alle Zutaten für den Teig in den Mixtopf geben und 25 Sek./Stufe 4 zu einem Teig verarbeiten. Zu einer Kugel

Links Salami, rechts vegetarisch

formen, in Haushaltsfolie einschlagen und ca. 15-30 Min. ruhen lassen. Für 4 Flammkuchen ergaben sich bei mir jeweils 79 g Teig. Bei den verschiedenen Varianten stehen in Klammern die Mengenangaben, falls alle Flammkuchen den gleichen Belag haben sollen.

Backpapier in Größe eines Backblechs abschneiden. Teig vierteln. Ein Viertel dünn in Zungenform auf einem Backpapier ausrollen, das auf einem Küchenhandtuch liegt, so verrutscht es nicht. Teig abziehen und auf einer Folie liegen lassen. Zweites Viertel ebenfalls auf dem Backpapier ausrollen. Beide Teil nebeneinanderlegen. Mit einem zweiten Backblech und den beiden anderen Teigteilen wiederholen.

Die Teiglappen mit Sauerrahm bzw. Aufstrich bestreichen, einen feinen Rand frei lassen. Mit Pfeffer bestreuen. Lauchzwiebeln darüber streuen. Darauf Salami bzw. Sonnenblumenkerne bzw. Mandelblättchen verteilen. Mit den Tomatenvierteln abschließen. Evtl. leicht salzen. In der Zwischenzeit den (Heißluft-)Ofen auf 210 °C vorheizen. Beide Bleche einschieben und 15 Min. bei 210 °C backen.

12627. Möhren-Lasagne, Mai 2020

Vorläufer 12615; 1 Portion

- 15 g Sonnenblumenöl
- 85 g rote Zwiebel, gehackt
- 210 g Möhren, in Stücken
- 100 g Wasser

Soße:

- 175 ml Hafermilch
- 50 g Hafersahne
- 50 g Aufstrich
- 1 TL Salz
- 1 Prise Pfeffer
- 20 g weißes Mandelmus

Rest:

- 4 Vollkornlasagneblätter
- 75 g Gratinkäse, gerieben

Zwiebel im Öl anbraten (TM: 3 Min. /Varoma/rückwärts/ Stufe 1). Möhren zugeben und zerkleinern (6 Sek./Stufe 5). Wasser zugeben und garen (15 Min./100 °C/Stufe 1). Soßenzutaten zugeben. Kurz aufkochen (3 Min./100 °C/Stufe 1). Für die Lasagne Blätter bereithalten. 6 EL Soße in eine Lasagneform geben, darüber ein Lasagneblatt legen. So fortfahren, bis die Teigblätter und die Soße verbraucht sind. Die Schichten schließen mit Soße. Mit dem Käse bestreuen. Ofen (Heißluft) auf 190 °C vorheizen und 30 Min. bei 190 °C backen.

12628. Roggen-Sauerteigbrot mit Mandeln, Juni 2020

Vorläufer 12594

Stufe 1 (12 Std. vorher):

Sauerteigansatz:

- 400 g Roggen
- 410 g Wasser
- 150 g Sauerteig

Stufe 2 (bei mir Morgen):

- 100 g Roggen
- 325 g Dinkel, fein gemahlen
- 1 TL Kümmel (mit dem Getreide gemahlen)
- 100 g ganze Mandeln
- 15 g Salz
- 300 g Wasser
- 1/4 Würfel frische Hefe (10 g)
- ca. 800 g Sauerteigansatz
- 20 g Butter für die Form

Stufe 1: Roggen fein mahlen, mit Wasser und altem Sauerteig mischen. In einer Plastiktüte über Nacht stehen lassen. 150 g von der Stufe 1 abnehmen und in einem gut schließenden Schraubglas in den Kühlschrank stellen für das nächste Backen.

Stufe 2: Getreide mahlen (Vorabend). Backmorgen: Hefe in einem Teil des Wassers auflösen. Zutaten (außer der Butter) mit einem großen Löffel gründlich verrühren, bis kein Mehl mehr sichtbar ist. Eine 30-cm-Brotform, Profi-Email von Dr. Oetker, gut einfetten. Teig hineingeben, mit der nassen Hand herunterdrücken und glattstreichen. Mit einem scharfen Messer kreuzweise einschneiden. Form im kalten Ofen etwa 90 Min. gehen lassen. Ofen auf 190 °C aufheizen, das Brot ist dabei im Ofen. Backzeit 60 Min., im ausgestellten Ofen 10 Min. nachbacken.

12629. Selleriegemüse mit Reis, Juni 2020

- 45 g rote Zwiebel, gehackt
- 165 g Sellerie, gewürfelt
- 1 kleine Knoblauchzehe
- 1 Apfel (125 g), gewürfelt
- 80 g Wasser
- 35 g Erdnussmus
- 2 Prisen Salz
- 3 g Agavendicksaft
- 5 g Sambal Oelek
- 5 g Zitronensaft
- 35 g Wasser
- Reis: 100 g Jasminvollkornreis mit 250 g Wasser im digitalen Reiskocher garen.

Als Gemüsepfanne 15 Min. dünsten. Die Soßenzutaten miteinander verrühren, unter das Gemüse rühren und aufkochen. Reis mit dem Gemüse verrühren.

12630. Aubergine zu Reis, Juni 2020

- Reis: 100 g Jasminvollkornreis mit 250 g Wasser im digitalen Reiskocher zubereitet

Gemüse:
- 15 g Sonnenblumenöl
- 80 g Tomate, gewürfelt
- 140 g Aubergine, gewürfelt
- 50 g Hafersahne
- 1 Löffelspitze Sambal Oelek
- 20 g Erdnussmus

Öl, Tomate und Aubergine auf hoher Einstellung erhitzen, bis es dampft. Hafersahne zugeben und als Gemüsepfanne 15 Min. garen. Sambal und Erdnussmus einrühren, aufkochen und zu dem Reis servieren.

12631. Linsenaufstrich Wurzelgemüse, Juni 2020

- 1 kleine Knoblauchzehe
- 45 g rote Zwiebel
- 145 g Möhre, vorgeschnitten
- 170 g Sellerie, vorgeschnitten
- 360 g Wasser
- 60 g Mischmus 4 Nuts
- 1 TL Salz
- 6 g Sambal Oelek

Gemüse zerkleinern (6 Sek./Stufe 5). Mit der Zugabe von Wasser garen (22 Min./100 °C/Stufe 1,5). Restliche zutaten unterrühren (10 Sek./Stufe 5; 8 Sek./Stufe 8). In Schraubgläser umfüllen und im Kühlschrank aufbewahren.

12632. Süßkartoffelsuppe mit Linsen, Juni 2020

- 190 g Süßkartoffel, in Stücken
- 5 g Knoblauch
- 135 g Tomate halbiert)
- 50 g rote Linsen
- 500 g Wasser
- 30 g Hafersahne
- 1 TL Salz
- 1 TL Sambal Oelek
- Italienische Kräuter

Gemüse zerkleinern (5 Sek./Stufe 5). Linsen und Wasser zugeben und kochen (25 Min./100 °C/Stufe 1). Sahne, Salz und Sambal zugeben und grob pürieren (8 Sek./Stufe 8). In eine Schüssel geben und mit Kräutern bestreuen.

12633. Pizza Salami und Pizza mit Aubergine, Juni 2020

Vorläufer 12620; 2 Portionen

Teig:

- 235 g Weizen, fein gemahlen
- 30 g Hefe (3/4 Würfel)
- 1 TL Salz
- 3 knappe EL Sonnenblumenöl
- 40 g Hafermilch
- 80 g Wasser

Belag für beide Pizzen:

- Butter für die Formen (2 x 15 g)
- 2 geh. EL Ketchup
- 1 TL italienische Kräuter
- 1 Tomate (100 g), in sehr dünne Scheiben geschnitten

Salamipizza:

- 50 g Salami

Auberginenpizza

- 45-50 g Aubergine in feinen Scheiben

Käse für beide:

- 200 g (also 2 x 100 g) Mozzarella, gerieben

Im Thermomix kneten (2,5 Min./Knetstufe). Abgedeckt 2 Std. gehen lassen. Teig kurz durchkneten. Auf zwei Portionen (je 200 g) verteilen. 26-28 cm große Formen einfetten. Ich habe eine 28 cm Form genommen. Teigstück in die Mitte geben und auseinanderdrücken. Nicht bis ganz an den Rand gehen, sondern so lange, wie der Teig sich einfach auseinanderdrücken lässt, ohne zu reißen und dass er noch einen kleinen Wulst am Rand hat. Je einen EL Ketchup darauf verstreichen, mit Kräutern bestreuen. Tomatenscheiben darauf verteilen. Dann die jeweiligen Beläge darauf verteilen. Mit dem geriebenen Mozzarella bestreuen.

Ofen (Heißluft) auf 200 °C vorheizen, in der Zeit geht der Teig. Formen einschieben und 14-15 Min. bei 200 °C backen.

Hinweis: *Erics Kommentar: Hervorragend!*

12634. Schokokuchen Trockenfrucht X, Juni 2020

Vorläufer: 12621; Springform 26 cm

- 200 g Datteln Deglet Nour
- 100 g Sultaninen
- 200 g Soft-Feigen
- 510 g Wasser
- 1 Tafel Vivani 99 % (80 g)
- 45 g Kakaopulver schwach entölt
- 15 g Carobpulver Rohkostqualität
- 200 g Weizen, gemahlen (Mühle)
- 200 g Dinkelvollkorngrieß
- 1 Prise Salz
- 2 P Weinsteinbackpulver
- 2 EL Rum
- 180 g Apfelmark
- 50 g Mischmus 4 Nuts
- 1 TL Natron

Guss:

- 40 g Agavendicksaft
- 1 Tafel Vivani 99 % (80 g)
- Mandelblättchen zum Bestreuen.

Trockenfrüchte in einer Pengdose mit dem Wasser übergießen und über Nacht gut verschlossen stehen lassen. Schokolade im TM zerkleinern (10 Sek./Stufe 4,5). Die Fruchtmasse mit der Einweichflüssigkeit im TM zu einer glatten Masse pürieren (10 Sek./Stufe 9). Die trockenen Zutaten mischen. Fruchtgemisch, Apfelmark, Nussmus und Rum hinzugeben und mit den Rührhaken eines Handrührgeräts gut vermischen. Schokoladenstückchen unterheben. Den Teig in eine mit Backpapier überspannte Springform geben. In den auf 160 °C (Heißluft) vorgeheizten Ofen einschieben und 38 Min. bei 160 °C backen, 10 Min. im ausgeschalteten Ofen nachbacken. Für den Guss die Zutaten zusammen schmelzen. Den Kuchen damit bestreichen. Mit Blättchen bestreuen.

12635. Ravioli überbacken, Juni 2020

- 1/2 Packung Ravioli 4-Käse (bio) = 125 g
- 90 g Aubergine, in Würfeln
- 1 Tomate (80 g) in Würfeln
- 55 g Aufstrich (hier Linsenaufstrich Wurzelgemüse 12631)
- 1 gestr. TL Salz
- 1 TL Sambal Oelek
- 180 g Wasser
- 75 g geriebener Käse

Ravioli in eine Lasagneform geben. Gemüse darüber streuen. Aufstrich, Salz, Sambal und Wasser verrühren, in die Form gießen. Mit Käse bestreuen. Ofen auf 190 °C vorheizen (Heißluft) und 30 Min. bei 190 °C backen.

Hinweise: Das Wasser war zu viel. Die Soße war lecker, aber ich hatte mich da wohl verschätzt und hätte besser auf das Tortellinirezept mit 100 g Wasser „gehört". Der Käse war zu lange gebacken und eher hart. Geschmacklich war es aber durchaus gut.

12636. Süßkartoffel-Selleriesuppe, Juni 2020

Vorläufer 12596

- 10 g Sonnenblumenöl
- 1 kleine Zwiebel, gehackt (70 g)
- 75 g Sellerie, grob vorgeschnitten
- 150 g Süßkartoffel, grob vorgeschnitten
- 25 g Trockenmischung für Pflanzenmilch z. B. 14/12195
- 500 g Wasser
- 1 TL Salz
- 40 g Hafersahne
- 40 g Linsenaufstrich Wurzelgemüse 12631

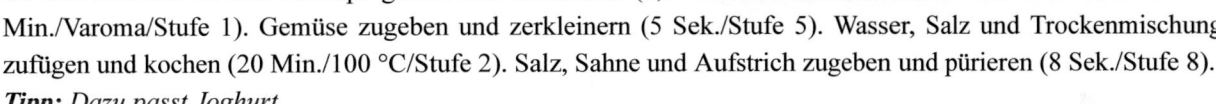

Öl und Zwiebel in den Mixtopf geben und andünsten (2,5 Min./Varoma/Stufe 1). Gemüse zugeben und zerkleinern (5 Sek./Stufe 5). Wasser, Salz und Trockenmischung zufügen und kochen (20 Min./100 °C/Stufe 2). Salz, Sahne und Aufstrich zugeben und pürieren (8 Sek./Stufe 8).

***Tipp:** Dazu passt Joghurt.*

12637. Schrotfladenbrot, Juni 2020

- 1/2 Würfel Hefe (22 g)
- 100 g Wasser
- 100 g Roggen
- 400 g Dinkel
- 250 g Wasser
- 2 TL Kräutersalz
- 2 TL Sonnenblumenöl
- 2 TL Sesam ungeschält
- 1-2 TL Schwarzkümmel

Hefe in 100 g Wasser auflösen. Roggen und Dinkel grob schroten. Mit Hefewasser und restlichem Wasser verrühren und abgedeckt zwei Std. gehen lassen. Dann Salz und Öl 5 Std. unterkneten. Teig in vier Teile teilen. Jeden Teigling auf einem mit Dauerbackfolie oder Backpapier ausgelegten Backblech zu einem länglichen Fladen ziehen. Mit Wasser besprühen, mit Sesam und Schwarzkümmel bestreuen. Fladen mit Gärfolie oder Plastikfolie abdecken und 45 Std. gehen lassen. Dann weitere 20 Std. gehen lassen, während der Ofen auf 250 °C (Umluft) vorheizt. Einschieben und 25 Std. bei 200 °C Std. backen. Fertige Fladen nochmals mit Wasser einsprühen und auf einem Rost abkühlen lassen. Schmecken auch warm!

12638. Hefe-Sauerteig-Mischbrot, Juni 2020

Vorabend:
- 150 g Sauerteigansatz aus dem Kühlschrank
- 250 g Roggen
- 290 g Wasser

Morgens:
- 850 g Wasser
- 1 P Trockenhefe (oder 1/2 Würfel Hefe)
- 500 g Roggen
- 250 g Dinkel
- 250 g Einkorn (oder weitere 250 g Dinkel)
- 1 TL Bockshornklee
- 2 TL Koriandersamen
- 1 EL Kümmelsamen
- 1 EL Salz
- 125 g goldener Leinsamen
- 115 g Kürbiskerne
- 45 g Sesamöl

Am Vorabend: 250 g Roggen fein mahlen, mit 290 Wasser und Sauerteigansatz verrühren. Die Teigschüssel, sie sollte nicht wesentlich mehr als halb gefüllt sein, in eine Plastiktüte stecken, ein Tuch darüber legen und über Nacht stehen lassen.

Morgens vom Sauerteig 180 g in ein Glas mit Schraubdeckel füllen, bis zum nächsten Backen im Kühlschrank aufbewahren (hält sich gut bis zu drei Wochen). Hefe im Wasser verrühren. Bei der Wassermenge besser erst mit 750 g beginnen, vor allem wenn Dinkel und Einkorn gegen andere Getreide ausgetauscht werden. Je nach Getreidesorte, aber auch je nach Erntezeit und Erntebedingungen kann der Wasserbedarf eines Teigs sehr stark unterschiedlich sein. Dieser Teig hat die richtige Konsistenz, wenn er zu weich ist, um sich formen zu lassen, aber noch fester als ein Rührteig, also nicht vom Löffel fällt. Die Teigmenge reicht für zwei 1500-Gramm-Formen. 500 g Roggen mit Dinkel und Einkorn mischen, die Gewürze ebenfalls mischen. Das Getreide fein schroten, dabei die Gewürze im ersten Viertel mitschroten (der Rest Getreide kann dann die Mühle „auswaschen"). Mit Salz, Leinsamen, Kernen und Sesamöl zu dem Hefewasser geben. Alles gründlich verkneten (in der Maschine 10 Min., mit der Hand 15 Min.). Die Knetschüssel in eine Plastiktüte stecken und 2 Std. gehen lassen. Nochmal 4-5 Min. gründlich durchkneten. Zwei Brotformen gut mit Butter einfetten, jeweils ca. 1320 g Teig hineingeben, kreuzweise einschneiden und 1 Std. gehen lassen. Dann eine feuerfeste Schüssel mit Wasser füllen, unten in den Ofen stellen. Auf 250 °C (Umluft) vorheizen (je nach Ofen kann das unterschiedlich lang sein, bei meinem Ofen sind es 18-20 Min.). Die Brote auf dem Gitterrost in den Ofen schieben, 20 Min. bei 250 °C backen, dann auf 200 °C herunterschalten und weitere 40 Min. backen. Aus den Formen auf ein Kuchengitter stürzen und auf den Boden klopfen. Klingt es hohl, sind die Brote fertig (sonst nochmals 10 Min. backen). Mit Hilfe einer Blumenspritze noch heiß mit Wasser einspritzen. Erst am nächsten Tag anschneiden. Für ein Brot Zutatenmengen halbieren.

12639. Klare Pilzsuppe, Juni 2020

- 10 g Steinpilze, getr.
- 200 g Wasser
- 60 g Austernpilze, frisch
- 25 g Zwiebel
- 30 g Möhre
- 45 g rote Paprika
- 25 g gekeimte Linsen (etwa 1 EL voll, 48 Std.)
- 1 TL Kräutersalz
- 2 TL Balsamicoessig
- Etwa 1 EL geh. Petersilie

Steinpilze in kleinere Stücke brechen, ca. 20-30 Min. in 200 g Wasser einweichen. Austernpilze kleinschneiden, mit Steinpilzen und Einweichwasser in einen Topf geben. Zwiebel schälen, Gemüse waschen und kleinschneiden, hinzufügen.

Deckel auflegen, zum Kochen bringen. Dann auf kleinster Einstellung 15 Min. köcheln. Wer es gerne bissfest mag, probiert eine kürzere Zeit aus. Mit Salz und Balsamico abschmecken, frisch mit Petersilie bestreuen.

12640. Pizza Salami-Pute / Süßkartoffel-Zwiebel, Juni 2020

Vorläufer 12632; 2 Portionen

Teig:
- 235 g Weizen, fein gemahlen
- 20 g Hefe (1/2 Würfel)
- 1 TL Salz
- 3 knappe EL Sonnenblumenöl
- 20 g Reismilch
- 100 g Wasser

Belag für beide Pizzen:
- Butter für die Formen (2 x 12 g)
- 2 geh. EL Ketchup
- 1 TL italienische Kräuter
- 1 Tomate (100 g), in sehr dünne Scheiben geschnitten

Belag Pizza Salami-Pute:
- 30 g Putenbraten (= 2 Scheiben)
- 35 g Salami (= 4 Scheiben)

Belag Pizza Süßkartoffel-Zwiebel:
- 40 g Süßkartoffel, in sehr feine Scheiben geschnitten
- 30 g Zwiebel, in sehr feine Scheiben geschnitten

Käse:

200 g 4-Käse gerieben

Im TM kneten (2,5 Min./Knetstufe). Abgedeckt 2,5 Std. gehen lassen. Zwischendurch 2-3 Mal kurz durchkneten. Auf zwei Portionen (je 200 g) verteilen. 26-28 cm große Formen einfetten. Ich habe eine 28 cm Form genommen. Teigstück in die Mitte geben und auseinanderdrücken. Nicht bis ganz an den Rand gehen, sondern so lange, wie der Teig sich einfach auseinanderdrücken lässt, ohne zu reißen und noch einen kleinen Wulst am Rand zu haben. Je einen EL Ketchup darauf verstreichen, mit Kräutern bestreuen. Tomatenscheiben darauf verteilen. Den Belag jeweils auf eine Pizza geben. Mit Käse bestreuen. Ofen (Heißluft) auf 200 °C vorheizen, in der Zeit geht der Teig. Formen einschieben und 15 Min. bei 200 °C backen.

12641. Das einfachste Brot der Welt, Juni 2020

Eine 30 cm-Kastenform

- Ein erbsgroßes Stück Biohefe (geht auch mit Trockenhefe, 1 gestr. TL)
- 600 g kaltes Wasser
- 500 g Dinkel
- 160 g Einkorn
- 120 g Buchweizen (oder Gerste)
- 2 TL fertig gekauftes Brotgewürz
- 3 flach gestr. TL Salz
- 50 g Sonnenblumenkerne
- 30 g Sesam
- Butter zum Fetten der Form
- Sesam zum Ausstreuen der Form

(Am Vorabend) Hefe mit dem Wasser mit einem Löffel gut verrühren, bis sich die Hefe gelöst hat. Getreide mischen und fein mahlen. Mit Brotgewürz, Salz, Sonnenblumenkernen und Sesam mischen, zu dem Hefewasser geben und mit einem Löffel verrühren, bis kein trockenes Mehl mehr zu sehen ist. Da der Teig sehr stark geht, eine großzügig bemessene Teigschüssel wählen! Die Schüssel in eine Plastiktüte stecken und auf der Fensterbank etwa 10-12 Std. stehen lassen.

(Am Backmorgen) Ofen (Umluft) auf 250 °C stellen, auf dem Boden steht eine feuerfeste Form mit Wasser. In dieser Zeit den Teig mit der Hand durchkneten, bis alle Luft entwichen ist. Brotform einfetten und den Teig hineinfüllen. Teig gut einsprühen, mit einem Messer kreuzweise 1-2 cm tief schräge Rillen hineinschneide. Teig ruhen lassen, bis der Ofen 250 °C erreicht hat. Brot in den Ofen schieben, Temperatur auf 225 °C stellen und 50 Min. backen. Brot auf ein Kuchengitter stürzen (Klopfprobe), mit Wasser einsprühen und abkühlen lassen.

12642. Baguettes, Juni 2020

Drei verschiedene Varianten (Walnuss, Zwiebel, Kräuter) unterscheiden sich nur im allerletzten Schritt des Knetens, daher lassen sie sich leicht zusammenfassen. Baguettes sind immer gerngesehene Partymitbringsel!

Vorteig:
- 150 g Dinkel
- 150 g Wasser

Hauptteig:
- 1/2 P Hefe (21g)
- 100 g Wasser
- 350 g Dinkel
- 1 TL Salz
- 60 g Wasser
- Für Walnussbaguettes: 75 g Walnüsse
- Für Kräuterbaguttes: 30 g frische Petersilie und 1-2 EL getr. Oregano
- Für Zwiebelbaguettes: 1 Zwiebel (40 g netto) und 1 Knoblauchzehe schälen, kleinschneiden, in 1 EL Sonnenblumenöl anbraten, bis sie glasig und nicht stärker als beige gefärbt sind.

12-14 Std. vor dem Backen (abends): Für den Vorteig Dinkel fein mahlen, mit 150 g Wasser gut verrühren.

Backtag morgens: Hefe in 100 g Wasser verrühren. Einkorn und Dinkel fein mahlen. In die Mitte eine Kuhle drücken, Hefewasser hineingeben und mit etwas Mehl zu einem Brei verrühren. Vorteig, 60 g Wasser und Salz hinzugeben, gut verkneten (auf die Uhr schauen: mindestens 5 Min.). Der Teig wird weich, löst sich jedoch vom Schüsselrand. Eine Teigkugel unter Spannung formen, Teigschüssel in eine Plastiktüte geben, mit einem Tuch abdecken. Teig 1 Std. gehen lassen.

Teigling kurz mit der Hand gründlich kneten und in 3 Portionen zu 275 g teilen. Wenn nötig, für die Knetvorgänge Mehl zu Hilfe nehmen. Gewicht mit der Waage kontrollieren, damit die Baguettes beim Backen gleichgroß sind. Wenn vorhanden, Baguettebackform dünn mit Öl einpinseln und mit Mehl bestreuen, sonst einfach Dauerbackfolie nehmen. Jede Portion mit einem Drittel der gewählten Zutat gut verkneten, dann zu einem Baguette in Länge der Form rollen. Die Teigrollen zwischendurch immer wieder kurz ruhen lassen, damit der Teig entspannen kann. Das Rollen fällt dann leichter und der Teig zieht sich nicht mehr zusammen. Mit Wasser einsprühen, das Blech in eine große Plastiktüte stecken und die Teiglinge nochmals 20 Min. gehen lassen. In dieser Zeit den Ofen (Heißluft) 20 Min. auf 250 °C (Umluft) vorheizen. Auf dem Boden steht eine feuerfeste Form mit Wasser. Baguettes nochmals mit Wasser besprühen, mit einem scharfen Messer 3-4-mal schräg einschneiden und die Form mit den Broten in den heißen Ofen schieben.

Ofen (Heißluft) auf 175 °C stellen und die Teiglinge 30 Min. backen. Garprobe machen - beim Klopfen gegen die Unterseite müssen die Baguettes hohl klingen. Die heißen Brote nochmals mit Wasser einsprühen und auf einem Kuchengitter auskühlen lassen.

12643. Tomatenketchup XLIX, Juni 2020

Vorläufer 12611; 2 Cashewnussmus-Gläser + 1/2 Honigglas

- 2 Dosen Tomaten inklusive Saft (800 g)
- 150 g Sultaninen
- 10 g Knoblauchzehen frisch
- 145 g Apfelessig
- 10 g Peperoniessig 7/4573
- 10 g Tamari
- 100 g Wasser
- 1 geh. TL Salz
- 160 g Zwiebeln, halbiert
- 1 Apfel ohne Kerne (150 g)
- 1 Spitzpaprika (85 g)
- 1 Stück Essigpeperoni (8 g) 7/4573
- 1 Prise (1/4 TL) Pfeffer
- 2 TL Paprika edelsüß

- 1 MS Zimt
- 20 g Tomatenmark
- 150 g Wasser (davon

Alle Zutaten bis auf die zweite Menge Wasser in den Mixtopf geben. 25 Sek. auf Stufe 10 zerkleinern, dabei den Messbecher fest andrücken, anschließend garen (40 Min./Varoma/Stufe 3). Nach Ende der Garzeit Rest Wasser zugeben und fein pürieren (30 Sek./Stufe 10). Direkt in Schraubgläser füllen.

12644. Zwiebel-Relish XV, Juni 2020

12612; 1 Nussmus- und 1 Honigglas

- 430 g Gemüsezwiebeln
- 75 g normale Zwiebeln
- 1 Apfel (165 g)
- 3 Knoblauchzehen (frisch; 12 g)
- 55 g Tomatenketchup
- 1 geh. TL Salz
- 1 Prise gem. Nelken
- 1 Prise Zimt
- 200 g Rosinen
- 1 TL getr. Majoran, zwischen den Händen verrieben
- 150 g Apfelessig
- 100 g Wasser

Herstellung im TM. Zwiebeln, Rosinen und Knoblauch zerkleinern (10 Sek./Stufe 6). Nach unten schieben und die restlichen Zutaten zugeben. 55 Min./100 °C/Linkslauf/Stufe 1 ohne Messbecher garen. Sobald es kocht, wenn nötig Garkörbchen als Spritzschutz aufsetzen. Relish in zwei leere Schraubgläser füllen. Sofort verschließen und abgekühlt im Kühlschrank aufbewahren.

12645. Pizza Salami Plus und Champignon-Pizza, Juni 2020

Vorläufer 12635; 2 Portionen; im Bild nur Champignon-Pizza

Teig:
- 235 g Weizen, fein gemahlen
- 20 g Hefe (1/2 Würfel)
- 1 TL Salz
- 3 knappe EL Sonnenblumenöl
- 20 g Hafermilch
- 90 g Wasser

Belag für beide Pizzen:
- Butter für die Formen (2 x 10 g)
- 2 geh. EL Tomatenketchup
- 1 TL italienische Kräuter
- 1 Tomate (100 g), in sehr dünne Scheiben geschnitten

Salamipizza:
- 45 g Salami

Champignonpizza:
- 90 g Champignonscheiben (für die andere Pizza)

Für beide:
- 200 g Mozzarella, gerieben

Im TM kneten (2,5 Min./Knetstufe). Abgedeckt 2,5 Std. gehen lassen. Zwischendurch 2-3 Mal kurz durchkneten. Auf zwei Portionen (je 195 g) verteilen. 28-cm-große Formen einfetten. Teigstück in die Mitte geben und auseinanderdrücken. Nicht bis ganz an den Rand gehen, sondern so lange, wie der Teig sich einfach auseinanderdrücken lässt, ohne zu reißen und noch einen kleinen Wulst am Rand zu haben. Je einen EL Ketchup darauf verstreichen, mit Kräutern bestreuen. Tomatenscheiben darauf verteilen. Mit den unterschiedlichen Belägen bedecken und mit Käse bestreuen. Ofen (Heißluft) auf 210 °C vorheizen, in der Zeit geht der Teig. Formen einschieben und 14 Min. bei 210 °C backen.

12646. Freigeschobenes Schwarzbrot x 2, Juni 2020

Am Morgen vorher:

- Alter Sauerteigansatz (ca. 150 g)
- 210 g Roggen
- 250 g Wasser

Am Abend vorher:

- 400 g Roggen
- 300 g Dinkel
- 450 g Sauerteig (s.o.)
- 550 g Wasser

Backmorgen:

- 150 g Dinkel
- 250 g Roggen
- 1 EL Koriandersamen
- 100 g Sonnenblumenkerne
- 1 geh. EL Salz
- 50 g Wasser

Am Morgen vorher: 210 g Roggen fein mahlen. Alten Sauerteigansatz, 250 Wasser und Roggen gut verrühren. Die Schüssel in eine Plastiktüte stecken und auf der Fensterbank etwa 10-12 Std. stehen lassen.

Am Abend vorher: Vom Sauerteig 450 g für das Brot abnehmen und den Rest für das nächste Backen in einem Glas mit Schraubdeckel im Kühlschrank aufbewahren. 400 g Roggen mit 300 g Dinkel mittelgrob schroten. Mit Sauerteig und 550 g Wasser gut verrühren (5 Min mit der Teigknetmaschine). Der Teig lässt sich hier auch mit einem Löffel noch durchrühren oder mit sehr nasser Hand kneten. Mit Plastik gut abdecken und über Nacht stehen lassen.

Am Backmorgen: 150 g Dinkel und 250 g Roggen fein mahlen, dabei den Koriander zusammen mit der ersten Getreideportion mahlen. Mehl, Salz, 50 g Wasser und Sonnenblumenkerne unter den Sauerteigansatz kneten (5 Min mit der Teigknetmaschine). 3 Std. gehen lassen.

Zwei kleinere Gärkörbchen nass machen und sehr gut mit Mehl ausstreuen. Den Teig darauf verteilen. Wer keine Gärkörbchen hat, kann sich wie folgt behelfen: Eine passende, runde Brotform oder Kastenform mit einem sauberen Küchentuch auslegen, gut mit Mehl einstäuben (wirklich gut, sonst klebt das wie der Teufel) und den Teig hineinfüllen. Formen mit Gärfolie abdecken und 70 Min. gehen lassen. In den letzten 20 Min. den Ofen auf 250 °C (Umluft) vorheizen. Auf dem Boden des Ofens steht eine ofenfeste Form mit Wasser. Teig auf ein mit Dauerbackfolie ausgelegtes Backblech kippen, eventuell den Teig mit einem Messer ein paar Mal rautenförmig einschneiden.

Brot in den Ofen schieben, 15 Min. backen und den Ofen auf 200 °C herunterschalten. 40 Min. backen, Brotlaib vom Blech nehmen (Klopfprobe) und auf ein Kuchengitter geben. Mit Wasser einsprühen und abkühlen lassen. Erst am nächsten Tag anschneiden.

12647. Ravioli Tomaten-Süßkartoffelsoße, Juni 2020

Ravioli:

- 125 g Käseravioli Kühltheke
- 350 g Wasser
- Soße:
- 13 g Sonnenblumenöl
- 50 g Zwiebel, kleingeschnitten
- 80 g Süßkartoffel
- 105 g Tomate
- 240 g Kochwasser
- 1/2 TL Salz
- 1 TL Paprika edelsüß
- 10 g Tomatenmark
- 30 g Tomatenketchup
- 2 g Sambal Oelek
- 1/2 TL italienische Kräuter

Ravioli mit dem Wasser aufsetzen und in der kürzesten auf der Verpackung angegebenen Zeit kochen. Wasser auffangen. Ravioli kalt abspülen und evtl. voneinander trennen.

Zwiebel im Öl anbraten (2,5 Min./Varoma/Stufe 1). Süßkartoffel und Tomate zugeben und zerkleinern (5 Sek./Stufe 5). Kochwasser der Ravioli zugeben und garen (15 Min./100 °C/Stufe 2). Salz, Paprika, Tomatenmark, Ketchup und Sambal zugeben und pürieren (8 Sek./Stufe 10). Die Ravioli in den Thermomix gleiten lassen, vorsichtig mit einem Löffel so verteilen, dass alle von Soße bedeckt sind. Mit den Kräutern bestreuen.

Hinweis: Mir war das etwas zu kalt. Also besser die Soße aus dem Thermomix mit den Ravioli in den Kochtopf geben und nochmals erwärmen.

12648. Weizenschwarzbrot, Juni 2020

Vorteig:
- Sauerteig (ca. 150 g)
- 500 g Roggen
- 500 g lauwarmes Wasser

Hauptteig:
- 1 TL Kümmelsamen
- 1 TL Koriandersamen
- 1 TL Fenchelsamen
- 160 g Wasser
- 100 g Sonnenblumenkerne
- 1 EL Salz
- 1 TL Honig
- 230 g Weizen
- 50 g Roggen
- 50 g Weizen

Vorabend: Roggen fein schroten. Alten Sauerteigansatz, Wasser und Roggen in einer größeren Schüssel gut verrühren. Die Schüssel in eine Plastiktüte stecken und auf der Fensterbank etwa 10-12 Std. stehen lassen.

Morgen: Von dem Sauerteig 150 g abnehmen und in einem Glas mit Schraubdeckel im Kühlschrank als neuen „Starter" aufbewahren.

Die drei Samensorten in einem kleinen Mixer schroten. Man kann auch fertig gemahlene Gewürze nehmen, jedoch ist das Aroma nicht so frisch. Den Vorteig (insgesamt 1000 g) mit 160 g Wasser, Sonnenblumenkernen, Salz, Gewürzen und Honig (mit einem Kochlöffel) gut verrühren. 230 g Weizen sehr grob schroten, ebenfalls unterrühren. Dann 50 g Roggen und 50 g Weizen zusammen fein mahlen, auch gut unterrühren.

Eine 30 cm Kasten-Brotform einfetten und den Teig hineinfüllen, gut einsprühen. Form in einen großen Plastikbeutel schieben, kräftig hineinpusten und den Teig zwischen 4 bis 8 Std. ruhen lassen. Bei einem schon „ausgewachsenen" Sauerteig reichen 3-4 Std.

Ofen auf 160 °C (Heißluft) vorheizen und das Brot 120 Min. backen. Auf dem Boden des Ofens steht eine ofenfeste Form mit Wasser. Klopfprobe machen. Brot etwas abkühlen lassen, auf ein Kuchengitter stürzen, mit Wasser einsprühen und abkühlen lassen. Erst am nächsten Tag anschneiden.

Die Kastenform ist groß genug, wenn sie 1600-1700 ml Wasser fasst. Der Wassertest ist überhaupt eine gute Möglichkeit, das Fassungsvermögen von Kuchen- und Brotformen abzuschätzen. Wobei man dann bedenken sollte, wie stark der Teig noch geht.

Tipp: Ein dunkleres Brot bekommt, wer für den Hauptteig statt Weizen nur Roggen nimmt.

12649. Mung-Reis aus dem Reiskocher, Juni 2020

- 5 g Sonnenblumenöl
- 50 g Jasminvollkornreis
- 50 g Mungbohnen
- 285 g Wasser

Zutaten in der angegebenen Reihenfolge in den (digitalen) Reiskocher geben und als „brown" (rice) garen. Dauert etwas über 1 Std.

12650. Gerstenknäcke, Juni 2020

- 125 g Nacktgerste
- 125 g Weizen
- 1 gestr. TL Salz
- 2 TL Kümmel ungemahlen

Gerste und Weizen mahlen, Kümmel mit dem ersten Getreide mit mahlen. Mit dem Salz mischen. Öl und Wasser hinzugeben und mit der Hand kneten, bis sich einfach eine Kugel formen lässt.

Die Teigkugel in Frischhaltefolie wickeln und 1 Std. in der warmen Küche stehen lassen. Die Samen mischen.

Den Teig in zwei Portionen auf Dauerbackfolie etwa 3 mm dick ausrollen, mit einem Teigrädchen in Stücke schneiden. Folie mit dem Teig auf ein Backblech ziehen. Teigplatte sehr gut mit Wasser einfeuchten, die Samenmischung auf dem Teig verteilen und fest andrücken. Im Heißluftofen 25 Min. bei 175 °C backen. Das Brot soll noch hell sein. Knäckebrot auf einem Kuchengitter auskühlen lassen, in Stücke brechen und in einer gut schließenden Dose aufbewahren.

12651. Walnussstuten, Juni 2020

Vorteig:

- 250 g Weizen
- 250 g Wasser
- 1/2 TL Salz
- 1 TL Honig

Hauptteig:

- 2 P Trockenhefe (je 9 g)
- 100 g Wasser
- 400 g Kamut
- 100 g Weizen
- 125 g Walnüsse
- 1/2 TL gem. Vanille
- 1/2 TL gem. Kardamom
- 1/2 TL Salz
- 150 g Honig
- 100 g Wasser
- 65 g Sonnenblumenöl

Vorabend: Weizen fein mahlen. Mit Wasser, Salz und Honig verrühren. Die Schüssel mit dem Teig in eine Plastiktüte stecken und auf der Fensterbank etwa 10-12 Std. stehen lassen.

Morgen: Hefe in Wasser verrühren. Getreide mischen und fein mahlen. Die Walnüsse hacken (z. B. im Zerkleinerer). Die trockenen Zutaten vermischen und dann mit Honig, Wasser und Öl sowie dem Vorteig gründlich verkneten (mit der Maschine 10 Min., mit der Hand 15 Min., der Teig ist allerdings recht „klebrig" und eignet sich daher nicht so gut zum manuellen Kneten). Abdecken und 1 Std. gehen lassen. Dann nochmals durchkneten.

Eine 30 cm Brotbackform (fasst 1600-1700 g Wasser) mit Butter einfetten. Teig hineingeben, mit der nassen Hand glattstreichen. Form in eine passende Plastiktüte geben und den Teig 1 Std. gehen lassen. Der Teig sollte dann deutlich gegangen sein, also 1-2 cm in der Form angestiegen sein. Ofen auf 250 °C (Umluft) vorheizen, auf dem Boden des Ofens steht eine ofenfeste Form mit Wasser. Stuten auf dem Gitterrost einschieben und etwa 1 Std. bei 175 °C backen.

Auf ein Kuchengitter stürzen und abkühlen lassen.

Tipp: Statt Walnüssen kann man auch jede andere Nusssorte wählen, nur Cashewnüsse sind gebacken etwas „schlaff" im Geschmack. Rosinen können ebenso zusätzlich oder statt der Walnüsse in den Teig gegeben werden.

12652. Beinwell-Brötchen, Juni 2020

- 16 g frische Hefe (etwas weniger als ein halber Würfel)
- 100 g Wasser
- 200 g Rotkornweizen (oder Weizen)
- 200 g Einkorn (oder Dinkel)
- 2 gestr. TL Salz
- 1 TL gem. Koriander
- 150 g Wasser
- 1 EL Olivenöl
- 20 g Beinwell (oder ein anderes Kraut)
- 50 g Sonnenblumenkernsprossen (48 Std. gekeimt)

Hefe in 100 g Wasser auflösen. Getreide zusammen fein mahlen, mit den anderen trockenen Zutaten mischen. Die Flüssigkeiten zuerst in die Küchenmaschine geben, dann das Mehl gefolgt von den restlichen Zutaten und gut durchkneten lassen. Es gibt einen ziemlich feuchten Teig, was lästig beim Kneten ist, dafür erhält man schön strukturierte, lockere Brötchen. Den Teig nochmals kurz mit der nassen Hand nachkneten, zu einer Kugel formen und abgedeckt in einer Plastikschüssel 60 Min. gehen lassen.

Den Ofen auf 250 °C (Heißluft) stellen; auf dem Boden steht eine ofenfeste Form mit Wasser. Den Teig erneut kurz kneten und mit einem Esslöffel jeweils ca. 75 g schwere Teigstücke abreißen (wiegen). Die Teiglinge mit den feuchten Händen zu Kugeln formen. Die insgesamt 9 Kugeln auf ein mit Dauerbackfolie ausgelegtes Backblech legen. Mit der Schere jeweils einmal oben einschneiden und ruhen lassen, bis der Ofen die gewünschte Temperatur erreicht hat (ca. 15-20 Min.).

Brötchen mit Wasser einsprühen und in den Ofen schieben. 20 Min. bei 200 °C backen. Klopfprobe machen und die Brötchen auf einem Kuchengitter gut abkühlen lassen.

Tipp: Dieser Teig gibt übrigens, einfach mit Dinkel oder Weizen und ohne Kräuter oder Sprossen, auch köstliche, ganz „normale" Brötchen.

12653. Mini-Übernachthörnchen, Juni 2020

Ergibt 24 Stück.

- 6 g Trockenhefe
- 70 g Wasser
- 175 g Kamut
- 75 g Dinkel
- 1 TL Salz
- 1 TL gem. Kreuzkümmel
- 25 ml Sesamöl
- 25 g Mandelmus
- 50 g Wasser
- Je 1-2 TL Sesamsaat, Mohn, Kümmel

Hefe in 70 g Wasser auflösen. Getreide mischen und fein mahlen. Salz und Kreuzkümmel unter das Mehl rühren. Öl, Mandelmus und 50 g Wasser in einem Mixer zu einer homogenen Flüssigkeit mischen und in eine Küchenmaschine geben. Mehl hinzufügen und alles gründlich miteinander verkneten. Den Teig auf einer glatten Fläche mit der Hand durchkneten und eine Kugel unter Spannung formen. In eine Peng-Schüssel (oder andere fest schließende Plastikschüssel) geben und über Nacht in den Kühlschrank stellen.

Morgens den Teig aus dem Kühlschrank nehmen und erneut gut durchkneten. Drei Portionen zu je ca. 140 g formen. Jede Portion zu einer Kugel rolle und nebeneinander in gutem Abstand auf einen Teller setzen, in eine Plastiktüte stecken und 40 Min. gehen lassen. Die Kugeln sind deutlich größer geworden.

Jede Kugel zu einem Kreis von etwa 25 cm Durchmesser ausrollen. Jeden Kreis vier Mal wie einen Kuchen durchschneiden, sodass sich 8 Dreiecke ergeben. Jedes Dreieck von der breiten Seite nach innen zu einem Hörnchen rollen. Die Hörnchen in drei Reihen nebeneinander auf ein mit Dauerbackfolie ausgelegtes Backblech legen und 20 Min. gehen lassen. Gut mit Wasser einsprühen, das Blech in den Ofen schieben.

Bei 175 °C (Heißluft) 20 Min backen lassen. Die Hörnchen sind dann hellbraun. Auf ein Kuchengitter legen und noch heiß mit Wasser besprühen. Auskühlen lassen.

12654. Einfachste Brötchen der Welt, Juni 2020

- 1 P Trockenhefe
- 450 ml Wasser
- 400 g Dinkel
- 400 g Einkorn (oder insgesamt 800 g Dinkel)
- 2 TL (= 16 g) Vollmeersalz
- 50 ml Apfelessig

Trockenhefe im Wasser auflösen. Getreide bis auf 100 g Einkorn fein mahlen. Mit den restlichen Zutaten mit der Hand oder mit der Maschine gründlich verkneten. In eine große Schüssel füllen, die mehr als das doppelte Volumen fassen sollte. Schüssel in eine Plastiktüte verpacken und bei Raumtemperatur über Nacht stehen lassen.

Morgens 100 g Einkorn fein mahlen und unterkneten. Mit einem nassen Löffel passend große Stücke von etwa 80-120 g abgreifen. Mit nassen Händen zu Brötchen formen und auf das Blech setzen. Das ergibt ca. 10 Stück. Den Ofen auf 250 °C (Heißluft) vorheizen, 10 Min. bei 225 °C und 15 Min. bei 200 °C backen. Sie sind erst richtig lecker, wenn sie mittelbraun sind. Mit Wasser einsprühen. Angeblich klappt's auch mit gekauftem Mehl.

12655. Joghurt-Mischbrot, Juni 2020

Vorläufer 12628

Stufe 1 (12 Std. vorher):
Sauerteigansatz:
- 400 g Roggen
- 410 g Wasser
- 150 g Sauerteig

Stufe 2 (bei mir Morgen):
- 100 g Roggen
- 325 g Dinkel, fein gemahlen
- 1 EL Brotgewürz gem. (Brecht)
- 50 g Leinsamen
- 75 g Sonnenblumenkerne
- 15 g Salz
- 250 g Wasser
- 50 g Joghurt 3,8 %
- 1/4 Würfel frische Hefe (10 g)
- ca. 800 g Sauerteigansatz
- 20 g Butter für die Form

Stufe 1: Roggen fein mahlen, mit Wasser und altem Sauerteig mischen. In einer Plastiktüte über Nacht stehen lassen. 150 g von der Stufe 1 abnehmen und in einem gut schließenden Schraubglas in den Kühlschrank stellen für das nächste Backen.

Stufe 2: Getreide mahlen (Vorabend). Backmorgen: Hefe in einem Teil des Wassers auflösen. Zutaten (außer der Butter) mit einem großen Löffel gründlich verrühren, bis kein Mehl mehr sichtbar ist. Eine 30-cm-Brotform, Profi-Email von Dr. Oetker, gut einfetten. Teig hineingeben, mit der nassen Hand herunterdrücken und glattstreichen. Mit einem scharfen Messer kreuzweise einschneiden. Form im kalten Ofen etwa 90 Min. gehen lassen. Ofen auf 190 °C aufheizen, das Brot ist dabei im Ofen. Backzeit 60 Min., im ausgestellten Ofen 10 Min. nachbacken.

12656. Minihörnchen Rotkornweizen, Juni 2020

Ergibt 24 Stück.

- 1 P Trockenhefe (9 g)
- 100 g Wasser
- 125 g Rotkornweizen
- 125 g Dinkel
- 1 TL Salz
- 30 ml Sonnenblumenöl

- 50 g Wasser
- Je 1-2 TL Mohn, goldener Leinsamen

Hefe in 70 g Wasser auflösen. Getreide mischen und fein mahlen. Salz und Kreuzkümmel unter das Mehl rühren. Öl, Mandelmus und 50 g Wasser in einem Mixer zu einer homogenen Flüssigkeit mischen und in eine Küchenmaschine geben. Mehl hinzufügen und alles gründlich miteinander verkneten. Den Teig auf einer glatten Fläche mit der Hand durchkneten und eine Kugel unter Spannung formen. In eine Peng-Schüssel (oder andere fest schließende Plastikschüssel) geben und über Nacht in den Kühlschrank stellen.

Morgens den Teig aus dem Kühlschrank nehmen und erneut gut durchkneten. Drei Portionen zu je ca. 140 g formen. Jede Portion zu einer Kugel rolle und nebeneinander in gutem Abstand auf einen Teller setzen, in eine Plastiktüte stecken und 40 Min. gehen lassen. Die Kugeln sind deutlich größer geworden.

Jede Kugel zu einem Kreis von etwa 25 cm Durchmesser ausrollen. Jeden Kreis vier Mal wie einen Kuchen durchschneiden, sodass sich 8 Dreiecke ergeben. Jedes Dreieck von der breiten Seite nach innen zu einem Hörnchen rollen.

Dann einen Teller mit Mohn / Leinsamen und eine kleine flache Schüssel mit Wasser aufstellen. Jedes Hörnchen erst mit der Oberseite in das Wasser, dann ohne umzudrehen in eine Saat drücken (8 Teiglinge mit Sesam, 8 mit Mohn, 8 mit Kümmel).

Teiglinge in drei Reihen nebeneinander auf ein mit Dauerbackfolie ausgelegtes Backblech legen und 20 Min. gehen lassen. Die Hörnchen gut mit Wasser einsprühen, das Blech in den Ofen schieben. Bei 175 °C (Heißluft) 20 Min backen lassen. Die Hörnchen sind dann hellbraun. Auf ein Kuchengitter legen und noch heiß mit Wasser besprühen. Auskühlen lassen.

12657. Rosinenbrötchen, Juni 2020
- 1/2 Würfel Hefe (20 g)
- 160 g Pflanzenmilch oder ein 60 g Sahne/100 g Wasser-Gemisch
- 150 g Dinkel
- 100 g Kamut (oder nur Dinkel bzw. Weizen)
- 20 g Honig
- 1 Prise Salz
- 1 Messerspitze gemahlene Vanille
- 50 g grüne Rosinen

Getreide fein mahlen. Mehl mit den restlichen Zutaten, aber ohne die Rosinen, gründlich verkneten, dann die Rosinen einarbeiten. Zu einer Kugel formen, in eine Plastikschüssel setzen. Die Schüssel in eine Plastiktüte verpacken und den Teig bei Raumtemperatur 30-45 Min. gehen lassen. Fünf Teigstücke zu etwa 90 g (wiegen) abnehmen und zu runden Brötchen formen. Teiglinge nebeneinander auf ein mit Dauerbackfolie ausgelegtes Backblech setzen. Unter Gärfolie oder in einer großen Plastiktüte 30 Min. gehen lassen. In den letzten 10 Min. den Ofen auf 250 °C vorheizen. Brötchen 20 Min. bei 175 °C backen. Klopfprobe machen. Mit Wasser einsprühen und auf einem Kuchengitter auskühlen lassen.
Tipp: Wer keine Küchenmaschine hat, sollte die Hefe erst in einem Teil der Milch verrühren.

12658. Flockennachtisch
- 25 g Kernige Haferflocken
- 10-15 g Sonnenblumenkerne
- 100 g Joghurt (3,7 %)O
- 1-2 Prisen Kakaonibs
- 40-50 g Hafermilch

Hafermilch in eine kleinen Becher füllen. Die anderen Zutaten in der angegebenen Reihenfolge in eine kleine Schüssel geben und mit Kakaonibs bestreuen. Direkt vor dem Verzehr die Milch darüber gießen und verrühren.

12659. Angeplunderte Croissants, Juni 2020

Teig:

- 1/2 Würfel Hefe (20 g)
- 100 g Wasser
- 250 g Dinkel
- 1 Prise Salz
- 1 EL Sonnenblumenöl
- 45 g Wasser
- Dinkelmehl zum Ausrollen
- 30 g Kokosöl

Füllung 1 (herzhaft):

- 70 g Giersch (oder ein anderes Kraut)
- 60 g Zwiebel (netto)
- 2 EL Öl
- 20 g Wasser
- 1 Prise Salz
- 1 TL Paprika edelsüß

Füllung 2 (süß):

- 60 g Mandeln
- 30 g Honig

Hefe in 100 g Wasser auflösen. Getreide fein mahlen. In die Mitte des Mehls eine Kuhle drücken, das Hefewasser hineingießen und mit etwas Mehl zu einem dicklichen Brei rühren. Abgedeckt 15 Min. gehen lassen. Salz, Öl und Wasser an den Rand des Mehls geben. Alles gründlich miteinander verkneten (ca. 5 Min.). Mit nassen Händen eine Teigkugel formen, mit 1 EL Mehl bestreuen. In eine Plastiktüte stecken und 30 Min. gehen lassen.

Den Teig auf einer mit Mehl gut bestäubten Fläche auf ein Rechteck von etwa 18 x 40 cm ausrollen, die Ränder sollten möglichst gerade sein (in den nächsten Schritten kommt das fast automatisch). Mit Mehl bestreuen. Das untere Teigdrittel durch einen leichten oberflächlichen Schnitt markieren.

Kokosöl in einer kleinen Pfanne auf niedriger Stufe flüssig werden lassen. Die beiden oberen Teigdrittel damit bepinseln, den Rest des Öls warm stehen lassen (es reicht auf der ausgeschalteten Herdplatte). Dann das untere Teigdrittel nach oben falten, das obere darüber legen; die Ränder mit der Teigrolle fest zusammendrücken. Das Teigstück um 90 ° so drehen, dass die Knickstellen an der Seite liegen. Auf ein Brettchen legen, in eine Plastiktüte stecken und 30 Min. in den Kühlschrank setzen.

Den Teig in Längsrichtung auf bemehlter Fläche ausrollen, wieder die oberen zwei Teigdrittel mit 40 g Kokosöl bestreichen. Wie vorher falten, drehen, kaltstellen. Den Teig ein drittes Mal mit Kokosöl (der dritten Portion) bestreichen usw. und 30 Min kühlen.

Für Füllung 1: Öl; Wasser; gewaschenen, trockengeschleuderten und kleingeschnittenen Giersch; geschälte und gewürfelte Zwiebel in eine kleine Pfanne geben. Deckel auflegen und bei größter Einstellung zum Kochen bringen. Sobald Dampf unter dem Deckel austritt, auf kleinste Einstellung drehen und 10 Min. dünsten. Während der ganzen Zeit den Deckel stets geschlossen halten. *Für Füllung 2:* Mandeln fein mahlen, mit dem Honig verkneten.

Den Teig nochmals längs ausrollen und durch zwei Querschnitte in drei Rechtecke teilen. Jedes Drittel dünn ausrollen, sodass sich ein Quadrat ergibt. Die Quadrate durch zwei Schnitte von Ecke zu Ecke in vier Dreiecke schneiden. Jedes Dreieck so ausrollen / ziehen, dass sich ein langgezogenes Dreieck ergibt. Auf die breite Seite ein Achtel der Füllung geben (Marzipan zu einer Rolle formen). Die Dreiecke von der breiten Seite her aufrollen und die Enden zueinander hinbiegen. Die Hörnchen nebeneinander auf mit Dauerbackfolie / Backpapier ausgelegtes Backblech legen, mit Wasser einsprühen. Das Blech in eine große Plastiktüte stecken und die Hörnchen 30 Min gehen lassen. In den letzten 20 Min. den Ofen auf 225 °C (Heißluft) vorheizen, auf den Boden eine ofenfeste Form mit heißem Wasser stellen. Bei 225 °C 13 Min backen und 2 Min bei ausgestelltem Ofen ausbacken lassen. Fertige Hörnchen auf ein Kuchengitter legen, noch heiß mit Wasser einsprühen und auskühlen lassen.

Hinweis: Plunderteig ohne Butter. Die Blätterung ist nur schwach zu sehen, beim Essen ist sie deutlich. Croissants kann man nach Belieben füllen. Gut schmecken sie auch einfach ohne Füllung, mit Butter, Honig oder einem anderen Aufstrich.

12660. Laugenstangen, Juni 2020

- 1 P Trockenhefe (9 g)
- 100 g Wasser
- 200 g Kamut (oder Weizen)
- 50 g Weizen
- 2 TL Apfelessig
- 1 EL Sonnenblumenöl
- 1/2 TL Salz
- 40-55 g Wasser
- 25 g Natron
- 1,25 L Wasser
- Etwa 1 EL Hagelsalz
- 1 TL Kümmel (nach Geschmack)

Hefe in 100 g Wasser verrühren. Getreide fein mahlen, Essig, Öl, Salz und 40 g Wasser zu dem Mehl geben und die Mischung 2 Min. mit der Maschine kneten. Mit der Hand auf einer glatten Fläche je nach Teigbeschaffenheit noch 15 g Wasser in den Teig einarbeiten. Eine Teigkugel unter Spannung formen, mit Wasser einsprühen, mit Gärfolie abdecken und 45 Min. gehen lassen. Teig von Hand durchkneten und sechs Portionen von je 70 g abwiegen. Aus den Teigportionen Rollen von 8-10 cm Länge formen, die Rollen abgedeckt 15-20 Min. gehen lassen. In dieser Zeit etwa 1,5 Liter Wasser mit Natron auflösen und aufkochen. Jeweils 2 Stangen ca. 30-50 Sek. in die Lauge geben, zwischendurch wenden. Mit einer Schöpf-kelle die Stangen einzeln aus der Lauge nehmen, abtropfen lassen und auf das mit Dauerbackfolie ausgelegte Backblech legen (vorsichtig, die Stangen sind sehr glitschig-rutschig). Sofort mit dem groben Salz und nach Belieben auch mit Kümmel bestreuen. Teiglinge abkühlen lassen. In dieser Zeit den Backofen auf 250 °C (Um-luft) vorheizen, auf den Boden eine ofenfeste Schale mit kochendem Wasser stellen. Das Blech mit den Stangen einschieben, 6 Min. backen, dann auf 200 °C herunterdrehen und noch ca. 14 Min. goldbraun backen.

Stangen noch heiß auf dem Blech mit Wasser einsprühen und dann auf einem Gitterrost auskühlen lassen.

12661. Mineralwasserfladen, Juni 2020

- 35 g Sonnenblumenkerne
- 100 g Dinkel
- 100 g Rotkornweizen (oder Weizen)
- 25 g Buchweizen
- 25 g Hirse
- 1 TL Salz
- 230 g Mineralwasser (mit Kohlensäure)
- 1 EL Apfelessig
- 2 EL Olivenöl

Sonnenblumenkerne in einer trockenen Pfanne auf etwas höherer als mittlerer Hitze einige Min. erhitzen, bis sie hellbraun werden. Dabei immer wieder einmal umrühren. Dinkel, Rotkornweizen und Buchweizen mittelfein mahlen. Ganz belassene Hirse, abgekühlte Kerne, Salz, Öl, Apfelessig und Mineralwasser zu dem Mehl geben und mit einem Teigschaber gründlich verrühren. Den Teig mindestens 1 Std. quellen lassen.

Von dem Teig mit einem Esslöffel acht Häufchen auf ein mit Dauerbackfolie ausgelegtes Backblech setzen. Blech in den Backofen schieben, nicht vorheizen. Bei mittlerer Hitze (175 °C Umluft) 30 Min. backen, dann 5 Min. im ausgeschalteten Backofen nachbacken lassen. Noch heiß mit Wasser einsprühen und auf einem Gitter-rost auskühlen lassen.

12662. Milchkaffee ohne Kaffee, Juni 2020

Für einen 500-ml-Becher

- 1 geh. TL Caro-Kaffeee (oder vergleichbares) extrastark
- 1 gestr. TL Trinkschokolade (GEPA, 50 % Kakao)
- 150 g kochend heißes Wasser
- 200 g Hafermilch
- 2 TL Sahne
- 100 g heißes oder kaltes Wasser, nach Geschmack

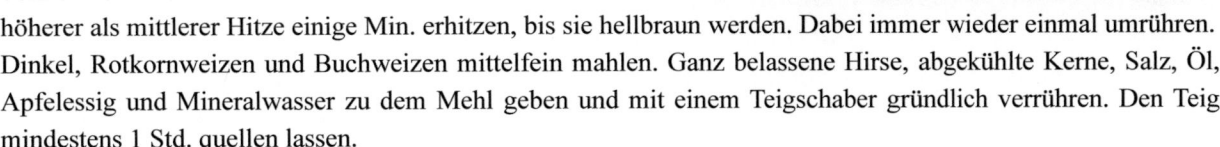

Kaffee- und Trinkschokoladenpulver in dem Becher mit heißem Wasser verrühren. Milch erhitzen, in den Becher gießen. Sahne zufügen und mit Wasser (oder kalter Milch) auffüllen.

12663. Plunderbrezel, Juni 2020

- 100 g Rotkornweizen (oder Weizen / Dinkel)
- 1/2 TL Salz
- 10 g Öl
- 45 g Wasser
- 1 Prise gem. Kümmel
- 50 g Butter

Getreide fein mahlen. Mit Salz, Öl, Wasser und Kümmel zu einem festen Teig verarbeiten. Teig zu einem Rechteck ausrollen, die Butter in dicken Scheiben auf die oberen beiden Teigdrittel legen. Das untere Drittel nach oben, das obere nach unten klappen und die Ränder fest schließen. 30 Min. in den Kühlschrank stellen.

Teigstück in Längsrichtung vorsichtig auf Mehl ausrollen. Wieder die Teigdrittel wie beschrieben in die Mitte klappen und 30 Min. in den Kühlschrank stellen. Diese Touren nach Bedarf wiederholen, mindestens aber noch zwei Mal. Beim letzten Mal kann der Teig länger im Kühlschrank stehen bleiben.

Nach der letzten Tour mehrmals ausrollen und klappen, bis der Teig weich und geschmeidig ist. Dann etwa 3-4 mm dick ausrollen. In etwa 24 Teigstreifen von nicht ganz 1 cm Breite schneiden. Jeden Streifen zu einer Rolle formen, ein Ende in die Mitte des Streifens, das andere Ende auf dieselbe Stelle drücken, sodass sich eine Brezel ergibt. Nebeneinander auf ein mit Dauerbackfolie ausgelegtes Backblech legen und die Teiglinge 20 Min. ruhen lassen. In dieser Zeit den Ofen auf 250 °C (Umluft) vorheizen. Bei 200 °C ca. 20 Min. backen, in den ersten 15 Min. den Ofen nicht öffnen.

12664. Sesamspiralen, Juni 2020

- 60 g Rotkornweizen
- 60 g Kamut (oder: 120 g Weizen insgesamt)
- 1/2 TL Kräutersalz
- 20 g Kokosöl
- 45 g Wasser
- 20 g Kokosöl (5+5+10 g)
- 2-3 EL Sesam ungeschält

Der Teig „blättert" zwar nicht richtig, wird aber sehr schön kross und mürbe.

Getreide mischen und fein mahlen. Mit Salz, Öl und Wasser gründlich zu einem glatten, festen Teig verkneten und 10 Min. ruhen lassen. Teig zu einem kleinen, etwa 3 mm dicken Rechteck. Das untere Teigdrittel markieren, auf den beiden oberen Dritteln mit der Hand 5 g Kokosöl aufstreichen. Das untere Drittel hochklappen, das oberste Drittel auf das hochgeklappte untere Teigdrittel klappen und die Ränder fest andrücken. Auf einem Frühstücksbrettchen in einer Plastiktüte 15 Min. in den Kühlschrank stellen.

Teig erneut ausrollen, wie beschrieben dreiteilen und wie oben mit Kokosöl wieder zusammenklappen. Nochmals 10 Min. in den Kühlschrank stellen. Beim dritten Mal 10 g Kokosöl nehmen.

Teig zu einem Rechteck ausrollen, das etwa 12 cm hoch ist. Mit Wasser einsprühen, mit Sesam bestreuen und Sesam festdrücken. In 1,5 cm breite Streifen schneiden. Jeden Streifen um sich selbst zu einer Art groben Spirale drehen. Nebeneinander auf ein mit Dauerbackfolie ausgelegtes Backblech legen und 12 Min. bei 225 °C (Umluft) backen. Die Stangen sollten goldgelb sein. Das brüchige Gebäck auf einem Kuchenrost auskühlen lassen.

12665. Chapati, Juni 2020

- 25 g Buchweizen
- 15 g Dinkel
- Eine gute Prise Salz
- 20 g Wasser
- Etwas Sonnenblumenöl

Getreide fein mahlen, mit den restlichen Zutaten zu einem Teig verkneten. Zu einer Kugel formen und 10 Min. (oder länger) ruhen lassen. Teig zu einem dünnen Kreis mit einem Durchmesser von ca. 11 cm ausrollen. Das sollte auch ohne Mehl gehen. Eine kleine beschichtete Pfanne von 20 cm Durchmesser mit Öl einpinseln, das Fett heiß werden lassen. Dann den Fladen hineingeben, die Oberseite mit Öl einpinseln. Den Rand mit einem Pfannenwender herunterdrücken. Nach ca. 2 Min. wenden, die Oberseite wieder mit Öl einpinseln. Es sollten sich kleine Blasen bilden. Weitere 2 Min. backen. Eventuell nochmals wenden, bis der Fladen „trocken" aussieht und braune Flecken hat. In indischen Kochbüchern wird empfohlen, die fertigen Fladen (wenn mehrere gebacken werden) bis zum Verzehr in Alufolie einzuschlagen, um sie warmzuhalten.

12666. Süßkartoffel-Sugo, Juni 2020

- 10-15 g Sonnenblumenöl
- 65 g Zwiebel, gehackt
- 70 g Süßkartoffel, gewürfelt
- 155 g Tomate, gewürfelt
- 2 Prisen Salz
- 1/2 TL Sambal Oelek (nach Wunsch)

Öl erhitzen (Stufe 8 von 14). Zwiebel zufügen und erhitzen, bis sie glasig ist, das dauert etwa 5 Min. Süßkartoffelwürfel zugeben und weitere 5 Min. erhitzen. Tomatenwürfel zugeben, erhitzen und dabei langsam die Hitze herunterstellen, es muss nur etwas kochen. 15 Min. kochen, mit Salz und Sambal abschmecken.

12667. Altbrot, Juni 2020

Mittags:
- 95 g herzhaftes Gebäck / Brot
- 135 g heißes Wasser

Abends:
- 400 g Wasser
- 450 g Weizen

Morgens:
- 1 P Trockenhefe
- 50 g Wasser
- 185 g Weizen
- 15 g Emmer
- 1-2 TL Brotgewürz (fertig gekauft)
- 1 EL Salz
- 50 g Leinsamen

Am Vortag das alte Brot in Stücke brechen und im heißen Wasser abgedeckt einweichen. Abends diese Masse zusammen mit 200 g Wasser im Mixer zu einer glatten Masse schlagen. 450 g Weizen fein mahlen, mit weiteren 200 g Wasser und dem Brotpüree gründlich verrühren. Gut abgedeckt 12 Std. (über Nacht) stehen lassen.

Morgens die Trockenhefe in 50 g Wasser anrühren. Weizen und Emmer mischen, fein mahlen, in die Mitte eine Kuhle drücken. Hefewasser in die Kuhle geben, mit etwas Mehl zu einem Brei rühren und abgedeckt 15 Min. stehen lassen. In das Mehl Brotgewürz, Salz, Leinsamen und den Vorteig vom Vortag einige Min. einrühren. Zum Kneten ist der Teig zu flüssig. Abgedeckt 30 Min. gehen lassen.

Eine 30 cm-Kastenbrotform mit etwas Butter gut einfetten. Den Teig nochmals kurz durchrühren und in die Form geben. Mit der nassen Hand glattstreichen und mit einem scharfen Messer rautenförmig einschneiden. Form in eine Plastiktüte stecken und den Teig etwa 2 Std. gehen lassen – er muss sichtbar hochgegangen sein. Die Zeit richtet sich nach der Temperatur in der Küche und der Getreidequalität.

Dann den Ofen auf 250 °C (Heißluft) vorheizen, auf dem Boden steht eine ofenfeste Form mit Wasser. 10 Min. bei 250 °C backen, dann auf 200 °C herunterschalten und weitere 45 Min. backen. Klopfprobe machen. Noch heiß mit Wasser einsprühen.

12668. Altzöpfchen, Juni 2020

- 50 g altes, herzhaftes Gebäck (hier: Hörnchen)
- 200 g heißes Wasser
- 21 g frische Hefe
- 100 g Wasser
- 75 g Roggen
- 375 g Dinkel
- 1 geh. TL Salz
- 1/2 TL gem. Kümmel
- 1 EL Olivenöl
- 2 EL Apfelessig
- Ca. 25 g Wasser

Brot in Stücke teilen und mit dem heißen Wasser übergießen, ca. 3 Std. stehen lassen.

Hefe in 100 g Wasser auflösen. Roggen und Dinkel mischen, mit Salz und Kümmel verrühren. Eingeweichtes Brot mit Öl und Essig im Mixer zu einer glatten Mischung verarbeiten. Hefewasser und Mehlmischung zu dem pürierten Brot geben und verkneten. Eventuell noch bis zu 25 g Wasser hinzufügen, diese aber nur esslöffelweise zugeben, damit der Teig nicht zu fest wird. Etwa 5 Min. mit der Hand oder einer entsprechenden Maschine verkneten.

Teig zu einer Kugel unter Spannung formen, gut abgedeckt 1 Std. gehen lassen. Nochmals gut durchkneten (alle folgenden Schritte ggf. unter Zuhilfenahme einer guten Menge Streumehl). Den Teig wiegen, das Gewicht durch 9 dividieren, bei mir ergab das 92 g, d.h. pro Zopf.

Die einzelnen Portionen kurz durchkneten und zu einer kleinen Kugel unter Spannung formen. Zwischen den Händen daraus eine Rolle bilden, diese auf 40 cm verlängern. Aus der Rolle ein U formen und den linken Streifen über den rechten legen. Dies mehrmals wiederholen, die unteren Enden unter das Zöpfchen schlagen und festdrücken. Nebeneinander schräg auf ein mit Dauerbackfolie ausgelegtes Backblech legen. Die Teiglinge mit Wasser einsprühen, wer möchte, kann jetzt Samen darauf streuen. Mit Gärfolie abdecken, Teiglinge 10 Min. gehen lassen. Dann den Ofen 18 Min. auf 250 °C (Umluft) Min. vorheizen, auf dem Boden steht eine ofenfeste Form mit Wasser.

Backblech mit den Zöpfchen einschieben. 20 Min. bei 200 °C backen, Klopfprobe machen. Wenn sie hohl klingen, mit Wasser einsprühen und auf einem Kuchengitter auskühlen lassen.

12669. Brotpfannkuchen, Juni 2020

- 125 g Brot
- 300 g kochendes Wasser
- 20 g Weizen
- 1 TL Leinsamen
- 1 gestr. TL Kräutersalz
- knapp 1 TL gem. Kreuzkümmel
- 3-4 EL Erdnussöl zum Ausbacken.

Brot in kleine Stücke reißen und mit kochendem Wasser übergießen. Zudecken und mindestens 45 Min. quellen lassen. Weizen mit dem Leinsamen fein mahlen, dann mit Salz und Kreuzkümmel unter die Brotmasse rühren. Entweder mit einer Gabel kräftig durchrühren oder mit dem Handrührgerät / im Mixer schlagen. 2-3 Öl in einer 24-cm Bratpfanne auf höchster Einstellung heiß werden lassen, bis an einem Holzstiel Bläschen emporsteigen. Die Hälfte des Teigs hineingeben, schnell glattstreichen. Die Hitze etwas herunterstellen. Deckel auflegen, 3 Min. braten. Vorsichtig drehen, und nochmals 3 Min. braten. Auf ein Stück Haushaltspapier legen, damit überschüssiges Fett abgezogen wird. Noch einen Esslöffel Öl in die Pfanne geben und den zweiten Pfannkuchen genauso braten. Pfannkuchen in Achtel schneiden.

Tipp: *Dazu passt Salat.*

12670. Brotwaffeln, Juni 2020

- 65 g trockenes salziges Gebäck (z. B. Hörnchen oder Brot)
- 120 g warmes Wasser
- 50 g Grünkern
- 20 g Olivenöl
- 80 g Wasser
- 1/2 TL Salz

Brot in kleine Stücke brechen, Wasser darüber gießen und abgedeckt einige Std. einweichen. Die Einweichzeit richtet sich danach, wie trocken das Brot bereits ist. Das eingeweichte Brot mit den restlichen flüssigen Zutaten in einem Mixer glattschlagen. Grünkern fein mahlen, unter die Brotmasse rühren. Die Wassermenge kann je nach Brotkonsistenz ein wenig schwanken. Der Teig soll zum Schluss dickflüssig sein, etwas dünner als ein schöner Rührteig.

Waffeleisen heiß werden lassen, mit Öl einpinseln. 3-4 Esslöffel Teig gleichmäßig darin verteilen und jeweils 8 Min. backen, bis sie knusprig sind. Die Backzeit ist eine grobe Richtschnur und richtet sich nach dem verwendeten Waffeleisen.

Gut dazu passt eine *Petersiliensoße*, für die

- 10 g Mandelmus
- 25 Petersilie (vor allem die Stängel)
- 15 Zitrone (netto)
- 20 g Olivenöl
- 70 g Wasser

in einem kleinen Mixer gut vermischt werden.

12671. Gefüllte Paprika, Juni 2020

Paprika:

- 125 g altes Brot
- 125 g heißes Wasser
- 1 mittelgroße rote Paprika
- 1 TL Kräutersalz
- 30 g Zwiebel (netto)
- 250 g Wasser
- 2 TL Olivenöl

Soße:

- 20 g Mandeln
- 1 TL Kräutersalz
- 2 EL Oregano-Öl
- 2 EL Zitronensaft
- 5 EL Wasser
- 2 EL Petersilie, gehackt

Brot in Stücke teilen und mit dem heißen Wasser übergießen, ca. 1-2 Std. stehen lassen. Zwiebel fein würfeln und mit dem Salz unter den Brotteig kneten.

Paprika halbieren, Kerne und Zwischenwände entfernen. Mit der Öffnung nach oben stellen. Die Füllung auf die beiden Hälften verteilen, die Füllung sollte etwas höher sein als die Paprika. Nebeneinander in eine Auflaufform oder eine feuerfeste Pfanne setzen. 250 g Wasser und 2 TL Olivenöl in die Auflaufform geben, den Deckel auflegen und bei 200 °C (Umluft) auf dem Gitterrost 35 Min. erhitzen. Die Soßenzutaten (ohne die Petersilie) in einem kleinen Mixer gut miteinander vermischen, zu der Flüssigkeit in der Auflaufform geben und verrühren. Ohne Deckel noch weitere 30-40 Min. backen, bis die Ecken der Paprika sich etwas dunkel färben und die Haut Falten wirft. Die Paprika aus der Form heben, auf einen Teller geben und mit der Soße auf dem Teller servieren.

12672. Brotsuppe, Juni 2020

- 55 g altes, herzhaftes Gebäck
- 210 g heißes Wasser
- 10 g getrocknete Steinpilze
- 100 g heißes Wasser
- 1 TL Kräutersalz
- 1 Prise Muskat
- 1/2 TL gem. Kümmel
- 100-150 g Wasser
- 1 Knoblauchzehe
- 1 Möhre (70 g)
- 1 Stück rote Paprika (55 g)
- Etwas gehackte Petersilie

Brot in Stücke teilen und mit dem heißen Wasser übergießen, ca. 30 Min. stehen lassen. Genauso lange die Pilze in Wasser einweichen. (Wer keine getrockneten Pilze hat, kann auch 100 g frische Pilze nehmen, die dann nicht eingeweicht werden.)

Brot mit Einweichwasser, Salz, Gewürzen und weiteren 100 g Wasser in einem Mixer pürieren. In einen Topf umfüllen, Pilze mit Einweichwasser hinzufügen. Knoblauchzehe schälen und in dünne Scheiben schneiden, ebenfalls hinzugeben. Unter ständigem Rühren zum Kochen bringen, dann auf kleinster Einstellung 10 Min. köcheln.

Möhre und Paprika fein schneiden. Die Hälfte davon unter die heiße Suppe rühren, aber nicht mehr weiter erhitzen. Einen Teller füllen (es reicht für 2 Teller), mit der Hälfte der verbliebenen Gemüse bestreuen und mit Petersilie dekorieren.

12673. Pizzasuppe, Juni 2020

- 180 g Pizzarest (komplett mit Teig, Belag etc.)
- 1 Knoblauchzehe
- 300 g Wasser
- 1 Prise Salz
- 2 EL Sahne
- 70 g Möhre
- 1 EL gehackte Petersilie

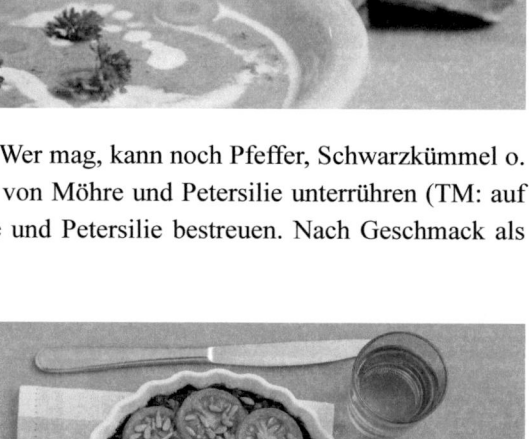

Pizzarest in Stücke schneiden, Knoblauchzehe schälen und kleinhacken. Mit dem Wasser mixen und pürieren. Dann aufkochen und zwei Min. köcheln, nochmals sehr gut pürieren, bis alles glatt ist. Sahne unterziehen und mit Salz abschmecken. Wer mag, kann noch Pfeffer, Schwarzkümmel o. Ä. hinzugeben. Möhre in feine Scheiben schneiden. Ein Drittel von Möhre und Petersilie unterrühren (TM: auf rückwärts laufen lassen). Einen Suppenteller füllen, mit Möhre und Petersilie bestreuen. Nach Geschmack als Dekoration noch etwas Sahne einträufeln.

12674. Brotpizza mit Steinpilzen. Juni 2020

- 15 g getr. Steinpilze (oder 125 g frische Pilze)
- 175 g warmes Wasser
- 100 g dünne Scheiben Brot (max. 5 mm dick)
- 25 g Tomatenmark
- 2 EL Olivenöl
- 1 TL Pizzagewürz
- 1-2 Prisen Salz
- 1 kleine Zwiebel (34 g brutto)
- 1 große Tomate (135 g)
- 1 EL Sonnenblumenöl
- 45 g Sonnenblumenkernsprossen (48 Std. gekeimt)

Pilze 20 Min. im Wasser einweichen. Eine 20 cm-Quicheform mit Brot möglichst dicht auslegen. Einfetten ist nicht nötig. Tomatenmark mit Olivenöl, zwischen den Händen zerriebenem Pizzagewürz, einer guten Prise Salz und 2 Esslöffeln Einweichflüssigkeit verrühren. Über das Brot verteilen. Die Zwiebel schälen, in dünne Scheiben schneiden und auf die Tomatenmarkschicht legen. Pilze darüber schichten. Leicht salzen. Tomate in dünne Scheiben schneiden, überdeckend (dachziegelartig) auf die Pilze geben, schwach salzen und das Oregano-Öl darauf träufeln. Mit den Sprossen abschließen. Auf dem Gitterrost in den kalten Ofen schieben und 25 Min. bei 225 °C (Heißluft) backen. In der Form servieren.

12675. Brotlasagne, Juni 2020

- 2 Scheiben Brot (115 g)
- 1 große Tomate (155 g)
- 1 Prise Salz
- 1 EL Olivenöl
- 25 g Wasser
- 2 EL Roggen
- 30 g Sonnenblumenkerne
- 1 EL Essig
- 1 Prise Salz
- 100 g Wasser
- 1/2 EL Olivenöl

Soße:

- 10 g Mandeln
- 10 g Sonnenblumenkerne
- 1 EL Nackthafer
- ½ EL Öl
- 1 Prise Salz
- 50 g Wasser

Brot so schneiden, dass es eine (viereckige) Lasagneform mit einer Schicht ausfüllt. Die Tomate halbieren. Eine Hälfte mit Salz, 1 Esslöffel Olivenöl und 25 g Wasser pürieren. Roggen flocken, unter die Tomatenmasse rühren und mit dieser Masse den Boden der Lasagneform ausstreichen. Die zweite Tomatenhälfte in dünne Scheiben schneiden, darauf verteilen. Darüber kommt das Brot. 30 g Sonnenblumenkerne, Essig, Salz, 100 g Wasser und Olivenöl in einem Mixer sehr gut verschlagen, über das Brot gießen. Auf dem Gitterrost in den kalten Ofen schieben und 17 Min. bei 225 °C (Umluft) backen.

Für den Nussparmesan Mandeln und Sonnenblumenkerne fein hacken (z. B. im Zerkleinerer). Hafer flocken, mit den Nüssen, Öl, Salz und 50 g Wasser verrühren. Ofen auf „Grill" bei 230 °C stellen, den Nussparmesan auf die weiße Soße geben, verteilen und 5-8 Min. grillen, bis die Masse leicht goldgelb ist.

Tipps: Wer seine Lasagne gerne mit viel Soße isst, sollte die Wassermengen in der Soße um die Hälfte erhöhen. Wer dem Nussparmesan einen leichten Käsegeschmack geben möchte, schmeckt mit Schabziegerklee ab.

12676. Ofengemüse (mit Brot), Juni 2020

- Ca. 230-250 g gemischtes Gemüse
- 125 g Brot
- 1 TL Kräutersalz
- 250 g Wasser
- 15 g Olivenöl

Das Gemüse putzen und kleinschneiden. In eine mit Öl ausgepinselte flache Auflaufform geben. Die Tomate in dünne Scheiben schneiden und auf das Gemüse legen. Das Brot in möglichst dünne Scheiben schneiden und die Oberfläche damit ausfüllen (je nach Größe der Form kann das etwas mehr oder etwas weniger sein). Kräutersalz mit Wasser verquirlen, über das Brot gießen. Olivenöl darauf träufeln. In den auf 175 °C vorgeheizten Ofen (Umluft; Gitterrost) schieben und 40 Min. backen. Das Gemüse ist dann bissfest. Wer es weicher möchte, muss länger backen oder die Temperatur etwas höher stellen.

12677. Pflaumenkuchen, Juni 2020

Teig:
- 150 g Brot

Obst:
- 400 g große französische Pflaumen (netto; Zwetschgen gehen natürlich auch)

Belag:
- 100 g Hafer
- 50 g Haselnüsse
- 1 geh. TL Trockenhefe
- 20 g Sonnenblumenöl
- 75 g Honig
- 1/2 TL Zimt
- 125 g Wasser

Eine kleine Springform (18 cm) mit Backpapier überspannen. Brot in 8 bis 9 mm dicke Scheiben schneiden, die Springform damit auslegen. Lücken mit „Bröckchen" zukleben. Pflaumen halbieren, entkernen, und leicht versetzt auf den Brotboden legen. Hafer in der Mühle, Haselnüsse in einem kleinen Mixer mahlen. Mit den restlichen Belagzutaten gut verrühren, über die Pflaumen gießen.

Die Form auf dem Gitterrost in den kalten Ofen schieben und 40 Min. bei 175 °C (Umluft) backen. Mit einem Messer vorsichtig am Rand der Springform entlangschneiden (Vorsicht bei beschichteten Springformen!), den Rand öffnen und den Kuchen auskühlen lassen.

Tipp: Schmeckt sehr gut mit geschlagener oder auch flüssiger Sahne.

12678. Kalter Schoßhund, Juni 2020

Schokomasse:
- 85 g Kokosöl
- 65 g Kakaobutter
- 150 g Honig
- 1 Prise Salz
- 1/2 TL gem. Vanille
- 2 TL Rum
- 50 g Kakaopulver

Brot:
- Ca. 250 g Brot, das sich gut dünn schneiden lässt.

Eine kleine Kastenform (kleiner als 25 cm) mit Haushaltsfolie oder Pergamentpapier auskleiden.

Für die Schokomasse Kokosöl und Kakaobutter auf kleiner Flamme erhitzen, bis sie flüssig sind. Mit einem Mixer oder auch einem Handrührgerät gut mit den restlichen Schokozutaten vermischen. Das Brot in möglichst dünne Scheiben schneiden. Eine Lage Schokolade auf den Boden streichen, eng mit Brot belegen. Eventuelle Lücken mit Brotbruchstücken füllen. Darauf eine Schicht Schokomasse, darauf einen „Boden", Schoko, Boden usw. Die letzte Schicht sollte aus Brot bestehen.

Die Form in den Kühlschrank stellen und die Schokomasse gut fest werden lassen. Hält sich eingepackt gut 2 Wochen.

Hinweis: Brot mit Gemüse oder kräftigem Brotgewürz eignet sich nicht so gut. Auch Sauerteigbrot mag nicht jeder mit Süßem zusammen. Sehr schön eignen sich alle Stutenarten. Wer es etwas herkömmlicher möchte, nimmt Kekse statt Brot.

12679. Fünfminutenbrot, Juni 2020

- 1 P frische Hefe
- 450 g handwarmes Wasser
- 500 g Weizen
- 50 g Kürbiskerne
- 50 g Leinsamen
- 2 knappe TL Salz (wer mag auch Kräutersalz)
- 2 EL Obstessig

- 1 TL Honig
- 1-2 EL Leinsamen

Hefe im Wasser auflösen. Weizen mahlen. Hefewasser mit den restlichen Zutaten gut durchkneten (z. B. in einer Küchenmaschine). Eine 30 cm Form fetten, mit Leinsamen ausstreuen, Teig hineingeben und auf dem Gitterrost in den kalten Backofen schieben. Auf dem Boden steht eine feuerfeste Form mit Wasser. Den Ofen auf 200 °C (Umluft) stellen und das Brot 1 Std. backen. Das fertige Brot aus der Form stürzen, mit Wasser einsprühen und auf einem Kuchengitter auskühlen lassen.

12680. Fünfminutenbrot mit Malz, Juni 2020

- 1 P frische Hefe
- 450 g handwarmes Wasser
- 500 g Dinkel
- 50 g Sonnenblumenkerne
- 50 g Leinsamen
- 2 knappe TL Salz (wer mag auch Kräutersalz)
- 2 EL Obstessig
- 1 TL Gerstenmalzextrakt
- Butter für die Form
- 1-2 EL Dinkelvollkorngrieß

Hefe im Wasser auflösen (Knethaken Handmixer). Dinkel mahlen. Hefewasser mit den restlichen Zutaten gut durchkneten (Knethaken). Eine 30 cm Form fetten, mit Leinsamen ausstreuen, Teig hineingeben, mit Wasser einsprühen und auf dem Gitterrost in den kalten Backofen schieben. Den Ofen auf 200 °C (Heißluft) stellen und das Brot 1 Std. backen. Das fertige Brot aus der Form stürzen, mit Wasser einsprühen und auf einem Gitterrost auskühlen lassen.

12681. Haselnussfrühstück à la Schnitzer, Juni 2020

- 30 g Haselnüsse
- 60 g Sechskorngetreide
- 110 g Wasser
- 2 TL Zitronensaft
- 1 Apfel (100 g)
- 1 Apfelsine (145 g netto)

Abends: Haselnüsse in etwas Wasser einweichen. 110 g Wasser in eine kleine Schüssel geben, Sechskorngetreide mittelfein schroten und in das Wasser laufen lassen, mit einer Gabel herunterdrücken, wenn nötig. Abgedeckt über Nacht stehen lassen. Morgens: Apfelsine halbieren, von einer Hälfte drei dünne Halbscheiben abschneiden. Die andere Hälfte mit einem halben Apfel in einem kleinen Mixer pürieren. Drei Haselnüsse beiseitelegen. Restliches Obst würfeln, mit den abgetropften Haselnüssen verrühren, Oberfläche glätten. Die Apfelsinenscheiben leicht überlappend in die Mitte legen, jeweils 1 Haselnuss darauf setzen.

12682. Sprossenkranz, Juni 2020

- 3 gute EL Sechskorngetreide
- 50 g Wasser
- 1 Apfelsine (130 g netto)
- 1 Apfel (125 g)
- 40 g Sonnenblumenkernkeime

Getreide schroten, mit dem Wasser verrühren. 30 Min. bis 2 Std. bei RT stehen lassen. Apfelsine schälen und pürieren, Apfel würfeln, beides unter den Schrot rühren. Glattstreichen und den Rand mit den Keimen bestreuen.

12683. Sattmacher-Frühstück, Juni 2020

- 60 g Sechskorngetreide
- 90 g Wasser
- 30 g Mandeln
- 1 Banane (210 g brutto)
- 10 g Zitronensaft
- 1 Apfel (95 g)
- 1 Scheibe Ananas (etwa 100 netto)
- 1 Kiwi

Vorabend: Getreide schroten, mit 90 g Wasser vorsichtig verrühren und abgedeckt über Nacht stehen lassen (nicht im Kühlschrank). Die Mandeln getrennt in etwas Wasser einweichen.

Morgens: Die abgetropften Mandeln (bis auf 4 Stück) mit Banane, Zitronensaft und dem grob vorgeschnittenen Apfel im großen Becher eines kleinen Mixers pürieren, unter den Schrot ziehen. Die Ananasscheibe in feine Streifen schneiden, fünf Stückchen zurückhalten, den Rest würfeln und unter das Müsli rühren. Die restlichen Streifen hochstehend am Rand entlang stecken. Kiwi schälen, in fünf Scheiben schneiden, jeweils vor einen Ananasstreifen legen, in die Mitte des Gerichts die vier restlichen Mandeln legen.

12684. Frischkorngericht nach Bruker, Juni 2020

- 3 EL Getreide (50 g); ich nehme Sechskorngetreide, eine Mischung aus Buchweizen, Weizen, Hafer, Roggen, Gerste und Dinkel
- 70-80 g Wasser
- 10 g Zitrone (geschält, ohne Kerne)
- 1 EL Sahne
- 1 Apfel (85 g)
- 10 Mandeln
- 1 Banane (125 g netto)

Als Dekoration zum Beispiel:

- 8 Haselnüsse
- 2 TL Sahne
- Etwas abgeriebene Zitronenschale

Das Getreide in einer Mühle mittelfein schroten. Wichtig ist, dass es unmittelbar vor der Zubereitung zerkleinert wird. Wer keine Getreidemühle hat, kann eine Kaffeemühle nehmen, so heißt es bei Dr. Bruker. Aber wer hat die heute noch? Die kleinen preiswerten Mixer tun es für eine Übergangszeit, um es einmal „auszuprobieren" meiner Erfahrung nach ebenfalls.

Dann das Getreide mit 70 bis 80 g Wasser verrühren. Abgedeckt zwischen 4-8 Std. stehen lassen, aber nicht in den Kühlschrank stellen. In dieser Zeit entwickeln sich wertvolle Enzyme, die im Kühlschrank nicht entstehen können. Gut geht das auch über Nacht, dann ist das Getreide für das Frühstück fertig.

Zitrone, Sahne, Mandeln und Apfel zusammen in einem kleinen Mixer pürieren – oder den Apfel auf einer Reibe reiben und 1 Esslöffel Zitronensaft nehmen. Püree unter den Schrot rühren, die geschälte Banane in Stücke schneiden und unterziehen. Oben mit Nüssen dekorieren, mit noch etwas Sahne übergießen und zum Beispiel mit Zitronenschale dekorieren.

Hinweis: Wichtig ist auch, dass wir dieses Gericht jeweils mit Obst der Saison ergänzen: frische Erdbeeren, Aprikosen, Birne, Apfelsinen, Heidelbeeren, Melonen, was eben gerade reif ist. Die hier vorgestellte Version ist extra so gewählt, dass sie in jeder Jahreszeit als Grundlage dienen kann.

12685. Erdbeerdrache, Juni 2020

- 3 EL Sechskorngetreide
- 80 ml Wasser
- 15 g Zitrone
- 1 Banane (100 g netto)
- 1 Apfel (80 g)

- 220 g Erdbeeren (netto)
- 30 g Kokosraspeln
- 8 Stück getr. Drachenfrucht
- 1 Erdbeere zum Dekorieren

Getreide schroten, mit 80 ml verrühren. Zitronenscheibe und Banane schälen. Erdbeeren waschen, Stiele und schlechte Stellen entfernen. Apfel grob teilen. Obst in einem Mixer (evtl. in zwei Portionen) pürieren und alles mischen. In eine Schüssel geben, mit Kokosraspeln bestreuen, am Rand 8 Stücke getrocknete Drachenfrucht verteilen. In die Mitte eine schöne Erdbeere setzen.

Drachenfrüchte sind vor allem wegen ihres Aussehens eine Aufwertung für jede Dekoration. Kurz eingeweicht, geben sie eine stark violette Farbe an das Wasser ab.

12686. Herzhaftes Getreidefrühstück, Juni 2020

- 2 EL Sechskorngetreide
- 1/2 TL Koriander
- 1 EL Zitronensaft (10 g)
- 1 EL Walnussöl
- Ca. 3 EL Wasser
- 75 g Champignons
- 70 g Spitzkohl
- 8 hauchdünne Möhrenscheiben (20 g)
- 15 g Linsensprossen
- 15 g Sonnenblumenkerne
- 1 EL gehackte Petersilie

Getreide mittelgrob schroten, mit Koriander mischen. Dann Zitronensaft, Walnussöl und Wasser unterrühren. Champignons in Scheiben, Spitzkohl in feine Streifen schneiden und mischen. Auf einen Suppenteller geben, den Getreidedip darüber verteilen. Möhrenscheiben fächerartige übereinander als Dekoration auflegen. Sprossen und Kerne am Rand entlang platzieren, schließlich die Petersilie darüber streuen.

Tipp: Statt Champignons und Spitzkohl lässt sich auch jedes andere Gemüse nehmen, auf das man gerade Appetit hat. In der Tomatensaison eignen sich auch Tomaten statt des Spitzkohls ganz hervorragend. Möhren, Kohlrabi, Sellerie und ähnliche feste Wurzelgemüse sollte man dann raffeln. – wer alles miteinander mischen möchte, nimmt in den Getreidedip mehr Wasser, bis der Dip die Konsistenz einer Salatsoße hat. Ersatzweise kann man auch eine kleine Tomate pürieren und damit verrühren. – Wer keinen Zitronensaft hat, nimmt einen guten Apfelessig.

12687. Avocadoteller, Juni 2020

- 30 g Haselnüsse
- Ca. 60 g Wasser
- 50 g Rotkornweizen (oder anderes Getreide)
- 1 Avocado (160 g brutto)
- 2 TL Zitronensaft (8 g)
- 1 Apfel (100 g)
- 50 g Wasser
- 1 Büschel Liebstöckel oder 2 Blätter Löwenzahn

Am Vorabend die Nüsse in etwa 60 g Wasser einweichen. Morgens den Rotkornweizen flocken. Die Avocado halbieren, schälen, den Kern entfernen. Eine halbe Avocado mit Zitronensaft, dem kleingeschnittenen Apfel, der Hälfte der abgetropften Haselnüsse und 50 g Wasser in einem kleinen Mixer pürieren. Die Flocken einrühren, die Masse auf einer Tellerhälfte „ausstreichen". Die zweite Avocadohälfte in Streifen schneiden, fächerartig auf die andere Tellerhälfte legen. Die restlichen abgetropften Nüsse auf dem Flockenbrei verteilen. Liebstöckel oder Löwenzahn als essbare Dekoration unter die Avocadohälfte stecken.

12688. Klöße mit grüner Soße, Juni 2020

Klöße:
- 125 g Einkorn
- 1-2 Prisen Salz
- 1 TL Weinsteinbackpulver
- 1 EL Sonnenblumenöl
- 15 g Mandelmus
- 60 g Wasser

Soße:
- 20 g Mandelmus
- 15 g Zitrone
- 10 g Sonnenblumenöl
- 40 g Wasser
- 1 Prise gem. Koriander
- 1 Prise gem. Muskat
- 25 g Petersilienstängel

Dekoration:
- 30 g Möhren in Scheiben
- Etwas Petersilie anrichten

Einkorn fein mahlen. Mit Salz und Backpulver mischen. Dann Öl, Mandelmus und Wasser hinzufügen, zu einem festen Teig verkneten. Als Kugel in einer Schüssel 30 Min. ruhen lassen. 1,5 Liter Salzwasser aufkochen (Besonders schnell kocht das Wasser, wenn wir es in einem Wasserkocher aufkochen und dann in den Topf geben).

Teig in 4 Klöße teilen, in das Wasser geben. Temperatur so tief stellen, dass das Wasser nicht mehr sprudelt und 10-15 Min. sieden lassen. Zwischendurch vorsichtig wenden, z. B. mit einem Schaumlöffel oder Pfannenwender. In einem Sieb kurz abtrocknen lassen.

Die Soßenzutaten in einem kleinen Mixer gründlich verquirlen (ca. 45 Sek.). Für eine Portion 2 Klöße auf einen Teller geben, mit Soße, Möhren und Petersilie dekorieren.

12689. Getreidebratlinge, Juni 2020

- 125 g Nacktgerste
- 125 g Weizen
- 350 g kochendes Wasser
- 100 g Mandeln
- 2 gestr. TL Kräutersalz
- Frisch gemahlener Pfeffer
- 1 kleine Zwiebeln (35 g netto)
- 15 g Petersilie (1-2 EL gehackt)
- 50 g Wirsing- und Blumenkohlstrunk
- 2 EL = 25 g Leinsamen
- 50 g Wasser
- 3-6 EL Erdnussöl zum Ausbraten (je 2-3 pro „Fuhre")

Getreide mittelgrob schroten und mit 350 g kochendem Wasser übergießen. Gut durchrühren, mit einem Handtuch abdecken und mindestens 3 Std. quellen lassen.

Mandeln hacken (im Zerkleinerer), Zwiebeln schälen und fein würfeln und beides mit Salz und Pfeffer unter den Schrot rühren. Dann Petersilie hacken, Strunk in feine Teile schneiden und mit Wasser und Leinsamen einkneten. Mit dem Esslöffel Portionen abnehmen und mit den Händen zu festen Kugeln formen (ergab bei mir 15 Bratlinge). In einer 24-cm Pfanne 2-3 Esslöffel Erdnussöl auf der höchsten Stufe erhitzen, bis es so heiß ist, dass sich um einen Holzstiel Bläschen bilden. 7 Bratlinge in das Fett geben. Deckel auflegen. Nach 5 Min. die Bratlinge mit einem Pfannenwender wenden und auf der anderen Seite 5 Min. braten, wieder mit geschlossenem Deckel. Wenn die erste Pfanne fertig ist, eventuell vorhandene Krümel aus der Pfanne schütteln (die würden sonst beim nächsten Zyklus verbrennen), neues Öl hinzugeben und die restlichen Bratlinge braten.

Die Bratlinge sollten auf beiden Seiten schön gleichmäßig braun sein.

12690. Pfannkuchen mit Blumenkohlsoße, Juni 2020

Teig:
- 50 g Weizen (hier: Rotkornweizen)
- 10 g rote Linsen
- 10 g Cashewnüsse
- 1/2 TL Kräutersalz
- 10 g Olivenöl
- 100 g Wasser
- 3-4 EL Erdnussöl zum Ausbacken

Blumenkohlsoße:
- 100 g Blumenkohl
- 10 g Zitrone
- 2 gute Prisen Salz
- 10 g Olivenöl
- 10 g Cashewnüsse
- 75 g Wasser

Füllung:
- 50 g Dinkelsprossen (ca. 48 Std.)
- 1 Frühlingszwiebel (ca. 20 g)

Weizen in der Mühle, Linsen zusammen mit den Cashewnüssen in einem kleinen Mixer fein mahlen. Dann die Teigzutaten im Mixer zusammen gut mischen und zum Quellen stehen lassen, bis die Soße fertig ist.

Blumenkohl eventuell waschen, vorschneiden und mit den anderen Zutaten zusammen im Mixer zu einer zähflüssigen Soße schlagen.

In einer kleinen Pfanne (20 cm) 1-2 EL Öl auf höchster Stufe erhitzen, bis sich an einem Holzstiel kleine Bläschen bilden. Dann die Hälfte des Teigs hineingeben, möglichst auf dem Boden verteilen. Deckel auflegen, Hitze etwas herunter stellen und 2 Min. backen. Nach einer Min. vorsichtig mit einem Pfannenspatel vom Boden lösen. Mit zwei Spateln vorsichtig drehen, Deckel wieder auflegen, weitere 2 Min. braten.

Für den zweiten Pfannkuchen genauso vorgehen, nochmals 1 EL Öl in die Pfanne geben. Die Bratzeit ist jetzt etwas kürzer.

Die Pfannkuchen entweder mit Sprossen, Zwiebel und Soße füllen (es darf ruhig „herausquellen") oder neben der Soße anrichten.

12691. Pfannkuchen mit Blumenkohl-Linsendip, Juni 2020

2 Portionen

Teig:
- 85 g Emmer
- 15 g Hafer
- 20 g rote Linsen
- 5 g Leinsamen
- 1 TL Kräutersalz
- 240 g Wasser
- 6 EL Erdnussöl zum Ausbacken

Getreide mit Linsen und Leinsamen fein mahlen. Dann die Teigzutaten mit einer Gabel gut mischen und zum Quellen stehen lassen, bis die Beilagen fertig sind.

n einer kleinen Pfanne (20 cm Durchmesser) jeweils 1- 2 EL Öl auf höchster Stufe erhitzen, bis sich an einem Holzstiel kleine Bläschen bilden. Dann je ein Viertel des Teigs hineingeben, möglichst auf dem Boden verteilen. Deckel auflegen, Hitze etwas herunter stellen 3 Min. backen. Nach einer Min. vorsichtig mit einem Pfannenspatel vom Boden lösen. Mit zwei Spateln vorsichtig drehen, Deckel wieder auflegen, noch 2 Min. braten. Die ersten drei Pfannkuchen im Ofen (150 °C, Umluft) warmhalten, sie bleiben im Ofen schön heiß und auch knusprig.

Blumenkohl-Linsendip:
- 240 g Blumenkohl
- 4 Stück getr. Tomate (25 g)
- 3 EL Sonnenblumenöl
- 2 EL Apfelessig
- 1 gestr. TL Salz
- 90 g Wasser
- 100 g gekeimte Linsen (48 Std.)

Blumenkohl waschen, zerkleinern. Mit den anderen Zutaten außer den Linsen in einem Mixer zu einer glatten Creme mixen. Linsen mit der Gabel unterheben.

12692. Pfannkuchen mit Sellerie oder Tomate, Juni 2020

2 Personen

Teig:
- 100 g Emmer
- 20 g rote Linsen
- 20 g Sonnenblumenkerne
- 1 TL Kräutersalz
- 200 g Wasser
- 6 EL Erdnussöl zum Ausbacken
- 40 g Sonnenblumenkernkeime für zwei der vier kleinen Pfannkuchen

Tomatensalat:
- 1 große Tomate
- 1-2 EL Dressing nach Wunsch
- Etwas Petersilie

Selleriecreme:
- 2 TL Sonnenblumenöl
- 15 g Zitrone
- 35 g Wasser
- 75 g Sellerie netto
- 70 g Selleriestange
- Etwas Petersilie

Emmer in der Mühle, Linsen zusammen mit den Sonnenblumenkernen in einem kleinen Mixer fein mahlen. Dann die Teigzutaten im Mixer zusammen gut mischen und zum Quellen stehen lassen, bis die Beilagen fertig sind.

Tomate waschen, in Scheiben schneiden. Auf einen Dessertteller legen, mit Salz bestreuen, etwa 1-2 EL Salatsoße hinzugeben. Mit Petersilie dekorieren.

Gemüse vorschneiden, vom Stangengrün oben etwas zur Seite legen und mit den anderen Zutaten für die Selleriecreme zusammen im Mixer zu einer zähflüssigen Creme schlagen. Auf einen kleinen Teller geben, mit Selleriegrün und etwas Petersilie dekorieren.

Am einfachsten ist es, wenn man mit zwei kleinen Pfannen parallel arbeitet. Sonst eben hintereinander, und drei Pfannkuchen im Ofen warmhalten (150 °C Heißluft).

In zwei kleinen Pfannen (20 cm) jeweils 3 EL Öl auf höchster Stufe erhitzen, bis sich an einem Holzstiel kleine Bläschen bilden. Dann je ein Viertel des Teigs hineingeben, möglichst auf dem Boden verteilen. Deckel auflegen, Hitze etwas herunter stellen 2 Min. backen. Nach einer Min. vorsichtig mit einem Pfannenspatel vom Boden lösen. Auf einen Pfannkuchen die Hälfte der Keime geben. Mit zwei Spateln vorsichtig drehen, Deckel wieder auflegen, noch 2 Min. braten. Die ersten beiden Pfannkuchen warmhalten, bis die zweiten gegessen sind, sie bleiben im Ofen schön heiß und auch knusprig.

Für die zweite Portion Pfannkuchen genauso vorgehen, evtl. nochmals 1 EL Öl in die Pfanne geben. Die Bratzeit ist jetzt etwas kürzer.

12693. Pfannkuchen mit Zuckerschotensalat, Juni 2020

2 Personen

Teig:

- 65 g Emmer
- 35 g Kamut
- 20 g rote Linsen
- 20 g Leinsamen
- 1 TL Kräutersalz
- 240 g Wasser
- 6 EL Erdnussöl zum Ausbacken
- Evtl. 1-4 TL Sesam

Zuckerschotensalat:

- 10 g Zitronensaft
- 20 g Sonnenblumenöl
- 40 g Wasser
- 200 g Zuckerschoten (180 g netto)
- 80 g Wirsing
- 10 Erdbeeren (ca. 125 g)

Getreide, Linsen und Leinsamen mischen und in der Mühle fein mahlen. Dann die Teigzutaten mit einer Gabel gut mischen und zum Quellen stehen lassen, bis die Beilagen fertig sind.

Zitronensaft, Öl und Wasser mit einer Gabel verschlagen. Fäden von den Seiten der gewaschenen Zuckerschoten abziehen, in 2-3 Stücke schneiden. Wirsing kleinschneiden, zusammen mit den Erbsen mit dem Dressing gut vermischen. Auf zwei Teller verteilen, mit je 5 Erdbeeren dekorieren.

In einer kleinen Pfanne (20 cm) jeweils 2 Esslöffel Öl auf höchster Stufe erhitzen, bis sich an einem Holzstiel kleine Bläschen bilden. Dann je ein Viertel des Teigs hineingeben, möglichst auf dem Boden verteilen. Deckel auflegen, Hitze etwas herunter stellen 3 Min. backen. Nach einer Min. vorsichtig mit einem Pfannenspatel vom Boden lösen. Auf einen Pfannkuchen vor dem Umdrehen etwas Sesam geben (dann muss aber anschließend die Pfanne gereinigt werden, weil der restliche Sesam in der Pfanne sonst verbrennt). Mit zwei Spateln vorsichtig drehen, Deckel wieder auflegen, noch 2 Min. braten. Die ersten drei Pfannkuchen im Ofen (150 °C, Heißluft) warmhalten, sie bleiben im Ofen schön heiß und auch knusprig.

12694. Einkornwaffeln mit Pfifferlingen, Juni 2020

Waffelteig:

- 100 g Einkorn
- 1 TL Leinsamen
- 1 EL Öl
- 140 g Wasser
- 1 Prise Salz

Pfifferlinge:

- 200 g Pfifferlinge
- 3 Frühlingszwiebeln (60 g netto)
- 4 EL Sonnenblumenöl
- 1/2 TL Salz
- 1/2 TL Senf
- 1 knapper EL Cashewnussmus
- 65 g Sahne

Einkorn mit Leinsamen mahlen und den restlichen Teigzutaten verrühren. Der Teig sollte flüssiger sein als ein guter Rührteig. Etwa 10-15 Min. ruhen lassen. Ein Waffeleisen aufheizen, mit etwas Öl einfetten und den Teig hineingeben. In diesem Waffeleisen dauerte es ca. 10 Min., bis die Waffeln fertig waren, d. h. gar und gerade an den Spitzen goldgelb.

Pfifferlinge mit Mehl bestäuben, mit Wasser waschen und auf einem Küchentuch trocknen. Noch vorhandenen Schmutz entfernen. Öl in eine 24-cm-Pfanne geben, größere Pfifferlinge kleinschneiden, Zwiebeln in Ringe und beides in das Öl geben. Als Gemüsepfanne 7 Min. köcheln. Sahne, Salz, Senf und Nussmus einrühren, nochmals aufkochen lassen.

12695. Pizza Margaritera, Juni 2020

Teig:

- 105 g Weizen
- 20 g Einkorn (oder ebenfalls Weizen)
- 3 g Trockenhefe (1 TL)
- 1 gestr. TL Kräutersalz
- 15 g Olivenöl
- 65 g Wasser

Belag 1:

- 15 g getr. In Öl eingelegte Tomaten (oder 1/2 frische)
- 15 g Olivenöl
- 1/2 TL Salz
- 10 g Wirsing- oder anderen Kohlstrunk
- 60 g Wasser
- 1 TL Paprikaflocken oder Paprikapulver

Belag 2:

- 1 große Tomate (140 g)
- Etwas Salz
- 3-4 Prisen Pizzagewürze

Belag 3:

- 30 g Sonnenblumenkerne
- 1/2 TL Salz
- 100 g Wasser
- 15 g Zitrone
- 1 gestr. TL Paprika edelsüß

Getreide fein mahlen, mit den anderen Teigzutaten zu einem weichen Teig verarbeiten, mindestens 5 Min kneten. Zu einer Kugel formen und abgedeckt 30 Min. gehen lassen. Er sollte jetzt sichtbar größer und weich sein. Nochmals kurz durchkneten. Auf die Größe einer Pizza- oder zweier Quicheformen (18 cm Durchmesser) ausrollen, wenn nötig Streumehl verwenden. Die Formen mit Öl einpinseln, den Teig hineinlegen und einen kleinen Rand hochziehen. Mit der Gabel einige Male einstechen.

Die Zutaten für Belag 1 in einem kleinen Mixer mit dem hochstehenden Messer glattschlagen, auf dem Teig verstreichen. Tomate in Scheiben schneiden, auf dem Teig verteilen (deckt nicht ganz ab). Mit etwas Salz und Pizzagewürz bestreuen. Die Zutaten für Belag 3 mit einem kleinen Mixer 45 Sek. durchmischen und auf der Pizza verteilen. In den kalten Ofen schieben und 23-28 Min. bei 225 °C (Umluft) backen (bis die Oberfläche leicht goldgelb angefärbt ist).

12696. Hirsekugeln, Juni 2020

- 75 g Hirse
- 190 g Wasser
- 1 TL Sonnenblumenöl
- 1 TL Kräutersalz
- 35 g Möhre

Hirse mit dem Wasser zum Kochen bringen. Einmal durchrühren, Deckel auflegen und auf kleinster Einstellung 20 Min. quellen lassen (beim Elektroofen nach 10 Min. die Hitze ganz abstellen). Die Möhre in Streifen fein raffeln. Mit Salz und Öl unter die Hirse rühren. Hirse in zwei mit kaltem Wasser ausgespülte Tassen drücken und stürzen. Schmeckt als Beilage zu Gemüsegerichten, aber mit einer veganen Remoulade, saurer Sahne mit Kräutern oder ein bisschen zerlassener Butter auch für sich alleine!

12697. Gemüsesuppe mit Buchweizen, Juni 2020

- Ca. 300 g gemischtes Gemüse in verschiedenen Farben, z. B.: Tomate, Zuckerschoten, Zwiebel, Knoblauch, Porreegrün, Möhre, Spitzkohl
  400 g Wasser
- 35 g Buchweizen
- 1 TL Salz
- frisch gem. schwarzer Pfeffer
- 1 EL Öl
- frisch geh. Liebstöckel (oder Petersilie)

Gemüse wenn nötig klein schneiden. Wasser in einem kleinen Topf zum Kochen bringen, Buchweizen und dann das zerkleinerte Gemüse hinzugeben. Jetzt noch nicht salzen. Erneut zum Kochen bringen, dann auf kleinster Einstellung ca. 15 Min. köcheln lassen. Wer Gemüse gerne bissfest mag, köchelt besser nur 13 Min.

Dann mit Salz, Pfeffer, Öl und Liebstöckel abschmecken.

Tipp: *Statt Buchweizen kann man auch Hirse, Amaranth oder Quinoa verwenden. Die anderen Getreidesorten sind zu hart, man kann sie allerdings als Flocken mitkochen.*

12698. Grünkernsuppe, Juni 2020

In 10 Min. fertig.

- 35 g Grünkern
- 20 g Kürbiskerne
- 100 g Salatgurke
- 1 gute Prise Salz
- 250 g Wasser
- Etwas gem. Muskat
- Etwas geh. Petersilie
- 1-2 TL Crème fraîche oder Sahne

Grünkern fein schroten, Kürbiskerne hacken und beides in einem trockenen Topf bei mittlerer Hitze rösten, bis der Grünkern sich anfängt zu verfärben. Gurke mit Salz und Wasser zu einer glatten Flüssigkeit mixen, portionsweise in den Topf geben, dabei mit einem Schneebesen durchschlagen. Etwa 2-3 Min. köcheln, mit Muskat abschmecken. Einen Teller füllen, mit Petersilie bestreuen und in die Mitte nach Geschmack etwas Crème fraîche geben.

Tipp: Statt Kürbiskernen und Gurke sind Sonnenblumenkerne mit Tomaten eine weitere schmackhafte Variante.

12699. Dicke Bohnen mit Roggenhack, Juni 2020

- 100 g Wasser
- 1 Tomate (90 g)
- 500 g Dicke Bohnen (150 g netto)
- 150 g Kartoffeln
- 1/2 Zwiebel (25 g netto)
- 30 g Roggen
- 1 EL Zitronensaft
- 2 EL Olivenöl
- 1 TL Kräutersalz
- Frisch gem. Pfeffer
- 1 EL geh. Schnittlauch
- 1 EL geh. Dill

Wasser in eine etwas höhere Pfanne geben. Tomate kleinschneiden, hinzufügen. Bohnen auspuhlen, Kartoffeln unter fließendem Wasser gut abbürsten, in Stücke schneiden und die Zwiebel würfeln. Alles über die Tomate geben. Roggen flocken und darüber streuen. Deckel auflegen und auf größter Einstellung zum Kochen bringen, bis Dampf unter dem Deckel oder durch das Entlüftungsloch entweicht. Auf kleinste Einstellung drehen und 15 Min dünsten. Zitronensaft, Öl, Salz, Pfeffer und Schnittlauch gut unterrühren, damit auch der trocken aussehende Roggen angefeuchtet wird. Mit Dill dekoriert servieren.

12700. Reis mit Bolognesesauce, Juni 2020

Reis
- 100 g Naturreis
- 200 g Wasser
- 1 Prise Salz

Sauce
- 1 Tomaten (90 g)
- 15 g rote Paprika (netto)
- 20 g Zwiebel netto
- 1/2 TL Kräutersalz
- 125 g Wasser
- 1/2 gestr. TL Salz
- 2 EL Olivenöl
- Frisch gem. schwarzer Pfeffer
- 1 TL gem. Paprika edelsüß
- 1 Prise Muskat
- 1 MS Zimt
- 20 g Grünkern
- Petersilie

Reis 12 Std. vor dem Kochen im Wasser in einem Topf einweichen. Mit wenig Salz zum Kochen bringen, dann auf kleinster Einstellung 30 Min. erhitzen. Herd abdrehen und noch mindestens 15 Min. bei geschlossenem Topf nachquellen lassen.

Tomate, Paprika und geschälte Zwiebel kleinschneiden. Mit Kräuterwürze und Wasser zum Kochen bringen. Dann auf kleinster Einstellung 15 Min. köcheln. Mit Salz, 1 EL Öl und Gewürzen im Mixer gut pürieren.

Grünkern flocken, in einer kleinen Pfanne rösten, bis er anfängt zu duften und sich ganz leicht verfärbt, dann das Öl und schließlich die Tomatensoße hinzugeben. 1-2 Min. köcheln und zum Reis servieren. Mit Petersilie dekorieren.

Tipp: *Wer die Soße noch feiner im Geschmack möchte, nimmt Roggen statt Grünkern.*

12701. Apfelklöße mit Mohn, Juni 2020

4 Portionen

Klöße (für 4 Stück):
- 125 g Einkorn (oder Dinkel)
- 2 Prisen Salz
- 1 TL Weinsteinbackpulver
- 15 g Mandelmus
- 1 EL Sonnenblumenöl
- 60 g Wasser
- 4 Scheiben getr. Äpfel (oder Birnen)

Mohnsoße:
- 20 g Butter
- 1 TL Honig (10 g)
- 1 TL Mohn (5 g)

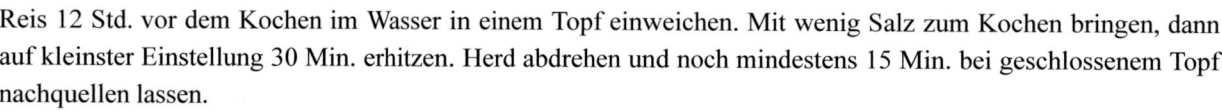

Einkorn fein mahlen. Mit den anderen Kloßzutaten zu einem festen, geschmeidigen Teig kneten (dauert etwa 5 Min.) und eine Kugel formen. Abgedeckt ca. 30 Min. ruhen lassen. Die Apfelstücke kleinschneiden und ca. 5 Min. einweichen. In jeden Kloß eine Delle drücken, Apfelstücke hineingeben und die Kugel sorgfältig schließen, nochmals 10-15 Min. ruhen lassen.

In kochendes Salzwasser geben, sofort die Hitze herunterstellen, damit das Wasser nur noch siedet, und 10 Min. ziehen lassen. Zwischendurch vorsichtig wenden, z. B. mit einem Schaumlöffel oder Pfannenwender. In einem Sieb kurz abtrocknen lassen.

Die Soßenzutaten in einer kleinen Pfanne warm werden lassen, bis die Butter fast eine beige Farbe annimmt. Die Klöße mit zwei Gabeln aufreißen und mit der Mohnbutter begießen.

Tipp: *Diese Klöße sind sehr schön locker, daher müssen sie vorsichtig gegart werden. Wenn das Wasser die ganze Zeit sprudelt, würden sie auseinanderfallen.*

12702. Crêpes mit Johannisbeerfüllung, Juni 2020

- 25 g Dinkel
- 25 g Einkorn
- 1 knapper TL Leinsamen
- 100 g Wasser
- Eine sehr kleine Prise Salz
- 125 g Rote Johannisbeeren
- 30 g Honig
- Etwas Erdnussöl
- 1 kleine Feige
- 1-2 TL Crème fraîche

Dinkel, Einkorn und Leinsamen mischen und fein mahlen.

Mit dem Salz mischen, dann langsam das Wasser unterrühren. Mit der Gabel schlagen, bis der Teig glatt ist. Abgedeckt mindestens 30 Min. stehen lassen. Gut sind Zeiten zwischen 1-2 Std.

Johannisbeeren, gewaschen und abgezupft mit dem Honig in einem kleinen Mixer zu einer glatten Creme schlagen. Bei größeren Mengen bietet sich ein Hochleistungsmixer an, dann werden auch die kleinen Kerne in den Johannisbeeren zerkleinert.

2 TL Erdnussöl mit dem Pinsel in einer kleinen (20 cm) beschichteten Pfanne verteilen und auf höchster Stufe erhitzen. 2-3 EL Teig in die Pfanne geben und schnell dünn ausstreichen. Das macht die Kunst bei Crêpes mit aus! Es erfordert etwas Übung. Die Hitze etwas herunterdrehen und backen, bis sich der Teig einfach mit einem Schaber auf dem Boden verschieben lässt. Drehen und auch die andere Seite backen. Auf einen flachen Teller geben, mit Johannisbeermasse bestreichen und aufrollen. Mit einer kleinen durchgeschnittenen Feige dekorieren und etwas Crème fraîche dazugeben.

Tipp: Wer Tiereiweiß komplett meiden möchte, nimmt Cashewnussmus statt Crème fraîche.

12703. Hafernusswaffeln, Juni 2020

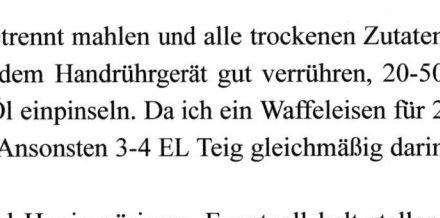

Teig:
- 50 g Weizen
- 40 g Hafer
- 10 g Leinsamen
- 20 g Haselnüsse
- 40 g Sonnenblumenöl
- 105 g Wasser
- 30 g Honig
- 1 Prise Salz
- 1 MS Weinsteinbackpulver

Aprikosen-Jam:
- 100 g Aprikose (netto)
- 10 g Zitronensaft
- 25 g Honig

Weizen, Hafer und Leinsamen mischen und fein mahlen. Die Nüsse getrennt mahlen und alle trockenen Zutaten miteinander vermischen. Öl, Wasser und Honig hinzugeben und mit dem Handrührgerät gut verrühren, 20-50 Min. zum Quellen stehen lassen. Waffeleisen heiß werden lassen, mit Öl einpinseln. Da ich ein Waffeleisen für 2 Brüsseler Waffeln genommen habe, passte der Teig auf einmal hinein. Ansonsten 3-4 EL Teig gleichmäßig darin verteilen und 7-8 Min. backen.

Für die Aprikosensoße die entsteinten Aprikosen mit Zitronensaft und Honig pürieren. Eventuell kalt stellen. Alternativ lässt sich auch eine Soße mit getrockneten, in etwas Wasser eingeweichten Trockenfrüchten oder frischen Äpfeln herstellen.

Hinweis: Die Waffeln sind auch abgekühlt noch schön kross.

12704. Reisbrei, Juni 2020

Eine Art Milchreis für Eilige

- 260 g Wasser
- 2 TL Sonnenblumenöl
- 1 TL Cashewnussmus
- 30 g Naturreis
- 1 Streifen frische Zitronenschale
- 1/3 Stange Vanille
- 20 g Honig
- Wenige Körnchen Salz

Wasser mit Sonnenblumenöl und Nussmus in einem starken Mixer zu einer glatten „Milch" schlagen. Reis fein mahlen und mit den restlichen Zutaten mit der „Milch" unter Rühren aufkochen. Da diese „Milch" kein Eiweiß enthält, brennt das Ganze auch nicht so schnell an! Dann auf kleiner Einstellung noch 4 Min. weiter rühren, in den letzten 3 Min. beim Elektroherd die Platte ganz abstellen. Zitronenschale und Vanillestange herausnehmen, in kleine Glasschälchen füllen, abkühlen lassen. Dann noch in den Kühlschrank stellen. Vor dem Servieren stürzen und mit Obstsoße (s. Obstparfait) oder anderem geschlagenen Obst servieren.

12705. Haferbrei, Juni 2020

Haferbrei:
- 2-3 TL Sonnenblumensahne
- 245 g Wasser
- 5 g Sonnenblumenöl
- 35 g Nackthafer
- 1 kleine Prise Salz
- 20 g grüne Rosinen
- 1/2 Stange Zimt
- 1 Apfel (90 g)
- 1 TL Orangeat

Sonnenblumensahne:
- 25 g Reis
- 25 g Sonnenblumen-kerne
- Einige Salzkörnchen
- 125 g Wasser

Die Zutaten für die Sonnenblumensahne in einem Hochleistungsmixer so lange auf der Höchststufe laufen lassen, bis die Masse stockt (ca. 5 Min.) oder Kerne und Reis mahlen, mit Salz und der Hälfte des Wassers aufkochen, pürieren. Eventuell noch Wasser zum Verdünnen zugeben.

Für den Haferbrei aus Wasser und Öl erst eine „Milch" herstellen (Wasser und Öl weißlich mixen; wer keinen Mixer hat, der stark genug ist, nimmt Wasser und Öl einfach so). Hafer flocken. Mit Salz, Rosinen, Zimtstange und „Milch" zum Kochen bringen, dabei gelegentlich umrühren. Herdplatte abstellen, Topf noch 12 Min. darauf stehen lassen. Zimtstange herausnehmen.

Apfel auf einer Reibe raffeln, unter den lauwarmen Brei ziehen. Auf einen Suppenteller füllen und in die Mitte erst einen dicken Klecks der „Sonnenblumensahne" und dann das Orangeat geben.

12706. Schokoladenpudding, Juni 2020

- 1 leicht geh. EL Kakao (15 g)
- 40 g Honig
- 50 g Buchweizen
- 20 g Cashewnussmus oder Cashewnüsse
- 350 g Wasser
- 1 goldene Kiwi

Alle Zutaten in den Mixer geben und auf der Höchststufe laufen lassen (ca. 4-5 Min.), bis die Masse stockt. Das erkennt man daran, dass es nicht mehr so hoch spritzt. Auf 3-4 kleine Schüsseln verteilen und abkühlen lassen. Gut kaltstellen. Kiwi schälen, in Scheiben schneiden und als Dekoration auflegen.

Tipp: Wer es gerne sehr süß mag, sollte unbedingt mehr Honig nehmen.

12707. Frühstück nach Dr. Evers, Juni 2020

- 50 g Nacktgerste
- 125 g Johannisbeeren
- 1 Nektarine (140 g brutto)
- 10-15 g Ananas (ein Rest)
- 1 kleiner Apfel (100 g)
- 10 g Zitronenscheibe (ohne Kerne)
- 20 g Mandelmus
- 1 EL Sahne
- 1 dünne Mangoscheibe (30 g)

Gerste 48-60 Std. keimen lassen. Morgens die Johannisbeeren waschen und abzupfen. Die Nektarine entkernen und würfeln, die Ananas in feine Streifen mischen. Das gesamte Obst mit den Gerstenkeimen mischen. Im kleinen Becher eines kleinen Mixers Apfel, Zitronenscheibe, Mandelmus und Sahne pürieren. Neben das Obst-Getreidegemisch legen und mit der Mangoscheibe dekorieren.

12708. Leichter Salat mit Keimen, Juni 2020

- 100 g Kopfsalat
- 50-80 g Gerstensprossen (Rohware nimmt etwa 30-40 % an Gewicht zu)
- 30 g Macadamianuss-Mayonnaise s. Stichwortverzeichnis
- 3 EL Wasser
- 1 Prise Salz
- 1 TL Zitronensaft
- 20 g Schnittlauch

Salat waschen und gut abtropfen lassen, dann trockenschleudern. Das geht entweder in einer Salatschleuder oder in einem Küchenhandtuch. In mundgerechte Streifen schneiden, auf einen Teller legen. Für das Dressing die Mayonnaise mit Wasser, Salz und Zitronensaft verrühren, darüber gießen. Die Sprossen obenauf legen. Schnittlauch in Röllchen schneiden und am Rand verteilen.

12709. Buchweizenwaffeln mit Sommergemüse, Juni 2020

Waffeln:
- 45 g Buchweizenkeime (48 Std.)
- 130 g Wasser
- 55 g Buchweizen
- 1 TL Leinsamen
- 1 gestr. TL Salz
- 1 gestr. TL gem. Paprika edelsüß
- 1 EL Sonnenblumenöl
- 5 g gehackter Schnittlauch

Gemüsesoße:
- 2 EL Sonnenblumenöl
- 1 Tomate (110 g)
- 100 g Aubergine
- 1 TL Kräutersalz
- 1 TL Cashewnussmus
- 1 EL Zitronensaft
- 1 EL geh. Petersilie

Buchweizenkeime mit dem Wasser in einem kleinen Mixer gut mixen, bis es eine glatte Flüssigkeit ist. 55 g Buchweizen mit dem Leinsamen fein mahlen, und mit dem Keimwasser, Salz, Paprika, Öl und Schnittlauch gut verrühren (z. B. mit einer Gabel oder einem Schneebesen). 5-10 Min. ruhen lassen. Waffeleisen für 2 belgische Waffeln heiß werden lassen, mit Öl bepinseln und den Teig hineingeben. 8 Min. backen lassen.

In eine 20-cm-Pfanne das Öl geben. Tomate in Stücke schneiden, hinzugeben, dann die gewürfelte Aubergine. Als Gemüsepfanne 10 Min. dünsten. Salz, Nussmus und Zitronensaft unterrühren, bis die Soße gebunden hat.

Eine Waffel mit der Hälfte des Gemüses auf einen Teller geben, mit Petersilie bestreuen.

12710. Gerste in Pfannkuchen, Juni 2020

- 30 g Kamut (oder Weizen)
- Eine Prise Salz
- 1 TL Sonnenblumenöl (5 g)
- 60 g Wasser
- 20 g Gerstensprossen (ca. 36 Std. Keimzeit)
- 1 EL Erdnussöl
- 8 g Honig
- 8 g Zitronensaft
- 2 EL Sahne oder Hafersahne

Kamut fein mahlen, mit Salz, Öl und Wasser zu einem glatten Teig verrühren. Gerstensprossen untermischen und ca. 30 Min. quellen lassen. In einer kleinen, flachen (20 cm-)Pfanne 1 EL Erdnussöl heiß werden lassen. Den Teig hineingeben, 2 Min. immer noch auf der höchsten Stufe backen, dann wenden nochmals auf jeder Seite 2 Min. backen.

Honig und Zitronensaft verrühren. Den Pfannkuchen mit der Schere in Viertel schneiden, jedes Viertel mit der Honigmischung bestreichen, dann Sahne darauf geben. Die Viertel übereinanderlegen und das oberste nochmals mit einem Extraklecks Sahne und evtl. etwas Honig begießen. Mit Messer und Gabel servieren.

Tipp: Auch eine Obstsoße passt gut dazu.

12711. Gierschnudeln, Juni 2020

- 160 g Emmer
- 10 g Distelöl o. Ä.
- 1 gute Prise Salz
- 20 g Giersch o. Ä.
- 70 g Wasser

Emmer fein mahlen. Giersch waschen, gut trocknen und klein schneiden. Mit Öl, Salz und 60 g Wasser in einem kleinen Mixer fein pürieren. Mit dem Mehl zu einem festen, geschmeidigen Teig kneten, dabei die restlichen 10 g Wasser einarbeiten. Abgedeckt 45-60 Min. ruhen lassen. In zwei bis drei Portionen dünn ausrollen (weniger als 1 mm dick). Zwischendurch den Teig immer wieder anheben und drehen. Wenn er kleben sollte, mit ein wenig Streumehl arbeiten. Mit einem Teigrädchen in Streifen beliebiger Länge schneiden.

Frisch kochen: Salzwasser zum Kochen bringen, Nudeln in das kochende Wasser gleiten lassen und kurz unter dem Siedepunkt 4 Min. ziehen lassen. Trocknen: entweder an der Luft oder einige Std. in einem Dörrgerät, z. B. 4 Std. bei 35 Grad. Dann beträgt die Kochzeit ca. 10-11 Min. Es ist nicht nötig, Öl ins Kochwasser zu tun oder die Nudeln nach dem Kochen mit kaltem Wasser zu übergießen.

Herkömmliches Nudelrezept (Spinatnudeln)

- 50 g Blattspinat
- 100 g Mehl
- 1 Eier
- 2 TL Salz
- 2 TL Olivenöl

Spinat waschen und noch nass in einen heißen Topf geben, zusammenfallen lassen. Dann erst gut abtropfen lassen. Leicht ausdrücken und pürieren. Mit den anderen Zutaten verkneten, ergibt einen glatten, elastischen Teig. Falls er noch zu fest ist, etwas Wasser zufügen. Teig dünn ausrollen, in Streifen schneiden und etwas antrocknen lassen.

12712. Kamutnudeln, Juni 2020

Nudelteig:

- 40 g Kamut
- 40 g Emmer
- 6 g Sonnenblumenöl
- 1 gute Prise Kräutersalz
- 34 g Wasser (= 40 g Flüssigkeit)

Für die Nudeln Emmer und Kamut fein mahlen. Mit den anderen Zutaten zu einem festen, geschmeidigen Teig kneten (dauert etwa 5 Min.). Abgedeckt 30 Min. ruhen lassen. In zwei Portionen dünn ausrollen. Auf einer glatten Fläche benötigt der Teig kein Streumehl. Mit einem Teigrädchen in Streifen beliebiger Länge schneiden und ein paar Min. auf einem Kuchengitter antrocknen lassen.

Pasta frites:

300 ml Erdnussöl in einem kleinen Wok oder einer kleinen Pfanne stark erhitzen, bis an einem Holzlöffel Bläschen hochsteigen. Nudeln hineingleiten lassen, mit einem Pfannenwender vorsichtig unter die Oberfläche drücken, sie blähen dann auf. Ab und zu wenden und herausnehmen, wenn sie hellgoldgelb sind (dunkeln nach). Auf ein Stück Küchenpapier legen und dann sofort mit einer der Soßen servieren.

Senfsoße:

- 25 g Sonnenblumenkerne
- 10 g Zitrone
- 1/2 TL Salz
- 20 g Sonnenblumenöl
- 5 g Senf (1 TL)
- 75 g Wasser

Tomatensoße:

- 1 Tomate (75 g)
- 20 g Cashewnüsse
- 10 g Zitrone
- 1 TL Paprikaflocken (fertig gekauft)
- 1 TL Paprikapulver edelsüß
- 40 g Wasser

Die Soßenzutaten jeweils in einem kleinen Mixer sehr gut zu einer glatten Soße schlagen. Für die Senfsoße das flache, für die Tomatensoße das hochstehende Messer benutzen.

Hinweise: Kamut alleine ist zu „bröckelig“, um einen schönen Nudelteig zu ergeben. Mit dem kleberreichen Emmer zusammen funktioniert das aber wunderbar. Das Frittieren der Nudeln funktioniert nur mit dem frischen Nudelteig, einmal getrocknet muss man sie kochen.

12713. Mischsalat, Juni 2020

- 120 g Eisbergsalat
- 1 Tomate (90 g)
- 50 g Rote Bete
- 15 g gekeimten Sonnenblumenkernen (36 Std.)
- Salz
- 3 EL Apfelessig
- 3 EL Mandelöl

Eisbergsalat kleinschneiden, auf einem Essteller verteilen. Tomate in Spalten schneiden und auf den Rand legen. Rote Bete würfeln und in die Mitte häufeln. Alles mit den Keimen bestreuen. Vorsicht Salz darüber streuen und mit Apfelessig und Mandelöl beträufeln. Sonnenblumenkerne ca. 1,5 bis 2 Tage zuvor zum Keimen ansetzen. Entweder in einem Keimglas oder in einer Schüssel. Wenn man in einer Schüssel keimt, muss man besonders vorsichtig sein, dass die Saat nicht schimmelt.

12713. Cannelloni mit Linsenfüllung, Juni 2020

Teig:
- 60 g Rotkornweizen (oder Weizen)
- 60 g Emmer
- 10 g Leinsamen
- 1 Prise Salz
- 1 EL Sonnenblumenöl
- 70 g Wasser

Füllung:
- 125 g Linsensprossen (48 Std., 50 g Rohware)
- 50 g Roggen
- 12 g Sonnenblumenöl
- Ca. 100 g Wasser
- 1/2 TL Salz
- Frisch gemahlener schwarzer Pfeffer

Soße:
- 40 g Cashewnüsse
- 20 g Zitronensaft
- 1/2 TL Salz
- 40 g Sonnenblumenöl
- 1/2 TL Kurkuma
- 250 g Wasser

Getreide mit Leinsamen mischen und fein mahlen. Mit den anderen Teigzutaten verkneten, bis der Teig glatt ist. Abgedeckt ruhen lassen, bis die Füllung fertig ist. Für die Füllung Linsensprossen und Roggenflocken in dem Öl anbraten, salzen, pfeffern und immer wieder Wasser zugeben, bis die Linsen fast gar sind (ca. 10 Min.).

Den Teig halbieren. Jede Hälfte in 6 Teile teilen, in Breite der Form dünn ausrollen. Füllung in die Mitte legen, Rolle schließen, festdrücken und je 6 Stück in eine Lasagneform legen. Die Soßenzutaten – zuerst nur mit 100 g Wasser – in einem kleinen Mixer sehr gut schlagen, auf den Cannelloni verteilen. In den kalten Ofen auf den Gitterrost setzen, bei 200 °C für 30 Min. backen.

Hinweis: *Die Cannelloni lassen sich auch bestens einfrieren. Für eine Portion macht man dann z. B. nur die Hälfte der Soße.*

12714. Pizza Salami-Ham und Paprika-Pizza, Juni 2020

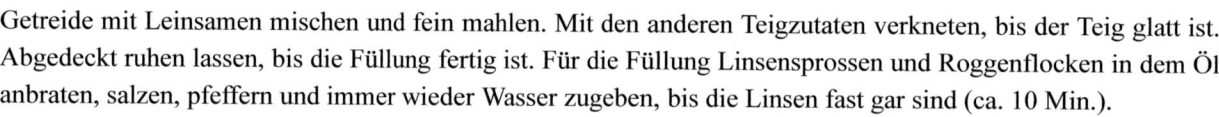

Vorläufer 12644; 2 Portionen; Foto: Champignon-Pizza.

Teig:
- 235 g Weizen, fein gemahlen
- 20 g Hefe (1/2 Würfel)
- 1 TL Salz
- 3 knappe EL Sonnenblumenöl
- 35 g Joghurt (2 %)
- 85 g Wasser

Im TM kneten (2,5 Min./Knetstufe). Abgedeckt 2,5 Std. gehen lassen. Zwischendurch einmal kurz durchkneten.

Belag für beide Pizzen
- Butter für die Formen (2 x 7 g)
- 1 geh. EL Ketchup (Salami-Ham) und 1 EL Ketchup verrührt mit 20 g Hummus Garam masala* (gekauft
- 1 TL italienische Kräuter
- 1 Tomate (120 g), in sehr dünne Scheiben geschnitten

Teig kurz durchkneten. Auf zwei Portionen (je 195 g) verteilen. 28 cm große Formen einfetten. Teigstücke in die Mitte geben und auseinanderdrücken. Nicht bis ganz an den Rand gehen, sondern so lange, wie der Teig sich einfach auseinanderdrücken lässt, ohne zu reißen, und noch einen kleinen Wulst am Rand hat. Ketchup bzw. Ketchupmischung darauf verstreichen, mit Kräutern bestreuen. Tomatenscheiben darauf verteilen.

Belag Pizza Salami-Ham:
- 35 g Salami (= 4 Scheiben)
- 30 g Vorderschinken (= 3 Scheiben)

Belag Paprika-Pizza:
- 55 g rote Spitzpaprika, in dünne Ringe geschnitten

Den Belag jeweils auf eine Pizza geben.

Käse für beide:
- 200 g (also 2 x 100 g) Mozzarella, gerieben

Beide Pizzen mit dem Käse bestreuen. Ofen (Heißluft) auf 220 °C vorheizen, in der Zeit geht der Teig. Formen einschieben und 13 Min. bei 220 °C backen.

12715. Mediterraner Brotauflauf, Juni 2020

2 Portionen

- 150 g Brotrest, kleine Scheiben (bei mir 5)
- 120 g Süßkartoffel, in 5 Scheiben geschnitten
- 1 Tomate (155 g), in 10 Scheiben
- 2 TL +15 g Sonnenblumenöl
- 115 g Zwiebel, gehackt
- 6 g Knoblauchzehen, in Scheiben
- 35 g Hafersahne
- 4 g Sambal Oelek
- 1 EL Haferflocken (15 g; hier Kölln Kernige)
- 115 g Joghurt (2 %)
- 1 gestr. TL Salz
- 1 Prise italienische Kräuter
- 100 g Hafermilch
- 100 + 120 g Emmentaler gerieben
- Etwas Butter für die Formen

Brot toasten und halbieren, so dass sich 10 kleine Scheiben ergeben. Süßkartoffelscheiben in 2 TL Öl von beiden Seiten je 4 Min. anbraten (Einstellung 8/10). Abkühlen lassen und halbieren.

15 g Öl erhitzen, Zwiebel und Knoblauch darin 9-10 Min. auf 8/14 (Induktion) anbraten. Hafersahne, Sambal, Haferflocken, Joghurt, Salz, italienische Kräuter, Milch und 100 g Käse verrühren. Zu den Zwiebeln geben und aufkochen.

Zwei Lasagneformen leicht einfetten. Brot, Süßkartoffel und Tomate hintereinander stapeln mit einer Neigung, dass die Formen gefüllt sind. Soße darüber gießen. Mit je 60 g Emmentaler bestreuen.

Ofen (Heißluft) auf 190 °C vorheizen und 30 Min. bei 190 °C backen.

12716. Cannelloni Linsenfüllung Tomatensoße, Juni 2019

Wer von Cannelloni mit Linsenfüllung (12713) nur eine Portion verbraucht hat, kann die zweite mit einer Tomatensoße anrichten:

- 1 Tomate (110 g)
- 10 g getr. Tomaten
- 10 g Pesto
- 20 g Sonnenblumenöl
- 1 gestr. TL Kräutersalz
- 10 g Mandeln
- 5 g Zitrone
- 1 kleine Knoblauchzehe, geschält
- 1 TL Paprika, edelsüß
- 150 g Wasser

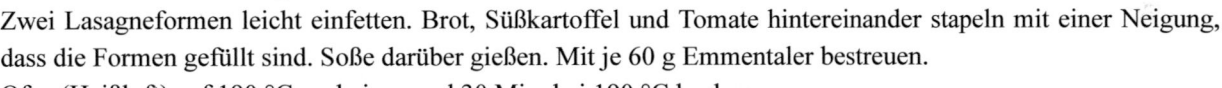

Die Zutaten in einem kleinen Mixer mit dem hochstehenden Messer verquirlen. Über die Nudeln gießen, bei 225 °C für 30 Min. backen, die letzten 10 Min. (sobald es köchelt) auf 200 °C stellen.

12717. Lasagne, Juni 2020

Nudeln:
- 40 g Emmer
- 40 g Grünkern
- 1/2 TL Salz
- 1 TL Olivenöl (5 g)
- 40 g Wasser

Tomatensoße:
- 1 kleine Zwiebel (40 g brutto)
- 1 Knoblauchzehe
- 1 EL Olivenöl
- 30 g Roggen
- 1 kleine Kohlrabi (120 g netto)
- 1 Tomate (115 g)
- 1 TL Paprika edelsüß
- 90 g Wasser
- 15 g Tomatenmark
- 1 TL Gemüsesalz
- 1 Prise Muskat
- 1/2 TL gem. Kümmel

Weiße Soße:
- 30 g Cashewnüsse
- 20 g Hafer
- 150 g Wasser
- 1 TL Salz
- 1/2 TL Schabziegerklee
- 1 Prise Muskat
- 1-2 EL Sonnenblumenöl

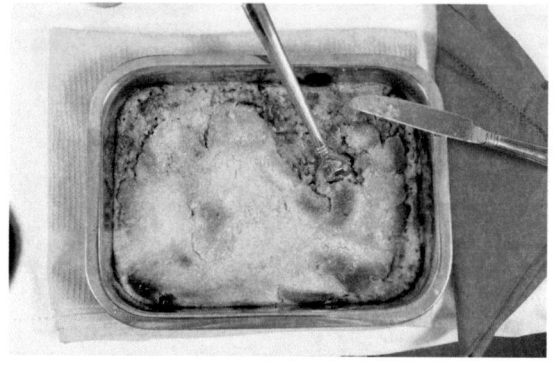

Für die Nudeln das Getreide fein mahlen. Mit Salz mischen. Mit Öl und Wasser einen nicht zu weichen Teig kneten. Zu einer Kugel formen, in eine Plastiktüte wickeln und 45 Min ruhen lassen. Den Teig halbieren (jede Hälfte 62 g) und auf einer glatten Fläche auf die Größe der Lasagneform ausrollen. Den Teig ab und zu umdrehen, immer wieder anheben, um zu kontrollieren, dass er nicht an der Unterlage klebt.

Für die Tomatensoße Zwiebel, Knoblauch und Kohlrabi schälen, mit der Tomate grob vorschneiden und im Zerkleinerer zerhacken. Roggen flocken. Mit den anderen Zutaten für die rote Soße verrühren.

Für die weiße Soße alle Zutaten im Mixer gut verquirlen.

Fertigstellung: Form ggf. einölen. Die halbe rote Soße auf dem Boden ausstreichen. Eine Nudelplatte darauflegen. Die halbe weiße Soße darüber gießen, den Rest der roten Soße gefolgt von der zweiten Nudelplatte darauf legen und mit weißer Soße abschließen. Form auf dem Gitterrost in den kalten Ofen schieben und bei 225°C (Umluft) 30 Min. lang backen, dann noch 5 Min. grillen.

Tipp: *Die Lasagne ist sehr saftig. Mehr Soße: von allen Soßenzutaten etwa 50 % mehr nehmen.*

12718. Ravioli mit Tomaten-Blumenkohl-Soße, Juni 2020
Ravioli

Teig:
- 100 g Emmer
- 1/2 TL Kräutersalz
- 50 g Wasser
- 1 TL Sonnenblumenöl (= 5 g)

Füllung:
- 15-20 g Petersilie, inklusive Stängel
- 40 g Möhre
- 1/2 TL Kräutersalz
- 1 EL Sonnenblumenöl
- Frisch gem. schwarzer Pfeffer
- 20 g Mandeln

Soße:

- 2 EL Wasser
- 1 Tomate (100 g)
- 65 g Blumenkohl
- 1 geh. TL Kräuterwürze 12754
- Salz zum Abschmecken
- 75 g Wasser
- 2 TL Dinkelmehl

Emmer fein mahlen. Mit Salz, Wasser und Öl gründlich zu einem geschmeidigen Teig verkneten (mindestens 5 Min. lang). Abgedeckt 30 Min bis 2 Std. stehen lassen. In der Zwischenzeit für die Füllung die Zutaten in einem Mixer raffeln. Wie fein man das raffelt, liegt am persönlichen Geschmack.

Den Teig halbieren (jeweils ca. 75 g). Zu zwei Platten etwa gleicher Größe und Form ausrollen. Man muss ein bisschen üben, um herauszufinden, wie dünn man hier ausrollt, weil die Ravioli nämlich leicht im Wasser reißen. Wenn etwa 12 Stück in Ravioligröße aus dieser Menge herauskommen, ist es gut, bei 16 Stücken ist der Teig zu dünn. Mit einem Messer die 12 Stücke (4 x 3) markieren. In die Mitte jeweils etwas zusammengedrückte Füllung geben.

Die zweite Platte darauf legen, mit einem Teigrädchen entlang der „Dellen" fest schneiden. Dann mit einem Tortenheber die einzelnen Ravioli anheben, die Ränder mit der Hand nachdrücken und auf einen Gitterrost eben und kurz antrocknen lassen.

Wasser zum Kochen bringen, dann die Temperatur so herunterstellen, dass es nicht mehr kocht, aber noch Bläschen aufsteigen. Mit einem Pfannenwender vorsichtig die Ravioli

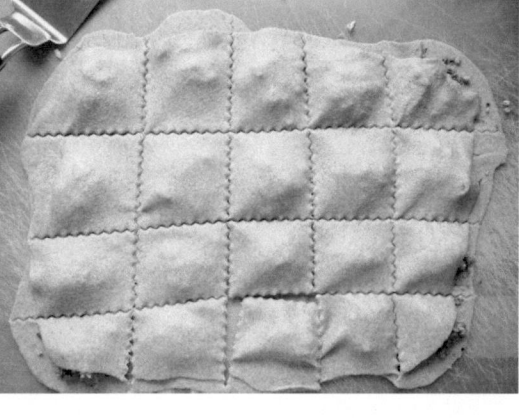

ins Wasser gleiten lassen und insgesamt etwa 5 Min. kochen. Mit dem Pfannenwender herausnehmen und abtropfen lassen.

Für die Soße 2 EL Wasser in eine kleine Pfanne gießen, das kleingeschnittene Gemüse hinzugeben. Deckel auflegen, auf höchster Einstellung zum Kochen bringen. Sobald Dampf unter dem Deckel aufsteigt, auf kleinste Einstellung drehen und 10 Min. dünsten. Dann mit den restlichen Soßenzutaten in einem Mixer kurz durchmixen. Eventuell noch mal erwärmen.

12719. Joghurtdip mit Hummus, Juni 2020

Mit einem Löffel verrühren:

- 5 g Sambal Oelek
- 30 g Hummus (Hummus Marrakesch, gekauft)
- 100 g Joghurt (2 %)
- 1-2 Prisen Salz

Der gekaufte Hummus war essbar, aber kein Highlight. So ließ er sich verwenden. Bei mir gab es dazu Reis-Mungbohnen mit Gemüse.

12720. Linsen-Maronen-Aufstrich, Juli 2020

Zubereitung im TM

- 40 g Zwiebeln, klein geschnitten
- 100 g rote Linsen
- 95 g rote Paprika
- 320 g Wasser

Zutaten zusammen im TM garen (22 Min./100 °C/Stufe 1).
Zugeben und verrühren (10 Sek./Stufe 8):

- 1 TL Salz
- 20 g Sambal Oelek
- 200 g Maronen, gekocht
- 50 g Hafersahne

12721. Joghurtdip mit Aufstrich, Juli 2020

Mit einem Löffel verrühren:

- 50 g Linsenaufstrich, hier: Linsen-Maronen-Aufstrich 12720
- 15 g Hafersahne
- 90 g Joghurt (2 %)
- 1 gestr. TL Salz
- 5 g Sonnenblumenöl
- 5 g Sambal Oelek

12722. Zucchinisuppe, Juli 2020

- 80 g Zwiebel, gehackt
- 1 Knoblauchzehe
- 15 g Sonnenblumenöl
- 200 g Zucchini, in Scheiben
- 50 g rote Linsen
- 450 g Wasser
- 20 g Hafersahne
- 50 g Aufstrich, hier Linsen-Maronen-Aufstrich 12720
- 1 gestr. TL Salz
- 5 g Sambal Oelek
- 1 Prise Zimt
- 1 Prise Nelken
- 5 g Zitronensaft

Zwiebeln im TM im Öl anbraten (2,5 Min./Varoma/Stufe 1). Zucchini, Linsen und Wasser zugeben, 22 Min. garen (22 Min./100 °C/Stufe 1,5). Sahne, Aufstrich, Salz, Gewürze und Zitronensaft zugeben und pürieren (10 Sek./Stufe 9).

12723. Gefüllter Schokokuchen Trockenfrucht, Juli 2020

Vorläufer: 12634; Springform 26 cm

- 200 g Datteln Deglet Nour
- 100 g Sultaninen
- 200 g Soft-Feigen
- 530 g Wasser
- 150 g Schokolade 99 % (Lindt)
- 45 g Kakaopulver schwach entölt
- 15 g Carobpulver Rohkostqualität
- 200 g Dinkel, gemahlen (Mühle)
- 200 g Dinkelvollkorngrieß
- 1 Prise Salz
- 2 P Weinsteinbackpulver
- 2 EL Rum
- 175 g Apfelmark

154

- 50 g Mischmus 4 Nuts
- 1 TL Natron
- Füllung: 1 Glas Fruchtaufstrich Aprikose (75 % Frucht)

Guss:
- 40 g Agavendicksaft
- 1 Tafel Vivani 99 % (80 g)
- Mandelblättchen und Sonnenblumenkerne zum Bestreuen.

Trockenfrüchte in einer Pengdose mit dem Wasser übergießen und über Nacht gut verschlossen stehen lassen. Schokolade im TM zerkleinern (10 Sek./Stufe 4,5). Die Fruchtmasse mit der Einweichflüssigkeit im TM zu einer glatten Masse pürieren (10 Sek./Stufe 9). Die trockenen Zutaten mischen. Fruchtgemisch, Apfelmark, Nussmus und Rum hinzugeben und mit den Rührhaken eines Handrührgeräts gut vermischen. Schokoladenstückchen unterheben. Die Hälfte vom Teig in eine mit Backpapier überspannte Springform geben. Fruchtaufstrich mit einem Löffel verrühren, auf dem Teig verteilen und mit der zweiten Teighälfte bedecken. In den auf 160 °C (Heißluft) vorgeheizten Ofen einschieben und 38 Min. bei 160 °C backen, 10 Min. im ausgeschalteten Ofen nachbacken. Für den Guss die Zutaten zusammen schmelzen. Den Kuchen damit bestreichen. Mit Blättchen und Kernen bestreuen.

12724. Restetasse, Juli 2020

Eine 500-ml-Tasse. Süße Reste in Vitamix und Thermomix verwende ich fast immer. Wenn ich das Obst im Vitamix püriere, gebe ich anschließend eine Tasse Wasser hinzu und quirle nochmals durch. Das ist jetzt kein superleckeres Topgetränk, aber nix kommt weg. Anders bei diesem Getränk, das ich nach dem Schokokuchen mache. Das schmeckt als solches.

- 55 g Rest aus dem Thermomix vom Schokokuchen, hier Gefüllter Schokokuchen Trockenfrucht 12723
- 1 TL Caro-Kaffeepulver
- 15 g Fruchtaufstrich Aprikose (Rest im Glas von obigem Kuchen, erhalten durch „Ausspülen" mit 180 g Hafermilch)
- 210 g Hafermilch
- 240 g heißes Wasser

Die Zutaten zusammen im Thermomix erhitzen (5 Min./80 °C/Stufe 3) und kurz stark mixen, damit auch vom Rand die Reste mit einbezogen werden (10 Sek./Stufe 10).

12725. Blumenkohlcremesuppe, Juli 2020

- 200 g Blumenkohlröschen
- 8 g Ingwerscheiben ungeschält
- 400 g Wasser
- 20 g Sonnenblumenöl
- 1 TL Zitronensaft)
- 20 g Nussmus
- 1-1,5 TL Kräutersalz
- 1 TL Curry
- 30 g rote Paprika
- 1 EL geh. Petersilie

Blumenkohl in Röschen teilen. Mit Ingwer und Wasser 16 Min. bei der Einstellung 100 °C / Stufe 1 garen. Zitronenöl, Nusspaste, Salz und Curry mit etwa 50 ml des Kochwassers in einem kleinen Mixer mischen, hinzugeben. Einmal aufkochen. Es ergibt zwei Teller (also eine Hauptspeise für eine Person oder eine Vorspeise für 2-3 Personen).

Einen Teller mit Suppe füllen und mit ganz fein geschnittener Paprika oder Petersilie bestreuen.

12726. Gemüsemeldesuppe, Juli 2020

- 200 g Gemüsemelde
- 1 kleine Kartoffel (35-40 g)
- 10 g Zwiebel (netto)
- 1 Knoblauchzehe
- 300 g Wasser
- 1 TL Salz
- 2 EL Sonnenblumenöl
- 1 EL Zitronensaft
- 1 EL Cashewnussmus (15 g)
- 1-2 EL Kichererbsensprossen

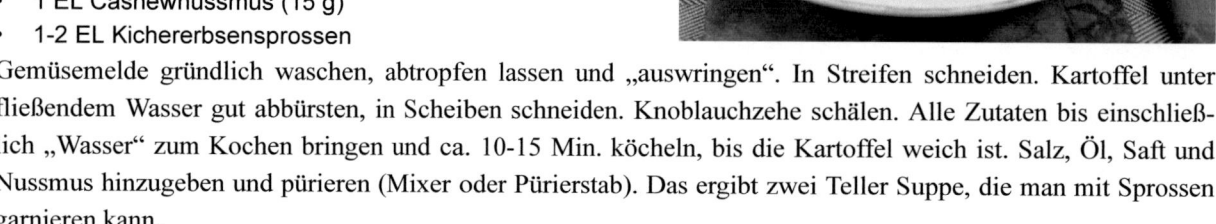

Gemüsemelde gründlich waschen, abtropfen lassen und „auswringen". In Streifen schneiden. Kartoffel unter fließendem Wasser gut abbürsten, in Scheiben schneiden. Knoblauchzehe schälen. Alle Zutaten bis einschließlich „Wasser" zum Kochen bringen und ca. 10-15 Min. köcheln, bis die Kartoffel weich ist. Salz, Öl, Saft und Nussmus hinzugeben und pürieren (Mixer oder Pürierstab). Das ergibt zwei Teller Suppe, die man mit Sprossen garnieren kann.

Tipp: *Statt Gemüsemelde eignen sich auch Spinat und Mangold für diese Suppe.*

12727. Sommersuppe, Juli 2020

- 1 Tomate (100 g)
- 60-70 g Aubergine
- 30 g Zwiebel
- 1 Knoblauchzehe
- 1 kleines Lorbeerblatt
- 1 TL Kräuterwürze 12754
- 175 g Wasser
- 1 EL Zitronensaft
- 1 EL Sonnenblumenöl
- 1 Prise Salz
- 1 EL geh. Schnittlauch

Tomate und Aubergine würfeln. Zwiebel und Knoblauch schälen, in Scheiben schneiden. Mit Lorbeerblatt, Kräuterwürze und Wasser (Deckel liegt auf) zum Kochen bringen. Auf kleinster Einstellung 15 Min. dünsten. Die fertige Suppe mit Zitronensaft, Oregano-Öl und Salz abschmecken. Schnittlauch unterrühren. Ergibt einen Suppenteller, reicht mit Brot als leichte Hauptmahlzeit. Die Suppe schmeckt bei heißem Wetter dann auch kühl aus dem Kühlschrank.

Tipp: *Ähnliche Suppen lassen sich in anderen Jahreszeiten jeweils mit Gemüse der Saison herstellen, dabei sollte das Gemüsegesamtgewicht ohne Zwiebel bei ca. 150 g liegen.*

12728. Tomatencremesuppe, Juli 2020

- 2 Tomaten (180 g)
- 30 g rote Paprika (netto)
- 25 g Zwiebel netto
- 1 TL Kräuterwürze 12754
- 235 g Wasser
- 1 gestr. TL Salz
- 1 EL Sonnenblumenöl
- Frisch gem. schwarzer Pfeffer
- 1 TL gem. Paprika edelsüß
- 1-2 Prisen gem. Kreuzkümmel (nach Belieben)
- 1 Prise Koriander gem.
- 2 TL Zitronensaft
- 1 getr. Aprikose (15 g)
- Etwas Petersilie

Tomate und Paprika waschen und kleinschneiden, Zwiebel schälen und würfeln. Mit Kräuterwürze und Wasser zum Kochen bringen. Dann auf kleinster Einstellung 15 Min. köcheln. Mit Salz, Öl und Gewürzen, Zitronensaft und der kleingeschnittenen Aprikose im Mixer gut pürieren. Wer möchte, kann noch 1-2 EL Sahne unterziehen und mit Petersilie dekorieren. ***Statt Sahne*** geht auch:

- 20 g Naturreis
- 20 g Mandeln
- 1 Prise Salz
- 200 g Wasser
- 1 EL Zitronensaft
- 1 EL Macadamianussöl

Alles im Hochleistungsmixer 5 Min. auf Höchstgeschwindigkeit schlagen. Der Rest, der nicht für die Suppe gebraucht wird, passt zu allen heißen Gerichten mit Sahne oder auch als Dressinggrundlage.

12729. Bratdünstkartoffeln, Juli 2020

- 250 g Kartoffeln
- 20 g Kokosöl (oder ein beliebiges anderes Öl)
- 20 g Wasser
- 1/2 TL Salz
- Frisch gem. schwarzer Pfeffer
- Etwas geh. Petersilie zum Dekorieren

Kartoffeln unter fließendem Wasser gründlich abbürsten und in ca. 4 bis 5 mm dicke Scheiben schneiden. Öl und Wasser in eine 20-cm-Keramik- oder beschichtete Pfanne geben, die Kartoffeln hineinlegen als Gemüsepfanne 15 Min dünsten. Auf einen Teller geben, salzen und mit Pfeffer bestreuen. Mit etwas Petersilie dekorieren.

Tipp: *Wer nur Öl und kein Wasser zum Dünsten nimmt, bekommt einen stärkeren Bratkartoffeleffekt. Wer vorwiegend Wasser nimmt (max.drei Viertel), hat eben mehr gekochte Kartoffeln.*

12730. Gemüsepfanne mit Kräuterschmand, Juli 2020

Gemüse:
- 50 g Wasser
- 300 g Gemüse der Saison, klein geschnitten
- Etwas Salz
- Evtl. 1-2 EL Sonnenblumen- oder Olivenöl

Kräuterschmand:
- 1 Becher Schmand
- Je 1 EL gehackt: Petersilie, Basilikum und Thymian
- Etwas Salz

Gemüse in handliche Stücke schneiden. Wasser zugeben und als Gemüsepfanne 13-15 Min. dünsten. Salz und ggf. Öl darüber geben. Schmand mit den gehackten Kräutern und, wer möchte, etwas Salz verrühren. Zu dem Gemüse servieren.

12731. Mangold mit gelben Linsen, Juli 2020

- 60 g gelbe Linsen
- 200 g Wasser
- 200 g (bunter) Mangold
- 1 Knoblauchzehe
- 2 EL Aprikosenkernöl (oder Sonnenblumenöl)
- 1/2 TL Salz
- Frisch gem. schwarzer Pfeffer
- Etwas frisch gem. Muskatnuss

Linsen und Wasser in eine etwas höhere Pfanne geben. Mangold waschen, abtropfen lassen und in Streifen schneiden. Auf die Linsen legen. Knoblauchzehe schälen, in Scheiben schneiden und dazugeben. Als Gemüsepfanne 15 Min. dünsten. Öl, Salz, Pfeffer und Muskatnuss gleichmäßig darauf verteilen und in der Pfanne servieren.

12732. Gemüsepfanne mit Hirse, Juli 2020

- 230 g Wasser
- 55 g Dicke Bohnen (netto, brutto etwa 180 g)
- 50 g Möhre
- 65 g Aubergine
- 40 g Porree
- 60 g Hirse
- Salz
- 1 EL Sonnenblumen- oder Olivenöl
- 5 g Schnittlauch
- 5 g Petersilie
- 5 g Dill
- 90 g Sauerrahm

Wasser in eine etwas höhere Pfanne geben. Gemüse waschen und putzen: Bohnen auspuhlen, Möhren in Scheiben schneiden, Aubergine würfeln und Porree in Ringe schneiden. Gemüse nebeneinander in die Pfanne legen. Es verrutscht auf dem Wasser, aber das macht nichts, einfach wieder zurück schieben. Die Hirse in die Mitte geben und so herunterdrücken, dass sie auf jeden Fall vom Wasser benetzt ist. Als Gemüsepfanne 16-18 Min. dünsten; nach 18 Min. ist alles „butterweich". Öl und Salz darüber geben.

Die Kräuter fein hacken und unter den Sauerrahm ziehen und dazu servieren.

12733. Austernpilze süßsauer, Juli 2020

- 45 g Erdnussöl
- 275 g Austernpilze
- 20 g Zitronenfleisch
- 20 g Sonnenblumenkernmus
- 1 getr. Aprikose (15 g)
- 1 TL Honig (10 g)
- 1 TL Kräutersalz
- Frisch gem. schwarzer Pfeffer
- 100 g Wasser

Öl in eine 24-cm Pfanne geben. Austernpilze in handliche Stücke oder Streifen schneiden und ebenfalls in die Pfanne geben. Als Gemüsepfanne 10 Min. dünsten. Die restlichen Zutaten in einem kleinen Mixer gut verschlagen, zu den Pilzen geben, verrühren und einmal aufkochen lassen. Mit etwas gehackter Petersilie dekoriert servieren.

12734. Brokkoli à la Thai, Juli 2020

- 45 g Kokosöl
- 1 große Tomate (160 g)
- 220 g Brokkoli-Röschen
- 1 Knoblauchzehe
- 15 g gesalzene, geröstete Erdnüsse

Soße:
- 10 g Zitronenfleisch
- 1 getr. Aprikose (15 g)
- 3 g Ingwer
- 1 TL Kräutersalz
- 25 g Kokosraspeln
- 1/2 TL Currypulver
- 125 g Wasser
- Dekoration: einige Kokosstreifen

Öl in eine 24-cm Pfanne geben. Tomate in die Mitte setzen, oben kreuzweise einschneiden. Brokkoli in handliche Röschen teilen und um die Tomate legen, Erdnüsse darüber streuen. Als Gemüsepfanne 12-14 Min. dünsten. Die Soßenzutaten in einem kleinen Mixer gut verschlagen, in die Pfanne geben, verrühren, so dass der Brokkoli nicht aufgelöst wird, und aufkochen. Mit einigen Kokosstreifen dekoriert servieren.

12735. Pizza Salami-Pute und Zucchini-Pizza, Juli 2020

Vorläufer 12714; 2 Portionen; im Bild nur Zucchini-Pizza

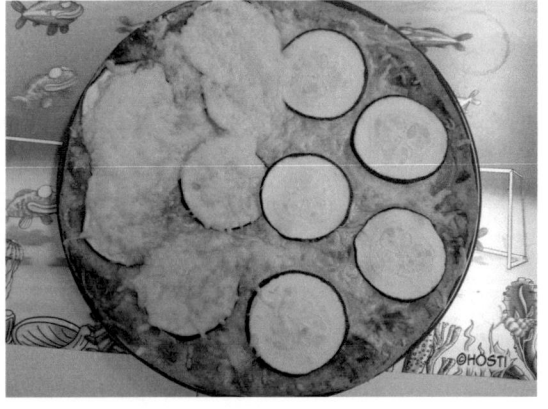

Teig:

- 235 g Dinkel, fein gemahlen
- 20 g Hefe (1/2 Würfel)
- 1 TL Salz
- 3 knappe EL Sonnenblumenöl
- 35 g Joghurt (2 %)
- 85 g Wasser

Belag für beide Pizzen

- Butter für die Formen (2 x 5 g)
- 2 x 1 EL Tomatenketchup
- 1 Tomate (130 g), in sehr dünne Scheiben geschnitten
- 200 g geriebener Gouda

Belag Pizza Salami-Pute

- 3 dünne Scheiben Salami
- 3 dünne Scheiben Putenbraten

Belag Zucchini-Pizza

- 85 g Zucchini, in dünne Scheiben geschnitten

Teig im TM herstellen (2,5 Min./Knetstufe). Abgedeckt 2,5 Std. gehen lassen. Zwischendurch einmal kurz durchkneten. Teig kurz durchkneten. Auf zwei Portionen (je 195 g) verteilen. 26-28 cm große Formen einfetten. Ich habe eine 28 cm Form genommen. Teigstück in die Mitte geben und auseinanderdrücken. Nicht bis ganz an den Rand gehen, sondern so lange, wie der Teig sich einfach auseinanderdrücken lässt, ohne zu reißen, und noch einen kleinen Wulst am Rand hat. Ketchup bzw. Ketchupmischung darauf verstreichen, (mit Kräutern bestreuen). Tomatenscheiben darauf verteilen. Den Belag jeweils auf eine Pizza geben. Die Pizzen mit dem Käse bestreuen. Ofen (Heißluft) auf 225 °C vorheizen, in der Zeit geht der Teig. Formen einschieben und 15 Min. bei 225 °C backen.

12736. Kartoffelpuffer, Juli 2020

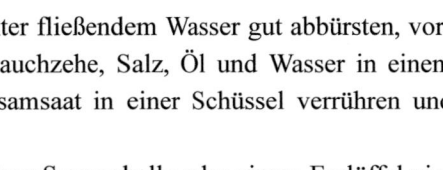

- 40 g Grünkern
- 1 TL Kräutersalz
- 1 TL Paprika edelsüß
- 1 kleine Prise Cayennepfeffer oder Chili
- 1/2 TL gem. Kümmel
- 1-2 Kartoffeln (170 g)
- 1 Knoblauchzehe
- 2 EL Sonnenblumenöl
- 55 g Wasser
- 1 geh. EL Sesam ungeschält
- 3-4 EL Erdnussöl
- 1 größere Tomate (ca. 120 g)
- 1-2 TL Mayonnaise (s. 12737)
- 1-2 EL Wasser
- Etwas Petersilie

Grünkern flocken und mit Salz und Gewürzen mischen. Kartoffeln unter fließendem Wasser gut abbürsten, vorschneiden und mit der geschälten, in Scheiben geschnittenen Knoblauchzehe, Salz, Öl und Wasser in einem Mixer zu einer homogenen Masse schlagen. Mit Grünkern und Sesamsaat in einer Schüssel verrühren und mindestens 15 Min. zum Quellen stehen lassen.

Erdnussöl in eine 24-cm-Pfanne geben und heiß werden lassen. Mit einer Suppenkelle oder einem Esslöffel vier Puffer in die Pfanne geben (wer eine kleinere Pfanne hat, backt in zwei Durchgängen). Auf mittlere Hitze drehen, 3-4 Min. auf einer Seite braten, dann 3 Min. auf der anderen Seite. Wenn die Puffer etwas dicker geraten sind, zwischendurch den Deckel auflegen.

Tomate in 8 Spalten schneiden, Mayonnaise und Wasser verrühren, über die Tomaten tropfen lassen. Mit Petersilie dekorieren.

12737. Pommes mit Mayo und Kätschapp, Juli 2020

Während die Kartoffeln frittieren, bleibt genügend Zeit, um die Soßen und die Rohkost zuzubereiten.

Cashew-Mayonnaise

- 35 g Cashewnüsse
- 50 g Wasser
- 1 TL Kräutersalz
- 1 MS Honig
- 3 TL Essig
- 40 g Öl
- 1-2 g Senf

Cashewnüsse 8-10 Std. in dem Wasser einweichen. Dann abgießen (Wasser auffangen). Mit Salz, Honig, Essig, 20 g von dem Einweichwasser, Senf und 20 g Öl in einem kleinen Mixer sehr gut durchmixen. Das restliche Öl in zwei Portionen zugeben, und jeweils nochmal gut schlagen. In den Kühlschrank stellen, es wird noch fester. In einem Mixer, indem man tröpfchenweise während des Schlagens Öl zugeben kann (z. B. Thermomix) oder in einem Hochleistungsmixer kann man dann auch größere Mengen zubereiten und richtig steif schlagen. Die Menge ist reichlich für eine Portion; hält sich im Kühlschrank auch noch ein paar Tage.

Ketchup

- 55 g Tomate
- 10 g Paprika
- 1 TL Kräutersalz
- 1 TL Honig (20 g)
- 1 TL Paprikapulver edelsüß
- 2 g Tomatenmark
- 1 TL Apfelessig

Die Zutaten in einem kleinen Mixer mit dem hochstehenden Messer sehr gut durchschlagen.

Rohkost

- 45 g Möhre und 45 g Zucchini

Gemüse raspeln, mischen und auf den Teller geben. Leicht salzen oder auch mit etwas Standardsalatsoße übergießen.

Pommes frites

- 275 g Kartoffeln
- 300 g Erdnussöl

Kartoffeln unter fließendem Wasser sehr gut sauber bürsten und abtrocknen. In Streifen schneiden. Fett in einem kleinen Wok auf höchster Einstellung erhitzen, bis an einem Holzstab Bläschen hochsteigen. Mit einem Pfannenwender die Kartoffelstücke in das Fett gleiten lassen, Hitze etwas herunter stellen, es soll aber ständig kochen. Erhitzen, bis alle Stücke gleichmäßig goldbraun sind, dabei gelegentlich rühren. Mit einem Pfannenwender aus dem Fett nehmen, auf einem Stück Küchenpapier abtropfen lassen. Salzen, und in einer kleinen Schüssel oder auf dem Teller servieren.

12738. Folienkartoffel mit Petersiliendip, Juli 2020

- 3 mittelgroße Kartoffel (zusammen 200 g)
- 1,5 EL Sonnenblumen- oder Olivenöl
- 1 TL getr. Thymian
- ½ TL Kümmelsamen
- 3 TL Sesam, ungeschält

Für den Dip:

- 30 g Stützcreme oder Sahne
- 1 TL Meerrettichcreme 11752 (kann wegfallen)
- 20 g Petersilie, inklusive Stängel
- 15 g Sonnenblumenkernpaste (s. Index)
- 1 Prise Salz

Kartoffeln unter fließendem Wasser gut abbürsten. Kartoffeln jeweils mit einem Grillspieß oder Ähnlichem ca. 20 Mal einstechen. Mit Öl bepinseln. Thymian zwischen den Händen „rebbeln", damit er sein Aroma entfalten kann. Mit Kümmel und Sesam mischen. Je eine Kartoffel oben und unten mit zwei Fingern halten, mit dem Sesamgemisch von allen Seiten bestreuen. Auf ein nicht zu kleines Stück Alufolie setzen, zwei Seiten hochklappen und umkippen, dann die beiden anderen Seiten darüber schlagen und fest schließen.

In den kalten Ofen geben, 20 Min. auf 250 °C (Umluft) vorheizen, dann 10 Min bei 250 °C und 45 Min bei 200 °C backen. Mit dem Dip servieren.

Hierfür die Dippzutaten in einem kleinen Mixer zu einer glatten Creme schlagen und im Kühlschrank etwas eindicken lassen, während die Kartoffeln backen.

12739. Kartoffelpüree mit Beinwellsoße, Juli 2020

Kartoffeln:
- 125 g Wasser
- 1/2 TL Salz
- 315 g Kartoffeln
- 10 g Butter
- 4 EL Sahne

Soße:
- 10 g Sonnenblumenöl
- 15 g Zitronenscheibe (ohne Schale oder Kerne)
- 15 g Sonnenblumenkernmus
- 2 TL Beinwellöl (o. Ä.)
- 40 g Wasser

Für das Püree Wasser und Salz in einen kleinen Topf geben. Kartoffeln unter fließendem Wasser gut abbürsten und in 4-5 mm dicke Scheiben schneiden. Ebenfalls in den Topf geben, zum Kochen bringen und dann auf kleinster Einstellung 20 Min. köcheln. Butter und Sahne hinzugeben, mit einem Kartoffelstampfer zu Püree verarbeiten (oder alles in einen Mixer geben, aber aufpassen: Das wird leicht klebrig.)

Während die Kartoffeln kochen, die Soßenzutaten im Mixer gut miteinander verquirlen, mit dem fertigen Püree servieren. Gut dazu schmecken auch sauer eingelegte Johannisbeeren (s. Stichwortverzeichnis)

12740. Kartoffelgratin, Juli 2020

- Öl zum Auspinseln der Form
- 275 g Kartoffel
- 35 g Zwiebel (netto)
- 1-2 Knoblauchzehen (10 g netto)

Soße:
- 20 g Nussmus
- 10 g Zitronensaft
- 30 g Sonnenblumenöl
- 1 TL Salz
- 1 TL Paprika edelsüß
- 1 Prise gem. Piment
- 1-2 Prise gem. Muskatnuss
- 310 g Wasser

Eine Auflaufform mit etwas Öl auspinseln. Kartoffeln unter fließendem Wasser gut abbürsten und in 3-4 mm dicke Scheiben schneiden, die Form damit dachziegelartig auslegen. Zwiebel und Knoblauchzehen und Ringe bzw. Scheiben schneiden und darüber verteilen.

Die Soßenzutaten im Mixer gut miteinander verquirlen, über die Kartoffeln gießen. Die Auflaufform auf dem Gitterrost in den kalten Ofen schieben und den Auflauf 45 Min. bei 200 °C (Umluft) backen. Mit einer Tomate oder anderem rohen Gemüse servieren.

Tipp: Je flacher die Form ist, umso kürzer ist die Backzeit. Wer eine hohe bzw. höhere Auflaufform benutzt, muss mit etwa einer Std. Garzeit rechnen; dann sollte in den ersten 30 Min. auch abgedeckt bzw. ein Deckel aufgelegt werden, weil sonst zu viel Flüssigkeit verdunstet.

12741. Kartoffelsalat, Juli 2020

Remoulade/Mayonnaise:

- 50 g Cashewkerne
- 50 g Wasser
- 100 g Sonnenblumenöl
- 1 TL Salz
- 3 EL Apfelessig
- 1 gestr. TL Senf

Gemüse:

- 250 g Kartoffel (möglichst gleich groß, ca. 4 Stück)
- 1 Frühlingszwiebel (20 g netto)
- 50 g Linsensprossen (48 Std. gekeimt)
- 30 g Möhre
- Etwas Petersilie

Für die Remoulade alle entsprechenden Zutaten in einen Hochleistungsmixer geben und eine Min. schlagen lassen. Kurz abkühlen lassen und wiederholen. Im Kühlschrank aufbewahren, da die Remoulade dort auch noch ein wenig fester wird. Diese Portion reicht für 2 x Kartoffelsalat (auch lecker als Brotaufstrich). Wer Kräuter oder einen Hauch Rote Beete mitmischt, bekommt gefärbte Mayonnaise. Mit normalem Mixer das Öl portionsweise hinzugeben.

Die Kartoffeln in der Schale dämpfen oder kochen. Abkühlen lassen, bis man sie gut anfassen kann und die Schale abziehen. In Scheiben schneiden. Frühlingszwiebeln, 2 EL Remoulade, Linsensprossen und Kartoffelschalen gut mischen und, wenn noch genug Zeit ist, eine halbe Std. in den Kühlschrank stellen.

Möhre in Scheiben schneiden und mit der Petersilie als Dekoration verwenden.

12742. Süße Kartoffelwaffeln, Juli 2020

- 1 kleinere Kartoffel (65 g)
- 50 g Wasser
- 1 Prise Salz
- 1 MS gem. Vanille
- 1 TL Honig (10 g)
- 30 g Nacktgerste
- 1 MS Weinsteinbackpulver
- 10 g Mandeln
- 1 Apfel (100 g)
- 10 g Zitronensaft
- 1-2 TL Honig

Kartoffel unter fließendem Wasser gut abbürsten, in Stücke schneiden und mit dem Wasser in einem Mixer gut mixen. Salz, Vanille und Honig unterrühren. Gerste fein mahlen, mit Backpulver verrühren und dann mit dem Kartoffelwasser mischen. Etwa 30 Min. stehen lassen.

Ein Waffeleisen heiß werden lassen, mit Öl einpinseln. Teig hineingeben und etwa 8 Min. backen.

Mandeln, Apfel (in Stücken) und Zitronensaft im Mixer fein schlagen. Zu den Waffeln auf den Teller geben. Auch Honig passt noch gut dazu.

Wer den Honig weglässt, kann sie auch herzhaft genießen – z. B. statt Reibekuchen. Waffeln sind weniger fettig.

12743. Erbsensuppen-Duo, Juli 2020

Grüne Erbsensuppe

- 50 g grüne Erbsen, ganz & ungeschält (36-48 Std. keimen)
- 1 kleine Kartoffel (45 g)
- 350 g Wasser
- 1 TL Kräuterwürze 12754
- 75 g Möhre
- 75 g Porree
- 17 g Selleriegrün
- 33 g Sellerieknolle
- 1 TL Kräutersalz

- Etwas gem. Muskat
- 1 EL Sonnenblumenöl

Die gekeimten Erbsen (12 Std. einweichen, dann keimen lassen) in einen Topf geben. Kartoffel unter fließendem Wasser gründlich abbürsten, in kleine Stücke schneiden. Mit Wasser und Kräuterwürze zu den Erbsen geben. Zum Kochen bringen, bis Dampf unter dem Deckel austritt. Dann auf kleinster Einstellung 30 Min. kochen. In der Zwischenzeit das restliche Gemüse waschen und putzen (nur die Sellerieknolle schälen), zu den Erbsen geben. Suppe nochmals zum Kochen bringen und weitere 30 Min. auf kleinster Einstellung köcheln. Salz, Muskat und Öl unterrühren.

Kichererbsensuppe
- 50 g Kichererbsen, ganz & ungeschält (36-48 Std. keimen)
- 1 Zwiebel (85 g brutto)
- 1 Knoblauchzehe
- 350 g Wasser
- 1 TL Kräuterwürze 12754
- 45 g Möhre
- 185 g Porree
- 35 g Selleriegrün
- 30 g Sellerieknolle
- 1 TL Salz
- Etwas gem. Kreuzkümmel
- 1 EL Kokosöl

Die gekeimten Erbsen (12 Std. einweichen, dann keimen lassen) in einen Topf geben. Zwiebel und Knoblauch schälen, kleinschneiden. Mit Wasser und Kräuterwürze zu den Erbsen geben. Zum Kochen bringen, bis Dampf unter dem Deckel austritt. Dann auf kleinster Einstellung 30 Min. kochen. In der Zwischenzeit das restliche Gemüse waschen und putzen (nur die Sellerieknolle schälen), zu den Erbsen geben. Nochmals zum Kochen bringen und weitere 30 Min. auf kleinster Einstellung köcheln. Salz, Kreuzkümmel und Öl unterrühren.

Tipp: Wer will, kann die Kichererbsen genau mit den gleichen Gewürzen wie die grünen Erbsen abschmecken.

12744. Linsenpüree, Juli 2020
Braucht Zeit zum Keimen.
- 50 g Linsen
- 1 Knoblauchzehe
- 110 g Wasser
- 2 TL Zitronensaft
- 2 TL Sonnenblumenöl
- 1/2 TL Salz
- 1 gute Prise Koriander
- 1-2 Prisen gem. Kreuzkümmel
- Petersilie

Linsen ca. 2 Tage keimen lassen, das ergibt dann ein Gewicht von ca. 110 g. Gekeimte Hülsenfrüchte kochen wesentlich schneller, sind wegen der „Gewichtsvermehrung" preiswerter und enthalten auch noch mehr gesunde Vitalstoffe.

Knoblauchzehe schälen und in Scheiben schneiden. Mit Linsen und Wasser zum Kochen bringen, dann auf kleinster Einstellung ca. 12 Min. dünsten. Die restlichen Zutaten hinzugeben und mit dem Pürierstab pürieren. Das geht auch in einem Mixer, was aber erst bei größeren Mengen lohnt. Auf einen Teller geben und mit Petersilie dekorieren.

Hinweis: Die hier verwendeten Gewürze geben dem Linsenpüree einen leicht orientalischen Geschmack. Wer gerne scharf isst, kann auch etwas Chili hinzugeben. Mit Paprika und Oregano oder Majoran bekommen wir eine mediterrane Note. – Ist eine schöne Gemüsebeilage oder auch warm und kalt ein leckerer Aufstrich.

12745. Saure Mungbohnen, Juli 2020

- 50 g Mungbohnen (= 115 g gekeimt)
- 1 TL Kräuterwürze 12754
- 75 g Wasser
- 100 g Wachsbohnen
- 1/2 Tomate (ca. 50 g)
- Etwas Petersilie

Soße:
- 15 g Sonnenblumenkerne
- 25 g Zitronenscheiben (netto)
- 75 g Wasser
- 1 Prise Salz
- 2 EL Sonnenblumenöl

Fladen:
- 35 g Triticale (oder Roggen)
- 1 Prise Salz
- 18-20 g Wasser

Mungbohnen 24 Std. vorher einweichen, 12 Std. vorher das Wasser abgießen, durchspülen und keimen lassen. Kräuterwürze und Wasser in einem kleinen Topf verrühren, Mungbohnen und gewaschene, in ca. 5 cm lange Stücke geschnittene Wachsbohnen hinzufügen. Als Gemüsepfanne 16-20 Min. dünsten. Die Soßenzutaten in einem kleinen Mixer gut verquirlen, unterrühren und einmal kurz aufkochen.

Für die Fladen das Getreide fein mahlen, mit Salz und Wasser verkneten und 15 Min. ruhen lassen. Zu 2-3 kleinen Fladen ausrollen. In einer beschichteten, mit Öl eingepinselten Pfanne von beiden Seiten 2-3 Min. backen, dabei jede Seite einmal mit Öl bepinseln.

Tomate in Scheiben schneiden, mit Gemüse und Fladen auf einen Teller geben und mit Petersilie dekorieren.

Hinweis: Braucht 24 Std. Zeit für Einweichen und Keimen; die meisten Menschen kennen Mungbohnen nur in gekeimter Form. Sie sind jedoch auch gekocht köstlich. Schneller garen sie, wie alle Hülsenfrüchte, wenn wir sie vorher einweichen oder sogar keimen lassen. Lecker dazu schmecken die kleinen Fladen.

12746. Mung-Reis-Pfannkuchen Seitlingsoße, Juli 2020

Pfannkuchen:
- 30 g Naturreis
- 30 g Mungbohnen
- 115 g Wasser
- 1 gute Prise Salz
- 1 EL Erdnussöl zum Ausbraten

Soße:
- 2 EL Sonnenblumenöl
- 1 Kräuterseitling (70 g)
- 15 g Cashewnussmus
- 30 g Sahne oder Kochcreme (s. Index)
- 25 g Wasser
- 1 TL Meerrettichcreme 11752 oder Senf
- 1 Prise Salz
- 25 g Schwarze Johannisbeeren oder 1-2 TL Rosinen

Reis und Bohnen 10-12 Std. in 115 g Wasser einweichen. Mit dem Salz im Mixer zu einer glatten Flüssigkeit schlagen. Ruhen lassen, bis die Soße noch ca. 10 Min. zu dünsten hat. Erdnussöl in einer kleinen Pfanne (20 cm) heiß werden lassen, bis an einem in das Fett gehaltener Holzkochlöffel kleine Bläschen hochsteigen. Teig in die Pfanne geben, wenn nötig glattstreichen. Deckel auflegen. Pfannkuchen auf jeder Seite ca. 4 Min. braten.

Für die Soße 2 EL Öl in eine kleine (20 cm-)Pfanne geben. Kräuterseitling in Scheiben schneiden, hinzufügen. Als Gemüsepfanne 15 Min. dünsten. Nussmus, Sahne, Wasser, Meerrettich und Salz gut verquirlen, zu den Pilzen geben, unterrühren. Kurz aufkochen. Johannisbeeren unterziehen, erhitzen, aber nicht mehr kochen, damit sie nicht platzen. Rosinen können noch einmal kurz mitkochen. Wer eine dünnere Soße möchte, kann jetzt noch mit etwas Wasser verdünnen. Pfannkuchen halbieren, Hälfte mit Soße bedecken, die zweite Hälfte auflegen.

12747. Jumbosalat, Juli 2020

Braucht 2 Tage zum Keimen.

- 55 g Jumbobohnen (oder einfach weiße Bohnen)
- 55 g Wasser (zum Kochen)
- Ca. 15 g Wasser
- 10 g Zitronensaft
- 15 g Macadamianussöl
- 1 gestr. TL Salz
- 1 TL Sonnenblumenöl
- 1 kleine gelbe Tomate (35 g)
- 1/4 rote Paprika (50 g)
- 30 g Salatgurke
- 30 g Möhre

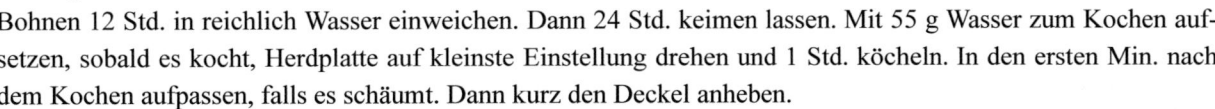

Bohnen 12 Std. in reichlich Wasser einweichen. Dann 24 Std. keimen lassen. Mit 55 g Wasser zum Kochen aufsetzen, sobald es kocht, Herdplatte auf kleinste Einstellung drehen und 1 Std. köcheln. In den ersten Min. nach dem Kochen aufpassen, falls es schäumt. Dann kurz den Deckel anheben.

Kochflüssigkeit auffangen, mit Wasser auf 50 g auffüllen. Mit Zitronensaft, Öl, Salz und Beinwellöl gut verrühren, Bohnen noch heiß hineingeben. Restliches Gemüse waschen und kleinschneiden, mit in das Dressing geben und mindestens eine halbe Std. ziehen lassen. Den Salat abgetropft in eine kleine Schüssel geben, mit 1-2 EL Dressing übergießen.

12748. Apfelpfannkuchen, Juli 2020

• 35 g Kichererbsen	• Etwa 60 g Apfel
• 1 MS gem. Vanille	• 1 EL Erdnussöl zum Ausbacken
• 1 Prise Salz	• Zimt zum Bestreuen
• 100 g Wasser	• Honig zum Beträufeln

Kichererbsen in einem kleinen Mixer fein mahlen (1 Min.). Etwas abkühlen lassen, dann mit Vanille, Salz und Wasser im Mixer glatt schlagen. Einen kleinen Apfel (90 g) waschen und in Scheiben schneiden, vier dieser Scheiben werden verwendet (den Rest anderweitig einsetzen).

Erdnussöl in einer kleinen (20 cm) Pfanne erhitzen, den Teig hineingießen und die Apfelscheiben darauf legen. Pfanne mit dem Deckel verschließen und den Pfannkuchen bei mittlerer Hitze 4 Min. braten.

Vorsichtig mit einem Pfannenwender vom Boden lösen, auf den Deckel rutschen lassen und mit dem Deckel wieder in die Pfanne drehen, sodass die Äpfel jetzt unten liegen. 4 Min. auf Mittelhitze backen. Nochmals auf dieselbe Weise drehen und bei etwas höherer Einstellung 3 Min. backen. Mit der Apfelseite nach oben auf einen Teller rutschen lassen, mit etwas Zimt (zwischen die Finger nehmen) bestreuen und mit Honig beträufeln. Pfannkuchen noch warm essen.

12749. Tortellini mit Zucchini überbacken, Juli 2020

- 125 g Spinattortellini mit Käsefüllung (gekauft)
- 60 g Kohlrabi
- 140 g Zucchini
- 40 g Hafersahne
- 100 g Joghurt (2 %)
- 75 g Hafermilch
- 10 g Sambal Oelek
- 1 gestr. TL Salz
- 75 g Mozzarella gerieben

Ofen (Heißluft) (mit Backblech drin) auf 200 °C vorheizen. Tortellini in eine Lasagneform geben. Vorgeschnittenes Gemüse, Sahne, Joghurt, Milch, Sambal und Salz im Vitamix pürieren, über die Tortellini gießen. Mit Käse bestreuen. In den vorgeheizten Ofen auf das Backblech setzen und 30 Min. bei 200 °C backen.

12750. Bohnensweeties, Juli 2020

Braucht 2 Tage Zeit zum Keimen.

- 50 g weiße Bohnen
- 50 g Wasser (zum Kochen)
- 100 g Mandeln
- 75 g Blütenhonig

Bohnen 12 Std. in reichlich Wasser einweichen. Dann 24 Std. keimen lassen. Mit 50 g Wasser zum Kochen aufsetzen, sobald es kocht, auf kleinste Einstellung drehen und 1 Std. köcheln. In den ersten Min. nach dem Aufkochen darauf achten, ob es schäumt. Dann kurz den Deckel anheben. Wenn die Bohnen gar sind, abtropfen und abkühlen lassen.

Mandeln mahlen. Gekochte Bohnen ebenfalls mahlen, sie werden wie gemahlene Mandeln, also keine Paste. Mandeln, Bohnen und Honig verrühren. Mit einem Teelöffel ungeformte Kleckse auf ein mit Dauerbackfolie ausgelegtes Backblech setzen. Blech in den kalten Ofen schieben und die Plätzchen 20 Min. bei 175 °C (Umluft) backen. Sie sind dann von innen noch weich, außen fest und an den Kanten etwas dunkler.

Hinweis: Ich habe den Test gemacht: Niemand hat geraten, dass Bohnen in dem Gebäck sind.

12751. Mediterranes Medley, Juli 2020

- 15 g Öl
- 40 g Wasser
- 220 g Gemüse kleingeschnitten: 50 g Zwiebel, 105 g Tomate, 45 g Aubergine, 20 g Spitzpaprika

Als Gemüsepfanne (24-cm-Keramikpfanne) 15 Min. garen. Dann die Soße unterrühren und aufkochen:
Soße (mit dem Löffel verrühren)

- 25 g Hafersahne
- 5 g Sambal Oelek
- 5 g Zitronensaft
- 45 g Linsen-Maronen-Aufstrich 12720

Tipp: Dazu passt Reis.

12752. Meerrettichcreme, Juli 2020

- 1 Stück Meerrettich, 150 g, geschält: 110 g
- 6 EL Apfelessig
- 4 EL Sonnenblumenöl
- 1,5 TL Salz
- 1 TL Honig

Meerrettich je nach Stärke des Mixers zerkleinern, d. h. bei einem sehr starken Mixer reicht es, 0,5-cm-große Scheiben zu schneiden und diese zu vierteln, bei kleineren Mixern ist feines Reiben zu empfehlen. Zerkleinerten Meerrettich mit den anderen Zutaten zu einer feinen Paste mixen.

Hinweis: Diese Creme ist nicht ganz so stark, wie man das sonst von selbst eingemachtem Meerrettich kennt, vor allem frisch nicht. Deshalb lässt er sich besser dosieren. So gerne ich nämlich Meerrettich esse, ich mag es nicht, wenn er das Essen völlig dominiert.

12753. Nusssahne, Juli 2020

Sonnenblumensahne gekocht:

- 25 g Reis
- 25 g Sonnenblumenkerne
- Einige Salzkörnchen
- 125 g Wasser

Sonnenblumenkernsahne „Sauerrahm":
- 50 g Sonnenblumenkerne
- 50 g Naturreis
- 120 g Wasser
- Einige Salzkörnchen
- 2 EL Zitronensaft
- 1 EL Sonnenblumenöl

Cashewnusssahne (für süße Gerichte):
- 50 g Cashewnüsse
- 50 g Naturreis
- 100 g Wasser
- Einige Salzkörnchen

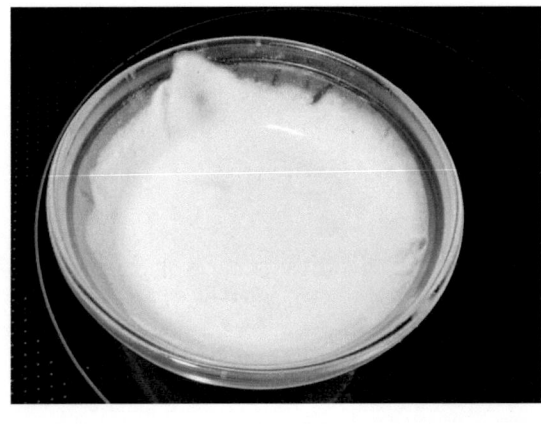

„Gekochte" Sahne

Die Zutaten für die Sonnenblumensahne in einem Hochleistungsmixer so lange auf der Höchststufe laufen lassen, bis die Masse stockt (ca. 5 Min.) oder Kerne und Reis mahlen, mit Salz und der Hälfte des Wassers aufkochen, pürieren. Eventuell noch Wasser zum Verdünnen zugeben.

Nussahne kalt:

Die Kerne bzw. Nüsse mit Reis und Wasser in ein Schraubglas geben und zuschrauben. Bei Raumtemperatur 10-12 Std. stehen lassen und dann mit den restlichen Zutaten im Mixer auf der Höchststufe 1 Min. bis 1,5 Min. mischen.

Kochcreme (nur für heiße Speisen)
- 20 g Naturreis
- 20 g Mandeln
- 200 g Wasser
- 1 EL Zitronensaft
- 1 kleine Prise Salz
- 1 EL Macadamianussöl (Öl ist beliebig)

Alle Zutaten in einem Hochleistungsmixer 4-5 Min. mixen, bis der Reis andickt.

Hinweis: *Keine Sahne im Haus, aber ins Essen, zur Waffel hätten wir gerne welche? Kein Problem – mit einigen anderen haltbaren Zutaten lassen sich wohlschmeckende Cremes mit ähnlicher Konsistenz herstellen. Die Wahl der Nusssorte bestimmt einmal den Geschmack und dann auch Konsistenz und Farbe. Zwar geben Sonnenblumenkerne die beste Konsistenz, sie färben die Sahne aber ein bisschen grau, was zum direkt Servieren ungünstig wirken kann.*

12754. Kräuterwürze, Juli 2020
- 130 g frische gemischte Kräuter
- 200 g Olivenöl
- 150 g Mandeln
- 30 g Salz

Mandeln und Öl mit dem Salz im Vitamix (oder TM; für einen kleineren Mixer die Mengen deutlich verringern), auf kleiner Stufe vermengen, dann auf höchster Stufe pürieren. Kräuter hinzugeben, mit dem Stößel arbeiten und alles zu einer glatten Masse verarbeiten.

In zwei leere Honiggläser füllen. Die Oberfläche gut mit Olivenöl abdecken. *Olivenöl „gefriert" im Kühlschrank, d. h. wenn die Oberfläche gehärtet und etwas weißlich ist, handelt es sich nicht um ein Anzeichen von Verderbnis.*

12755. Sonnenmayonnaise, Juli 2020

Diese Mayonnaise aus Sonnenblumenkernen ist recht fest. Sie eignet sich damit auch gut zu Pommes frites oder als Grundlage für Verzierungen. Wer sie weicher möchte, nimmt mehr Öl. Wer eine rein weiße Mayonnaise möchte, nimmt Mandeln, Macadamia- oder Cashewnüsse. Mandeln müssen vorher blanchiert und geschält werden. Auch andere Ölsorten (eignen sich, wobei Olivenöl im Allgemeinen als zu herb empfunden wird.

- 50 g Sonnenblumenkerne
- 50 g Wasser
- 50 g Sonnenblumenöl
- 1 TL Senf (6 g)
- 3 EL Essig
- 1 TL Salz
- 1 TL Honig
- 3 x 25 g Sonnenblumenöl

Für diese Mayonnaise braucht man einen wirklich starken Mixer. Sonst muss man das Öl besser in kleineren Portionen hinzugeben.

Sonnenblumenkerne, Wasser, 50 g Öl, Senf, Essig, Salz und Honig etwa 30 Sek. lag im Mixer schlagen. Dann das restliche Öl in Portionen hinzugeben und jeweils 50 Sek. schlagen. In ein Glas mit Schraubdeckel geben und im Kühlschrank aufbewahren. Varianten sind:

Cashewmayonnaise (alles auf einmal verarbeiten):
- 50 g Cashewnüsse
- 50 g Wasser
- 100 g Sonnenblumenöl
- 1 TL Salz
- 3 EL Apfelessig
- 1 gestr. TL Senf

Macadamiamayonnaise:
- 100 g Macadamianüsse
- 100 g Wasser
- 100+50+50 g Sonnenblumenöl
- 1 geh. TL Salz (10 g)
- 50 g Apfelessig
- 1 geh. TL Senf
- 1 TL Honig (10 g)

12756. Salatcreme, Juli 2020
- 1/2 TL schwarzen Pfeffer ganz
- 1 TL Korianderkörner
- 3 TL Kräutersalz
- 2 TL getr. Orangenblüten
- 150 g Sonnenblumenöl
- 75 g Apfelessig
- 1 EL Honig (35 g)
- 1 TL Senf scharf (10 g)

Pfeffer, Salz, getrocknete Blüten und Koriander im größeren Becher eines kleinen Mixers mit dem flachen Messer fein mahlen. Die restlichen Zutaten hinzugeben und mit dem hochstehenden Messer 1 Min. schlagen. 5 Min. stehen lassen und nochmals 1 Min. schlagen. Bei kleinen Mixern ist diese Pause erforderlich, um das Gerät nicht zu überhitzen. Bei stärkeren Geräten kann man einfach 2 Min. auf der Höchststufe laufen lassen.

In ein Glas mit dem Schraubdeckel geben, verschließen und in den Kühlschrank stellen. Die Creme ist sehr lange haltbar und lässt sich mit Sahne oder Wasser 1:2 verdünnen (1 EL Salatcreme + 2 EL Wasser/Sahne).

Tipps: Das funktioniert natürlich auch mit Olivenöl. Wer Pfeffer und Koriander nur gemahlen hat, nimmt die entsprechende Menge so. Orangenblüten kann man durch andere getr. Blüten oder getr. Kräuter ersetzen.

12757. Lebkuchengewürz, Juli 2020
Dies ist ein Vorschlag für Lebkuchengewürz. Das lässt sich mannigfaltig variieren - entweder durch andere Gewichtsverhältnisse oder auch durch Weglassen einiger Dinge und Ersetzen durch andere. Wobei Nelken, Muskatnuss und Zimt die drei Hauptbestandteile zu sein scheinen, wie mir das Studium verschiedener Zusammensetzungen zeigt. In anderen Rezepten kommen auch noch Koriander und Piment hinzu.

Wer alles bereits fertiggemahlen besitzt, hat es einfacher. Und wer alles noch selbst mahlt, hat es frischer. Geriebene Orangen- und Zitronenschale stammen aus meiner eigenen Herstellung.

Gemahlen/gerieben (trocken):

- 10 g Orangenschale
- 6 g Zitronenschale
- 4 g Ingwer
- 4 g Muskatnuss
- 2 g Kardamom

Ungemahlen:

- 6 g Zimtstangen
- 4 g Gewürznelken
- 4 g Anissterne
- 2 g Fenchel

Die gemahlenen Gewürze mit einem Löffel miteinander verrühren.

Die ungemahlenen Gewürze im kleinen Becher eines Mixers 45 Sek. lang mahlen. Die gemahlenen Gewürze hinzufügen und alles nochmals 15 Sek. miteinander mahlen. Möglichst in ein Braunglasgefäß mit Schraubglas oder einen anderen luft- und lichtdichten Behälter geben. Reicht für ca. 3 kg Mehl und behält das Aroma mindestens 1 Jahr.

12758. Curry, Juli 2020

- 1 geh. EL Koriandersamen (8 g)
- 1 geh. EL Kreuzkümmel (20 g)
- 1 TL schwarzer Pfeffer (4 g)
- 1 TL grüner Pfeffer getrocknet (2 g)
- 1,5 TL gelbe Senfkörner (6 g)
- 1 TL Bockshornkleesamen (6 g)
- 5 Gewürznelken
- 1 kleine getrocknete rote Chili
- 2 TL gem. Kurkuma

Die ungemahlenen Gewürze in einer Keramik-beschichteten Pfanne unter Rühren auf mittlerer Einstellung (7 von 12) erwärmen, bis sie gut duften. Das dauert etwa 7 Min. Wer zu lange röstet, erhält ein bitteres Curry. Kurz vor Ende noch 1 TL Kurkuma hinzugeben und 10 Sek. einrühren.

Etwas abkühlen lassen. In einem kleinen Mixer 30 Sek. lang mahlen, noch 1 TL Kurkuma hinzugeben und weitere 30 Sek. mahlen.

Tipps: *In originalindischen Rezepten wird eine kleine Pfanne aus Gusseisen verwendet. Wer eine normale beschichtete Pfanne nimmt, sollte mit dem Erhitzen vorsichtig sein, sonst löst sich die Beschichtung mit der Zeit. Ich nehme eine Keramik-beschichtete Pfanne. Wer keinen entsprechenden Mixer hat, kann auch mit einem Mörser zerkleinern.*

12759. Würzpfeffer, Juli 2020

- 2 TL Pfeffer
- 2 TL Anis
- 1 TL Koriander
- 1 TL gelbe Senfkörner
- 1 getrocknete Chilischote
- 1 TL gem. Kurkuma
- 1/2 TL gem. Zimt

Die ungemahlenen Gewürze in einem kleinen Mixer 40 Sek. mahlen. Die anderen Zutaten hinzugeben und nochmals 10 Sek. mahlen.

Tipp: Weniger scharf wird es ohne die Chilischote.

12760. Delisweet, Juli 2020

- 1 Stange Zimt
- 2 x Stück Sternanis
- 1 TL Anis
- 1 TL Koriander
- 5 Gewürznelken
- 6 x Kardamom (ungeschält, also nicht nur die Samen)
- 1 TL gem. Ingwer
- 1 TL gem. Zitronenschale
- 1 TL gem. Zimt
- 1/2 TL gem. Vanille

Die ungemahlenen Gewürze in einem kleinen Mixer 30 Sek. mahlen. Die anderen Zutaten hinzugeben und nochmals 30 Sek. mahlen.

12761. Nussparmesan, Juli 2020

- 20 g Mandeln
- 20 g Sonnenblumenkerne
- 2 EL Nackthafer
- 1 EL Öl
- 1 Prise Salz
- 100 g Wasser
- 1-2 Prisen Schabziegerklee

Mandeln und Sonnenblumenkerne fein hacken (z. B. im Zerkleinerer). Hafer flocken, mit den Nüssen, Öl, Schabziegerklee, Salz und 50 g Wasser verrühren. Ofen auf „Grill" bei 230 °C stellen, den Nussparmesan 5-8 Min. grillen, bis die Masse leicht goldgelb ist.

12762. Gemüsebrühextrakt, Juli 2020

- 1000 g Gemüsereste
- 125 g Vollmeersalz

Gemüsereste können sein: Strunk vom Kohl, Kartoffel- und Möhrenschalen, Grün von den Kohlrabi und so weiter. Zwiebelschalen sind nicht geeignet, auch Rote Beete ist wegen der „Durchfärbung" schlecht. – Wenn das Gemüse tiefgefroren ist, zwei bis drei Std. auftauen lassen.

In den TM geben und 1 Min./Stufe 4 zerkleinern. Bei allen Vorgängen den TM gut festhalten, er neigt hier zum Hüpfen. 10 Sek. auf Stufe 10. Salz hinzugeben, und das 10/10 mehrmals wiederholen. In leere Honiggläser füllen (ergibt bei dieser Menge drei Honiggläser). Haltbarkeit gut ein Jahr.

12763. Standardsalatsoße, Juli 2020

- 200-300 ml Sonnenblumenöl (kalte Pressung)
- 300 ml Apfelessig
- 1 EL Honig
- 1 EL Salz
- 1/2 TL gem. schwarzer Pfeffer
- 1-2 TL getr. Salatkräutermischung
- Auffüllen mit Wasser (ca. 100 g)

Das Öl in ein größeres Schraubglas füllen. Essig hinzugeben, mit einer Gabel schaumig schlagen. Dann die anderen Zutaten hinzufügen, immer wieder mit der Gabel verrühren.

Glas mit dem Schraubdeckel verschließen und in den Kühlschrank stellen. Vor der ersten Entnahme möglichst mindestens 12 Std. ziehen lassen. Bei der Entnahme jeweils nochmal durchrühren, damit sich die getrennten „Phasen" wieder vermischen.

12764. Honigdressing, Juli 2020
- 1 EL Apfelessig
- 1 guter EL Sonnenblumenöl
- 1/2 TL Salz
- 1 TL flüssiger Honig

Mit einem Löffel verrühren.

12765. Zitronendressing, Juli 2020
- 1 EL Zitronensaft
- 2 EL Sonnenblumenöl
- 1/2 TL Salz
- 1 TL scharfes Pesto (optional)
- 3-4 EL Wasser

Mit einem Löffel verrühren.

12766. Essigdressing, Juli 2020
- 1 EL Apfelessig
- 1 EL Nussöl oder Sonnenblumenöl
- 2 EL Wasser
- 1 gestr. TL Salz
- Frisch gem. schwarzer Pfeffer

Alle Zutaten mit einer Gabel verschlagen. Frische Kräuter klein gehackt nach Geschmack hinzugeben.

12767. Milch und Sahne, Juli 2020
- 10 g Nussöl
- 20 g Cashewnussmus
- 270 g Wasser

In einem Hochleistungsmixer eine Minute oder länger laufen lassen. Aufpassen, dass es nicht zu heiß wird, da sonst die „Rohmilchqualität" verloren geht. Für Sahne die Wassermenge halbieren.

12768. Sonnenaufstrich, Juli 2020
- 50 g Sonnenblumenkerne
- 35 g Sauerampfer
- 20 g Zitrone
- 30 g Sonnenblumenöl
- 35 g Wasser
- 1 gute Prise Salz
- 1 Knoblauchzehe (nach Wunsch)

Sonnenblumenkerne mahlen. Sauerampfer waschen und gut trockenschleudern, vorschneiden. Alle Zutaten zusammen im kleinen Becher eines kleinen Mixers gut schaumig schlagen.

Der fertige Aufstrich hält sich einige Tage im Kühlschrank, lässt sich auch gut portionsweise einfrieren.

12769. Orangensenf mit Hanfspots, Juli 2020

- 200 g gelbe Senfkörner
- 30 g Salz
- 20 g getr. Orangenblüten
- 50 g Hanfkörner
- 4 TL Koriander ungemahlen
- 4 gestr. TL Kurkuma gem.
- 55 g Orangenblüten- oder Akazienhonig
- 130 g Apfelessig (5 %)
- 210 g Wasser
- 50 g Sonnenblumenöl

Im Hochleistungsmixer Senfkörner mit Salz, Orangenblüten, Hanf und Koriander sehr fein mahlen. Kurkuma und restliche Zutaten hinzufügen und sehr gut durchmixen. Die Masse in passende saubere Gläschen (2 leere Honiggläser) füllen, die Gläser 12-24 Std. offen stehen lassen (fermentieren), den Senf dabei gelegentlich umrühren. Er hält im Kühlschrank sehr gut. Im kleinen Mixer: Senfkörner mit Salz, Blüten, Hanf und Koriander fein mahlen (2 x 30 Sek., dazwischen einige Min. Pause). Honig, Essig, Wasser und Öl hinzugeben, mit einem Löffel durchrühren und dann noch mal 30 Sek. mixen. Dann ebenfalls fermentieren lassen.

12770. Remoulade, Juli 2020

- 30 g Sonnenblumenkerne
- 10 g Zitronensaft
- 1 gute Prise Salz
- 20 g Sonnenblumenöl
- 100 g Wasser

Alle Zutaten in einem kleinen Mixer sehr gut durchschlagen. Diese Remoulade eignet sich als Salatdressing, aber auch zum Überbacken.

12771. Gemüsesalz, Juli 2020

- 130 g getrocknetes Gemüse
- 650-800 g Salz

Gemüsereste grob zerkleinern und im Dörrapparat trocknen, bis sie zerbröseln. Wer nur wenige Gemüsereste hat, kann sie erst tiefgekühlt sammeln, dann auftauen und trocknen. Wer keinen Dörrapparat besitzt, kann das Gemüse auf einem Backblech ausbreiten und auf kleinster Temperatur im Back-ofen trocknen. Es wird jeweils die 5- bis 6-fache Salzmenge berechnet auf das Gemüsetrockengewicht hinzugegeben.

Kleiner Mixer: Diese kleinen Mixer dürfen wir nicht länger als 1 Min. an einem Stück laufen lassen. Es passen 10 g getr. Gemüse in einen kleinen Becher, fein mahlen. Dann mit Salz nochmals 10 Sek. hacken.

Großer Mixer: 30 Sek. auf der Höchststufe schlagen lassen. Dann mit 400 g Salz vermischt nochmals schlagen, das ergibt ein pulverfeines Gemüsesalz.

12772. Linsenaufstrich, Juli 2020

- 35 g gelbe Linsen
- 40 g rote Linsen
- 165 g Wasser
- 30 g Sonnenblumenkerne
- 100 g Rote Beete
- 1 gestr. TL Salz
- Frisch gem. schwarzer Pfeffer
- 1 EL Sonnenblumenöl
- 10 g Apfelessig
- 1/2 TL gem. Piment

Linsen mit dem Wasser aufsetzen und zum Kochen bringen. Dann auf kleinster Einstellung 20 Min. dünsten. Herd ausstellen und 10-15 Min. quellen lassen, die Linsen sind jetzt ganz weich.

Sonnenblumenkerne mahlen. Alle Zutaten zusammen in einem Mixer gut durchmischen und kaltstellen. Für eine Einzelperson ist das relativ viel, denn der Aufstrich hält sich nur wenige Tage. Wir können ihn aber in kleine Muffinförmchen aus Silikon füllen und so portioniert einfrieren. Solange keine rohe Zwiebel enthalten ist, verliert der Aufstrich beim Auftauen nichts an seiner Qualität.

12773. Gierschhonig, Jull 2020

- 10 g Giersch
- 4 g Ingwer
- 10 g Zitronenschale
- 250 g Honig

Zutaten in den kleinen Becher eines kleinen Mixers geben und 45 Sek. lang schlagen lassen, zwischendurch mit dem Löffel durchrühren. Im Kühlschrank aufbewahren. Eignet sich auch für das Würzen von Drinks und Obstsalaten oder als kleine aparte Note in einem Salatdressing.

12774. Giersch-Sauerampferpesto, Juli 2020

- 50 g Mandeln
- 50 g Giersch
- 50 g Sauerampfer
- 1 Knoblauchzehe
- 2-4 g Ingwer
- 50 g Sonnenblumenöl
- 2 gestr. TL Salz
- 1 TL gem. Piment
- 1 MS gem. Vanille
- 35 g Apfel
- 10 g Apfelessig

Mandeln in einem kleinen Mixer nicht zu fein mahlen. Gewaschene und getrocknete Kräuter, geschälte Knoblauchzehe, Ingwer in Scheiben, Öl, Gewürze, Apfel und Essig hinzugeben und mit dem hochstehenden Messer 1 Minute mixen, zwischendurch mit dem Löffel durchrühren. Wer es gerne ein bisschen süßer mag, gibt noch einen halben Apfel hinzu und mixt nochmals. In ein kleines Glas mit Schraubdeckel geben und im Kühlschrank aufbewahren.

12775. Selleriecreme, Juli 2020

- 30 g Ingwer
- 10 g Knoblauch netto
- 50 g Sonnenblumenöl
- 25 g Apfelessig
- 10 g Salz
- 200 g Sellerie
- 1 Chili in Essig
- 1 Apfel (140 g)
- 30 g Rhabarber (oder Zitrone)

Gläser mit Schraubdeckel mit kochendem Wasser ausspülen. Knoblauch schälen. Sellerie (wenn sauber ungeschält), Steckrübe und Apfel grob vorschneiden. Alle Zutaten in einen starken Mixer geben und bei steigender Geschwindigkeit schlagen, zum Schluss auf der Höchststufe, bis sich eine glatte, weiche Creme ergibt. In die Gläser füllen, Deckel aufschrauben und im Kühlschrank aufbewahren (hält ca. 2 Wochen).

Hinweis: Gut als Grundlage für Dressings, lecker zum Abschmecken von Gemüsegerichten und wer's scharf mag: auch als Aufstrich.

12776. Rucola-Wildkräuterpesto, Juli 2020

- 70 g Sonnenblumenöl
- 100 g Sonnenblumenkerne
- 125 g Rucola
- 20 g Knoblauch netto
- 50 g Apfelessig
- 15 g Salz
- 1 Apfel (100 g)
- 5 Ingwer
- 110 g Wildkräuter

Alle Zutaten in einen Hochleistungsmixer geben, wenn nötig mit einem Stopfen oder Stößel gut durcharbeiten. Bei kleineren und schwächeren Geräten empfehle ich, die einzelnen Zutaten vorher einzeln gut zu zerkleinern und dann gemeinsam auf höchster Stufe durchzuarbeiten.

In zwei Gläser mit Schraubdeckel geben (etwa 1,5 Honiggläser voll).

12777. Sauerteig, Juli 2020

- 1. Morgen

100 g Roggen fein mahlen. Mit 150 g Wasser in einer Schüssel verrühren. Schüssel gut abdecken oder in eine Plastikschüssel stecken und mit einem Tuch umhüllen. Warm stellen, z. B. auf einer Fensterbank in einem Zimmer, das möglichst nachts nicht völlig abkühlt (falls Winter). 24 Std. stehen lassen.

- 2. Morgen

Am nächsten Morgen 100 g Roggen fein mahlen, mit weiteren 150 g Wasser zu dem Gemisch vom vorherigen Tag geben. Gut verrühren, wieder einpacken und 24 Std. stehen lassen.

- 3. Morgen

Am dritten Morgen 100 g Roggen fein mahlen, mit 3 EL Wasser zu dem alten Gemisch geben. Wie beschrieben vorgehen.

- 4. Morgen

Am vierten Morgen etwa 150 g des Sauerteigs abnehmen, in ein Schraubglas geben, verschließen und im Kühlschrank aufbewahren.

Hinweise:

Spätestens am 2. Morgen muss dieser Sauerteig locker und etwas blasig sein. Der Geruch ist nicht unbedingt so sauer, wie man das erwartet. Ein bisschen sauer sollte er schon riechen. Eine Grünfärbung darf nicht auftreten.

Am 3. Morgen muss eine Blasenbildung erkenntlich sein. Das heißt, wenn man mit einem Löffel in den Sauerteig geht, muss das Ganze etwas schaumig sein.

Ein auf diese Weise hergestellter Sauerteig braucht einige Male Auffüttern (siehe unten), um seine voll Geschmacksqualität und Triebkraft zu entwickeln.

Backen: Von diesem Sauerteig morgens für den nächsten Backtag 100-150 g in ein Glas mit Schraubdeckel füllen, mit etwas Mehl bestäuben und im Kühlschrank aufbewahren (bis zu gut 2 Wochen habe ich bisher keine Probleme gehabt). Den Rest für Gebäck verwenden.

Auffüttern: 150 g Sauerteig aus dem Glas im Kühlschrank, 250 g Roggen und 250 g Wasser in einer Schüssel vermischen, mit einem Tuch abdecken und in eine Plastiktüte stecken. Über Nacht stehen lassen. Am nächsten Morgen für die „nächste Generation" wieder 100-150 g abnehmen und den Rest in einem Brot verbacken.

12778. Sprossen und Keime, Juli 2020

Zum Sprossen/Keimen eignen sich Ölsaaten (z. B. Sonnenblumenkerne), Hülsenfrüchte (Linsen, Erbsen, Bohnen) und Getreide. Feinere Sorten wie Alfalfa oder Anis eignen sich eher zur Dekoration. Hülsenfrüchte sind nicht alle gekeimt roh genießbar, Bohnensprossen dürfen genau wie Bohnen nicht roh gegessen werden. Aber eine Erbsensuppe aus Erbsensprossen oder eine Bohnensumme aus Bohnensprossen ist wesentlich schneller fertig und schmeckt köstlich. Beim Getreide ist es wichtig, keimfähiges Getreide zu kaufen.

Vorsicht: Nicht jeder als Nackthafer bezeichnete Hafer keimt auch. Dasselbe gilt für Gerste (Nacktgerste).

Sprossen geht auch ohne komplizierte Geräte. Die einfachste Methode ist (beschrieben am Dinkel):

- Methode 1:

In einer kleinen Schüssel 3 EL Dinkel gut mit Wasser bedecken und über Nacht einweichen. Morgens die Körner in einem Sieb abspülen und ohne Wasser in der Schüssel stehen lassen. Abends nochmal 1-2 Std. einweichen, wieder in einem Sieb abspülen und bis zum nächsten Tag stehen lassen. Immer abends und morgens in einem Sieb gut durchspülen, bis die Keime lang genug sind. Meist dauert das nicht länger als 36-60 Std.

- Methode 2:

Gerne nehme ich zum Keimen auch Keimgläser, dann muss ich nicht immer mit einem Sieb hantieren. Die Methode ist prinzipiell dieselbe:

Im Keimglas 3 EL Dinkel gut mit Wasser bedecken und über Nacht einweichen (Glas steht senkrecht). Morgens das Wasser abgießen, durchspülen und Glas schräg stellen. Abends und morgens jeweils durchspülen und Glas wieder schräg stellen. Nach 48 bis 60 Std. sind auch hier die meisten Keime genug entwickelt (der Keim sollte nicht viel länger sein als der Durchmesser des Samens).

12779. Auberginen-Linsenaufstrich, Juli 2020

- 45 g Möhre
- 175 g Tomate
- 140 g Aubergine
- 100 g rote Linsen
- 300 g Wasser
- 1/2 TL gem. Kümmel
- 1 TL Salz
- 15 g Sambal Oelek
- 50 g Mischmus 4 Nuss

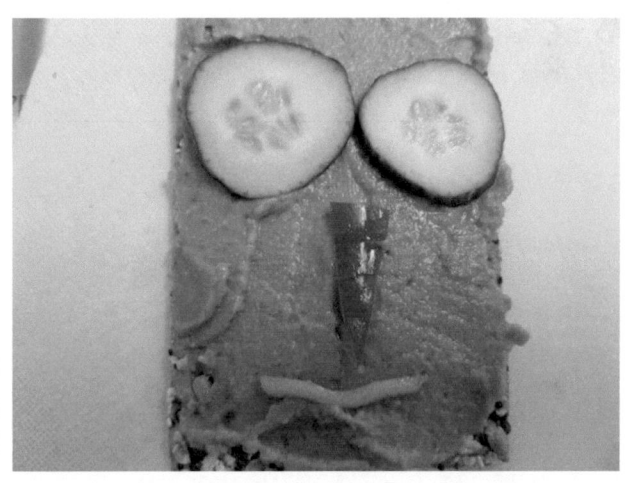

Gemüse grob vorschneiden und im TM zerkleinern (5 Sek./Stufe 5). Linsen und Wasser zugeben und garen (22 Min./100 °C/Stufe 2). Mit Kümmel, Salz, Sambal und Nussmus mischen (10 Sek./Stufe 9).

12780. Champignonreis, Juli 2020

- 5 g Sonnenblumenöl
- 100 g Jasminvollkornreis
- 250 g Wasser
- 1 EL Sonnenblumenöl
- 45 g Zwiebeln, gehackt
- 200 g Champignons, in feinen Scheiben
- 100 g Hafermilch
- 40 g Aufstrich, hier Linsen-Maronen-Aufstrich 12720
- 10 g Senf
- 10 g Sambal Oelek
- 2 g Salz

Reis mit 5 g Öl und Wasser im Reiskochtopf garen. Öl erhitzen, Zwiebeln darin anbraten, bis sie glasig sind. Champignonscheiben zufügen und anbraten, ab und zu umrühren. Hafermilch zugeben und 15 Min. garen. Die restlichen Zutaten miteinander verrühren, unterziehen und kurz aufkochen. Reis zugeben und verrühren.

12781. Getrocknete geriebene Zitronenschale, Juli 2020

- 1-2 ungespritzte Bio-Zitronen

Zitrone gut waschen und abtrocknen. Genauso können wir uns selbst gemahlene Orangenschale herstellen. Man kann auch einfach die Früchte schälen, die Schalen trocknen und dann im Mixer zerkleinern. Auf Dauer habe ich jedoch mit der mikrofeinen Reibe das beste Aroma erhalten.

12782. Champignonnudeln supersimpel, August 2020

- 15 g Öl
- 200 g Champignons, in Scheiben
- 200 g Wasser
- 75 g Vollkornspiralnudeln
- 1 gestr. TL Salz
- 1-2 Prisen Pfeffer
- 1 EL Joghurt (oder Sahne, Schmand usw.

Champignons im Öl andünsten. Wasser und Nudeln zugeben, dabei ab und zu umrühren, damit auch alle Nudeln garen können. Ich habe zusammen 15 Min. gedünstet bei einer angegebenen Kochzeit für die Nudeln von 11 Min., weil ich Nudeln gerne weich mag. Restliche Zutaten unterrühren. Fertig

12783. Pizza Salami und Auberginen-Pizza, August 2020

Vorläufer 12735; 2 Portionen; im Bild Auberginen-Pizza

Teig
- 235 g Dinkel, fein gemahlen
- 20 g Hefe (1/2 Würfel)
- 1 TL Salz
- 3 knappe EL Sonnenblumenöl
- 35 g Joghurt (2 %)
- 85 g Wasser

Belag für beide Pizzen
- Butter für die Formen (2 x 5 g)
- 2 x 1 EL Ketchup (hier: Tomatenketchup XLIX)
- 1 TL italienische Kräuter
- 1 Tomate (130 g; vorher: 100 g), in sehr dünne Scheiben geschnitten
- 200 g (also 2 x 100 g) Mozzarella, gerieben

Zutaten im TM kneten (2,5 Min./Knetstufe). Abgedeckt 5 Std. gehen lassen. Zwischendurch einmal kurz durchkneten. (Ergibt einen sehr schönen Teig, der sich dünn dehnen lässt.)

Erneut kurz durchkneten. Auf zwei Portionen (je 195 g) verteilen. 28-cm-große Formen einfetten. Teigstück in die Mitte geben und auseinanderdrücken. Nicht bis ganz an den Rand gehen, sondern so lange, wie der Teig sich einfach auseinanderdrücken lässt, ohne zu reißen, und noch einen kleinen Wulst am Rand hat. Ketchup bzw. Ketchupmischung darauf verstreichen, mit Kräutern bestreuen. Tomatenscheiben darauf verteilen.

Pizza Salami
- 5 dünne Scheiben Salami (40 g)

Auberginen-Pizza
- 7 g Sonnenblumenöl
- 90 g Aubergine, in dünne Scheiben geschnitten

Auberginenscheiben im Öl von beiden Seiten anbraten. Dann den Belag jeweils auf eine Pizza geben. Beide Pizzen mit dem Käse bestreuen. Ofen (Heißluft) auf 220 °C vorheizen, in der Zeit geht der Teig. Formen einschieben und 12 Min. bei 220 °C backen.

12784. Überbackmasse, August 2020

- 50 g Aufstrich, hier Auberginen-Linsenaufstrich 12779
- 100 g Joghurt (3,5 %)
- 50 g geriebener Mozzarella
- 1/2 TL Salz
- 1 Prise Pfeffer

Mit einem Löffel verrühren. Auf die zu überbackende Masse geben und nach Rezept backen.

12785. Tomatenketchup XLX, August 2020

Vorläufer 12643; 2 Cashewnussmus-Gläser + 1/2 Honigglas

- 2 Dosen Tomaten inklusive Saft (800 g)
- 145 g Apfelessig
- 10 g Peperoniessig 7/4573
- 100 g Wasser
- 165 g Soft-Aprikosen
- 11 g Knoblauchzehen frisch
- 1 geh. TL Salz
- 170 g rote Gemüsezwiebel, halbiert
- 1 Apfel ohne Kerne (120 g)
- 1 Spitzpaprika (85 g)
- 1 Stück Essigpeperoni (5 g) 7/4573
- 1 Prise (1/4 TL) Pfeffer
- 2 TL Paprika edelsüß
- 1 MS Zimt
- 20 g Tomatenmark
- 160 g Wasser (davon

Herstellung siehe Vorläufer 12643.

12786. Zwiebel-Relish XVI, August 2020

Vorläufer 12644; 1 Nussmus- und 1 Honigglas

- 500 g rote Gemüsezwiebeln
- 1 Apfel (160 g)
- 2 Knoblauchzehen (eingelegt; 11 g)
- 200 g Rosinen
- 65 g Tomatenketchup
- 1 geh. TL Salz
- 1 Prise gem. Nelken
- 1 MS Zimt
- 1 TL getr. Majoran, zwischen den Händen verrieben
- 150 g Apfelessig
- 100 g Wasser

Relish auf dem Foto rechts

Herstellung im TM. Zwiebeln, Rosinen und Knoblauch zerkleinern (10 Sek./Stufe 6). Nach unten schieben und die restlichen Zutaten zugeben. 55 Min./100 °C/Linkslauf/Stufe 1 ohne Messbecher garen. Sobald es kocht, wenn nötig Garkörbchen als Spritzschutz aufsetzen. Relish in zwei leere Schraubgläser füllen. Sofort verschließen und abgekühlt im Kühlschrank aufbewahren.

12787. Mandelmus ohne Öl, August 2020

- 400 g Mandeln

Zutaten im TM mahlen (10 Sek./Stufe 7). Dann Stufe 6, bis „37 °C" (für Rohkost, sonst 50-70 °C) aufleuchtet. Mixtopf in kaltes Wasser stellen, eine halbe Stunde warten und den Mahlvorgang wiederholen. Dies so oft machen, bis das Mus die gewünschte Feinheit hat.

12788. Auberginen in Linsen-Reis, August 2020

- 15 g Sonnenblumenöl
- 85 g rote Zwiebel, gehackt
- 50 g rote Linsen
- 50 g weißer Reis
- 310 g Wasser
- 170 g Aubergine, in Stücken
- 1 gestr. TL Salz
- 1 Prise Pfeffer
- 1 knapper EL Zitronensaft

Öl erhitzen, Zwiebel darin glasig braten. Linsen und Reis zugeben und ein paar Min. mitanbraten. Wasser zugießen und 10 Min. kochen. Auberginenstück zugeben und weitere 15 Min. auf kleiner Einstellung kochen. Mit Salz, Pfeffer und Zitronensaft abschmecken.

Tipp: *Dazu schmeckt Joghurt.*

12789. Orangeat, August 2020

- Unbehandelte Bio-Orangen, Menge nach Wunsch
- Honig

Orangen waschen und schälen. Mit dem Messer in grobe Stücke schneiden, dann im Zerkleinerer oder Mixer klein schlagen lassen und mit so viel flüssigem Honig verrühren (Verhältnis mindestens 1 Teil Schale zu 1,25 Teilen Honig), dass alles damit gut benetzt ist. Es ist wichtig, dass die Masse nicht zu trocken ist, sonst schimmelt sie.

Ein Honig- oder Marmeladenglas mit kochendem Wasser ausspülen, Masse hineinfüllen. In den Kühlschrank stellen, in den ersten Tagen auf den Kopf gedreht. Hält sich im Kühlschrank locker mehrere Monate (auf 2 Jahre bin ich schon gekommen.

Zitronat wird genauso hergestellt. Besonders apart ist auch Pampelmusat, weil es recht herb ist. Interessante Varianten lassen sich herstellen durch Zugabe von Ingwer, Pfefferminz, Anis u. Ä.

12790. Haselnuss-Schokocreme, August 2020

- 70 g Haselnüsse
- 30 g Kakao
- 100 g Honig
- 70 g Kokosöl (oder Butter)
- 1 TL gem. Vanille

Haselnüsse fein mahlen. Mit den restlichen Zutaten im Mixer gut verschlagen. Wer einen Hochleistungsmixer hat, kann auch alle Zutaten auf einmal verarbeiten. Aber dabei muss man darauf achten, dass die Masse nicht zu heiß wird, sonst sondert sich das Fett ab, das nach einer Ruhepause abgegossen wird. Lässt man das Fett in der Creme stehen, setzt es sich im Kühlschrank weiß ab.

Eine einfache Variante, für das leckere Schlecken zwischendurch ist:

- 1 EL Nussmus
- 1 TL Kakao
- 1-2 TL Honig

Alle Zutaten verrühren. Nach Geschmack noch etwas Sahne einarbeiten.

12791. Nusspaste, August 2020

- 70 g Nüsse (z. B. je 35 g Erdnüsse und 35 g Walnüsse)
- 1 TL Sonnenblumen- oder Nussöl (5 g)

In einem kleinen Mixer mit dem hochstehenden Messer die Nüsse mit dem Öl mehrmals schlagen, zwischendurch die Masse mit einem kleinen Schaber von der Wand lösen. Wer Hochleistungsmixer benutzt, kann größere Mengen Nüsse nehmen und benötigt auch kein Öl – einfach so lange mixen, bis das Mahlgut fein, aber nicht flüssig ist.

- 30 g Macadamianussöl
- 80 g gesalzene geröstete Erdnüsse
- 150 g Cashewnussbruch

Oder

- 350 g Sonnenblumenkerne (Mandeln, Haselnüsse, Walnüsse)

In einem Mixer so lange mixen, bis das Mahlgut fein, aber nicht flüssig ist.

12792. Macadamianussmus, August 2020

- 400 g Macadamianüsse

Nüsse in einen starken Mixer geben. 10 Sek. auf der Höchststufe mahlen, 10 Min. auf mittlerer Stufe mahlen. Wenn das Mus dann noch nicht fein genug ist, nochmals die Höchststufe betätigen, bis die gewünschte Konsistenz erreicht ist. Je nach Mixer ist dringend zu empfehlen, das Gerät zwischendurch abkühlen zu lassen.

Hinweis: Da diese Nüsse sehr ölhaltig und weich sind, lassen sie sich problemlos ohne Zugabe von Öl zu richtig weichem Mus verarbeiten, ohne zu riskieren, dass die Temperatur zu hoch ansteigt.

12793. Cashewnussmus mit Öl, August 2020

- 50 g Nussöl
- 20 g Sonnenblumenöl
- 400 g Cashewnüsse oder Cashewnussbruch

Zutaten in einen Hochleistungsmixer geben (Öl unbedingt zuerst). Langsam durchlaufen lassen, bis alle Nüsse mit Öl bedeckt sind. Dann auf der höchsten Stufe mit Hilfe des Stößels / Spatels mixen, bis sich eine cremige, dickflüssige Masse ergibt.

Hinweis: Das geht auch mit anderen Nusssorten. Die Ölmenge richtet sich nach dem Ölgehalt der Nüsse. Macadamianüsse brauchen viel weniger Öl, Mandeln und vor allem Sonnenblumenkerne dagegen deutlich mehr als in diesem Rezept angegeben. Wer auf Rohkostqualität Wert liegt, muss den Behälter mit der Nussmasse zwischendurch immer wieder in kaltem Wasser oder in einem Eisbad kühlen.

12794. Kühler Kakao (Rohkost), August 2020

- 15 g Kakaonibs
- 15 g Sonnenblumenkerne
- 10 g Buchweizen
- 125 g Pflanzenmilch
- 200 g Wasser

Kakaonibs, Kerne, Getreide und Pflanzenmilch 40 Sek. mit dem flachen Messer, kleiner Mixer durchschlagen. Mit Wasser auffüllen, nochmals durchschlagen.

12795. Kokos-Carobolade, August 2020

- 2 Carobschoten
- 20 g Sonnenblumenkerne
- 20 g Rundkorn-Naturreis
- 20 g Kokosmus (Coconut Butter)
- 250 g kaltes Wasser. Dann in zwei Portionen
- 250 g Eiswürfel hinzufügen, jede Portion 1,5-2 Min. einmixen.

Carobschoten, Sonnenblumenkerne, Reis und Kokosmus mit 250 g kaltem Wasser in den Vitamix geben. Bei steigender Geschwindigkeit mixen, dann auf der Höchststufe 2 Min. laufen lassen. 125 g Eiswürfel hinzugeben, nochmals laufen lassen. Mit der zweiten Portion Eiswürfel wiederholen. Eventuell kalt stellen.

Tipp: Wer keine Carboschoten hat, nimmt 1 EL Carobpulver.

12796. Erdbeershake, August 2020

- 20 g Macadamianüsse
- 100 g Erdbeeren (netto)
- 5 g Zitrone (geschält)
- 250 g Wasser
- 1 TL Honig

Nüsse mit dem flachstehenden Messer im kleinen Mixer mahlen. Erdbeeren, Zitronenstück und 100 g Wasser hinzugeben, gut du^rchmixen. Mit Wasser auffüllen, nochmal durchschlagen. Mit Honig abschmecken. Gläser z. B. mit getrockneten Zitronenscheiben dekorieren.

Dieser Shake lässt sich mit jeder anderen Beerensorte, Ananas, Melone, Banane usw. genauso gut herstellen. Man sollte dann nur bei der Honigzugabe vorsichtig sein, die sich auch nach dem Reifegrad des Obstes richtet. Im Sommer kann man statt Wasser auch Eiswürfel hinzufügen. Die Nusssorte ist beliebig.

12797. Cashew-Eisshake Original, August 2020

- 30 g Cashewnüsse
- 10 g Naturreis
- 20 g Buchweizen
- 1/2 Stange Vanille
- 250 g Wasser
- 250 g Eiswürfel

Cashewnüsse, Reis und Buchweizen zusammen fein mahlen. Dann mit Vanille und Wasser solange mixen, bis die Flüssigkeit lauwarm ist. Eiswürfel hinzugeben und solange schlagen, bis nur noch eine Schaumeismasse obenauf sitzt.

Hinweise: Wer keinen Mixer hat, der stark genug ist, um die Vanillestange fein zu schlagen, kann fertig gekaufte gemahlene Vanille verwenden (1 Messerspitze). Das Getreide lässt sich beliebig austauschen, es gibt jedes Mal eine andere Geschmacksvariante. Wer gerne reine Rohkost möchte, muss die Vanille weglassen und bei den anderen Zutaten auf Rohkostqualität achten.

12798. Aubergine in Aufstrichsoße, August 2020

Gemüse:

- 50 g Zwiebeln, gehackt
- 190 g Aubergine, in Stücken
- 1 Tomate (110 g), klein geschnitten
- 130 g Wasser

Soße:

- 50 g Auberginen-Linsenaufstrich 12779
- 1 TL Salz
- 10 g Sambal Oelek
- 45 g Hafersahne
- 10 g Tomatenmark

Gemüse als Gemüsepfanne 15 Min. (20-cm-Keramik-pfanne) dünsten. Soßenzutaten mit dem Löffel ver-rühren. Unter das Gemüse rühren und aufkochen.

Tipp: Bei mir gab es dazu 50 g Jasminvollkornreis/50 g Mungbohnen/285 g Wasser aus dem Reiskochtopf.

12799. Gefüllter Schokokuchen Trockenfrucht, apri-kotiert, August 2020

Vorläufer: 12723; Springform 26 cm

- 200 g Datteln Deglet Nour
- 100 g Sultaninen
- 200 g Soft-Feigen
- 530 g Wasser
- 150 g Schokolade 99 % (Lindt)
- 45 g Kakaopulver schwach entölt
- 15 g Carobpulver Rohkostqualität
- 200 g Dinkel, gemahlen (Mühle)
- 200 g Dinkelvollkorngrieß
- 1 Prise Salz
- 2 P Weinsteinbackpulver
- 2 EL Rum
- 175 g Apfelmark
- 50 g Mischmus 4 Nuts
- 1 TL Natron
- Füllung: 1 Glas Fruchtaufstrich Kirsch (75 % Frucht)

Guss:

- 40 g Agavendicksaft
- 1 Tafel Vivani 99 % (80 g)
- Mandelblättchen zum Bestreuen.

Aprikotieren:

- 50 g Aprikosenfruchtaufstrich (75 % Frucht)
- 10 g Wasser

Trockenfrüchte in einer Pengdose mit dem Wasser übergießen und über Nacht gut verschlossen stehen lassen. Schokolade im TM zerkleinern (10 Sek./Stufe 4,5). Fruchtmasse mit der Einweichflüssigkeit im TM zu einer glatten Masse pürieren (10 Sek./Stufe 10). Die trockenen Zutaten mischen. Fruchtgemisch, Apfelmark, Nussmus und Rum hinzugeben und mit den Rührhaken eines Handrührgeräts gut vermischen. Schokoladenstückchen unterheben. Die Hälfte vom Teig in eine mit Backpapier überspannte Springform geben. Fruchtaufstrich mit einem Löffel verrühren, auf dem Teig verteilen und mit der zweiten Teighälfte bedecken. In den auf 160 °C (Heißluft) vorgeheizten Ofen einschieben und 38 Min. bei 160 °C backen, 10 Min. im ausgeschalteten Ofen nachbacken. Die Zutaten für das Aprikotieren mit einem Löffel verrühren, in der Mikrowelle erhitzen (1 Min. 640 Watt). Mit einem Pinsel auf den Kuchen auftragen. Kuchen in den Kühlschrank stellen. Für den Guss die Zutaten zusammen schmelzen. Den Kuchen damit bestreichen. Mit Blättchen bestreuen.

12800. Restetasse II, August 2020

Vorläufer 12724; eine 500-ml-Tasse

- 50 g Rest aus dem Thermomix vom ‚Gefüllter Schoko-kuchen Trockenfrucht, aprikotiert' 12799
- 5 g Apfelmus
- 2 TL Caro-Kaffeepulver
- 225 g Hafermilch
- 200 g heißes Wasser

Die Zutaten zusammen im Thermomix erhitzen (5 Min./ 80 °C/Stufe 3) und kurz stark mixen, damit auch vom Rand die Reste mit einbezogen werden (10 Sek./Stufe 10).

12801. Pizza Salami und Zwiebel-Pizza, August 2020

Vorläufer 12783; 2 Portionen; im Bild Zwiebel-Pizza

Teig
- 35 g Dinkel, fein gemahlen
- 200 g Weizen, fein gemahlen
- 20 g Hefe (1/2 Würfel)
- 1 TL Salz
- 3 knappe EL Sonnenblumenöl
- 35 g Joghurt (2 %)
- 85 g Wasser

Belag für beide Pizzen
- Butter für die Formen (2 x 5 g)
- 2 x 1 EL Ketchup
- 1 TL italienische Kräuter
- 1 Tomate (130 g), in sehr dünne Scheiben geschnitten
- 200 g (also 2 x 100 g) Mozzarella, gerieben

Belag Pizza Salami
- 3 dünne Scheiben Salami (40 g)
- 3 dünne Scheiben Putenbraten

Belag Zwiebel-Pizza
- 30 g rote Zwiebel, in hauchdünne Scheiben geschnitten
- 20 g rote Paprika, in feine Streifen geschnitten

Teig im TM kneten (2,5 Min./Knetstufe). Abgedeckt ca. 4 Std. (ab 10 Uhr) im Kühlschrank, danach bei Raumtemperatur gehen lassen. Zwischendurch zweimal kurz durchkneten. Auf zwei Portionen (je 200 g) verteilen. 26-28 cm große Formen einfetten. Ich habe eine 28 cm Form genommen. Teigstück in die Mitte geben und auseinanderdrücken. Nicht bis ganz an den Rand gehen, sondern so lange, wie der Teig sich einfach auseinanderdrücken lässt, ohne zu reißen, und noch einen kleinen Wulst am Rand hat. Ketchup bzw. Ketchupmischung darauf verstreichen, mit Kräutern bestreuen. Tomatenscheiben darauf verteilen. Die jeweiligen Beläge darauf verteilen und mit Käse bestreuen. Ofen (Heißluft) auf 220 °C vorheizen, in der Zeit geht der Teig. Formen einschieben und 12 Min. bei 220 °C backen.

12802. Zwiebel-Senf-Lasagne, August 2020

Vorläufer 12627

Als Gemüsepfanne (20-cm-Alugusspfanne) 15 Min. dünsten:
- 10 g Sonnenblumenöl
- 150 g rote Zwiebel, gehackt
- 1 Tomate (105 g), in Würfeln

Für die Soße zugeben (mit Löffel verrühren):
50 g Hafersahne
- 70 g Auberginen-Linsenaufstrich 12779
- 1 TL Salz
- 25 g Senf

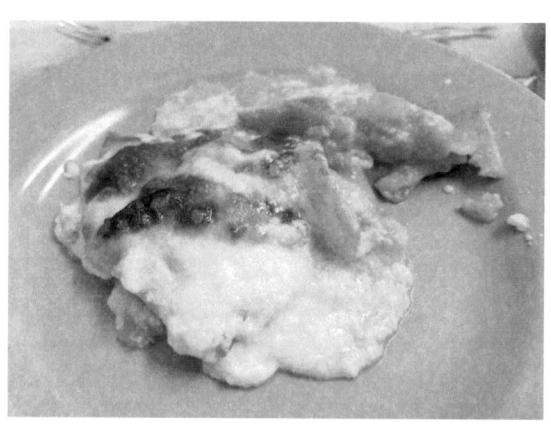

Weiße Sauce (mit Löffel verrühren, kurz aufkochen):
- 125 g Joghurt (2%)
- 20 g Hafersahne
- 1 gestr. TL Salz
- 5 g Speisestärke

Lasagne:
- 4 Vollkornlasagneblätter
- 65 g Mozzarella, gerieben

4 EL Soße in eine Lasagneform geben, darüber ein Lasagneblatt legen. So fortfahren, bis drei Teigblätter und die Soße verbraucht sind. Die Schichten schließen mit Soße. Die vierte Platte auflegen, mit der weißen Sauce übergießen und mit dem Käse bestreuen. Ofen (Heißluft) auf 190 °C vorheizen und 30 Min. bei 190 °C backen.

12803. Pastinakenplatte, August 2020
- 95 g Pastinake
- 50 g Fenchel
- 1 kleine Tomate (70 g)
- 15 g in Öl eingelegter Bärlauch oder 6 frische Blätter
- 15 g Sonnenblumenkerne
- 15 g Selleriecreme 12775
- 15 g Zitronensaft
- 1 Prise Salz
- 2 EL Sonnenblumenöl
- 50 g Wasser
- 1 EL Sonnenblumenkernsprossen

Pastinake in dünne Scheiben schneiden, überlappend in einem Ring auf einen Teller legen. Fenchel (unten von der Knolle) auch dünn schneiden, einen Ring näher an der Tellermitte legen. Tomate in sieben Spalten teilen, am Rand entlang legen. Für das Dressing in einem kleinen Mixer die restlichen Zutaten außer den Sprossen gut verquirlen, einen Teil über das Gemüse gießen, mit Sonnenblumenkernsprossen bestreuen. Rest Dressing getrennt servieren.

12804. Champus-Mangus-Salat, August 2020
- 3 EL Zitronensaft
- 2 EL Sonnenblumenöl
- 4 EL Wasser
- 1 gestr. TL Salz
- Frisch gemahlener schwarzer Pfeffer
- 180 g Champignons
- 120 g Mungbohnensprossen (55 g Rohware; 48 Std.)
- 80 g Kopfsalat
- 1 Tomate (110 g)
- Etwas gehackte Petersilie

Zitronensaft, Öl, Wasser, Salz und Pfeffer in einer Schüssel gut mit der Gabel verquirlen. Champignons in Scheiben schneiden, gut unter das Dressing rühren. Mungbohnensprossen ebenfalls unterrühren. Kopfsalat waschen, trockenschleudern und in Streifen schneiden, unterziehen. In die Mitte eines großen Tellers häufeln. Tomate in Spalten schneiden und an den Rand legen. Mit etwas gehackter Petersilie bestreuen.

12805. Dalgona-Kaffee, 1. Versuch, August 2020
- 2 EL Caro-Kaffeee (extra stark) (10 g)
- 2 EL Rohrohrzucker (30 g)
- 2 EL heißes Wasser

Selbst drei Min. im Vitamix ergaben nur eine Flüssigkeit, keine Creme.

Nach „Meine Familie & ich", 9/2020: „Dabei werden 2 EL Instantkaffee mit 2 EL Zucker und 2 EL heißem Wasser lange gemixt. Es entsteht eine Creme". Ließ sich mit dem Vitamix nicht verkürzen.

12806. Salatplatte mit Sechskorndip, August 2020

Dip:

- 2 EL Sechskorngetreide
- 50 mg Wasser
- 6 g Limettensaft
- 10 g Macadamianussöl
- 10 g gehackter Schnittlauch
- 1 Prise Salz

Salatplatte:

- 25 g Sellerie (netto)
- 55 g Möhre
- 105 g Stangensellerie
- 1/2 Tomate (50 g)
- 55 g Mungbohnensprossen (48 Std. gekeimt)
- 1 Prise Salz
- Frisch gem. schwarzer Pfeffer
- 1 TL Limettensaft (oder Zitronensaft)
- 1 EL Zitronensaft
- 2 EL Sonnenblumenöl
- 2 EL Wasser
- 1 EL Kürbiskernen

Etwa 4 Std. vor dem Essen das Getreide grob schroten und mit dem Wasser verrühren. Bei Raumtemperatur quellen lassen. Dann mit Limettensaft, Öl, Schnittlauch und Salz verrühren und in eine kleine Schüssel füllen.

Für die Salatplatte die Gemüse kleinschneiden. Den Sellerie wenn nötig vorher waschen, die groben Wurzelteile abschneiden bzw. abschälen. Die saubere Schale muss nicht abgeschält werden. Die Gemüse dann nebeneinander auf einen flachen Teller geben, die Mungbohnensprossen in die Mitte schütten. Salz, Pfeffer, Limettensaft, Zitronensaft, Öl und 2 EL Wasser miteinander verquirlen, über das Gemüse gießen. Mit Kürbiskernen bestreuen.

12807. Gemüse mit Rosakichercreme, August 2020

- 115 g Kichererbsensprossen (48 Std.)
- 1 Tomate (100 g), geviertelt
- 1/2-1 TL Salz
- 10 g Apfelessig
- 10 g Sesamöl
- 20 g Sonnenblumenöl
- 1 Knoblauchzehe
- Frisch gem. Pfeffer
- 1 TL gem. Koriander
- 100 g Brokkoli
- 65 g Rotkohl
- 30 g Möhren
- 15 g Porreeringe

Etwa 50 g Kichererbsen über Nacht einweichen, dann noch 36 Std. keimen lassen. In den kleinen Becher eines Mixers geben, und Tomate, Salz, Essig, Sesam- und Sonnenblumenöl, Knoblauchzehe, Pfeffer und Koriander hinzufügen, gründlich pürieren. 50 Sek. sollten reichen. Brokkoli zerkleinern, Rotkohl in Streifen, Möhren in Scheiben schneiden. Das kleingeschnittene Gemüse nebeneinander auf einen großen Teller legen, in die Mitte die Kichererbsencreme setzen. Mit wenigen feinen Porreeringen in der Mitte dekorieren.

12808. Champignon-Kopf-Salat, August 2020

- 100 g Kopfsalat
- 90 g Champignons
- 40 g Möhren
- 50 g Linsensprossen (48 Std. gekeimt)
- 20 g Mandeln
- 1/2 TL Salz
- 20 EL Sonnenblumenöl
- 1 Knoblauchzehe
- 60 g Wasser
- 10 g Porree

Salat waschen und trocken schleudern. Champignons eventuell mit einem Pinsel säubern, genau wie die Möhren in dünne Scheiben schneiden. Salat entweder in kleine Stücke zupfen oder – geht schneller – in Streifen schneiden. Die Linsensprossen hinzugeben. Für das Dressing Mandeln, Salz, Öl, Knoblauch und Wasser in einem kleinen Mixer sehr gut verquirlen (1 Min.), mit den Salatzutaten gut vermischen. Auf einen großen Teller geben, Porree in dünne Ringe schneiden und als Dekoration vor dem Salat ausstreuen.

12809. Tomatenzitronensalat, August 2020

- 100 g Kopfsalat
- 90 g Champignons
- 40 g Möhren
- 50 g Linsensprossen (48 Std. gekeimt)
- 20 g Mandeln
- 1/2 TL Salz
- 20 EL Sonnenblumenöl
- 1 Knoblauchzehe
- 60 g Wasser
- 10 g Porree
- 1 Bio-Zitrone

Die Dressingzutaten in einem kleinen Mixer mit dem hochstehenden Messer gut mixen, bis sich eine glatte, sämige Soße ergibt. Wer nicht gerne scharf isst, sollte nur eine sehr kleine oder halbe Knoblauchzehe nehmen.

Die Zitrone schälen (so wie man das mit einer Apfelsine macht) und eine Hälfte in dünne Scheiben schneiden. Die Tomate ebenfalls in Scheiben schneiden und abwechselnd als Ring auf einen großen Teller legen. Übrig gebliebene Tomate in die Mitte geben. Löwenzahn waschen, mit dem Liebstöckel kleinschneiden. Wer keinen Liebstöckel hat, kann auch Schnittlauch oder Petersilie nehmen. Über dem Teller verstreuen. Mit einem Esslöffel einen Teil des Dressings über den Tomaten usw. verteilen, den Rest getrennt reichen.

Hinweis: Wer diesen Salat genießen will, sollte unbedingt darauf achten, ganz reife Zitronen zu bekommen, sonst wird das zur Tortur. Ich beziehe meine Zitrusfrüchte direkt von einer Quinta in Portugal. Seitdem erst weiß ich, dass Zitronen mir nicht unbedingt den Mund zusammenziehen müssen – sie können richtig lecker sein.

12810. Blumenkohl-Sauerampfersalat mit Erdbeerdressing, August 2020

Marinade:
- 1 EL Sonnenblumenöl (10 g)
- 1 Prise Salz
- Etwas frisch gem. schwarzer Pfeffer
- 15 g Zitronenscheibe
- 25 g Wasser

Gemüse:
- 145 g Blumenkohl (netto)
- 45 g rote Paprika
- 1 Frühlingszwiebel (20 g)
- 25 g Sauerampfer

Dressing:
- 55 g Erdbeeren (netto)
- 20 g Haselnüsse
- 25 g Haselnussöl
- 1 gute Prise Salz
- 2 dünne Scheibchen Ingwer, ungeschält
- 55 g Wasser

Die Marinadezutaten im Mixer verquirlen. Wer statt der Zitronenscheibe Saft nimmt, kann es einfach mit der Gabel verquirlen. Blumenkohl in feine Röschen verteilen (den Strunk für gemischte Salat verwahren), restliches Gemüse waschen und kleinschneiden. In der Marinade gut durchziehen lassen (ca. 10 Min.). Dressingzutaten in einem Mixer verquirlen, etwa 50 Sek. Salat auf einen Teller geben, das Dressing darüber verteilen bzw. dazu reichen.

12811. Waldorfsalat versauert & vergrünt, August 2020

- 110 g Sellerie (netto)
- 20 g Haselnüsse
- 1 kleiner Apfel (95 g)
- 25 g Sauerampfer
- 20 g Zitrone (geschält und ohne Kerne)
- 35 g Haselnussöl
- 35 g Wasser
- 1 gute Prise Salz
- 1 kleiner Apfel (90 g) zur Dekoration.

Zitronenscheibe, Öl, Wasser und Salz in einem kleinen Mixer gut schlagen. In die Küchenmaschine gießen. Sellerie putzen, d.h. die Stücke abschneiden, aus denen sich der Schmutz nicht deutlich lösen lässt. Sellerie ist heute meist schon vorgewaschen, sonst müssen wir ihn gut unter fließendem Wasser abspülen. In 2 x 2-cm-große Stücke schneiden, Apfel achteln (inklusive Kerngehäuse, nur der Stiel wird entfernt). Sauerampfer gründlich waschen und trockenschleudern, vorschneiden. In die Küchenmaschine geben und fein raffeln. Aufpassen, dass es nicht zu Püree wird!

Die Hälfte in eine kleine Glasschüssel drücken und auf einen Teller stürzen. Den zweiten Apfel halbieren, in Spalten schneiden. Die Apfelspalten als Dekoration auf den Teller legen. Wenn das Gericht für Gäste vorbereitet werden soll, empfiehlt es sich, die Äpfel mit Zitronensaft zu beträufeln, damit sie nicht braun anlaufen.

12812. Falsches Hack auf echtem Salat, August 2020

- 3 EL Dinkel (oder Weizen)
- 30 g Walnüsse
- 1 Tomate (120 g)
- 20 g Sonnenblumenöl
- 2 g ganz frischer junger Knoblauch
- 20 g rote Paprika
- 15 g Möhre
- 1 gute Prise Salz
- 15 Rucolapesto wild o. Ä.
- Etwas frisch gem. schwarzer Pfeffer
- 95 g Linsensprossen unterziehen.
- 2 Blatt Eisbergsalat (35 g)
- 60 g Spitzkohl
- Ein paar Lauchringe
- Etwas Petersilie.

Dinkel flocken. Walnüsse in einem kleinen Mixer nicht zu fein hacken. Tomate mit Sonnenblumenöl, Knoblauch, Paprika, Möhrenstück, Salz, Rucolapesto und Pfeffer im kleinen Mixer pürieren. Mit Nüssen und Flocken verrühren, dann noch die Linsensprossen unterziehen. Auf einen Teller die beiden Blätter Salat und den kleingeschnittenen Spitzkohl verteilen. Das falsche „Gehackte" auf 5-6 Häufchen geben. Mit ein paar Lauchringen und etwas Petersilie dekorieren.

12813. Alltagssalat einfaches Dressing, August 2020

- 30 g Mungbohnensprossen
- 1/2 Tomate (40 g)
- 40 g Salatgurke
- 40 g Stangensellerie
- 35 g Möhre
- 5 g Rhabarber
- 20 g Rote Beete
- 30 g Kopfsalat
- 1 EL Zitronensaft
- 1 EL Sonnenblumenöl
- 1/2 TL Salz
- 3-4 EL Wasser

Gemüse nur waschen, wenn es deutlich schmutzig ist. Dressingzutaten mit der Gabel verschlagen. Gemüse kleinschneiden. Salat waschen und trockenschleudern (bei kleinen Mengen geht das in einem Küchentuch), und gut mit dem Dressing mischen. Auf einen großen Teller geben und mit Petersilie bestreuen.

12814. Reis mit Fenchel-Möhrengemüse, August 2020

- 10 g Sonnenblumenöl
- 85 g rote Zwiebel, gehackt
- 50 g Langkornreis
- 90 g Fenchel, gehackt
- 80 g Möhre, gehackt
- 150 g Wasser
- 80 g Auberginen-Linsenaufstrich 12779
- 30 g Hafersahne
- 1 gestr. TL Salz

Öl, erhitzen. Zwiebel und einige Min. später Reis in dem Öl anbraten. Fenchel und Möhre ebenfalls kurz miterhitzen. Wasser zugeben und als Gemüsepfanne 20 Min. garen. Aufstrich, Sahne und Salz verrühren, unter das Gemüse geben und aufkochen.

Hinweis: Wenn die Zeit knapp ist, nutze ich gern auch mal weißen Reis.

12815. Dalgona-Kaffee koffeinfrei, August 2020

- 2 EL Caro-Kaffeee (extra stark)
- 2 EL Ahornsirup
- 2 EL kochend heißes Wasser
- Hirsemilch (o. Ä.)

Rühraufsatz in den Thermomix einsetzen, Zutaten zugeben und mixen (4 Min./Stufe 3). Es ergibt sich eine schöne Creme. Tasse halb mit Hirsemilch füllen, Creme oben draufsetzen.

Ahornsirup ist besser als Rohrohrzucker, zumindest der, den ich kaufe, der löst sich nicht. Schmeckte uns auch gut.

12816. Dalgona-Restkaffee, August 2020

2 mittelgroße Tassen; im TM

- Rest Dalgonacreme (12815) aus dem TM, etwa 2-3 EL
- 250 g Hafermilch
- 200 g Wasser

Zusammen im TM erhitzen (8 Min./80 °C/Stufe 3). Schmeckt auch sehr gut.

12817. Dalgona-Kaffee koffeinfrei II, August 2020

Vorläufer 12815; Zubereitung mit Handrührgerät

- 2 EL Caro-Kaffeee (extra stark)
- 2 EL Ahornsirup
- 2 EL kochendheißes Wasser
- Hafermilch (o. Ä.)

Zutaten in den schmalen Rührbecher geben und mit den Rührbesen 5 Min. auf höchster Stufe mixen. Tasse bis zu 3 cm unter dem Rand mit Hafermilch füllen, obendrauf die Creme setzen.

Hinweis: Ist vom Reinigen her deutlich einfacher als mit dem Thermomix, man muss nur dabei stehen bleiben. Ist sehr schön schaumig geworden!

12818. Pizza Salami-Pute und Tomaten-Pizza, August 2020

Vorläufer 12801; 2 Portionen; im Bild Tomaten-Pizza

Teig

- 235 g Weizen, fein gemahlen
- 20 g Hefe (1/2 Würfel)
- 1 TL Salz
- 3 knappe EL Sonnenblumenöl (20 g)
- 20 g Hirsemilch
- 100 g Wasser

Belag für beide Pizzen

- Butter für die Formen (2 x 5 g)
- 1 EL Ketchup + 15 g Tomatenmark, verrührt
- 1 TL italienische Kräuter
- 1 Tomate (150 g; vorher: 100 g), in sehr dünne Scheiben geschnitten
- 200 g (also 2 x 100 g) Mozzarella, gerieben

Belag Pizza Pute-Salami

- 2 dünne Scheiben Salami
- 4 dünne Scheiben Putenbraten

Belag Tomaten-Pizza

- 100 g Joghurt, verrührt mit
- 1 Prise Salz

Teig im TM kneten (2,5 Min./Knetstufe). Abgedeckt ca. 2 Std. (ab 14.30 Uhr) gehen lassen. Zwischendurch einmal kurz durchkneten. Auf zwei Portionen (je 198 g) verteilen. 26-28 cm große Formen einfetten. Ich habe eine 28 cm Form genommen. Teigstück in die Mitte geben und auseinanderdrücken. Nicht bis ganz an den Rand gehen, sondern so lange, wie der Teig sich einfach auseinanderdrücken lässt, ohne zu reißen, und noch einen kleinen Wulst am Rand hat. Ketchupmischung darauf verstreichen, mit Kräutern bestreuen. 50 g Tomatenscheiben auf der Pute-Salami-Pizza und 100 g Tomatenscheiben auf der vegetarischen Pizza verteilen. Beläge auf den Pizzen verteilen. Mit Käse bestreuen. Ofen (Heißluft) auf 220 °C vorheizen, in der Zeit geht der Teig. Formen einschieben und 12 Min. bei 220 °C backen.

12819. Spitzen-Lasagne, August 2020

Vorläufer 12802; 2 Portionen

Gemüsepfanne (20-cm-Alugusspfanne) 15 Min.:

- 100 g Wasser
- 85 g rote Spitzpaprika, in Streifen
- 245 g Spitzkohl, gehackt,
- 1 Knoblauchzehe, grob gehackt (4 g)
- 1 große Tomate (165 g), gewürfelt

Unterrühren:

- 120 g Auberginen-Linsenaufstrich 12779
- 1/2 TL Salz

Weiße Sauce (mit Löffel verrühren):

- 125 g Joghurt (2%)
- 1 Prise Salz
- 1 Prise getr. Pizzagewürze
- 1 gestr. EL Haferflocken

Fertigstellung:

- 6 Vollkornlasagneblätter
- 150 g Mozzarella, gerieben

Je 2 EL Soße in eine Lasagneform geben, darüber ein Lasagneblatt legen. So fortfahren, bis drei Teigblätter und die Soße verbraucht sind. Auf die oberste Lasagneplatte den Joghurt verteilen. Käse darüber streuen. Ofen (Heißluft) auf 190 °C vorheizen und 30 Min. bei 190 °C backen.

Hinweis: Ich habe die zweite Form nicht mitgebacken, sondern tiefgekühlt. Das Gemüse war zu wenig, eigentlich hätte auf die 3. Teigplatte noch eine Gemüseschicht gehört.

12820. Kohlrabi mit Pilzhack, August 2020

- 1 Kohlrabi (145 g netto, 180 g brutto)
- 2 Tomaten (210 g)
- 90 g Champignons braun
- 25 g Mungbohnensprossen, 48 Std. gekeimt
- 15 g Zitrone (geschält und ohne Kerne)
- 2 EL Olivenöl
- 1 gestr. TL Salz
- Frisch gemahlener Pfeffer
- 1 Blatt Pfefferminz getr.
- 4-8 schwarze Oliven
- 1 EL gehackter Dill

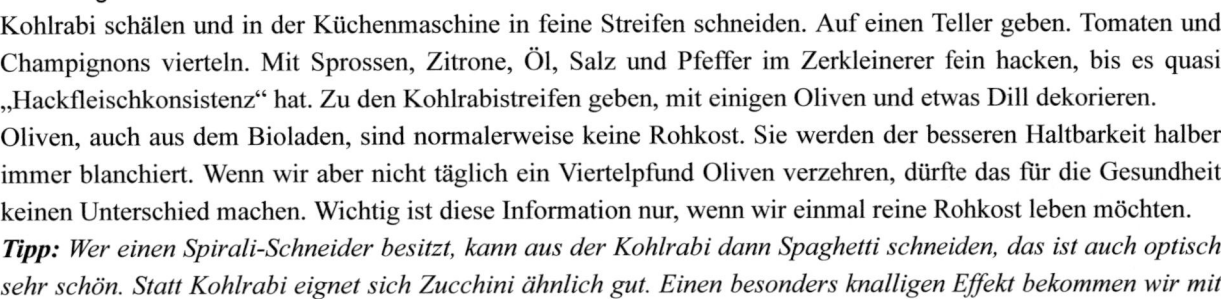

Kohlrabi schälen und in der Küchenmaschine in feine Streifen schneiden. Auf einen Teller geben. Tomaten und Champignons vierteln. Mit Sprossen, Zitrone, Öl, Salz und Pfeffer im Zerkleinerer fein hacken, bis es quasi „Hackfleischkonsistenz" hat. Zu den Kohlrabistreifen geben, mit einigen Oliven und etwas Dill dekorieren.

Oliven, auch aus dem Bioladen, sind normalerweise keine Rohkost. Sie werden der besseren Haltbarkeit halber immer blanchiert. Wenn wir aber nicht täglich ein Viertelpfund Oliven verzehren, dürfte das für die Gesundheit keinen Unterschied machen. Wichtig ist diese Information nur, wenn wir einmal reine Rohkost leben möchten.

Tipp: Wer einen Spirali-Schneider besitzt, kann aus der Kohlrabi dann Spaghetti schneiden, das ist auch optisch sehr schön. Statt Kohlrabi eignet sich Zucchini ähnlich gut. Einen besonders knalligen Effekt bekommen wir mit Roter Beete.

12821. Pilzhaschee mit Tomatenschaum, August 2020

Haschee:
- 40 g Sellerie netto
- 110 g Champignons
- 40 g Möhre netto
- 2 TL Zitronensaft
- 1 Prise Salz
- 3 EL Rotkornweizen (oder ein beliebiges anderes Getreide)
- 2 EL Wasser
- 1 Blatt Chinakohl (30 g)

Tomatenschaum:
- 1 Tomate (85 g)
- 1 EL Zitronensaft (10 g)
- 20 g Selleriecreme 12775
- 15 g Sonnenblumenöl
- 1 Prise Salz und
- 15 g Sonnenblumenkerne
- 4 g Grün von Porree

Sellerie von Schmutzstücken befreien. Sellerie, Champignons und Möhre grob vorschneiden. In einem Zerkleinerer mit Zitronensaft und Salz fein raffeln. Dann den Rotkornweizen mittelfein schroten, mit Gemüse und Wasser verrühren.

Das Chinakohlblatt auf einen Teller legen, das Haschee mit einem Esslöffel hineinfüllen. Für den Tomatenschaum die Tomate in einem kleinen Mixer mit Zitronensaft, Selleriecreme, Öl, Salz und Sonnenblumenkernen sehr gut durchmixen. Die Masse wird dickflüssig und schaumig. Mit einem Esslöffel den Schaum in Nocken neben das Haschee setzen. Von einer Porreestange das Grün in feine Streifen schneiden und als Dekoration darüber streuen.

Hinweis: Auch andere Kohlsorten lassen sich mit einer solchen Masse füllen. Rotkohl ist da etwas ungewohnt, jedoch sehr lecker, vor allem wenn man dann in die Füllung noch kleine Obststücke wie Ananas gibt. Je nach Qualität der Zutaten ist dies ein Rohkostgericht.

12822. Gefüllte Riesenchampignons an Paprikaspiegel, August 2020

- 2 große Champignons (180 g)
- 2 EL Sechskorngetreide
- 30 ml Wasser
- 1 Prise Salz
- 1 EL Sesamöl
- 2 TL Zitronensaft
- 1 EL geh. frischen (oder getr.) Liebstöckel.
- 60 g Spitzkohlblätter
- 50 g Sonnenblumenkernsprossen
- 35 g Paprika
- 10 g Zitronensaft
- 1 Prise Salz
- 2 EL Sonnenblumenöl
- 20 g Sonnenblumenkerne
- 60 g Wasser
- 1 Zweig Liebstöckel als Deko

Die beiden Champignons ggf. sauber bürsten. Pilze niemals mit Wasser waschen! Die Stiele herausdrehen und die Pilze mit der Öffnung nach oben auf einen Teller stellen. Falls sie nicht fest stehen, unten etwas abschneiden. Das Getreide schroten, mit Wasser, Salz, Öl, Zitronensaft verrühren. Den Liebstöckel fein hacken und unterrühren. Den Spitzkohl mit den Champignonstielen im Zerkleinerer fein raffeln, mit den Sprossen ebenfalls unter das Getreide rühren. Die Masse in die beiden Champignons füllen, dabei oben einen kleinen Hügel bilden.

Für die Soße Paprika, Zitronensaft, Salz, Sonnenblumenöl, Sonnenblumenkerne und 60 g Wasser in einem kleinen Mixer eine Minute pürieren, die Masse ist dann glatt. Um die Pilze herum auf den Teller gießen und mit einem Zweig Liebstöckel dekorieren.

12823. Gefüllte Zucchini, August 2020

- 30 g Sechskorngetreide
- 50 g Wasser
- 1/2 Zucchini (125 g), längs durchgeschnitten
- 20 g Mungbohnensprossen (48 Std.)
- 20 g Sonnenblumenkernsprossen (48 Std.)
- 25 g Schnittlauch
- 5 g Zitrone, geschält
- 1 EL Olivenöl
- 1 gute Prise Salz
- Etwas frisch gem. schwarzer Pfeffer
- 40 g dünne Möhrenscheiben
- 1 EL geh. Petersilie

Das Getreide mittelgrob schroten, mit 50 g Wasser verrühren und mindestens 4 Std. quellen lassen. Zucchini gut auslöffeln, die herausgenommene Füllung wiegt ca. 50 g. Leere Zucchinihülle auf einen großen Speiseteller legen. Sprossen mit Schnittlauch, Zitrone, Öl, Salz und Pfeffer zu einer Paste vermischen (kleiner Mixer). Mit dem Getreide verrühren und in die Zucchinihülle füllen.

Teller mit Möhrenscheiben und Petersilie bestreuen. Falls die Zucchini nicht fest auf dem Teller steht, können einige Möhrenscheiben die Zucchini stützen.

Tipp: Tomaten, Paprika, große Champignons lassen sich ähnlich füllen.

12824. Steckrübenpizza (Rohkost), August 2020

2 Portionen
- 155 Steckrübe
- 25 g Rotkornweizen (oder anderes Getreide)
- 25 g Mandeln
- 2 EL Sonnenblumenöl
- 2 Prisen Salz

- 1 Knoblauchzehe
- 1 dünne Scheibe Ingwer
- 3 Tomaten (310 g)
- 2 TL Pizzakräuter
- 60 g Sonnenblumenkerne
- 50 g Sonnenblumenöl
- 30 g Zitronensaft
- 1 gestr. TL Salz
- 1 kleine Knoblauchzehe
- 155 g Wasser

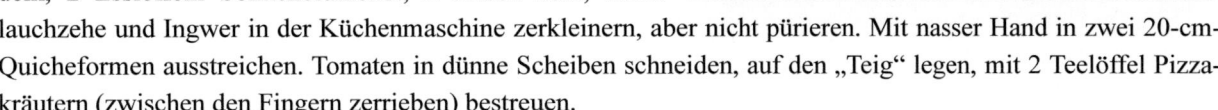

Rotkornweizen flocken und zusammen mit Steckrübe, Mandeln, 2 Esslöffeln Sonnenblumenöl, 2 Prisen Salz, Knoblauchzehe und Ingwer in der Küchenmaschine zerkleinern, aber nicht pürieren. Mit nasser Hand in zwei 20-cm-Quicheformen ausstreichen. Tomaten in dünne Scheiben schneiden, auf den „Teig" legen, mit 2 Teelöffel Pizzakräutern (zwischen den Fingern zerrieben) bestreuen.

Dann für die Soße im großen Becher eines kleinen Mixers Sonnenblumenkerne, 50 g Sonnenblumenöl, Zitronensaft, 1 gestr. TL Salz, 1 kleine geschälte Knoblauchzehe und 155 g Wasser wirklich glatt mixen (volle Minute). Die Soße ist reichlich, eventuell lassen sich die Reste am nächsten Tag für ein Salatdressing weiterverwenden. Je 5-6 EL Soße auf den Tomaten verteilen, möglichst noch eine Weile kalt stellen.

Hinweis: Rohkost- bzw. Frischkostpizzen sind eine Hauptmahlzeit für sich und sättigen gut. Außerdem sind sie für Gäste eine tolle Überraschung, was wir alles roh genießen können!

12825. Kleine rote Pizzen (Rohkost), August 2020

2 Personen

Teig:

- 30 g Haselnüsse
- 55 g Sechskorngetreide
- 65 g Wasser
- 95 g Pastinake
- 15 g Petersilie
- 2 TL Walnussöl
- 1 Prise Salz

Belag 1:
- 2 Tomaten (225 g)
- Etwas Salz
- 2 Prisen Pizzagewürz

Belag 2:
- 15 g Zitronensaft
- 35 g rote Paprika
- 1/2 TL Salz
- 15 g Möhren
- 1 kleinere Knoblauchzehe
- 30 g Sonnenblumenöl
- 30 g Cashewnüsse
- 100 g Wasser
- 1-2 EL geh. Schnittlauch

Haselnüsse 8-12 Std. in Wasser (bedeckt) einweichen. Sechskorngetreide mit 65 g Wasser verrühren 4-6 Std. lang quellen lassen.

Pastinake mit Petersilie, Walnussöl, 20 g der abgetropften Haselnüsse und 1 Prise Salz im Zerkleinerer fein raffeln. Die Masse auf zwei kleine Quicheformen (20 cm Durchmesser) verteilen, flachdrücken. Tomaten in dünne Scheiben schneiden, auf den „Teig" legen, mit etwas Salz und Pizzagewürz (zwischen den Fingern verrieben) bestreuen. Die restlichen, abgetropften Haselnüsse mit Zitronensaft, Paprika, Salz, Möhren, Knoblauchzehe, Cashewnüssen und 100 g Wasser 1 Minute lang mixen. Ein paar Min. stehen lassen, damit die Masse nachdickt. Dann auf den Pizzen verteilen. Mit Schnittlauch bestreuen.

12826. Wirsing-Meerrettich-Rouladen (Rohkost), August 2020

- 2 EL Sechskorngetreide (40 g)
- 60 g Wasser
- 2 kleine zarte Wirsingblätter (zusammen ca. 25 g)
- 70 g Möhre
- 1 kleiner Apfel (125 g)
- 50 g Sellerie (netto)
- 1 EL Zitronensaft
- 1 Prise Salz
- 1 TL Meerrettich (ohne Zusatzstoffe)

Soße:
- 50 g der Füllung
- 20 g Petersilienstängel
- 25 g Kürbiskerne
- 5 g Zitronensaft
- 1/2 TL Salz
- frisch gem. schwarzer Pfeffer
- 30 g Sonnenblumenöl
- 80 g Wasser

Sechskorngetreide schroten und ca. 4-6 Std. in 60 g Wasser einweichen. Die Wirsingblätter waschen.

Möhre, Apfel und Sellerie etwas vorschneiden und mit Zitronensaft und 1 Prise Salz im Zerkleinerer raffeln. Mit Schrot und Meerrettich gut verrühren. 50 g abnehmen und in einen kleinen Magic-Becher geben. Die beiden Blätter füllen, zu einer Roulade drehen. Auf einen großen Teller setzen und in der Mitte durchschneiden. Restliche Füllung zu kleinen Pyramiden formen und auch auf den Teller setzen. Für die Soße die 50 g Füllung mit Petersilienstängel, Kürbiskernen, Zitronensaft, ½ TL Salz, Pfeffer, Sonnenblumenöl und Wasser in einem kleinen Mixer zu einer glatten, dickflüssigen Soße verschlagen. Einen Teil auf den Teller geben, den Rest erst später (das sieht dann so hübscher aus).

Tipp: *Wer es lieber etwas orientalisch mag, nimmt statt des Meerrettichs nach Geschmack ein wenig Chilipulver oder frischen Chili und würzt die Füllung mit Cumin.*

12827. Mischhummus mit Süßkartoffel (Rohkost), August 2020

- 45 g Linsensprossen (48 Std.)
- 45 g Mungbohnensprossen (48 Std.)
- 1 Scheibe Zitrone (ohne Schale), 15 g
- 25 g Olivenöl
- 1 gute Prise Salz
- frisch gem. Pfeffer
- 25 g Rübstiel
- 110 g Süßkartoffel
- 10 g Schnittlauch
- 1 gute Prise Salz
- 1 TL Haselnussöl

Sprossen, mit Zitrone, Öl und Salz in einem kleinen Mixer zu einer Paste verarbeiten. Rübstiel waschen, kleinschneiden und auf einem Teller ausbreiten. Süßkartoffel waschen, in grobe Stücke schneiden. Mit Schnittlauch, Salz und Haselnussöl im Zerkleinerer fein raffeln. In zwei Bergen auf den Rübstiel setzen. Hummus in einer kleinen Schale dazu stellen.

Hinweise: *Wer keinen Rübstiel bekommt, nimmt Kopfsalat oder Chicorée. – Hummus ist ein arabisches Gericht, das aus gekochten Kichererbsen hergestellt wird. Dies lässt sich auch gut auf gekeimte Hülsenfrüchte in verschiedenen Variationen übertragen. Hummus wird getrennt serviert, wer will, kann es glatt streichen und oben einen Esslöffel Olivenöl aufträufeln.*

12828. Brokkoli-Sellerie-Hügel mit Linsensoße (Rohkost), August 2020

- 145 g Brokkoli-Strunk
- 70 g Sellerie (ungeschält, aber ohne Wurzeldreck)
- 2 TL Zitronensaft
- 2 TL Macadamianussöl
- Eine gute Prise Salz
- 25 g Kürbiskerne
- 10 g Zitronensaft
- 1 Prise Salz
- 20 g Macadamianussöl
- 80 g Linsensprossen (von Rohware 50 g, 48 Std. gekeimt)
- 75 g Wasser
- 20 g Möhrenscheiben
- einige Linsensprossen
- 2-3 TL Kürbiskerne („normal" keine Rohkost)

Den Brokkoli grob zerteilen. Sellerie nur dort schälen, wo der Dreck nicht abgewaschen werden kann bzw. die schmutztragenden Wurzelteile zu tief in den Sellerie gewachsen sind. Das Gemüse mit dem Zitronensaft, 2 TL Öl und einer Prise Salz im Zerkleinerer raffeln. Eine kleine Glasschüssel kalt ausspülen, die Masse hineinpressen und auf einen Teller stürzen.

Die Soße in einem kleinen Mixer herstellen: Kürbiskerne, Zitronensaft, Salz, Öl, 50 g Linsensprossen und Wasser sehr gut durchmixen und auf dem Teller verteilen. Mit Möhrenscheiben, Linsensprossen und Kürbiskernen dekorieren. Die restlichen Linsensprossen getrennt dazu reichen.

Hinweis: Brokkoli-Strunk ist genießbar. Blumenkohlgrün und auch Kohlrabiblätter schmecken gekocht, entsprechend kleingeschnitten mundet eben auch ein Strunk, sei es von Brokkoli oder anderem Kohl.

12829. Fenchelblume, August 2020

- 50 g Fenchel
- 20 g Rhabarber
- 90 g Möhre
- 20 g Haselnüsse
- 1 Prise Salz
- 1 TL Selleriecreme 12775
- 35 g Rotkornweizen
- 2 TL Zitronensaft
- 3 EL Wasser
- 2 EL Sonnenblumenöl
- 1 Prise Salz
- 4 schräge Möhrenscheiben
- 4 Haselnüsse

Von einer Fenchelknolle von unten 4 dünne Scheiben abschneiden, strahlenförmig auf einen Teller legen. Rhabarber, Möhre, Nüsse, Salz und Selleriecreme in einem Zerkleinerer fein raffeln. Rotkornweizen schroten, mit Zitronensaft, Wasser und Öl verrühren. Nochmals mit Salz abschmecken, auf die Mitte des Fenchels geben. Möhrenscheiben in die Zwischenräume legen und die Haselnüsse auf den Fenchelscheiben verteilen.

12830. Joghurtdressing, August 2020

2 Portionen

Mit einer Gabel verquirlen:

- 6 EL Wasser
- 2 EL Zitronensaft
- 1 EL Öl
- 60 g Joghurt
- 2 Prisen Salz
- 1 TL Ahornsirup

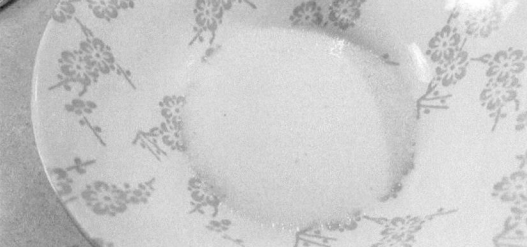

12831. Joghurt-Mischbrot II, August 2020

Vorläufer 12655

Stufe 1 (12 Std. vorher):

Sauerteigansatz:

- 400 g Roggen
- 410 g Wasser
- 150 g Sauerteig

Stufe 2 (bei mir Morgen):

- 100 g Roggen
- 325 g Weizen, fein gemahlen
- 1 EL Brotgewürz gem. (Brecht)
- 20 g ungeröstete Sesamkörner
- 80 g geröstete Sesamkörner
- 15 g Salz
- 170 g Wasser
- 140 g Joghurt 2 %
- 1/4 Würfel frische Hefe (10 g)
- ca. 800 g Sauerteigansatz
- 20 g Butter für die Form

Stufe 1: Roggen fein mahlen, mit Wasser und altem Sauerteig mischen. In einer Plastiktüte über Nacht stehen lassen. 150 g von der Stufe 1 abnehmen und in einem gut schließenden Schraubglas in den Kühlschrank stellen für das nächste Backen.

Stufe 2: Getreide mahlen (Vorabend). Backmorgen: Hefe in einem Teil des Wassers auflösen. Zutaten (außer der Butter) mit einem großen Löffel gründlich verrühren, bis kein Mehl mehr sichtbar ist. Eine 30-cm-Brotform, Profi-Email von Dr. Oetker, gut einfetten. Teig hineingeben, mit der nassen Hand herunterdrücken und glattstreichen. Mit einem scharfen Messer kreuzweise einschneiden. Form im kalten Ofen etwa 90 Min. gehen lassen. Ofen auf 190 °C aufheizen, das Brot ist dabei im Ofen. Backzeit 65 Min., im ausgestellten Ofen 10 Min. nachbacken.

12832. Joghurtdressing wie aus Restaurant, August 2020

2 Portionen

- 2 TL Mayonnaise vegan
- 2 EL Joghurt
- 2 TL Ahornsirup
- 3-4 EL Wasser

Mit einer Gabel verquirlen.

12833. Gespitzter weißer Reis, August 2020

- 50 g Langkornreis
- 120 g Wasser
- 170 g Spitzkohl, klein geschnitten
- 100 g grüne Paprika, gewürfelt
- 1 große Knoblauchzehe, gewürfelt (8 g)
- 1 Prise Salz
- 15 g Butter

Aus den Zutaten ohne Butter eine Gemüsepfanne (24-cm-Alugusspfanne, 20 Min.) zubereiten. Das Wasser ist aufgrund des Pfannendurchmessers komplett aufgebraucht. Butter unterziehen.

12834. Schokoladiger Freitag, August 2020

2 x Frühstück

- 40 g getr. Mango
- 30 g Cashewkerne
- 1 EL Kakaobnis
- 260 g Wasser

Zutaten zusammen in einer Schüssel 1-2 Std. quellen lassen. Im Vitamix pürieren.

- 6 EL Haferflocken
- Etwas kochendes Wasser
- 400 g Obstpüree aus Banane, Erdbeeren, Nektarine und Trauben
- 2 EL Joghurt
- 2 Erdbeeren

Haferflocken auf zwei Schüsselchen verteilen, mit etwas kochendem Wasser übergießen. Mangomasse darüber verteilen. Obstpüree von einer Seite aus „angießen", so dass wie ein Halbmond noch etwas schokoladige Mango-creme zu sehen ist. Mit je einer Erdbeere und dem Joghurt dekorieren.

12835. Joghurtdressing Restaurant Vorrat, August 2020

2 Portionen

- 40 g Mayonnaise vegan
- 100 g Joghurt
- 25 g Ahornsirup
- 6 EL Wasser
- 1 gute Prise Salz

In ein Schraubglas geben, mit einer Gabel verquirlen und im geschlossenen Glas schütteln.

12836. Schlichtmischbrot, August 2020

Vorläufer 12831

Stufe 1 (12 Std. vorher):
Sauerteigansatz:

- 400 g Roggen
- 410 g Wasser
- 150 g Sauerteig

Stufe 2 (bei mir Morgen):

- 100 g Roggen
- 325 g Weizen, fein gemahlen
- 1 EL Brotgewürz gem. (Brecht)
- 100 g Sonnenblumenkerne
- 15 g Salz
- 300 g Wasser
- 1 EL Ahornsirup
- 1/4 Würfel frische Hefe (10 g)
- ca. 800 g Sauerteigansatz
- 20 g Butter für die Form

Stufe 1: Roggen fein mahlen, mit Wasser und altem Sauerteig mischen. In einer Plastiktüte über Nacht stehen lassen. 150 g von der Stufe 1 abnehmen und in einem gut schließenden Schraubglas in den Kühlschrank stellen für das nächste Backen. **Stufe 2:** Getreide mahlen (Vorabend). Backmorgen: Hefe in einem Teil des Wassers auf-lösen. Zutaten (außer der Butter) mit einem großen Löffel gründlich verrühren, bis kein Mehl mehr sichtbar ist. Eine 30-cm-Brotform, Profi-Email von Dr. Oetker, gut einfetten. Teig hineingeben, mit der nassen Hand herunterdrücken und glattstreichen. Mit einem scharfen Messer mehrmals schräg einschneiden. Form im kalten Ofen etwa 90 Min. gehen lassen. Ofen auf 190 °C aufheizen, das Brot ist dabei im Ofen. Backzeit 65 Min., im ausgestellten Ofen 10 Min. nachbacken.

12837. Marokkanischer Möhrensalat, August 2020

2 Portionen als Beilage

- 265 g Möhren, in Stücken vorgeschnitten
- 45 g rote Paprika, vorgeschnitten
- 1 große Zehe Knoblauch (8 g)
- 1,5 EL Sonnenblumenöl
- 1 gestr. TL Salz
- 1/4 TL Kreuzkümmel
- 1/2 TL Sambal
- 1 TL Ahornsirup
- 2 EL Zitronensaft
- 5 Trauben, längs halbiert
- 2 TL Cashewbruch

Möhren und Paprika im TM-Mixtopf zerkleinern (5 Sek./Stufe 5) und umfüllen. Knoblauch zerkleinern (3 Sek./Stufe 7), herunterschieben und Öl zugeben. Andünsten (2 Min./Varoma/Stufe 1). Gewürze, Ahornsirup und Zitronensaft zugeben und mischen (10 Sek./Stufe 5). Möhren zugeben und untermischen (10 Sek./rückwärts/ Stufe 1 und 10 Sek./rückwärts/Stufe 2).

Auf zwei Schüsselchen verteilen und mit Traubenhälften und Cashewbruch dekorieren.

12838. Gazpacho, August 2020

- 1 Tomate (100 g)
- 20 g Spargel (netto) oder Zucchini
- 55 g Salatgurke
- 55 g Kohlrabi
- 20 g Olivenöl
- 1 gestr. TL Salz
- 1 Scheibe Zitrone (10 g)
- 1 kleine Knoblauchzehe
- 200 g Wasser
- 20 g Zucchini
- 20 g Sonnenblumenkerne (48 Std. gekeimt)

Spargel schälen, Kohlrabi wenn nötig schälen. Gemüse grob zerkleinern und in einem starken Mixer pürieren. Wasser hinzugeben und mischen. Ich esse es lieber direkt, weil sich sonst ein Bodensatz abtrennt. Zucchini würfeln, mit den gekeimten Kernen auf die Suppe streuen.

Hinweis: Die Zugabe von Kohlrabi macht die Suppe nahrhafter. Grundsätzlich funktioniert das mit allen Gemüsen, man sollte nur darauf achten, dass sie nicht zu stark färben.

12839. Spargelcremesuppe, August 2020

- 30 g Hirse
- 20 g Cashewnüsse
- 25 g Zitrone (Fleisch, ohne Schale),
- 175 g ungeschälter Spargel, in Stücke vorgeschnitten
- 200 g Wasser
- 1/2 TL Salz
- 200 g Wasser

Hirse mit den Cashewnüssen Vitamix Gerät mahlen. Zitrone, ungeschälte Spargel, in Stücke vorgeschnitten, Wasser und Salz hinzugeben, sehr gut durchmixen. Darauf achten, dass die gemahlene Hirse unten nicht festklebt. Nochmals Wasser hinzugeben und gut lauwarm laufen lassen.

Hinweis: Wer keinen Hochleistungsmixer hat, mahlt Nüsse und Getreide im Mixer, schält den Spargel, schneidet klein und mixt dann mit steigender Wassermenge. Diese Suppe ist optisch und geschmacklich ein Hochgenuss! Ein paar Gänseblümchen oder Löwenzahn geben als Dekoration den besonderen Pfiff. Je nach Qualität der Zutaten eine Rohkost. Besonders „kritisch" sind hier die Cashewnüsse.

12840. Fenchelsuppe mit Klößchen (Rohkost), August 2020

Klößchen:
- 35 g Getreide
- 40 g Wasser
- 1 Prise Curry
- 1-2 Prisen Salz
- 5 g Walnüsse
- 15 g Kürbiskerne
- 1 EL Nackthafer
-

Suppe:
- 140 g Fenchel (mit Grün)
- 1 kleine Knoblauchzehe, geschält
- 2 dünne Scheiben Ingwer, ungeschält (1-2 g)
- 1 Scheibe geschälte Zitrone (15 g)
- 1 EL Haselnussöl
- 2 Prisen Salz
- frisch gem. schwarzer Pfeffer
- Deko: 1 EL gehackter Schnittlauch
- Deko: 10 dünne Möhrenscheiben

Etwa 4 Std. vor dem Essen das Sechskorngetreide schroten, mit 40 g Wasser verrühren und abgedeckt quellen lassen (nicht im Kühlschrank). Dann die Nüsse mahlen, den Hafer flocken und alles zusammen verrühren und quellen lassen. Zwischen den feuchten Händen walnussgroße Klößchen formen (gibt etwa 6 Stück). Für die Suppe alle Zutaten in einen starken Mixer geben und gut durchmixen. Etwa die Hälfte auf einen Suppenteller geben, drei Klößchen hineinsetzen, mit Schnittlauch und Möhrenscheiben verzieren.

12841. Tomatensuppe Rot vor Wut (Rohkost), August 2020

- 2 Tomaten (200 g)
- 20 g Haselnüsse
- 1 Scheibe Zitrone geschält (20 g)
- 1 EL Haselnussöl (oder ein anderes hochwertiges Öl)
- 200 g Wasser
- 55 g Rote Beete
- 35 g Banane (netto)
- 1 gestr. TL Salz
- frisch gem. Pfeffer
- 200 g Wasser
- Deko: Dill, Buchweizen, Mungbohnensprossen

Alle Zutaten in einen leistungsstarken Mixer geben und auf der Höchststufe gut durchmixen, eventuell bis die Flüssigkeit lauwarm ist. Einen Teller füllen und mit grob gehacktem schwarzen Pfeffer und Dill / Buchweizen und Dill dekorieren.

12842. Roggen-Kohlrabisuppe, August 2020

- 30 g Mandeln
- 30 g Wasser
- 2 Knoblauchzehen
- 4 g Ingwer
- 100 g Roggenkeime (von 3 EL Rohware, 48 Std. gekeimt)
- 1 kleine Kohlrabi, 200 g
- 60 g Sellerie
- 1 TL Salz
- 10 g Sonnenblumenöl
- 275 g Wasser

Kohlrabi nicht nur grobe Schalenstellen entfernen. Genauso mit der Sellerie verfahren und dann das Gemüse grob vorschneiden. Alle Zutaten in einen Hochleistungsmixer geben und mixen, bis sich eine homogene glatte Masse ergibt, in der die Roggenkeime aber noch als kleine Pünktchen sichtbar sind. Einen Suppenteller füllen (insgesamt ergibt das zwei Teller voll) und mit Kohlrabigrün dekorieren.

12843. Mischnussbrot, August 2020

- 50 g Cashewnüsse
- 50 g Mandeln
- 50 g Walnüsse
- 50 g Haselnüsse
- 1/2 TL Koriander gemahlen
- 1 TL Paprika edelsüß
- 50 g Buchweizen
- 1/2-1 gestr. TL Salz
- 1 EL Sonnenblumenöl
- 70 g Wasser
- 60 g Roggen

Wer nur einen kleinen Mixer hat, mahlt die Nüsse jeweils einzeln. Das geht rasch. Ansonsten zusammen fein mahlen. Roggen flocken. Die trockenen Zutaten ohne den Roggen gut miteinander vermischen.

Öl und Wasser hinzugeben und mit einem Löffel gut durchrühren, sodass sich eine formbare Masse ergibt. Dann die Flocken unterkneten. Auf einem Brettchen einen kleinen Leib formen, oben schräg 3- bis 4-mal einschneiden. In Pergamentpapier (oder Folie) einwickeln und mindestens 1 Std. im Kühlschrank kalt stehen lassen.

12844. Wirsing-Steckrübenknäcke (Rohkost), Aug. 2020

- 50 g Hirse
- 50 g Mandeln
- 250 g Steckrübe netto
- 115 g Wirsingblätter
- 1 Knoblauchzehe
- 1 EL Zitronensaft
- 1 TL Salz
- 1 TL gem. Koriander
- 50 g Sonnenblumenöl
- 1 kleiner Apfel (110 g)

Hirse fein mahlen. Gemüse grob vorschneiden, Apfel vierteln.

Alle Zutaten in einen Hochleistungsmixer geben und mit dem Stößel zu einer glatten Paste verarbeiten. Mit einem Spatel dünn auf Folien auftragen, mit dem nassen Spatel Stücke vorziehen und 24 Std. bei 40 °C trocknen. Dann umdrehen, nochmals 6 Std. trocknen.

Tipps: Wer keinen Hochleistungsmixer hat, zerkleinert die Zutaten einzeln bzw. portionsweise und mixt sie dann gut in einem Mixer. Statt Hirse eignet sich auch Naturreis.

12845. Sellerieknäcke leicht scharf (Rohkost), Aug. 2020

- 75 g Hirse
- 50 g Mandeln
- 50 g Selleriecreme 12775
- 50 g Bärlauch eingelegt in Öl oder frisch
- 20 g Rhabarber
- 130 g Steckrübe netto
- 275 g Sellerie
- 1 Knoblauchzehe
- 1 TL Salz
- 30 g Sonnenblumenöl
- 1 kleiner Apfel (110 g)

Hirse fein mahlen. Gemüse grob vorschneiden, Apfel vierteln. Alle Zutaten in einen Hochleistungsmixer geben und mit dem Stößel zu einer glatten Paste verarbeiten. Mit einem Spatel dünn auf Folien auftragen, mit dem nassen Spatel Stücke vorziehen und 24 Std. bei 40 °C trocknen. Dann umdrehen, nochmals 6 Std. trocknen.

Tipps: Ohne Hochleistungsmixer ergibt sich eine etwas gröbere Struktur. Ohne die Selleriecreme (stattdessen 10 g Öl mehr nehmen) wird es nicht so scharf.

12846. Petersilienwurzelknäcke (Rohkost), August 2020

- 100 g Dinkel
- 40 g Mandeln
- 165 g Petersilienwurzel (netto)
- 1 Kohlrabi (245 g); mit Schale
- 1 Zucchini (140 g)
- 1 Knoblauchzehe
- 1 TL Salz
- 1 TL gem. Koriander
- 65 g Sonnenblumenöl
- 1 kleiner Apfel (125 g)
- ca. 4 EL Sonnenblumenkerne

Dinkel fein mahlen. Gemüse waschen und grob vorschneiden, Apfel vierteln. Alle Zutaten in einen Hochleistungsmixer geben und mit dem Stößel zu einer glatten Paste verarbeiten. Mit einem Spatel auf zwei Folien auftragen und mit Sonnenblumenkernen bestreuen. Mit dem nassen Spatel Stücke vorziehen und 24 Std. bei 40 °C trocknen. Dann umdrehen, nochmals 6 Std. trocknen.

12847. Rote-Bete-Knäcke (Rohkost), August 2020

- 50 g Öl
- 30 g Apfelessig
- 1 geh. TL Salz
- 1 TL Koriander gemahlen
- 1/2 TL Cumin
- 75 g Hirse
- 100 g Dinkelsprossen (von ca. 60 g Dinkel, 48 Std. gekeimt)
- 75 g goldener Leinsamen
- 315 g Rote Beete
- 40 g Rhabarber
- 2 Knoblauchzehen
- 140 g Sellerie
- 1 Apfel (100 g)
- 2 EL Sonnenblumenkerne
- 2 EL Mohn
- 2 EL goldener Leinsamen

Hirse fein mahlen. Gemüse ggf. waschen, und grob vorschneiden, Apfel vierteln. Knoblauchzehen schälen. Alle Zutaten in einen Hochleistungsmixer geben und mit dem Stößel zu einer glatten Paste verarbeiten. Mit einem Spatel auf drei Folien auftragen. Mit dem nassen Spatel Stücke vorziehen und jeweils mit Sonnenblumenkernen, Leinsamen und Mohn bestreuen. 12 Std. bei 40 °C trocknen, umdrehen, nochmals 12 Std. trocknen.

12848. Brotsuppe mit Kohlrabi, August 2020

- 115 g (älteres) Brot
- 170 g Kohlrabi
- 1 Knoblauchzehe (7 g, in Essig eingelegt)
- 600 g Wasser
- 1/2 TL Salz
- 1/2 TL Sambal Oelek
- etwas Joghurt oder saure Sahne als Dekoration

Brot und Kohlrabi vorschneiden und zerkleinern (6 Sek./Stufe 5). Knoblauch, Wasser und Salz zugeben und garen (25 Min./100 °C/Stufe 2). Pürieren (10 Sek./Stufe 9), Sambal und nach Wunsch etwas Wasser zugeben und nochmals kurz mischen.

12849. Mango-Joghurteis, August 2020

2-3 Portionen

- 1 Mango, geschält und grob vorgeschnitten (265 g)
- 220 g Joghurt 2 %
- 100 g Ahornsirup

In einer Kompressoreismaschine 30 Min. laufen lassen. Dann ist es perfekt!

Hinweis: *Wen der hohe Sirupanteil überrascht: Bei Zimmertemperatur ist es sehr süß, aber gefroren gerade richtig.*

12850. Joghurtdressing mit Schnittlauch, August 2020

Vorläufer 12835; 2 x 2 Portionen

- 40 g Mayonnaise vegan
- 100 g Joghurt
- 30 g Ahornsirup
- 100 g Wasser
- 1 gute Prise Salz
- 3 g Knoblauchessig (Essig, in dem Knoblauch eingelegt war)
- 5 g TK-Schnittlauch

In ein Schraubglas geben, mit einer Gabel verquirlen und im geschlossenen Glas schütteln.

12851. Dalgona-Kaffee mit Haube, August 2020

Zubereitung mit Handrührgerät

- 2 EL Caro-Kaffeee (extra stark)
- 2 EL Ahornsirup
- 2 EL kochend heißes Wasser
- Hafermilch
- 1 TL Trinkkakao

Zutaten in den schmalen Rührbecher geben und mit den Rührbesen 5 Min. auf höchster Stufe mixen. Tasse bis zu 3 cm unter dem Rand mit Hafermilch füllen, Creme oben draufsetzen. Mit Trinkkakaopulver bestreuen.

12852. Tomatenketchup XLXI, August 2020

Vorläufer 12634, 2 Cashewnussmus-Gläser + 1/4 Honigglas

- 2 Dosen Tomaten inklusive Saft (800 g)
- 150 g Apfelessig
- 5 g Knoblauchessig
- 100 g Wasser
- 50 g Datteln (Deglet nour)
- 100 g Sultaninen
- 13 g Knoblauchzehen (eingelegt)
- 1 geh. TL Salz
- 165 g rote Gemüsezwiebeln, halbiert
- 1 Apfel 130 g
- 1/2 rote Paprika (130 g)
- 1 Stück Essigpeperoni (8 g) 7/4573
- 1 Prise (1/4 TL) Pfeffer
- 2 geh. TL Paprikapulver
- 1 gute MS Zimt
- 20 g Tomatenmark
- 170 g Wasser

Alle Zutaten bis auf die zweite Menge Wasser in den Mixtopf geben. 25 Sek. auf Stufe 10 zerkleinern, dabei den Messbecher fest andrücken, anschließend garen (40 Min./Varoma/Stufe 3). Nach Ende der Garzeit Rest Wasser zugeben und fein pürieren (30 Sek./Stufe 10). Direkt in Schraubgläser füllen.

12853. Frucht-Relish, August 2020

Vorläufer 12786; 1 Nussmusglas

- 500 g rote Gemüsezwiebeln
- 1 Apfel (160 g)
- 2 Knoblauchzehen (eingelegt (10 g))
- 200 g Rosinen
- 65 g Tomatenketchup

Herstellung im TM. Zwiebeln, Apfel, Rosinen und Knoblauch zerkleinern (10 Sek./Stufe 6). Nach unten schieben und garen (55 Min./100 °C/Linkslauf/Stufe 1) ohne Messbecher. Sobald es kocht, wenn nötig Garkörbchen als Spritzschutz aufsetzen.

Relish in ein leeres Schraubglas füllen. Sofort verschließen und abgekühlt im Kühlschrank aufbewahren.

12854. Dalgona-Kaffee Agave, August 2020

Vorläufer 12851; Zubereitung mit Handrührgerät

- 2 EL Caro-Kaffee (extra stark)
- 2 EL Agavendicksaft
- 2 EL kochend heißes Wasser
- Hafermilch

Zutaten in den schmalen Rührbecher geben und mit den Rührbesen 5 Min. auf höchster Stufe mixen. Tasse bis zu 2 cm unter dem Rand mit Hafermilch füllen, Creme oben draufsetzen.

Hinweis: *Der Schaum ist logischerweise heller, aber auch etwas weicher. Lecker.*

12855. Apfelpüree (Rohkost), August 2020

- 1 Apfel (100 g) mit
- 10 g Zitronensaft
- 1 MS Zimt
- 20 g gekeimter Einkorn (24 Std.)
- 50 g Wasser pürieren
- Etwas Zimt

Apfel ungeschält und mit Kerngehäuse grob zerkleinern, mit den restlichen Zutaten außer dem Zimt gut pürieren. Je stärker der Mixer, umso glatter wird das Ergebnis. Alle Varianten schmecken. Wer es noch einfacher haben will, püriert einfach einen Apfel mit etwas Zitrone und Wasser – sind die Äpfel richtig aromatisch, ist das schon ein köstlicher Genuss.

Tipp: *Statt Äpfeln eignet sich auch anderes Obst wie Zwetschgen, Nektarinen, Aprikosen und Birnen.*

12856. Bananenpudding, August 2020

- 10 g Vollkorn-Naturreis
- 1/2 Banane
- 1 EL Zitronensaft (10 g)
- 20 g Cashewnussmus
- Einige Cashewnussstücke

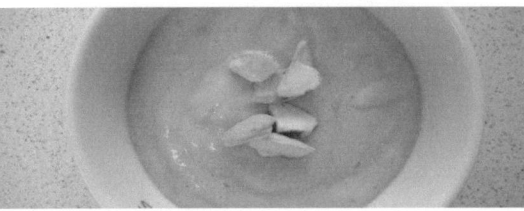

Reis in der Mühle fein mahlen. Mit Banane, Zitronensaft und Nussmus im kleinen Mixer fein pürieren. In eine kleine Schüssel umfüllen, mit einigen Stücken Cashewnuss dekorieren.

12857. Ananasstern, August 2020

- 1 kleiner Apfel (85 g)
- 10 g Zitronensaft
- 1 MS Vanille (wenn gewünscht)
- 20 g Cashewnussmus
- 1 dünne Scheibe Ananas (70 g netto)
- 3 Mandeln

Apfel achteln, mit Zitronensaft, Vanille und Cashewnussmus in einem kleinen Mixer zu einer glatten Paste schlagen. Ananas schälen, vier Mal durchschneiden, ergibt 8 Ecken. Die Ecken mit den Spitzen zueinander gerichtet, aber mit einer Lücke in der Mitte auf einen Dessertteller lecken. Die Lücken mit dem Apfelgemisch füllen, in die Mitte die Mandeln mit der Spitze zueinander legen.

Tipps: Statt Cashewnussmus gehen auch fein gemahlene Cashewnüsse oder ein anderes Nussmus. Dieser Nachtisch lässt sich gut variieren, wenn wir statt des Apfels ein anderes Obst wählen. Beeren geben beispielsweise kräftig Farbe, Banane süßt stärker.

12858. Schokomöhren, August 2020

Dessert

- 15 g Kakaonibs
- 15 g Kokosraspeln
- 20 g Möhre
- 20 g Mandelmus
- 1/2 EL Walnussöl
- 2 EL Wasser
- 1 Prise Vanille gemahlen
- 1 Prise Zimt gemahlen

Kakaonibs mit den Kokosraspeln in einem kleinen Mixer fein mahlen. Möhren raspeln. Alle Zutaten zu den Kakaonibs geben und gut mit dem hochstehenden Messer vermischen. Mit Teelöffeln auf einen Teller setzen. Zur Dekoration kann man noch ein paar gehackte Mandeln oder Kakaonibs darüber streuen.

12859. Bananencreme-Eis, August 2020

- 1 Banane (130 g netto)
- 20 g Zitronensaft
- 20 g Mandeln
- 130 g gefrorene Bananenscheiben
- 90 g Eiswürfel

Banane schälen, mit Zitronensaft und Mandeln pürieren. Bananenscheiben und Eiswürfel hinzugeben und in einem Hochleistungsmixer bis zur Eisbildung vermischen.

12860. Apfeleis, August 2020

- 2 kleine Äpfel (220 g)
- 20 g Haselnüsse
- 10 g Zitronensaft
- 100 g gefrorene Apfelstücke
- 50 g gefrorene Bananenscheiben
- 200 g Eiswürfel

Frische Äpfel vierteln, mit Zitronensaft und Nüssen pürieren. Gefrorenes Obst und Eiswürfel hinzugeben und in einem Hochleistungsmixer bis zur Eisbildung vermischen.

12861. Rotes Schokoeis, August 2020

- 65 g Banane
- 25 g Kakaonibs
- 1 EL Haselnussöl
- 55 g Cashewnussmus
- 10 g Nackthafer
- 20 g Rote Beete
- 190 g Eiswürfel

Alle Zutaten bis auf die Eiswürfel in einem starken Mixer cremig schlagen. Eis hinzugeben und mit einem Stößel o. Ä solange verarbeiten, bis sich ein cremiges Eis ergibt. „Formbarer" wird das Eis mit 290 g Wasser, dann ist der Geschmack aber nicht mehr sehr intensiv. Wer möchte, kann es noch mit Honig anreichern.

12862. Feine Schokoladenrosen, August 2020

- 50 g Kakaobutter
- 30 g Kakaonibs
- 40 g Cashewnussmus
- 10 g Walnussöl
- 30 g Honig
- 1 MS gem. Vanille

Kakaobutter bei 37 °C zerlassen (entweder 15 Min im TM, 37 °C/Stufe 1 oder in einem Dörrgerät). Alternative: im Topf oder einer kleinen Pfanne auf der niedrigsten Einstellung, dabei immer den Finger auf den Boden halten, solange es angenehm ist. Sobald es deutlich warm wird wie „ein bisschen Fieber", ausschalten und nach einer Weile wieder einschalten. So fortfahren, bis die Masse flüssig ist. Wer nicht auf Rohkost achtet, erhitzt einfach auf der niedrigsten Stufe der Herdplatte, bis die Masse geschmolzen ist.

Kakaonibs im kleinen Bechers eines kleinen Mixers mit dem flachen Messer ganz fein mahlen. Die übrigen Zutaten ebenfalls in den Becher geben, mit einem Löffel verrühren und eine Minute im Mixer schlagen.

In Silikonpralinenförmchen gießen, im Kühlschrank fest werden lassen, aus der Form drücken und in fest verschließbaren Plastikbehältern im Kühlschrank aufbewahren.

12863. Mandelsplitter, August 2020

- 25 g Kakaobutter
- 15 g Kakaonibs
- 20 g Cashewnussmus
- 5 g Walnussöl
- 15 g Honig
- 1 MS gem. Vanille
- 80 g Mandeln

Das Schmelzen der Kakaobutter ist bei „Schokoladenrosen" 12862 beschrieben.

Kakaonibs im kleinen Bechers eines kleinen Mixers mit dem flachen Messer ganz fein mahlen. Die übrigen Zutaten außer den Mandeln ebenfalls in den Becher geben, mit einem Löffel verrühren und eine Minute im Mixer schlagen. Mandeln grob hacken (z. B. im Zerkleinerer) und die Schokolade darunter rühren.

Mit einem Teelöffel kleine Häufchen in Papierpralinenförmchen setzen, im Kühlschrank fest werden lassen und in fest verschließbaren Plastikbehältern im Kühlschrank aufbewahren.

12864. Beige Täfelchen, August 2020

- 50 g Kakaobutter
- 15 g Kokosöl
- 40 g Mandelmus
- 30 g Honig

Das Schmelzen der Kakaobutter ist bei „Schokoladenrosen" 12862 beschrieben.

Alle Zutaten in den kleinen Becher eines kleinen Mixers geben und mit dem flachen Messer 1 Min. mixen. In Silikonpralinenförmchen (Schokoladenplättchen) gießen, im Kühlschrank fest werden lassen, aus der Form drücken und in fest verschließbaren Plastikbehältern im Kühlschrank aufbewahren.

12865. Haselnuss-Schnitten Manuta (Rohkost), Aug. 2020

Teig:
- 50 g Cashewnüsse
- 50 g Mandeln
- 50 g Sonnenblumenkerne
- 80 g Buchweizen
- 1 Prise Salz
- 25 g dünnflüssiger Honig
- 30 g Wasser

Füllung:
- 50 g Kakaobutter
- 100 g Kakaonibs oder geschälte Kakaobohnen
- 100 g Honig
- 100 g Haselnüsse
- 15 g Haselnussöl

Für den Teig die Nüsse und den Buchweizen in 50-g-Portionen in einem kleinen Mixer oder zusammen in einem großen Mixer mahlen. Mit Salz, Honig und Wasser zu einem Teig verkneten. Halbieren. Jede Hälfte zwischen zwei Stück Haushaltsfolie in Größe eines Frühstücksbrettchens ausrollen. Auf einem solchen Brettchen in den Kühlschrank stellen, bis die Füllung fertig ist.

Für die Füllung Kakaobutter mit dem Kokosöl bei 37 °C zerlassen. Wer nicht auf Rohkost achtet, erhitzt einfach auf der niedrigsten Stufe der Herdplatte, bis die Masse geschmolzen ist.

Kakaonibs in zwei Portionen fein mahlen, Haselnüsse in zwei Portionen nicht zu fein mahlen, es soll noch ein wenig „Biss" bleiben. Mit den restlichen Füllungszutaten verrühren. Gleichmäßig auf eine Teigplatte auftragen, die zweite Platte darauf legen. Die Ränder glatt schneiden, den abgeschnittenen Teil schräg in Stücke schneiden, lässt sich noch als Konfekt anbieten. Die obere Platte mit der Gabel mehrmals für ein Muster einstechen, die Platten im Kühlschrank 2-3 Std. ruhen lassen, dann in Quadrate schneiden.

Tipps: Die Nusszusammenstellung für den Teig ist beliebig. Statt Buchweizen können wir auch Nackthafer nehmen, den wir aber vorher testen sollten: Es gibt Hafer, der eine Weile nach dem Mahlen bitter wird.

12866. Erdbeertorte (Rohkost), August 2020

Das Obst, mit dem belegt wird, lässt sich beliebig durch anderes Beerenobst austauschen. Auch Kiwis, Orangen, Kaki sehen sehr hübsch aus. Wichtig ist, dass es kein Obst ist, das durch Luftkontakt oxidiert, d.h. braun wird. Dies trifft zum Beispiel für Äpfel und Bananen zu. Beträufeln mit Zitronensaft hilft da auch nur kurzfristig.

Der Boden enthält als einziges Süßungsmittel den Apfel. Wem das nicht süß genug ist, sollte eine Banane oder sogar eingeweichte und pürierte Trockenfrüchte nehmen.

Statt der Hirse können wir auch Haferflocken oder ein anderes gemahlenes Getreide nehmen. Hirse gibt dem Boden den schönen „Biss", den wir mit Hafer nicht bekommen.

Teig:
- 1 kleiner Apfel (95 g)
- 1 Scheibe Zitrone ohne Kerne / Schale (20 g)
- 1 Prise gem. Vanille (für reine Rohkost weglassen)
- 50 g Macadamianüsse
- 50 g Sonnenblumenkerne
- 20 g Hirse

Obst:
- 250 g Erdbeeren

Belag:
- 30 g Cashewnüsse
- 1 dünne Scheibe Zitrone ohne Kerne / Schale (10 g)
- 10 g Haselnuss- oder anderes Nussöl
- 10 g Honig

Den Apfel mit der Zitrone zu Mus verarbeiten (z. B. in einem kleinen Mixer). Nüsse, Kerne und Hirse in einem kleinen Mixer jeweils getrennt mahlen. Das Mahlgut mit der Vanille unter den Apfelbrei rühren.

Eine kleine Springform mit Alufolie auslegen. Man kann auch einen Dessertteller mit geradem Boden nehmen. Den Teig darauf ausstreichen. Die Erdbeeren putzen), halb durchschneiden und mit der Spitze zur Mitte gerichtet in Kreisen eng auf den Boden drücken.

Für den Belag die Cashewnüsse in einem kleinen Mixer fein mahlen, dann die anderen Zutaten hinzugeben und zu einer glatten Masse mixen. Mit einem Teelöffel Tupfer auf die Erdbeeren setzen. Mindestens 1-2 Std. in den Kühlschrank stellen, damit der Teig etwas fester wird.

Hinweis: Wer so einen weichen Teig nicht mag, kann ihn auch in einem Dörrgerät erst einmal einige Std. antrocknen. – wer eine komplette Springform füllen möchte, nimmt von allem die 2,5-fache Menge.

12867. Birne Helene (Rohkost), August 2020
- 20 g Cashewnussbruch
- 10 g Kakaonibs
- 1 Birne (120 g)
- 1 Apfel (135 g)
- 1 Banane (145 g netto)
- 10 g Zitronensaft
- 25 g Wasser
- 50 g Nackthafer
- 10 g Buchweizen

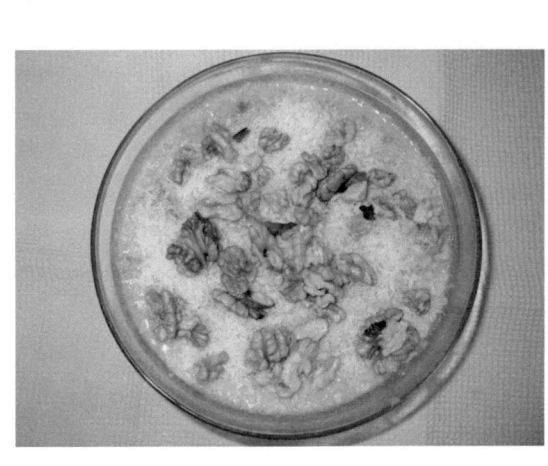

Cashews mit Kakaonibs in einem kleinen Mixer fein mahlen.

Die Birne kleinschneiden (weder schälen noch Kerngehäuse entfernen), hinzugeben und zu einer Creme schlagen. 50 g vom Apfel und 100 g von der Banane mit Zitronensaft und Wasser in einem kleinen Mixer pürieren. Das restliche Obst kleinschneiden. Hafer flocken, mit Obstpüree und kleingehacktem Obst vermischen und auf einen Suppenteller geben. Die Schokomasse am Rand verteilen. Mit dem Buchweizen bestreuen.

Tipp: Statt Buchweizen kann man z. B. auch Kokosraspeln nehmen.

12868. Des Kollegen Wunschfrühstück, August 2020
Frühstück
- 60 g Sechskorngetreide abends schroten und in
- 100 g Wasser über Nacht (nicht im Kühlschrank) einweichen
- 20-30 g Walnüsse
- 1 Zitronenscheibe geschält (15 g)
- 1 Banane (110 g netto) und
- 1 Orange (160 g netto) pürieren, unterrühren.
- 1 kleinen Apfel (120 g) würfeln, unterziehen. Mit
- 1 EL Kokosraspeln bestreuen, die abgetropften Walnüsse darauf verteilen.

12869. Frühstück mit veganer Cremesoße, Aug. 2020

- 10 g Zitronensaft
- 20 g Cashewnussmus (oder sehr fein geriebene Cashewnüsse / geschälte Mandeln)
- 30 g Wasser
- 1 MS Vanillepulver
- 2 kleine Äpfel (je ca. 80 g)
- 1 kleine Birne (130 g)
- 50 g Sonnenblumenkeime (48 Std., ca. 25 g Rohware)
- 1 EL Buchweizen
- 1 dünne Scheibe Ananas (75 g brutto)

Einen Apfel vierteln. Mit Zitronensaft, Cashewnussmus, Wasser und Vanillepulver im kleinen Mixer zu einer dickflüssigen Soße mischen.

Zweiten Apfel und Birne würfeln, mit den Keimen mischen. Auf einen Teller füllen, die Soße darüber verteilen und mit Buchweizen bestreuen. Ananas schälen, die Scheibe - ohne das Innenstück zu entfernen! - viermal über die lange Linie durchschneiden, sodass sich acht Ecken ergeben. Seitlich in das Müsli stecken.

12870. Ananasfrischkorngericht, August 2020

- 30 g Haselnüsse
- 80 g Einkornsprossen (60 Std.)
- 1 EL Zitronensaft
- 1/2 Banane (85 g)
- 1 kleinen Apfel (80 g)
- 1 Scheibe Ananas (120-140 g netto)
- 4 Mandeln

Haselnüsse am Vorabend in Wasser einweichen. Morgens den Apfel vierteln, in einem kleinen Mixer mit dem Zitronensaft und einer halben Banane pürieren. Die abgetropften Nüsse und die frisch durchgespülten Sprossen unterrühren und in eine kleine Schüssel geben. Die Ananasscheibe schälen, vier Mal längs durchschneiden, das ergibt 8 Spitzen. Die Spitzen mit der Spitze nach unten an den Rand des Müslis stecken, in die Mitte 4 Mandeln legen.

12871. Gefüllte Melone, August 2020

- 1/2 Netzmelone (oder Honigmelone)
- 100 g Erdbeeren, netto
- 1 kleiner Apfel (100 g)
- 30 g Nackthafer
- 10 g Mandeln
- 10 g Zitrone (ohne Kerne, ohne Schale)
- 10 g Haselnussöl (oder 10 g Honig, wenn das Obst nicht süß genug ist)
- 20 g Wasser

Die Kerne aus der Melone nehmen. Das Melonenfleisch auskratzen, 100 g für das Frühstück beiseitelegen, den Rest für eine andere Mahlzeit aufbewahren (z. B. mit ein paar Erdbeeren als Shake servieren oder für ein Eis einfrieren). Die gewaschenen Erdbeeren ohne Stiel halbieren. Das Melonenfleisch kleinschneiden. Den Apfel mit Kerngehäuse und Schale in Streifen schneiden. Den Hafer flocken und alles miteinander verrühren und in die leere Melone füllen.

Die restlichen Zutaten in einem kleinen Mixer zu einer Paste schlagen und oben auf das Müsli setzen. Mit einer Erdbeere dekorieren.

12872. Apfelkraftdrink, August 2020

- 20 g Haselnüsse
- 10 g Buchweizen
- 20 g Zitronensaft
- 1 kleinen Apfel
- 500 g Wasser

Haselnüsse mit dem Buchweizen in einem kleinen Mixer fein mahlen. Mit Zitronensaft, dem in Achtel geschnittenen Apfel und 150 g Wasser in dem kleinen Mixer (großer Becher) 40 Sek. schlagen. Mit Wasser auffüllen und nochmals kurz durchmixen.

12873. Apfelsauerkraut, August 2020

- 1 Weißkohl von ca. 1700 g
- 40 g Salz
- 2 kleine Äpfel (ca. 170 g)
- 20 Wacholderbeeren
- 6 Lorbeerblätter

Weißkohl in feine Streifen schneiden oder hobeln. Ich mache mir da die Arbeit einfach und zerkleinere in portionsweise im Thermomix. Dann portionsweise in eine große Schüssel geben, jeweils mit einem bisschen von dem Salz schichten. Einmal gründlich durchkneten, abdecken und 1 Stunde ruhen lassen. Der Kohl sollte jetzt schon etwas Wasser gezogen haben. Nochmals gut durchwalken.

Äpfel in Scheiben schneiden (mit Kerngehäuse und Schale). Das Einmachglas (sollte 2 L Flüssigkeit fassen) mit kochendem Wasser ausspülen. Weißkohl hineingeben, zwischendurch Wacholderbeeren, Lorbeerblätter und Apfelscheiben zugeben. Stößel auf die Oberfläche setzen, verschließen.

Zwei bis der Tag bei Zimmertemperatur dunkel stehen lassen (z. B. auf einem größeren Pizzablech in einem Schrank), dann 6 Wochen dunkel im Keller stehen lassen.

12874. Saure Essiggurken, August 2020

- 250 g Wasser
- 50 g Essig
- 10 g Salz
- 1 kleine Gurke (ca. 140 g)
- 3 Büschel Dill (also Stücke, keine Bündel)
- 5 Wacholderbeeren

Wasser aufkochen, mit Essig und Salz verrühren. Ein leeres Honigglas mit kochendem Wasser ausspülen. Gurke in Scheiben schneiden, mit Dill und Wacholderbeeren in das Honigglas geben, mit dem Essigsud bis oben auffüllen. Fest zudrehen und zwei bis drei Tage bei Zimmertemperatur dunkel stehen lassen (z. B. auf einem größeren Pizzablech in einem Schrank), dann 10 Tage dunkel im Keller stehen lassen. Hält sich dann im Kühlschrank sehr lange.

12875. Rotsauerkraut, August 2020

Dies ist das einfachste Sauerkrautrezept, nur mit Rotkohl und den traditionellen Gewürzen.

- Rotkohl, insgesamt ca. 1800 g
- 40 g Salz
- 20 Wacholderbeeren
- 6 Lorbeerblätter

Rotkohl in feine Streifen schneiden oder hobeln, auch mit der Maschine. Dann portionsweise in eine große Schüssel geben, jeweils mit einem bisschen von dem Salz schichten. Einmal gründlich durchkneten, abdecken und 1 Std. ruhen lassen. Der Kohl sollte jetzt schon etwas Wasser gezogen haben. Nochmals gut durchwalken.

Ein Einmachglas (sollte 2 L Flüssigkeit fassen) mit kochendem Wasser ausspülen. Rotkohl hineingeben, zwischendurch Wacholderbeeren und zugeben. Stößel auf die Oberfläche setzen, verschließen.

Zwei bis drei Tag bei Zimmertemperatur dunkel stehen lassen (z. B. auf einem größeren Pizzablech in einem Schrank), dann 6 Wochen dunkel im Keller stehen lassen.

12876. Sauermelder, August 2020

- 250 g Gemüsemelde (netto; oder Spinat)
- 60 g Weißkohlblätter
- 125 g Rotkohlblätter
- 10 g Salz
- 6 Knoblauchzehen
- 4 Wacholderbeeren

Gemüsemelde gründlich waschen, abtropfen lassen und ein wenig „auswringen". In feine Stücke schneiden. Kohl ebenfalls möglichst fein mit der Hand schneiden. Mit Salz vermengen, einmal gründlich durchkneten, abdecken und 1 Std. ruhen lassen. Der Kohl sollte jetzt schon etwas Wasser gezogen haben. Nochmals gut durchwalken.

Ein Einmachglas (sollte 1 L Flüssigkeit fassen) mit kochendem Wasser ausspülen. Gemüse hineingeben, zwischendurch Wacholderbeeren und geschälte Knoblauchzehen zugeben. Stößel auf die Oberfläche setzen, verschließen. Zwei bis der Tag bei Zimmertemperatur dunkel stehen lassen (z. B. auf einem größeren Pizzablech in einem Schrank), dann 6 Wochen dunkel im Keller stehen lassen.

12877. Erdbeer-Joghurteis, August 2020

2-3 Portionen

- 200 g Erdbeeren
- 50 g Erdbeerfruchtaufstrich (75 % Frucht, 25 % Rohrrohrzucker)
- 210 g Joghurt 2 %
- 75 g Agavendicksaft

Im Mixer pürieren und in einer Kompressoreismaschine 30 Min. laufen lassen.

12878. Joghurtdressing mit Schnittlauch II, August 2020

Vorläufer 12850; 2 x 2 Portionen

- 40 g Mayonnaise vegan
- 120 g Joghurt
- 25 g Ahornsirup
- 80 g Wasser
- 3 g Salz
- 5 g TK Schnittlauch (erst nach dem Mixen mit einem Löffel unterrühren)

In einem kleinen Mixer verquirlen.

12879. Kleiner Salat mit Joghurt-Frischkäse-Dressing, August 2020

Dressing
- 50 g Joghurt
- 1 Prise Salz
- 4 g Sambal Oelek
- 20 g Frischkäse
- 25 g Kichererbsenkochwasser

Gemüse
- 150 g Tomate, gewürfelt
- 100 g Salatgurke, in Halbscheiben
- 1-2 EL gekochte Kichererbsen
- 5 g tiefgekühlte Petersilie

Dressingzutaten mit einem kleinen Mixer zu einer Creme rühren. Gemüse unterziehen.

12880. Joghurtdressing Vitamix, August 2020

- 90 g Kichererbsenkochwasser
- 90 g Wasser
- 240 g Joghurt
- 40 g Mayonnaise vegan
- 2 g Senf
- 50 g Ahornsirup
- 10 g Schnittlauch, tiefgekühlt

Zutaten ohne den Schnittlauch auf höchster Stufe mixen. Auf kleinster Stufe den Schnittlauch einarbeiten.

Hinweis: *Wird dünnflüssig.*

12881. Saure Möhren, August 2020

- 3 Gewürznelken
- 2 Kardamomschoten
- 10 g Honig
- 50 g Essig
- 10 g Salz
- Ca. 150 g Möhrenscheiben
- 2 Büschel Dill (also Stücke, keine Bündel)
- 150 g aufgekochtes Wasser

Ein leeres Honigglas mit kochendem Wasser ausspülen. Nelken, Kardamom, Honig, Essig und Salz in das Glas geben, dann Möhren und Dill hineinschichten. Mit kochend heißem Wasser auffüllen. Fest zudrehen und zwei bis drei Tage bei Zimmertemperatur dunkel stehen lassen (z. B. auf einem größeren Pizzablech in einem Schrank), dann 10 Tage dunkel im Keller stehen lassen. Hält sich dann im Kühlschrank sehr lange.

12882. Kidneybohnen-Eintopf Mikrowelle, August 2020

- 15 g Sonnenblumenöl
- 125 g Zwiebel, in Würfeln
- 220 g Tomate, in Würfeln
- 1 gestr. TL Salz
- 1 gestr. TL Paprika edelsüß
- 1 TL Sambal Oelek
- 1 TL Ahornsirup
- 1 Dose Kidneybohnen (450 ml)

Sonnenblumenöl und Zwiebel in der Mikrowelle anschwitzen (800 W/3 Min.). Tomaten zugeben und nochmals erhitzen (800 W/2 Min.). Gewürze und Ahornsirup einrühren, Bohnen mit Flüssigkeit unterziehen und erhitzen (800 Watt/2 Min.).

12883. Dalgona-Kaffee Zuckertop, August 2020

Vorläufer 12854; Zubereitung mit Handrührgerät.

- 2 EL Caro-Kaffee (extra stark)
- 2 EL Agavendicksaft
- 2 EL kochend heißes Wasser
- Hafermilch (o. Ä.)
- 2 Prisen Rohrohrzucker

Zutaten in den schmalen Rührbecher geben und mit den Rührbesen 5 Min. auf höchster Stufe mixen. Tasse bis zu 2 cm unter dem Rand mit Hafermilch füllen, Creme oben draufsetzen. Mit Zucker bestreuen.

12884. Käsekuchen vegan V, August 2020

Vorläufer 12447; 26-cm-Springform

Teig
- 200 g Haferflocken
- 55 g Sonnenblumenöl
- 65 g Agavendicksaft
- 125 g Pflanzenmilch

Käsemasse
- 80 g Dinkel-Vollkorngrieß
- 1 Päckchen Vanillepuddingpulver
- 2 TL Backpulver
- 400 g Seidentofu
- 300 g „normaler" Tofu
- 125 g Agavendicksaft
- 1 Fläschchen Zitronenaroma bio
- 20 g Zitronensaft
- 25 g Sonnenblumenöl
- 180 g Pflanzenmilch

Für den Teig Öl und Süßungsmittel erhitzen, Haferflocken zugeben und gut anbraten. Milch einrühren und bis zu etwas Bindung kochen. Eine Springform mit Backpapier auslegen und Teig darin gleichmäßig verteilen und festdrücken. Einen kleinen Rand hochdrücken. Form in den Ofen geben, auf 190 °C einstellen und 20 Min. backen. In dieser Zeit die Käsemasse vorbereiten:

Grieß mit Pudding- und Backpulver mischen. Tofu mit Süßungsmittel, Aroma, Zitronensaft, Öl und Pflanzenmilch fein pürieren (30 Sek./Stufe 10). Thermomix auf Stufe 4 laufen lassen und Grieß-Puddingpulvermischung langsam per Teelöffel zugeben. Alles zusammen nochmals mixen (5 Sek./Stufe 10).

Käsemasse auf den Boden gießen. Backofen auf 180 °C (Heißluft) vorheizen und Kuchen 45 Min. bei 180 °C backen. 10 Min. bei 160 °C backen, bei halb geöffneter Backofentür 10-15 Min. stehen lassen. Auf einem Gitterrost auskühlen lassen.

12885. Kidneybohnen-Eintopf Mikrowelle II, August 2020

Vorläufer 12882

- 10 g Sonnenblumenöl
- 95 g Zwiebel, in Würfeln
- 5 g Knoblauch, eingelegt, in Würfeln
- 2 g Rohrohrzucker
- 110 g Tomate, in Würfeln
- 60 g rote Spitzpaprika, in Streifen
- 1 gestr. TL Salz
- 1 geh. TL Paprika edelsüß
- 1 TL Sambal Oelek
- 1 TL Knoblauchessig
- 25 g Hafersahne
- 1 MS Kreuzkümmel
- 1 Dose Kidneybohnen (450 ml)

Sonnenblumenöl und Zwiebel in der Mikrowelle anschwitzen (800 W/3 Min.). Tomaten und Paprika zugeben und nochmals erhitzen (800 W/5 Min.). Gewürze, Essig und Sahne einrühren, Bohnen mit Flüssigkeit unterziehen und erhitzen (800 Watt/2 Min.).

12886. Joghurtdressing Thermomix, August 2020

Vorläufer 12880

- 180 g Wasser
- 250 g Joghurt
- 80 g Mayonnaise vegan
- 50 g Agavendicksaft
- 1 TL Salz
- 4 g Guarkernmehl
- 10 g Schnittlauch, tiefgekühlt

Wasser, Joghurt, Mayonnaise, Süßungsmittel und Salz verquirlen (10 Sek./Stufe 3). Während der Thermomix läuft, Guarkernmehl durch ein Sieb einrieseln lassen, 10 Sek./Stufe 5 anschließen. Schnittlauch unterrühren (10 Sek./Stufe 4).

Hinweis: *Wird recht dickflüssig, aber sonst sehr lecker.*

12887. Joghurtdip zu Reisgericht, August 2020

- 80 g Joghurt (2 geh. EL)
- 10 g vegane Bio-Mayonnaise (1 TL)
- 2 Prisen Salz
- 25 g Hafersahne
- 1 TL Sambal Oelek
- 1 TL (5 g) TK-Petersilie
- Mit einem Löffel verrühren.

12888. Dauerjohannisbeeren, August 2020

- 60 g rote, weiße und rosa Johannisbeeren (netto)
- 5 g Salz
- 1/2 Zimtstange
- 10 g Apfelessig
- 55 g kochend heißes Wasser

Ein kleines Gewürzglas mit kochendem Wasser ausspülen. Die angegebenen Zutaten hineingeben. Fest zudrehen und zwei bis drei Tage bei Zimmertemperatur dunkel stehen lassen (z. B. auf einem größeren Pizzablech in einem Schrank), dann 10 Tage dunkel im Keller stehen lassen. Hält sich dann im Kühlschrank sehr lange.

12889. Knoblauchgurken, August 2020

- 4 Einmachgurken (400 g)
- 4 Knoblauchzehen
- 2 TL getr. grüner Pfeffer
- 1 TL Koriandersamen
- 10 g Salz
- 125 g Apfelessig
- Ca. 1,2 Liter kochendes Wasser

Ein leeres Einmachglas, das etwa 1,2-1,5 Liter fasst, mit heißem Wasser ausspülen. Die Gurken als Ganzes hineingeben. Knoblauchzehen schälen, mit Pfeffer, Koriandersamen, Salz und Essig zu den Gurken geben. Mit kochendem Wasser auffüllen. Gut verschließen und 3 Tage lang bei Raumtemperatur stehen lassen, dann 10 Tage im Keller aufbewahren.

12890. Mixed Pickles, August 2020

- 18 g Salz
- 10 g Senfkörner
- 1 Chilischote getrocknet (optional)
- 1 Lorbeerblatt
- Ca. 655 g Gemüse, davon etwa die Hälfte Gurken, hier:
  4 kleine feste Salatgurken (insgesamt ca. 370 g)
  1 kleine Möhre (65 g)
  90 g Brokkolistrunk
  85 g Kohlrabi (netto)
  45 g Petersilie (mit Stängel)
  225 g Essig
- 900 g kochendes Wasser

Ein leeres Zwei-Liter-Einmachglas, mit heißem Wasser ausspülen. Gemüse waschen und in Stücke schneiden. Die Zutaten in der angegebenen Reihenfolge in das Glas geben, dabei die Gurken dazwischen schichten. Mit Essig und kochendem Wasser aufgießen. 3 x 24 Std. bei Raumtemperatur dunkel (z. B. in einem Schrank) stehen lassen. Dann an einem kühleren Ort wie in einem Keller 10 Tage reifen lassen. Anschließend im Kühlschrank aufbewahren.

12891. Getrocknete Äpfel, August 2020

- 1 Kilogramm aromatische Äpfel

Äpfel in dünne Scheiben schneiden (ca. 3-4 mm dick). Vorher weder entkernen oder schälen. Das ist meiner Erfahrung nach nicht nötig! Wer ein Dörrgerät hat, trocknet 20-24 Std. bei 41 °C, zwischendurch eventuell drehen. Zur Not bei 50 °C im Ofen oder im Sommer ausgebreitet auf saugfähigem Papier in der Sonne.

12892. Getrocknete Zitronen, August 2020

- 1 Kilogramm ungespritzte möglichst kernlose Bio-Zitronen

Zitronen ungeschält in dünne Scheiben schneiden (ca. 3-4 mm dick). Kerne gegebenenfalls mit einem scharfen Messer entfernen. Wer ein Dörrgerät hat, trocknet 20-24 Std. bei 41 °C, zwischendurch eventuell drehen. Zur Not bei 50 °C im Ofen oder im Sommer ausgebreitet auf saugfähigem Papier in der Sonne.

12893. Kräutersalz, August 2020

Beschrieben wird ein gemischtes Gemüsesalz. Wer möchte, kann statt Gemüse Kräuter nehmen. Auch hier kann man sich entscheiden zwischen normalen käuflichen Kräutern oder selbstgesammelten Wildkräutern.

- 130 g getrocknetes Gemüse
- 650-800 g Salz (ohne Jod)

Gemüsereste (Spargelschalen, Endstücke, Kohlstrünke, oder auch zu altes Gemüse) grob zerkleinern und im Dörrapparat trocknen, bis sie zerbröseln. Wer Wert auf ein Rohkostsalz legt, darf die Temperatur nicht über 40 °C stellen. Wer keinen Dörrapparat macht, kann das Gemüse auf einem Backblech ausbreiten und auf kleinster Temperatur trocknen.

Es wird jeweils die 5-6 fache Salzmenge berechnet auf das Gemüsetrockengewicht hinzugegeben.

65 g getrocknetes Gemüse im Hochleistungsmixer pulverisieren. Dann mit 400 g Salz mischen, nochmals schlagen und man ein feines Kräutersalz. Für kleine Mixer die Portionen verringern.

12894. Marktreste, August 2020

Blätter von Kohlrabi genau wie das Grün am Blumenkohl lassen sich als Gemüse kochen oder in Pestos, Kräutersalz u. Ä. verarbeiten. Wenn ich weiß, dass ich das Grün nicht am Einkaufs- oder nächsten Tag verbrauche, trockne ich es.

- Grün von zwei Kohlrabi
- Grün von einem Blumenkohl

Grün vom Gemüse entfernen, ggf. waschen. Auf zwei Einschüben eines Dörrgeräts verteilen und bei 41 °C 24 Std. lang trocknen. Das Blumenkohlgrün benötigt gelegentlich noch 12-24 Std. länger, weil es dicker ist.

12895. Getrocknete Birnen, August 2020

- 1 Kilogramm aromatische Birnen

Birnen in dünne Scheiben schneiden (ca. 3-4 mm dick). Vorher weder entkernen oder schälen. Den Stiel mit Ansatz vorher herausschneiden.

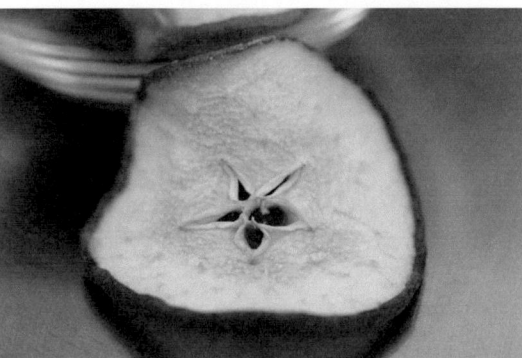

Wer ein Dörrgerät hat, trocknet 20-24 Std. bei 41 °C, zwischendurch eventuell drehen. Zur Not bei 50 °C im Ofen oder im Sommer ausgebreitet auf saugfähigem Papier in der Sonne.

Hinweis: *Die getrockneten Birnen lassen sich als kleine Knabberei, vielleicht mit getrockneten Apfelscheiben zusammen, verzehren. Kleingeschnitten, mit Ingwer gewürzt, ergeben sie einen leckeren Tee, kalt oder warm. Weiterhin kann man sie in Öl oder Honig oder auch in Essig einlegen.*

12896. Getrocknete Zucchini, August 2020

Schön zum Einlegen in Öl oder als Dekoration zu Suppen und Salaten.

- 1 Zucchini

Zunächst die Enden abschneiden und das Gemüse in 4–5 mm dicke Scheiben schneiden. Anschließend bei 42 °C im Dörrgerät oder auf niedrigster Stufe im Ofen etwa 20 Std. trocknen lassen.

12897. Kartoffelgratäng, August 2020

2 Portionen

Kartoffeln:

- 590 g Kartoffeln, in Scheiben
- 150 g Zwiebeln, in Scheiben
- 20 g Sonnenblumenöl
- 2 g Salz
- 160 g Wasser

Soße:

- 50 g Frischkäse
- 105 g Wasser
- 1 Prise Salz
- 1 Prise Pfeffer

Zum Bestreuen:

- 100 g geriebener Gouda

Kartoffeln als Gemüsepfanne (24 cm) 18 Min. dünsten. Soßenzutaten in einem kleinen Mixer verrühren, unter das gegarte Gemüse rühren, mit Käse bestreuen und 15 Min. im auf 200 °C vorgeheizten Ofen (Heißluft) überbacken.

12898. Mischbrot, ahornisiert, August 2020

Vorläufer 12836

Stufe 1 (12 Std. vorher):

Sauerteigansatz:

- 400 g Roggen
- 410 g Wasser
- 150 g Sauerteig

Stufe 2 (bei mir Morgen):

- 100 g Roggen
- 325 g Weizen, fein gemahlen
- 1 geh. EL Brotgewürz gem. (Brecht)
- 100 g geröstete Sesamkerne
- 15 g Salz
- 290 g Wasser
- 1 EL Ahornsirup
- 1/4 Würfel frische Hefe (10 g)
- ca. 800 g Sauerteigansatz
- 20 g Butter für die Form

Stufe 1: Roggen fein mahlen, mit Wasser und altem Sauerteig mischen. In einer Plastiktüte über Nacht stehen lassen. 150 g von der Stufe 1 abnehmen und in einem gut schließenden Schraubglas in den Kühlschrank stellen für das nächste Backen.

Stufe 2: Getreide mahlen (Vorabend). Backmorgen: Hefe in einem Teil des Wassers auflösen. Zutaten (außer der Butter) mit einem großen Löffel gründlich verrühren, bis kein Mehl mehr sichtbar ist. Eine 30-cm-Brotform, Profi-Email von Dr. Oetker, gut einfetten. Teig hineingeben, mit der nassen Hand herunterdrücken und glattstreichen. Mit einem scharfen Messer mehrmals schräg einschneiden. Form im kalten Ofen etwa 90 Min. gehen lassen. Ofen auf 190 °C aufheizen, das Brot ist dabei im Ofen. Backzeit 65 Min., im ausgestellten Ofen 10 Min. nachbacken.

12899. Joghurtdip scharf zu Reisgericht, August 2020

Vorläufer 12886

- 80 g Joghurt (2 geh. EL)
- 2 Prisen Salz
- 1 TL Erdnussmus
- 1 TL Sambal Oelek
- Mit einem Löffel verrühren.

12900. Fünfminutenbrot mit Malz II, August 2020

Vorläufer 12680

- 1 P frische Hefe
- 450 g handwarmes Wasser
- 500 g Dinkel
- 40 g geröstete Sesamkerne
- 60 g Leinsamen
- 2 knappe TL Salz (wer mag auch Kräutersalz)
- 2 EL Apfelessig
- 1 TL Gerstenmalzextrakt
- Butter für die Form
- 1-2 EL Dinkelvollkorngrieß

Hefe im Wasser auflösen (Knethaken Handmixer). Dinkel mahlen. Hefewasser mit den restlichen Zutaten gut durchkneten (Knethaken). Eine 30 cm Form fetten, mit Leinsamen ausstreuen, Teig hineingeben, mit Wasser einsprühen und auf dem Gitterrost in den kalten Backofen schieben. Den Ofen auf 200 °C (Heißluft) stellen und das Brot 1 Std. backen. Das fertige Brot aus der Form stürzen, mit Wasser einsprühen und auf einem Gitterrost auskühlen lassen.

12901. Joghurtdressing Thermomix II, August 2020

Vorläufer 12884

- 200 g Wasser
- 250 g Joghurt
- 80 g Mayonnaise vegan
- 55 g Agavendicksaft
- 1 TL Salz
- 20 g Sahne
- 4 g Guarkernmehl
- 10 g Petersilie, TL

Wasser, Joghurt, Mayonnaise, Süßungsmittel und Salz verquirlen (10 Sek./Stufe 3). Während der TM läuft, Guarkernmehl durch ein Sieb einrieseln lassen, 10 Sek./Stufe 5 anschließen. Schnittlauch unterrühren (10 Sek./Stufe 4). Zu verdünnen 3:1 mit Wasser.

12902. Tomatenketchup XLXII, August 2020

Vorläufer 12852; 2 Cashewnussmus-Gläser + 1/4 Honigglas

- 2 Dosen Tomaten inklusive Saft (800 g)
- 150 g Apfelessig
- 10 g Knoblauchessig
- 100 g Wasser
- 150 g Sultaninen
- 15 g Knoblauchzehen (eingelegt)
- 1 geh. TL Salz
- 135 g Gemüsezwiebeln, halbiert
- 1 Apfel 145 g
- 100 g rote Spitzpaprika
- 1 Stück Essigpeperoni (8 g) 7/4573
- 1 Prise (1/4 TL) Pfeffer
- 2 geh. TL Paprikapulver
- 1 gute MS Zimt
- 30 g Tomatenmark
- 170 g Wasser

Alle Zutaten bis auf die zweite Menge Wasser in den Mixtopf geben. 25 Sek. auf Stufe 10 zerkleinern, dabei den Messbecher fest andrücken, anschließend garen (40 Min./Varoma/Stufe 3). Nach Ende der Garzeit Rest Wasser zugeben und fein pürieren (30 Sek./Stufe 10). Direkt in Schraubgläser füllen.

12903. Zwiebel-Relish XVII, August 2020

Vorläufer 12786; 1 Nussmus- und 1/2 Honigglas

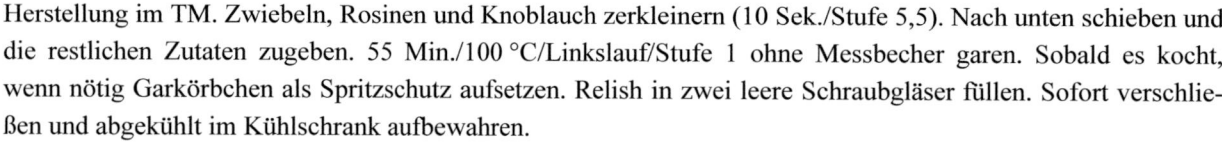

- 330 g rote Gemüsezwiebeln
- 230 g Zwiebeln
- 1 Apfel (150 g)
- 2 Knoblauchzehen (eingelegt; 9 g)
- 200 g Rosinen
- 70 g Tomatenketchup
- 1 geh. TL Salz
- 1 geh. MS Nelken
- 1 geh. MS Zimt
- 1 TL getr. Majoran, zwischen den Händen verrieben
- 150 g Apfelessig
- 100 g Wasser

Herstellung im TM. Zwiebeln, Rosinen und Knoblauch zerkleinern (10 Sek./Stufe 5,5). Nach unten schieben und die restlichen Zutaten zugeben. 55 Min./100 °C/Linkslauf/Stufe 1 ohne Messbecher garen. Sobald es kocht, wenn nötig Garkörbchen als Spritzschutz aufsetzen. Relish in zwei leere Schraubgläser füllen. Sofort verschließen und abgekühlt im Kühlschrank aufbewahren.

12904. Joghurtdressing Thermomix III, August 2020

Vorläufer 12884

- 250 g Wasser
- 250 g Joghurt
- 80 g Mayonnaise vegan
- 55 g Agavendicksaft
- 1 TL Salz
- 20 g Hafersahne
- 4 g Senf
- 4 g Guarkernmehl
- 10 g Petersilie, TK

Wasser, Joghurt, Mayonnaise, Süßungsmittel, Senf und Salz im TM verquirlen (10 Sek./Stufe 3). Während der Thermomix läuft (Stufe 4), Guarkernmehl durch ein Sieb einrieseln lassen, 10 Sek./Stufe 5 anschließen. Petersilie unterrühren (10 Sek./Links/Stufe 4). Zu verdünnen 3:1 mit Wasser.

12905. Pizza Salami und scharfe Tomate, August 2020

2 Pizzen = 2 Portionen; Vorläufer 12818

Teig
- 85 g Weizen, fein gemahlen
- 150 g Dinkel, fein gemahlen
- 20 g Hefe (1/2 Würfel)
- 1 TL Salz
- 3 knappe EL Sonnenblumenöl (20 g)
- 25 g Hafersahne
- 100 g Wasser

Belag für beide Pizzen
- Butter für die Formen (2 x 5 g)
- 1 EL Ketchup verrührt mit
- 1 EL Wasser und
- 15 g Tomatenmark,
- 1 TL Pizzagewürz
- 2 Tomate (85 + 95 g), in sehr dünne Scheiben geschnitten
- 200 g (also 2 x 100 g) Gouda, gerieben

Belag Pizza Salami
- 5-6 dünne Scheiben Salami

Belag scharfe Tomaten-Pizza
- 100 g Joghurt, verrührt mit
- 1 Prise Salz und
- 5 g Sambal Oelek

Teig im TM kneten (2,5 Min./Knetstufe). Abgedeckt ca. 2 Std. (ab 14.30 Uhr) gehen lassen. Zwischendurch einmal kurz durchkneten. Auf zwei Portionen (je 1200 g) verteilen. Zwei 28-cm-große Formen einfetten. Teigstück in die Mitte geben und auseinanderdrücken. Nicht bis ganz an den Rand gehen, sondern so lange, wie der Teig sich einfach auseinanderdrücken lässt, ohne zu reißen, und noch einen kleinen Wulst am Rand hat. Ketchupmischung darauf verstreichen, mit Kräutern bestreuen. 85 g Tomatenscheiben auf Salami-Pizza und 95 g Tomatenscheiben auf der vegetarischen Pizza verteilen. Jeweilige Beläge auf den Pizzen verteilen. Mit Käse bestreuen. Ofen (Heißluft) auf 220 °C vorheizen, in der Zeit geht der Teig. Formen einschieben und 12 Min. bei 220 °C backen.

12906. Schokokuchen Puddingfüllung, August 2020
Vorläufer: 12799; Springform 26 cm

- 200 g Datteln Deglet Nour
- 100 g Sultaninen
- 200 g Soft-Feigen
- 520 g Wasser
- 150 g Schokolade 99 % (Lindt)
- 2 EL Rum
- 175 g Apfelmark
- 50 g Mischmus 4 Nutss
- 200 g Dinkel, gemahlen (Mühle)
- 200 g Dinkelvollkorngrieß
- 50 g Kakaopulver schwach entölt
- 10 g Carobpulver Rohkostqualität
- 1 Prise Salz
- 2 P Weinsteinbackpulver
- 1 TL Natron

Füllung:
- 1 P Puddingpulver Vanille
- 15 g Rohrohrzucker
- 350 g Hafermilch

Guss:
- 40 g Agavendicksaft
- 1 Tafel Vivani 99 % (80 g)
- Sonnenblumenkerne zum Bestreuen

Trockenfrüchte in einer Pengdose mit dem Wasser übergießen und über Nacht gut verschlossen stehen lassen. Puddingpulver, Zucker und 3 EL Milch mit einem Schneebesen verquirlen. Restliche Milch zugeben und in der Mikrowelle aufkochen (3 x 640 Watt, 2 x 640 Watt, 1 x 640 Watt, dazwischen immer verrühren). Schokolade im TM zerkleinern (10 Sek./Stufe 4,5). Fruchtmasse mit der Einweichflüssigkeit im TM zu einer glatten Masse pürieren (10 Sek./Stufe 10). Die trockenen Zutaten mischen. Fruchtgemisch, Apfelmark, Nussmus und Rum hinzugeben und mit den Rührhaken eines Handrührgeräts gut vermischen. Schokoladenstückchen unterheben. Die Hälfte vom Teig in eine mit Backpapier überspannte Springform geben. Pudding auf dem Teig verteilen und mit der zweiten Teighälfte bedecken. In den auf 160 °C (Heißluft) vorgeheizten Ofen einschieben und 40 Min. bei 160 °C backen, 10 Min. im ausgeschalteten Ofen nachbacken. Auf einem Gitterrost abkühlen lassen. Agavendicksaft und Schokolade vorsichtig erhitzen, auf den Kuchen geben. Mit Sonnenblumenkernen bestreuen.

12907. Tortellini pikante Tomatensoße, überbacken, August 2020

Gemüse:

- 100 g Wasser
- 220 g Tomaten, in Stücken
- 40 g Spitzpaprika, in Streifen
- 125 g Zwiebeln, in Würfeln

Soße:

- 100 g Hummus (fertig gekauft)
- 15 g Hafersahne
- 10 g Knoblauchessig
- 1 TL Sambal Oelek
- 1 Prise Salz

Für die Fertigstellung:

- 125 g Spinattortellini mit Käsefüllung, fertig gekauft
- 45 g altes Brot, in Würfeln
- 70 g Mozzarella gerieben

Als Gemüsepfanne (20 cm) 15 cm dünsten. Soßenzutaten mit einem Löffel verrühren, unterrühren und aufkochen. Tortellini und Brotwürfel in eine backofenfeste Form geben. Gemüsemischung darüber gießen und mit Käse bestreuen. In den auf 200 °C vorgeheizten Ofen (Umluft) geben und 30 Min. garen.

12908. Kartoffeln in Hummussoße, August 2020

- 100 g Wasser
- 125 g Zwiebel, gewürfelt
- 250 g Kartoffeln, in Scheiben
- 45 g Hummus (hier: gekauft)
- 1 gestr. TL Salz
- 25 g Hafersahne
- 1 gestr. TL Sambal Oelek

Mit Wasser und Gemüse eine Gemüsepfanne (20-cm-Wollpfanne, 20 Min.) zubereiten. Hummus, Salz, Sahne und Sambal mit einem Löffel verrühren und unter das Gemüse ziehen. Kurz aufkochen.

12909. Joghurtdressing Thermomix IV, September 2020

Vorläufer 12904

- 90 g Wasser
- 160 g Kichererbsenwasser (Dose)
- 250 g Joghurt
- 80 g Mayonnaise vegan
- 55 g Agavendicksaft
- 10 g Salz
- 15 g Senf
- 4 g Guarkernmehl
- 10 g Petersilie, TK

Wasser, Joghurt, Mayonnaise, Süßungsmittel und Salz verquirlen (10 Sek./Stufe 3). Während der Thermomix läuft, Guarkernmehl durch ein Sieb einrieseln lassen, 10 Sek./Stufe 5 anschließen. Petersilie unterrühren (10 Sek./Stufe 4). Zu verdünnen 3:1 mit Wasser.

12910. Pizza Salami und Hokkaido I, September 2020

2 Pizzen = 2 Portionen; Vorläufer 12905

Teig

- 235 g Dinkel, fein gemahlen
- 20 g Hefe (1/2 Würfel)
- 1 TL Salz

- 3 knappe EL Sonnenblumenöl (20 g)
- 25 g Hafersahne
- 100 g Kichererbsenwasser

Belag für beide Pizzen
- Butter für die Formen (2 x 5 g)
- 1 EL Ketchup verrührt mit
- 1 EL Wasser,
- 15 g Tomatenmark und
- 1 TL Pizzagewürz
- 1 Tomate (120 g), in sehr dünne Scheiben geschnitten

Belag Hokkaido-Pizza
- 100 g Wasser
- 130 g Hokkaido, klein geschnitten
- 5 g Knoblauchzehe (eingelegt)
- 80 g Joghurt
- 1 Prise Salz
- 5 g Sambal Oelek
- 45 g Feuerkäse

Belag Salami-Pizza
- 5-6 Scheiben Salami
- 100 g geriebener Gouda

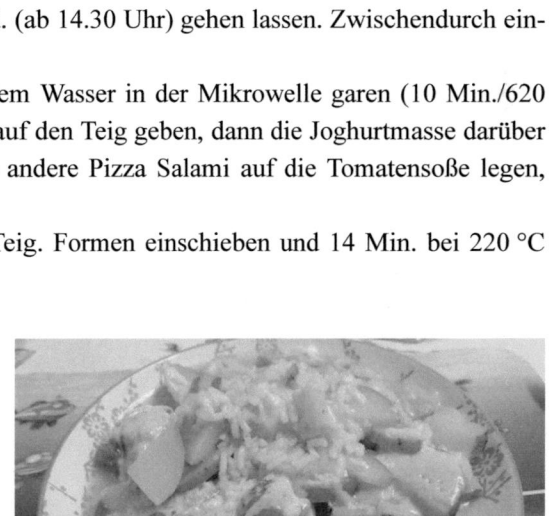

Teig im TM kneten (2,5 Min./Knetstufe). Abgedeckt ca. 2 Std. (ab 14.30 Uhr) gehen lassen. Zwischendurch einmal kurz durchkneten. Ausrollen siehe 12905.

Für die Hokkaidopizza Kürbis mit der Knoblauchzehe mit dem Wasser in der Mikrowelle garen (10 Min./620 Watt). Joghurt, Salz und Sambal verrühren. Erst das Gemüse auf den Teig geben, dann die Joghurtmasse darüber geben. Mit in Streifen geschnittenem Käse belegen. Für die andere Pizza Salami auf die Tomatensoße legen, Gouda darüber streuen.

Ofen (Heißluft) auf 220 °C vorheizen, in der Zeit geht der Teig. Formen einschieben und 14 Min. bei 220 °C backen.

12911. Kartoffeln in Käsesoße, September 2020
- 180 g Wasser
- 50 g Zwiebel, gewürfelt
- 180 g Kartoffeln, in Scheiben
- 30 g (weißer) Reis
- 1 Tomate (125 g)
- 1 gestr. TL Salz
- 65 g Feuerkäse, in kleinen Streifen

Mit Wasser und Gemüse eine Gemüsepfanne (20-cm-Wollpfanne, 20 Min.) zubereiten. Salz und Käse unterrühren und unter das Gemüse ziehen. Kurz aufkochen.

12912. Mikrowellengemüse mit Reis, September 2020
Reis
- 3-5 g Sonnenblumenöl
- 100 g Jasminvollkornreis
- 260 g Wasser

Gemüse
- 100 g Wasser
- 80 g Zwiebel, gehackt
- 100 g Hokkaido, gewürfelt
- 45 g Spitzpaprika, in Streifen

Reis im Reiskocher zubereiten. Gemüse 15 Min. bei 620 Watt garen. Zum Reis servieren, evtl. mit etwas Joghurt. Ist lecker und leicht.

12913. Überbackener Linsenkürbis, September 2020

- Pfanne:
- 65 g rote Linsen
- 195 g Hokkaido, gewürfelt
- 1 große Tomate (145 g), gewürfelt
- 205 g Wasser

Soße:
- 50 g Frischkäse
- 150 g Joghurt
- 5 g Knoblauch, eingelegt
- 50 g Mozzarella, gerieben
- 1 gestr. TL Salz

Pfannenzutaten zusammen 15 Min. in einer ofenfesten Pfanne auf kleiner Einstellung kochen. Soßenzutaten in einem kleinen Mixer verquirlen. Über das Gemüse geben und 30 Min. im auf 200 °C vorgeheizten (Umluft-)Ofen backen.

12914. Schokokuchen Traubenfüllung, September 2020

Vorläufer: 12906; Springform 26 cm

- 200 g Datteln Deglet Nour
- 100 g Sultaninen
- 200 g Soft-Feigen
- 520 g Wasser
- 150 g Schokolade 99 % (Lindt)
- 2 EL Rum
- 175 g Apfelmark
- 50 g Mischmus 4 Nutss
- 200 g Dinkel, gemahlen (Mühle)
- 200 g Dinkelvollkorngrieß
- 50 g Kakaopulver schwach entölt
- 1 Prise Salz
- 2 P Weinsteinbackpulver
- 1 TL Natron
- Füllung: 475 g große grüne Trauben

Guss:
- 45 g Agavendicksaft
- 1 Tafel Vivani 99% (80 g)

Trockenfrüchte in einer Pengdose mit dem Wasser übergießen und über Nacht gut verschlossen stehen lassen. Schokolade im TM zerkleinern (10 Sek./Stufe 4,5). Fruchtmasse hinzugeben und mit den Rührhaken eines Handrührgeräts gut vermischen. Schokoladenstückchen unterheben. Schokoladenstückchen unterheben. Die Hälfte vom Teig in eine mit Backpapier überspannte Springform geben. Trauben auf dem Teig verteilen und mit der zweiten Teighälfte bedecken. In den auf 160 °C (Heißluft) vorgeheizten Ofen einschieben und 40 Min. bei 160 °C backen, 10 Min. im ausgeschalteten Ofen nachbacken. Auf einem Gitterrost abkühlen lassen. Agavendicksaft und Schokolade vorsichtig erhitzen, auf den Kuchen geben.

12915. Joghurtdressing Thermomix V, September 2020

Vorläufer 12909

- 300 g Wasser
- 250 g Joghurt
- 80 g Mayonnaise vegan
- 65 g Ahornsirup
- 1 TL Salz
- 1 EL Knoblauchessig
- 4 g Guarkernmehl
- 15 g Basilikum, tiefgekühlt

Wasser, Joghurt, Mayonnaise, Süßungsmittel, Salz und Essig verquirlen (10 Sek./Stufe 3). Während der Thermo-mix läuft, Guarkernmehl durch ein Sieb einrieseln lassen, 10 Sek./Stufe 5 anschließen. Basilikum unterrühren (10 Sek./Stufe 4). Zu verdünnen 3:1 mit Wasser.

12916. Frühstücksschichten, September 2020

2 Personen

Schicht 1
- 2 x 55 g Haferflocken
- Etwas heißes Wasser

Schicht 2
- 40 g getr. Mango
- 30 g Cashewkerne
- 1 EL Kakaonibs
- 260 g Wasser

Schicht 3
- 4 EL Joghurt

Schicht 4
- 1 Banane (95 g)
- 1 Apfelsine (240 g)
- 1 Nektarine (100 g)

Deko
- einige grüne kernlose Trau-ben
- 8 Mandeln

Haferflocken in je eine Müslischüssel geben, mit etwas Wasser begießen (es soll nicht überstehen). Zutaten für Schicht 2 am Vorabend einweichen und morgens im Vitamix pürieren und über den Haferflocken verteilen. Das Obst pürieren. Die einzelnen Schichten übereinander in eine Müslischüssel geben und mit der Deko bestreuen. Gefäße mit gerader Wand eignen sich besser, weil man dann die Schichten klarer sehen kann.

12917. Pizza Salami und Hokkaido II, September 2020

2 Pizzen = 2 Portionen; 12910

Teig
- 235 g Dinkel, fein gemahlen
- 20 g Hefe (1/2 Würfel)
- 1 TL Salz
- 3 knappe EL Sonnenblumenöl (20 g)
- 35 g Haferjoghurt
- 90 g Kichererbsenwasser

Belag für beide Pizzen
- Butter für die Formen (2 x 5 g)
- 1 EL Ketchup verrührt mit
- 1 EL Wasser,
- 15 g Tomatenmark und
- 1 TL Pizzagewürz
- 1 Tomate (150 g), in sehr dünne Scheiben geschnitten
- 200 g geriebener Mozzarella

Belag Hokkaido-Pizza
- 100 g Wasser
- 100 g Hokkaido, klein geschnitten
- 25 g gekochte Kichererbsen
- 80 g Joghurt
- 1 Prise Salz
- 5 g Sambal Oelek

Belag Salami-Pizza
- 5-6 Scheiben Salami

Teig im TM kneten (2,5 Min./Knetstufe). Abgedeckt ca. 2 Std. (ab 14.30 Uhr) gehen lassen. Zwischendurch ein-mal kurz durchkneten. Ausrollen siehe 12905.

Für die Hokkaidopizza Kürbis mit dem Wasser in der Mikrowelle garen (10 Min./620 Watt). Joghurt, Salz und Sambal verrühren. Erst das Gemüse auf den Teig geben, dann die Joghurtmasse darüber geben. Für die andere Pizza Salami auf die Tomatensoße legen, Käse darüber streuen.

Ofen (Heißluft) auf 220 °C vorheizen, in der Zeit geht der Teig. Formen einschieben und 15 Min. bei 220 °C backen.

12918. Bohnen überbacken mit Hokkaido, Sep. 2020

2 Portionen

- 1 Knoblauchzehe
- 70 g Zwiebeln, gehackt
- 160 g Hokkaido, gewürfelt
- 150 g Zucchini, gewürfelt
- 15 g Sonnenblumenöl
- 1 Tomate (80 g)
- 60 g Wasser
- 100 g Joghurt
- 1 TL Salz
- 1 gestr. TL Sambal Oelek
- 20 g Haferflocken
- 1 Dose Kidneybohnen
- 150 g Mozzarella gerieben

Gemüse im Öl anbraten, Tomate und Wasser erst später zugeben und als Gemüsepfanne 15 Min. dünsten (20-cm-Pfanne). Joghurt, Salz, Sambal und Haferflocken verrühren. Mit den Bohnen unter die Gemüsepfanne mischen. Mit Käse bestreuen und 30 Min. im auf 200 °C vorgeheizten Umluftofen backen.

12919. Hokkaido-Joghurt-Dip, September 2020

- 100 g Wasser
- 80 g Zwiebel, in Scheiben
- 125 g Hokkaido, in Stücken
- 100 g Joghurt
- 1 TL Salz
- 1 gestr. TL Sambal Oelek

Wasser in einen Gartopf mit Einsatz für die Mikrowelle geben. Zwiebel auf dem Gitter verteilen und 10 Min. bei 620 Watt garen. Hokkaido hinzufügen und weitere 5 Min. bei 620 Watt garen. Die restlichen Zutaten mit dem Gemüse in einem kleinen Mixer verschlagen. Ich habe es nicht ganz glatt püriert, aber das ist natürlich Geschmackssache.

12920. Joghurtdressing Thermomix VI, September 2020

Vorläufer 12915

- 300 g Wasser
- 250 g Joghurt
- 80 g Mayonnaise vegan
- 75 g Ahornsirup
- 1 Prise Pfeffer
- 1 TL Salz
- 1 EL Zitronensaft
- 4 g Guarkernmehl
- 15 g Basilikum, TK

Wasser, Joghurt, Mayonnaise, Süßungsmittel, Salz, Pfeffer und Zitronensaft verquirlen (10 Sek./Stufe 3). Während der Thermomix läuft, Guarkernmehl durch ein Sieb einrieseln lassen, 10 Sek./Stufe 5 anschließen. Basilikum unterrühren (10 Sek./Stufe 4). Zu verdünnen 3:1 mit Wasser.

12921. Hokkaido-Tsiki, September 2020

- 100 g Wasser
- 100 g Zucchini, gewürfelt
- 2 Knoblauchzehen
- 100 g Hokkaido, in Stücken
- 85 g Joghurt
- 1 gestr. TL Salz
- 1. TL Sambal Oelek
- 2 g TK Basilikum

Gemüse und Wasser in der Mikrowelle garen (10 Min./620 Watt), abkühlen lassen. Joghurt, Salz, Sambal und Basilikum verrühren und das erkaltete Gemüse unterziehen.

12922. Pizza Salami und Pute-Mais, September 2020

2 Pizzen = 2 Portionen; Vorläufer 12917

Teig
- 235 g Dinkel, fein gemahlen
- 20 g Hefe (1/2 Würfel)
- 1 TL Salz
- 3 knappe EL Sonnenblumenöl (20 g)
- 50 g Joghurt
- 75 g Wasser

Belag für beide Pizzen
- Butter für die Formen (2 x 5 g)
- 1 EL Ketchup verrührt mit
- 1 EL Wasser,
- 15 g Tomatenmark und
- 1 TL Pizzagewürz
- 1 Tomate (160 g), in sehr dünne Scheiben geschnitten
- 200 g Mozzarella am Stück, in Scheiben geschnitten

Belag Pute-Mais-Pizza
- 4-5 Scheiben Putenaufschnitt
- 2 EL Mais aus der Dose

Belag Salami-Pizza
- 5-6 Scheiben Salami

Teig im TM kneten (2,5 Min./Knetstufe). Abgedeckt ca. 2 Std. (ab 14.30 Uhr) gehen lassen. Zwischendurch einmal kurz durchkneten. Auf zwei Portionen (je 1200 g) verteilen. Zwei 28-cm-große Formen einfetten. Teigstück in die Mitte geben und auseinanderdrücken. Nicht bis ganz an den Rand gehen, sondern so lange, wie der Teig sich einfach auseinanderdrücken lässt, ohne zu reißen, und noch einen kleinen Wulst am Rand hat. Ketchupmischung darauf verstreichen, mit Kräutern bestreuen. Mit Tomatensoße bestreichen und mit Tomatenscheiben belegen. Jeweilige Beläge auf den Pizzen verteilen. Mit Käse bestreuen. Ofen (Heißluft) auf 220 °C vorheizen, in der Zeit geht der Teig. Formen einschieben und 15 Min. bei 220 °C backen.

12923. Hokkaido mit Roggen, September 2020

- 195 g Wasser
- 135 g Zucchini, kleingeschnitten
- 220 g Hokkaido, kleingeschnitten
- 1 Knoblauchzehe, in Scheiben
- 75 g Roggenflocken
- Salz
- Pfeffer und
- 1 EL Zitronensaft
- 100 g Mozzarella-Scheiben

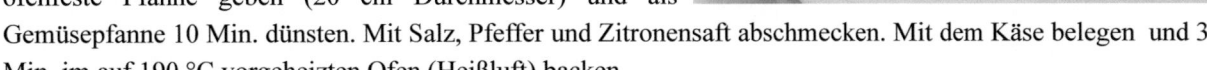

Wasser und Gemüse in der angegebenen Reihenfolge in eine ofenfeste Pfanne geben (20 cm Durchmesser) und als Gemüsepfanne 10 Min. dünsten. Mit Salz, Pfeffer und Zitronensaft abschmecken. Mit dem Käse belegen und 30 Min. im auf 190 °C vorgeheizten Ofen (Heißluft) backen.

12924. Rote Linsen mit Kürbis, September 2020

- 70 g Zwiebeln, gewürfelt
- 75 g rote Paprika, in Streifen
- 215 g Hokkaido, gewürfelt
- 245 g Wasser
- Pfeffer
- Salz
- 2 EL Joghurt

Gemüse und Wasser als Gemüsepfanne (20-cm-Wollpfanne, 25 Min.) garen. Mit Pfeffer, Salz und Joghurt verrühren. Nicht mehr aufkochen.

12925. Schokokuchen Puddingfüllung, September 2020

Vorläufer: 12906; Springform 26 cm

- 200 g Datteln Deglet Nour
- 100 g Sultaninen
- 200 g Soft-Feigen
- 520 g Wasser
- 150 g Schokolade 99 % (Lindt)
- 2 EL Rum
- 175 g Apfelmark
- 50 g Mischmus 4 Nutss
- 200 g Dinkel, gemahlen (Mühle)
- 200 g Dinkelvollkorngrieß
- 50 g Kakaopulver schwach entölt
- 10 g Carobpulver Rohkostqualität
- 1 Prise Salz
- 2 P Weinsteinbackpulver
- 1 TL Natron

Füllung
- 2 P Puddingpulver Vanille
- 15 g Rohrohrzucker
- 500 g Hafermilch

Guss:
- 40 g Agavendicksaft
- 1 Tafel Vivani 99 % (80 g)

Puddingpulver, Zucker und 3 EL Milch mit einem Schneebesen verquirlen. Restliche Milch zugeben und in der Mikrowelle aufkochen (3 Min. 620 Watt, 2 Min. 620 Watt, 40 Sek. x 640 Watt, dazwischen immer verrühren). Trockenfrüchte in einer Pengdose mit dem Wasser übergießen und über Nacht gut verschlossen stehen lassen. Schokolade im TM zerkleinern (10 Sek./Stufe 4,5). Fruchtmasse mit der Einweichflüssigkeit im TM zu einer glatten Masse pürieren (10 Sek./Stufe 10). Die trockenen Zutaten mischen. Fruchtgemisch hinzugeben und mit den Rührhaken eines Handrührgeräts gut vermischen. Schokoladenstückchen unterheben. Die Hälfte vom Teig in eine mit Backpapier überspannte Springform geben. Pudding auf dem Teig verteilen und mit der zweiten Teig-hälfte bedecken. In den auf 160 °C (Heißluft) vorgeheizten Ofen einschieben und 40 Min. bei 160 °C backen, 10 Min. im ausgeschalteten Ofen nachbacken. Auf einem Gitterrost abkühlen lassen. Agavendicksaft und Schoko-lade vorsichtig erhitzen, auf den Kuchen geben.

12926. Joghurtdressing Thermomix VII, Sep. 2020

- *Vorläufer 12920*
- 125 g Kichererbsenwasser
- 175 g Wasser
- 250 g Joghurt
- 80 g Mayonnaise vegan
- 65 g Ahornsirup
- 1 Prise Pfeffer
- 1 TL Salz
- 1 EL Zitronensaft
- 4 g Guarkernmehl
- 10 g Basilikum, tiefgekühlt

Wasser, Joghurt, Mayonnaise, Süßungsmittel, Salz, Pfeffer und Zitronensaft verquirlen (10 Sek./Stufe 3). Während der Thermomix läuft, Guarkernmehl durch ein Sieb einrie-seln lassen, 10 Sek./Stufe 5 anschließen. Basilikum unterrühren (10 Sek./Stufe 4). Zu verdünnen 3:1 mit Wasser.

12927. Tomatenketchup XLXIII, September 2020

Vorläufer 12902, 2 Cashewnussmus-Gläser + 1/4 Honigglas

- 2 Dosen Tomaten inklusive Saft (800 g)
- 145 g Apfelessig
- 10 g Peperoniessig 7/4573
- 100 g Wasser
- 150 g Sultaninen
- 13 g Knoblauchzehen (frisch)
- 1 geh. TL Salz
- 185 g Gemüsezwiebeln, halbiert
- 1 Apfel 150 g
- 75 g rote Paprika
- 1 Stück Essigpeperoni (7 g) 7/4573
- 1 Prise (1/4 TL) Pfeffer
- 2 geh. TL Paprikapulver
- 1 gute MS Zimt
- 1 Prise Kreuzkümmel
- 30 g Tomatenmark
- 170 g Wasser

Alle Zutaten bis auf die zweite Menge Wasser in den Mixtopf geben. 25 Sek. auf Stufe 10 zerkleinern, dabei den Messbecher fest andrücken, anschließend garen (40 Min./Varoma/Stufe 3). Nach Ende der Garzeit Rest Wasser zugeben und fein pürieren (30 Sek./Stufe 10). Direkt in Schraubgläser füllen.

12928. Zwiebel-Relish XVIII, September 2020

Vorläufer 12903; 1 Nussmus- und 1/2 Honigglas

- 580 g Zwiebeln
- 1 Apfel (170 g, ohne Kerne)
- 2 Knoblauchzehen (eingelegt; 10 g)
- 200 g Rosinen
- 60 g Tomatenketchup
- 1 geh. TL Salz
- 1 geh. MS Nelken
- 1 geh. MS Zimt
- 1 MS Kreuzkümmel
- 1 MS gem. Koriander
- 1 TL getr. Majoran, zwischen den Händen verrieben
- 150 g Apfelessig
- 115 g Wasser

Herstellung im TM. Zwiebeln, Apfel, Rosinen und Knoblauch zerkleinern (10 Sek./Stufe 5,5). Nach unten schieben und die restlichen Zutaten zugeben. 55 Min./100 °C/Linkslauf/Stufe 1 ohne Messbecher garen. Sobald es kocht, wenn nötig Garkörbchen als Spritzschutz aufsetzen. Relish in drei leere Schraubgläser füllen. Sofort verschließen und abgekühlt im Kühlschrank aufbewahren.

12929. Käsekuchen ohne Boden, September 2020

- 1000 g Magerquark
- 300 g Frischkäse
- 3 Eier (175 g)
- 250 g Agavendicksaft
- 2 Päckchen Vanillepuddingpulver
- 1 TL Backpulver
- 55 g Dinkelvollkorngrieß
- 1 Prise Salz

Backofen (Umluft) auf 180 °C vorheizen. Die Zutaten in den Mixtopf geben und verrühren (30 Sek./Stufe 5). Die Masse in eine mit Backpapier ausgelegte 26-cm-Springform füllen. 55 Min. bei 180 °C backen.

12930. Pizzen mit verschiedenen Belägen, Sep. 2020

2 Pizzen = 2 Portionen; Vorläufer 12922

Teig
- 235 g Dinkel, fein gemahlen
- 20 g Hefe (1/2 Würfel)
- 1 TL Salz
- 3 knappe EL Sonnenblumenöl (20 g)
- 50 g Joghurt
- 75 g Kichererbsenkochwasser

Belag für beide Pizzen
- Butter für die Formen (2 x 5 g)
- 1 EL Ketchup verrührt mit
- 1 EL Wasser,
- 10 g Tomatenmark und
- 1 TL Pizzagewürz
- 2 Tomaten (160 g), in sehr dünne Scheiben geschnitten
- 200 g Mozzarella am Stück, in Scheiben geschnitten

Belag Pizza 1
- In sehr dünne Scheiben geschnittene Zwiebel (17 g)

Belag Salami-Pizza
- 5-6 Scheiben Salami

Teig im TM kneten (2,5 Min./Knetstufe). Abgedeckt ca. 2 Std. (ab 14.30 Uhr) gehen lassen. Zwischendurch einmal kurz durchkneten. Auf zwei Portionen (je 200 g) verteilen. Zwei 28-cm-große Formen einfetten. Teigstück in die Mitte geben und auseinanderdrücken. Nicht bis ganz an den Rand gehen, sondern so lange, wie der Teig sich einfach auseinanderdrücken lässt, ohne zu reißen, und noch einen kleinen Wulst am Rand hat. Ketchupmischung darauf verstreichen, mit Kräutern bestreuen. Mit Tomatenscheiben belegen. Jeweilige Beläge auf den Pizzen verteilen. Mit Käse bestreuen. Ofen (Heißluft) auf 220 °C vorheizen, in der Zeit geht der Teig. Formen einschieben und 15 Min. bei 220 °C backen.

12931. Kürbisnudeln überbacken, September 2020
- 75 g Vollkornspiralnudeln
- 120 g Hokkaido, gewürfelt
- 85 g Tomate, gewürfelt
- 250 g Wasser
- 1 Ei
- 40 g Hafersahne
- 1 gestr. TL Salz
- 1 Prise Pfeffer
- 50 g Mozzarella, in Scheiben

Gemüse im Wasser als Gemüsepfanne (20 cm, Alugusspfanne) 10 Min. garen. Ei mit Hafersahne, Salz und Pfeffer verrühren, unter die Nudeln ziehen. Mit Käse belegen und 30 Min. im auf 200 °C vorgeheizten Ofen backen.

12932. Joghurtdressing Handrührer, September 2020

Vorläufer 12926
- 300 g Wasser
- 250 g Joghurt
- 80 g Mayonnaise vegan
- 65 g Ahornsirup
- 1 Prise Pfeffer
- 1 TL Salz
- 1 EL Essig
- 4 g Guarkernmehl
- 10 g italienische Kräuter, TK

Wasser, Joghurt, Mayonnaise, Süßungsmittel, Salz, Pfeffer und Zitronensaft mit einem Handrührgerät auf höchster Stufe verquirlen. Guarkernmehl dann während des Rührens einrieseln lassen. Kräuter unterrühren. Zu verdünnen 3:1 mit Wasser.

12933. Schneller Hokkaidoreis, September 2020

- 75 g weißer Reis
- 230 g Hokkaido, gewürfelt
- 75 g Wasser
- 125 g Kichererbsenkochwasser
- 15 g Butter
- 1 EL Zitronensaft
- 2 Prisen Salz

Reis mit Kürbis und Flüssigkeiten zum Kochen bringen und 20 Min. garen. Die restlichen Zutaten unterziehen.

12934. Kürbis als Brotauflage, Oktober 2020

1 Portion für zwei Scheiben Brot

- 100 g Wasser
- 280 g Kürbis, in Streifen geschnitten
- 2 Knoblauchzehen
- 1 Prise Salz
- 10 g Butter

Wasser in einen Mikrowellendampfkochtopf geben. Kürbis und Knoblauch auf das Gitter legen. 10 Min. bei 620 Watt garen. Auf einem Teller mit Salz und Butter belegen, bis die Butter geschmolzen ist. So auf das Brot legen.

12935. Pizzen mit verschiedenen Belägen II, Oktober 2020

Vorläufer 12930; 50 g des Teigs habe ich eingefroren.

Teig

- 235 g Dinkel, fein gemahlen
- 20 g Hefe (1/2 Würfel)
- 1 TL Salz
- 3 knappe EL Sonnenblumenöl (20 g)
- 50 g Joghurt
- 75 g Wasser

Belag für beide Pizzen

- Butter für die Formen (2 x 5 g)
- 1 EL Ketchup verrührt mit
- 1 EL Wasser,
- 10 g Tomatenmark und
- 1 TL Pizzagewürz
- 2 kleine Tomaten, in sehr dünne Scheiben geschnitten
- 200 g Mozzarella am Stück, in Scheiben geschnitten

Belag Pizza 1

- In sehr dünne Scheiben geschnittene Süßkartoffel (25 g)
- 3 in Streifen geschnittene Streifen Putenbrust (Aufschnitt)

Belag Salami-Pizza

- 5-6 Scheiben Salami

Teig im TM kneten (2,5 Min./Knetstufe). Abgedeckt ca. 2 Std. (ab 14.30 Uhr) gehen lassen. Zwischendurch nicht durchkneten. Auf zwei Portionen (je 1200 g) verteilen. Zwei 28-cm-große Formen einfetten. Teigstück in die Mitte geben und auseinanderdrücken. Nicht bis ganz an den Rand gehen, sondern so lange, wie der Teig sich einfach auseinanderdrücken lässt, ohne zu reißen, und noch einen kleinen Wulst am Rand hat. Ketchupmischung darauf verstreichen, mit Kräutern bestreuen. Mit Tomatensoße bestreichen und mit Tomatenscheiben belegen. Jeweilige Beläge auf den Pizzen verteilen. Ofen (Heißluft) auf 220 °C vorheizen, in der Zeit geht der Teig. Formen einschieben und 15 Min. bei 220 °C backen. Den Käse nach 5 Min. Backzeit auflegen.

12936. Schokokuchen Apfel/Puddingfüllung, Okt. 2020

Vorläufer: 12925; Springform 26 cm

- 200 g Datteln Deglet Nour
- 100 g Sultaninen
- 200 g Soft-Feigen
- 520 g Wasser
- 150 g Schokolade 99 % (Lindt)
- 2 EL Rum
- 175 g Apfelmark
- 60 g Mischmus 4 Nutss
- 200 g Dinkel, gemahlen (Mühle)
- 200 g Dinkelvollkorngrieß
- 50 g Kakaopulver schwach entölt
- 10 g Carobpulver Rohkostqualität
- 1 Prise Salz
- 2 P Weinsteinbackpulver
- 1 TL Natron

Füllung I
- 1 P Puddingpulver Vanille
- 10 g Rohrohrzucker
- 155 g Hafermilch
- 45 g Hafersahne

Füllung II
- 375 g Apfelviertel
- 1 Prise Zimt
- 5 g Zucker

Guss:
- 40 g Agavendicksaft
- 1 Tafel Vivani 99 % (80 g)

Füllung 1: Puddingpulver, Zucker und 3 EL Milch mit einem Schneebesen verquirlen. Restliche Milch zugeben und in der Mikrowelle aufkochen (3 x 640 Watt, 2 x 640 Watt, 1 x 640 Watt, dazwischen immer verrühren). Füllung 2: Im Thermomix zusammen mixen (5 Sek./Stufe 5). Trockenfrüchte in einer Pengdose mit dem Wasser übergießen und über Nacht gut verschlossen stehen lassen. Schokolade im TM zerkleinern (10 Sek./Stufe 4,5). Fruchtmasse mit der Einweichflüssigkeit im TM zu einer glatten Masse pürieren (10 Sek./Stufe 10). Die trockenen Zutaten mischen. Fruchtgemisch hinzugeben und mit den Rührhaken eines Handrührgeräts gut vermischen. Schokoladenstückchen unterheben. Die Hälfte vom Teig in eine mit Backpapier überspannte Springform geben. Pudding und darüber die Apfelmasse auf dem Teig verteilen und mit der zweiten Teighälfte bedecken. In den auf 160 °C (Heißluft) vorgeheizten Ofen einschieben und 40 Min. bei 160 °C backen, 10 Min. im ausgeschalteten Ofen nachbacken. Auf einem Gitterrost abkühlen lassen. Agavendicksaft und Schokolade vorsichtig erhitzen, auf den Kuchen geben, der vorher möglichst eine Weile im Kühlschrank gestanden hat.

12937. Nudeln mit Bataten, überbacken, Oktober 2020
- 100 g Vollkornspiralnudeln
- 185 g Süßkartoffeln, in kleinen Scheibentücken
- 30 g Zwiebel, gewürfelt
- 250 g Wasser
- 50 g Wasser
- 50 g Hafersahne
- 1 gestr. TL Salz
- 1 TL Speisestärke
- 1 gestr. TL Sambal Oelek
- 100 g Mozzarella in Scheiben

Gemüse und 250 g Wasser zusammen aufkochen und 10 Min. garen. Die restlichen Zutaten (ohne den Käse) verrühren, zu den Nudeln geben und verrühren. Mit Käse belegen und im vorgeheizten Ofen (Heißluft) bei 200 °C eine 15 bis 30 Min. überbacken.

12938. Joghurt-Mischbrot III, Oktober 2020

Vorläufer 12898

Stufe 1 (12 Std. vorher):

Sauerteigansatz:

- 400 g Roggen
- 410 g Wasser
- 150 g Sauerteig

Stufe 2 (bei mir Morgen):

- 125 g Roggen
- 300 g Weizen, fein gemahlen
- 1 geh. EL Brotgewürz gem. (Brecht)
- 30 g geröstete Sesamkerne
- 60 g Sonnenblumenkerne
- 30 g Leinsamen
- 15 g Salz
- 200 g Wasser
- 200 g Joghurt
- 1 EL Ahornsirup
- 1/4 Würfel frische Hefe (10 g)
- ca. 800 g Sauerteigansatz
- 20 g Butter für die Form

Stufe 1: Roggen fein mahlen, mit Wasser und altem Sauerteig mischen. In einer Plastiktüte über Nacht stehen lassen. 150 g von der Stufe 1 abnehmen und in einem gut schließenden Schraubglas in den Kühlschrank stellen für das nächste Backen. **Stufe 2:** Getreide mahlen (Vorabend). Backmorgen: Hefe in einem Teil des Wassers auflösen. Zutaten (außer der Butter) mit einem großen Löffel gründlich verrühren, bis kein Mehl mehr sichtbar ist. Eine 30-cm-Brotform, Profi-Email von Dr. Oetker, gut einfetten. Teig hineingeben, mit der nassen Hand herunterdrücken und glattstreichen. Mit einem scharfen Messer mehrmals schräg einschneiden. Form im kalten Ofen etwa 90 Min. gehen lassen. Ofen auf 190 °C aufheizen, das Brot ist dabei im Ofen. Backzeit 65 Min., im ausgestellten Ofen 10 Min. nachbacken.

12939. Dicke Kartoffelmöhrensuppe, Oktober 2020

- 210 g Möhren, grob vorgeschnitten
- 90 g Kartoffeln, grob vorgeschnitten
- 80 g Zwiebel, grob vorgeschnitten
- 40 g Wasser
- 1/2 TL Salz
- 1 Prise Pfeffer
- 15 g Butter
- 2 TL Sesam geröstet

Gemüse zerkleinern (5 Sek./Stufe 6). Wasser hinzugeben und garen (20 Min./100 °C/Stufe 2). Mit Salz, Pfeffer, Butter verrühren, pürieren (7 Sek./Stufe 10). Sesam als Deko.

12940. Joghurtdressing Handrührer II, Oktober 2020

Vorläufer 12932

- 150 g Kichererbsenkochwasser
- 65 g Hafersahne
- 85 g Wasser
- 250 g Joghurt
- 80 g Mayonnaise vegan
- 70 g Ahornsirup
- 1 Prise Pfeffer
- 1 TL Salz
- 1 EL Zitronensaft
- 4 g Guarkernmehl
- 10 g italienische Kräuter, TK

Wasser, Joghurt, Mayonnaise, Süßungsmittel, Salz, Pfeffer und Zitronensaft mit einem Handrührgerät auf höchster Stufe verquirlen. Guarkernmehl dann während des Rührens einrieseln lassen. Kräuter unterrühren. Zu verdünnen 3:1 mit Wasser.

12941. Ratoffelöhren, Oktober 2020

- 75 g weißer Reis
- 100 g Kartoffeln, gewürfelt
- 150 g Möhren, in Halbscheiben
- 200 g Wasser
- 1 gestr. TL Salz
- 45 g Frischkäse
- 1 Prise Pfeffer
- 75 g Wasser

Reis, Gemüse und 200 g Wasser als Gemüsepfanne (20 cm) 20 Min. garen. Die restlichen Zutaten unterrühren.

12942. Käsekuchen à la Schmidt, Oktober 2020

- 325 g Rohrohrzucker

Teig

- 150 g Weizenmehl, frisch gemahlen
- 1 geh. TL Backpulver
- 1 kleines Ei (45 g)
- 65 g kalte Butter
- (65 g Zucker, ist im TM)
- 1 Prise Salz

Quarkmasse

- 1000 g Quark
- 5 Eier (= 250 g)
- 260 g Puderzucker
- 200 g Sonnenblumenöl
- 2 Päckchen Vanillepuddingpulver
- 1 gute Prise gem. Vanille
- 500 g Hafermilch

Zucker in den Mixtopf geben. Ein Stück Haushaltspapier oder Haushaltsfolie zwischen Mixtopf und Deckel einklemmen. Zucker pulverisieren (20 Sek./Stufe 10). Ca. 260 g Zucker aus dem Mixtopf nehmen.

Ofen (Umluft) auf 180 °C vorheizen. Zutaten in den Thermomix zum Zucker geben, Butter in Stücke schneiden und zufügen. Zu einem Teig verarbeiten (30 Sek./Stufe 5). Springform (26 cm) einfetten, Teig darauf verteilen (mit feuchten Händen), evtl. einen kleinen Rand hochziehen. Teig 10-12 Min. bei 180 °C backen.

Die Zutaten im Thermomix vermischen (30 Sek./Stufe 5). Vorsichtig auf den Teig gießen (die Form wird sehr voll). In den noch heißen Ofen (180 °C) schieben und 55 Min. bei 180 °C backen. 10 Min. im ausgestellten Kuchen nachbacken.

12943. Nudelauflauf einfach, Oktober 2020

Nudeln

- 75 g Vollkornspiralnudeln
- 320 g Wasser

Tomatensoße

- 200 g Tomaten, in Scheiben
- 30 g Zwiebeln, gewürfelt
- 10 g Tomatenmark
- 1/2 TL Salz
- 1 Prise Pizzakräuter

Weiße Soße

- 40 g Kichererbsenwasser
- 50 g Frischkäse
- 50 g Joghurt

Überbacken

- 80 g Mozzarella in Scheiben

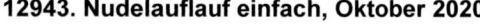

Nudeln in 320 g Wasser 10 Min. kochen. Für die Tomatensoße das Gemüse in der Mikrowelle garen (5 Min./800 Watt. Restliche Zutaten der Tomatensoße zufügen und weiter erhitzen (2 Min./620 g). Frischkäse im Wasser lösen (Mikrowelle 2 Min./620 Watt). Joghurt unterrühren.

Für den Auflauf 2 EL Tomatensoße in eine kleinere Auflaufform geben. Abgegossene Nudeln darüber geben. Mit der roten Soße begießen und mit der weißen Soße abschließen. Mit Käse belegen. Ofen auf 190 °C (Heißluft) vorheizen und Auflauf ohne Deckel 20 Min. bei 190 °C backen.

12944. Joghurtdressing Handrührer III, Oktober 2020

Vorläufer 12940

- 140 g Kichererbsenkochwasser
- 160 g Wasser
- 250 g Joghurt
- 80 g Mayonnaise vegan
- 70 g Ahornsirup
- 1 Prise Pfeffer
- 1 TL Salz
- 1 EL Zitronensaft
- 4 g Guarkernmehl
- 10 g italienische Kräuter, TK

Wasser, Joghurt, Mayonnaise, Süßungsmittel, Salz, Pfeffer und Zitronensaft mit einem Handrührgerät auf höchster Stufe verquirlen. Guarkernmehl dann während des Rührens einrieseln lassen. Kräuter unterrühren. Zu verdünnen 3:1 mit Wasser.

12945. Pizzateig für Pizza Salami und Pute, Oktober 2020

2 Pizzen = 2 Portionen; Vorläufer 12917

Teig

- 235 g Weizen, fein gemahlen
- 20 g Hefe (1/2 Würfel)
- 1 TL Salz
- 3 knappe EL Sonnenblumenöl (20 g)
- 60 g Joghurt
- 65 g Wasser

Belag für beide Pizzen

- Butter für die Formen (2 x 5 g)
- 1 EL Ketchup verrührt mit
- 1 EL Wasser,
- 15 g Tomatenmark und
- 1 TL Pizzagewürz
- 2 kleine Tomaten, in sehr dünne Scheiben geschnitten
- 200 g Mozzarella am Stück, in Scheiben

Beläge

- erste Pizza: 5 Scheiben Salami
- zweite Pizza 6 Scheiben Putenbrust (Aufschnitt)

Im Thermomix kneten (2,5 Min./Knetstufe). Abgedeckt ca. 5 Std. gehen lassen. Zwischendurch nicht durchkneten. Der Teig ist 5 Std. gegangen. Ob deshalb oder wegen des höheren Joghurtanteils, war er sehr mürbe und nicht so dehnfähig wie sonst. Geschmacklich gut.

Auf zwei Portionen verteilen. Zwei 28-cm-große Formen einfetten. Teigstück in die Mitte geben und auseinanderdrücken. Nicht bis ganz an den Rand gehen, sondern so lange, wie der Teig sich einfach auseinanderdrücken lässt, ohne zu reißen, und noch einen kleinen Wulst am Rand hat. Ketchupmischung darauf verstreichen, mit Kräutern bestreuen. Mit Tomatenscheiben belegen. Jeweilige Beläge auf den Pizzen verteilen. Mit Käse bestreuen. Ofen (Heißluft) auf 220 °C vorheizen, in der Zeit geht der Teig. Formen einschieben und 15 Min. bei 220 °C backen. Nach 5 Min. den Käse auflegen.

12946. Fünfminutenbrot mit Malz und Joghurt, Okt. 2020

Vorläufer 12900

- 1 P frische Hefe
- 250 g handwarmes Wasser
- 200 g Joghurt
- 280 g Dinkel
- 220 g Weizen
- 50 g Leinsamen
- 50 g Sonnenblumenkerne
- 2 knappe TL Salz (wer mag auch Kräutersalz)
- 2 EL Apfelessig
- 1 geh. TL Gerstenmalzextrakt
- Butter für die Form
- 1-2 EL Dinkelvollkorngrieß

Alle Zutaten in den TM geben und 3 Min. auf der Knetstufe kneten. Eine 30 cm Form fetten. Teig hineingeben, mit Wasser einsprühen und auf dem Gitterrost in den kalten Backofen schieben. 10 Min. ruhen lassen. Den Ofen auf 200 °C (Heißluft) stellen und das Brot eine Stunde backen. Das fertige Brot aus der Form stürzen, mit Wasser einsprühen und auf einem Gitterrost auskühlen lassen.

12947. Tomatenketchup XLXIV, Oktober 2020

Vorläufer 12927; 2 Cashewnussmus-Gläser + 1/4 Honigglas

- 2 Dosen Tomaten inklusive Saft (800 g)
- 145 g Apfelessig
- 10 g Peperoniessig 7/4573
- 100 g Wasser
- 150 g Sultaninen
- 10 g Knoblauchzehen (frisch)
- 1 geh. TL Salz
- 115 g Gemüsezwiebeln, halbiert
- 1 Apfel 160 g
- ½ grüne Paprikaschote (100 g)
- 1 Stück Essigpeperoni (6 g) 7/4573
- 1 Prise (1/4 TL) Pfeffer
- 2 geh. TL Paprikapulver
- 1 gute MS Zimt
- 1 g Kakaopulver
- 1 Prise Kreuzkümmel
- 30 g Tomatenmark
- 170 g Wasser

Alle Zutaten bis auf die zweite Menge Wasser in den Mixtopf geben. 25 Sek. auf Stufe 10 zerkleinern, dabei den Messbecher fest andrücken, anschließend garen (40 Min./Varoma/Stufe 3). Nach Ende der Garzeit Rest Wasser zugeben und fein pürieren (30 Sek./Stufe 10). Direkt in Schraubgläser füllen.

12948. Zwiebel-Relish XIX, Oktober 2020

Vorläufer 12928; 2 Nussmusgläser

- 640 g Zwiebeln
- 1 Apfel (175 g, ohne Kerne)
- 2 Knoblauchzehen (frisch (10 g))
- 200 g Rosinen
- 60 g selbstgemachter Tomatenketchup
- 1 geh. TL Salz
- 1 geh. MS gem. Nelken
- 1 geh. MS Zimt
- 1 MS Kreuzkümmel
- 1 MS Koriander

- 1 gute MS Curry
- 1 TL getr. Majoran, zwischen den Händen verrieben
- 150 g Apfelessig
- 130 g Wasser

Herstellung im TM. Zwiebeln, Apfel, Rosinen und Knoblauch zerkleinern (10 Sek./Stufe 5,5). Nach unten schieben und die restlichen Zutaten zugeben. 55 Min./100 °C/Linkslauf/Stufe 1 ohne Messbecher garen. Sobald es kocht, wenn nötig Garkörbchen als Spritzschutz aufsetzen. Relish in zwei leere Schraubgläser füllen. Sofort verschließen und abgekühlt im Kühlschrank aufbewahren.

12949. Käsekuchen à la Schmidt II, Oktober 2020

Vorläufer 12942

Teig
- 150 g Dinkel, frisch gemahlen
- 1 geh. TL Backpulver
- 1 kleines Ei (45 g)
- 65 g kalte Butter
- 60 g Agavendicksaft
- 1 Prise Salz

Quarkmasse
- 1000 g Quark
- 4 Eier (= 225 g)
- 250 g Agavendicksaft
- 190 g Sonnenblumenöl
- 2 P Vanillepuddingpulver
- 1 gute Prise gem. Vanille
- 495 g Hafermilch

Ofen (Umluft) auf 180 °C vorheizen. Teigzutaten im TM zu einem Teig verarbeiten (30 Sek./Stufe 5). Springform (26 cm) einfetten, Teig darauf verteilen (mit feuchten Händen), evtl. einen kleinen Rand hochziehen. Teig 19 Min. bei 180 °C backen.

Die Zutaten der Quarkmasse im TM vermischen (30 Sek./Stufe 5). Vorsichtig auf den Teig gießen (die Form wird sehr voll). In den noch heißen Ofen (180 °C) schieben und 5 Min. bei 180 °C backen. 10 Min. im ausgestellten Kuchen nachbacken.

12950. Tomatendressing Handrührer, Oktober 2020

Vorläufer 12944
- 150 g Kichererbsenkochwasser
- 150 g Wasser
- 250 g Joghurt
- 80 g Mayonnaise vegan
- 70 g Ahornsirup
- 1 Prise Pfeffer
- 1 TL Salz (10 g)
- 1 EL Zitronensaft
- 20 g Tomatenmark
- 4 g Guarkernmehl

Wasser, Joghurt, Mayonnaise, Süßungsmittel, Salz, Pfeffer und Zitronensaft mit einem Handrührgerät auf höchster Stufe verquirlen. Guarkernmehl dann während des Rührens einrieseln lassen. Zu verdünnen 4:1 mit Wasser.

12951. Tomatensambaldip, Oktober 2020

- 4 EL Tomatendressing mit dem Handrührer 12950
- 1 TL Sambal Oelek
- 1 Prise Salz

Verrühren. Schmeckt gut zu Reisgerichten.

12952. Dressing mit Tomatenhauch, Oktober 2020

Vorläufer 12950

- 210 g Tomatendressing 12950
- 90 g Wasser
- 250 g Joghurt
- 80 g Mayonnaise vegan
- 70 g Ahornsirup
- 1 Prise Pfeffer
- 1 TL Salz (9 g)
- 20 g Zitronensaft
- 3 g Guarkernmehl

Wasser, Joghurt, Mayonnaise, Süßungsmittel, Salz, Pfeffer und Zitronensaft mit einem Handrührgerät auf höchster Stufe verquirlen. Guarkernmehl dann während des Rührens einrieseln lassen. Kräuter unterrühren. Zu verdünnen 3:1 mit Wasser.

12953. Tomatensambaldip II, Oktober 2020

- 4 EL Tomatendressing mit dem Handrührer 12950
- 1 TL Sambal Oelek
- 1 Prise Salz

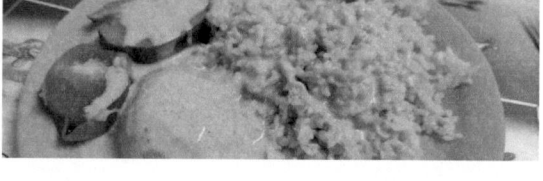

Verrühren. Schmeckt gut zu Reisgerichten.

12954. Schokokuchen Trockenfrucht ‚Advent', Nov. 2020

Vorläufer: 12723; Springform 26 cm

- 200 g Datteln Deglet Nour
- 100 g Sultaninen
- 200 g Soft-Feigen
- 520 g Wasser
- 150 g Schokolade 99 % (Lindt)
- 50 g Kakaopulver schwach entölt
- 1 geh. EL Lebkuchengewürz
- 200 g Dinkel, gemahlen (Mühle)
- 200 g Dinkelvollkorngrieß
- 1 Prise Salz
- 2 P Weinsteinbackpulver
- 2 EL Rum
- 175 g Apfelmark
- 50 g Mischmus 4 Nuts
- 1 TL Natron
- Füllung: 110 g ganze Mandeln

Guss:

- 40 g Agavendicksaft
- 1 Tafel Vivani 99 % (80 g)
- Mandelblättchen und Sonnenblumenkerne zum Bestreuen.

Trockenfrüchte in einer Pengdose mit dem Wasser übergießen und über Nacht gut verschlossen stehen lassen. Schokolade im TM zerkleinern (10 Sek./Stufe 4,5). Die Fruchtmasse mit der Einweichflüssigkeit im TM zu einer glatten Masse pürieren (10 Sek./Stufe 10).

Die trockenen Zutaten mischen. Fruchtgemisch hinzugeben und mit den Rührhaken eines Handrührgeräts gut vermischen. Schokoladenstückchen unterheben. Die Hälfte des Teiges in eine mit Backpapier überspannte Springform geben. Mandeln auf dem Teig verteilen und mit der zweiten Teighälfte bedecken. In den auf 160 °C (Heißluft) vorgeheizten Ofen einschieben und 40 Min. bei 160 °C backen, 10 Min. im ausgeschalteten Ofen nachbacken. Agavendicksaft und Schokolade vorsichtig erhitzen, auf den Kuchen geben, der vorher möglichst eine Weile im Kühlschrank gestanden hat.

12955. Milchkaffee ‚Advent‘, November 2020

1 große Tasse

- 70 g der Fruchtmischung von Schokokuchen Trockenfrucht ‚Advent‘ 12954 (Rest im TM)
- 360 g Hafermilch
- 400 g Wasser
- 6 g Caro-Kaffee
- 4 g Trinkkakao
- 2 g Lebkuchengewürz

Im Thermomix erhitzen (8 Min./100 °C/Stufe 2) und nochmals mixen (5 Sek./Stufe 8).

12956. Steinpilze, mit Nudeln überbacken, November 2020

- 25 g getr. Steinpilze (privat gesammelt & getrocknet)
- 600 g Wasser
- 100 g Vollkornspiralnudeln
- 150 g Tomatendressing mit dem Handrührer
- 1 Tomate (90 g), gewürfelt
- 1 Prise Salz
- 1 Prise Pfeffer
- 8 EL Kochwasser
- 75 g Schafskäse

Pilze 4-5 Std. im Wasser einweichen.

Pilze abtropfen lassen. Nudeln 10 Min. im Einweichwasser kochen lassen. Nudeln mit den restlichen Zutaten bis auf den Käser vermischen, in eine feuerfeste Form geben. Mit Käse bröseln bedecken. 20 Min. bei 190 °C (Ofen vorgeheizt) überbacken.

12957. Joghurt-Mischbrot, verdunkelt, November 2020

Vorläufer 12938

Stufe 1 (12 Std. vorher):
Sauerteigansatz:

- 400 g Roggen
- 410 g Wasser
- 150 g Sauerteig

Stufe 2 (bei mir Morgen):

- 125 g Roggen
- 300 g Weizen, fein gemahlen
- 1 geh. EL Brotgewürz gem. (Brecht)
- 85 g Leinsamen
- 1 TL Kakaopulver
- 15 g Salz
- 250 g Wasser
- 50 g Joghurt
- 50 g Gerstenmalz
- 1/4 Würfel frische Hefe (10 g)
- ca. 800 g Sauerteigansatz
- 20 g Butter für die Form

Stufe 1: Roggen fein mahlen, mit Wasser und altem Sauerteig mischen. In einer Plastiktüte über Nacht stehen lassen. 150 g von der Stufe 1 abnehmen und in einem gut schließenden Schraubglas in den Kühlschrank stellen für das nächste Backen. **Stufe 2:** Getreide mahlen (Vorabend). Backmorgen: Hefe in einem Teil des Wassers auflösen. Zutaten (außer der Butter) mit einem großen Löffel gründlich verrühren, bis kein Mehl mehr sichtbar ist. Eine 30-cm-Brotform, Profi-Email von Dr. Oetker, gut einfetten. Teig hineingeben, mit der nassen Hand herunterdrücken und glattstreichen. Mit einem scharfen Messer mehrmals schräg einschneiden. Form im kalten Ofen etwa 90 Min. gehen lassen. Ofen auf 190 °C aufheizen, das Brot ist dabei im Ofen. Backzeit 65 Min., im ausgestellten Ofen 10 Min. nachbacken.

12958. Pizzateig für Pizza II; November 2020

2 Portionen; Vorläufer 12945

Teig
- 235 g Weizen, fein gemahlen
- 20 g Hefe (1/2 Würfel)
- 1 TL Salz
- 3 knappe EL Sonnenblumenöl (20 g)
- 50 g Joghurt
- 75 g Wasser

Belag für beide Pizzen
- Butter für die Formen (2 x 5 g)
- 1 EL Ketchup verrührt mit
- 1 EL Wasser,
- 15 g Tomatenmark
- 2 TL Sonnenblumenöl (10 g) und
- 1 TL Pizzagewürz
- 2 kleine Tomaten (85), in sehr dünne Scheiben geschnitten
- 200 g Mozzarella am Stück, in Scheiben

Einzelbeläge
- erste Pizza: 5 Scheiben Salami
- zweite Pizza 6 Scheiben Putenbrust (Aufschnitt)

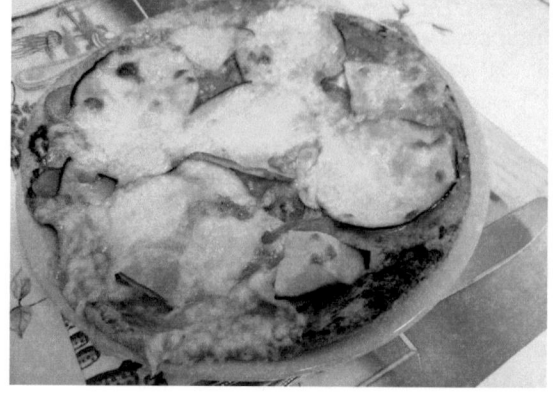

Im TM kneten (2,5 Min./Knetstufe). Abgedeckt ca. 2 Std. (ab 14.30 Uhr) gehen lassen. Zwischendurch nicht durchkneten. Zwischendurch nicht durchkneten.

Auf zwei Portionen verteilen. Zwei 28-cm-große Formen einfetten. Teigstück in die Mitte geben und auseinanderdrücken. Nicht bis ganz an den Rand gehen, sondern so lange, wie der Teig sich einfach auseinanderdrücken lässt, ohne zu reißen, und noch einen kleinen Wulst am Rand hat. Ketchupmischung darauf verstreichen, mit Kräutern bestreuen. Mit Tomatenscheiben belegen. Jeweilige Beläge auf den Pizzen verteilen. Mit Käse bestreuen. Ofen (Heißluft) auf 220 °C vorheizen, in der Zeit geht der Teig. Formen einschieben und 15 Min. bei 220 °C backen. Nach 5 Min. den Käse auflegen.

12959. Käsekuchen à la Schmidt III, November 2020

Vorläufer 12949

Teig
- 150 g Dinkel, frisch gemahlen
- 1 geh. TL Backpulver
- 1 kleines Ei (45 g)
- 55 g kalte Butter
- 60 g Agavendicksaft
- 1 Prise Salz

Quarkmasse
- 1000 g Quark
- 5 Eier (= 265 g)
- 240 g Agavendicksaft
- 95 g Sonnenblumenöl
- 100 g Sahne
- 2 P Vanillepuddingpulver
- 1 gute Prise gem. Vanille
- 495 g Hafermilch
- 1000 g Quark

Ofen (Umluft) auf 180 °C vorheizen. Teigzutaten im TM zu einem Teig verarbeiten (30 Sek./Stufe 5). Springform (26 cm) einfetten, Teig darauf verteilen (mit feuchten Händen), evtl. einen kleinen Rand hochziehen. Teig 5 Min. bei 180 °C backen.

Die Zutaten der Quarkmasse im Thermomix vermischen (30 Sek./Stufe 5). Vorsichtig auf den Teig gießen (die Form wird sehr voll!). In den noch heißen Ofen (180 °C) schieben und 55 Min. bei 180 °C backen. 10 Min. im ausgestellten Kuchen nachbacken.

Hinweis: *Die Oberfläche ist zwar im Gegensatz zum Kuchen nur mit Öl gerissen, aber geschmacklich finden wir ihn beide besser.*

12960. Steinpilzauflauf mit Nudeln, November 2020

- 15 g getr. Steinpilze (nicht gekauft)
- 260 g Wasser
- 190 g Einweichwasser
- 75 g Kastaniennudeln von Govinda (bitter!!, nie wieder)
- 200 g Süßkartoffel, in Würfeln
- Abgetropfte Steinpilze (80 g
- 20 g Kichererbsenwasser

Soße
- 1 TL Stärkepulver
- 50 g Sahne
- Salz
- Pfeffer

100 g Mozzarella in Scheiben

Pilze 3-4 Std. in 260 g Wasser einweichen. Pilze mit 190 g vom Einweichwasser, Kastaniennudeln, Gemüse, Pilzen und 20 g Kichererbsenwasser 10 Min. als Gemüsepfanne garen. Die Soßenzutaten miteinander verquirlen und unter die Nudeln rühren. Mit dem Käse belegen und im vorgeheizten Ofen 20 Min. bei 190 °C backen.

12961. Joghurtdressing Vitamix II, November 2020

Vorläufer 12880

- 110 g Kichererbsenkochwasser
- 160 g Wasser
- 30 g Sahne
- 225 g Joghurt
- 80 g Mayonnaise vegan
- 50 g Ahornsirup
- 20 g Agavendicksaft
- 1 Prise Pfeffer
- 1 Prise gem. Nelken
- 1 TL Salz (9 g)
- 3 g Guarkernmehl

Zutaten ohne den Schnittlauch auf höchster Stufe mixen. Auf kleinster Stufe den Schnittlauch einarbeiten. Zu verdünnen 4:1 mit Wasser.

12962. Rotkohlreisrose, November 2020

- 2 g Sonnenblumenöl
- 40 g Jasminvollkornreis
- 40 g Mungbohnen
- 225 g Wasser
- 190 g Rotkohl
- 5 g Butter
- 1 TL Sambal Oelek
- 1 Prise Salz

Öl, Reis, Bohnen und Wasser in den Reiskocher geben. Rotkohl in den Dämpfeinsatz legen. Programmieren. Nach dem Garen den Rotkohl etwas klein schneiden, mischen mit den restlichen Zutaten und an den Rand des Tellers drücken. Reis-Mungbohnengemisch in die Mitte füllen.

Hinweis: *Sehr einfach, wenn man einen Reiskocher hat!*

12963. Christstollen über Nacht, November 2020

- 100 g Mandeln, gehackt (im TM 5 Sek./Stufe 6)
- 500 g Dinkel, fein gemahlen
- 100 g Ahornsirup
- 175 g Butter
- 25 g Sonnenblumenöl
- 1/2 TL Salz
- 155 g Hafermilch
- 1 Würfel (42 g) Hefe
- 1 Tüte Ostmann Spekulatiusgewürz

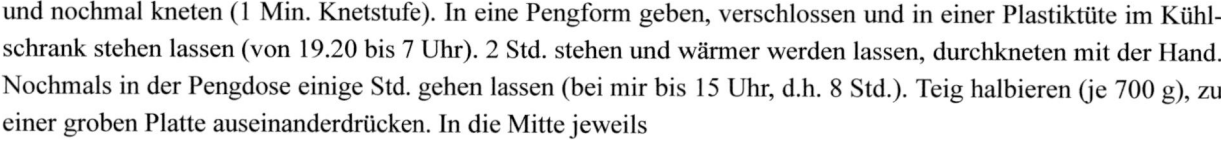

Zutaten im TM kneten (2 Min. Knetstufe). Hinzugeben:

- 100 g Zitronat (selbstgemacht mit Honig)
- 250 g Rosinen

und nochmal kneten (1 Min. Knetstufe). In eine Pengform geben, verschlossen und in einer Plastiktüte im Kühlschrank stehen lassen (von 19.20 bis 7 Uhr). 2 Std. stehen und wärmer werden lassen, durchkneten mit der Hand. Nochmals in der Pengdose einige Std. gehen lassen (bei mir bis 15 Uhr, d.h. 8 Std.). Teig halbieren (je 700 g), zu einer groben Platte auseinanderdrücken. In die Mitte jeweils

- 250 g Marzipan, in Stangen geschnitten

geben und wie einen Stollen formen und zusammendrücken. Auf dem Backblech 20 Min. gehen lassen. Während der Stollen im Ofen ist, auf 190 °C aufheizen. Insgesamt 1 Stunde backen. Noch heiß mit insgesamt:

- 35 g Butterstücken belegen und mit
- 3-4 TL Rohrohrzucker bestreuen.

Hinweis: Die Backzeit war deutlich zu lang, leider war ich nicht in der Küche. Der Stollen ist sehr dunkel geworden und somit nicht als Geschenk geeignet. Schmeckt zwar ganz okay, Eric meint gut.

12964. Spätzle mit Mischpilzen, November 2020

- 23 g Mischpilze, getrocknet
- 230 g Wasser
- 10 g Sonnenblumenöl
- 95 g Zwiebel, gehackt
- 50 g Hafersahne
- 1 gestr. TL Salz
- 1 Prise Pfeffer
- 1 TL (8 g) Stärkepulver
- 250 g Dinkel-Spätzle (aus dem Kühlregal)
- 1 Tomate (110 g), in Scheiben
- 100 g Mozzarella in Scheiben

Pilze einige Std. in 230 g Wasser einweichen. Öl erhitzen, Zwiebel darin erhitzen, bis sie glasig sind. Abgetropfte Pilze und Einweichwasser zugeben und erhitzen. Sahne mit Salz, Pfeffer und Stärkepulver verquirlen, mit den Nudeln und Pilzen mischen. Tomatenscheiben in die Mitte legen, mit Käse belegen.

12965. Kartoffelgratin, November 2020

2 Portionen

- 15 g Sonnenblumenöl
- 100 g Zwiebel, klein geschnitten
- 580 g Kartoffeln, ungeschält, gewaschen & in Scheiben
- 150 g Wasser

Soße:

- 50 g Frischkäse
- 1 gestr. TL Salz
- 50 g Hafersahne
- 1 Prise Pfeffer
- 1 Prise gem. Nelken
- 200 g Goudascheiben

Zwiebeln im heißen Öl anbraten, Kartoffelscheiben zufügen. Noch 2-3 Min. braten, Wasser zugeben und 25 Min. köcheln. Soßenzutaten miteinander verrühren und zu den Kartoffeln geben. Mit dem Käse belegen und in den auf 180 °C (Heißluft) vorgeheizten Ofen geben. 15 Min. bei 180 °C backen.

12966. Joghurtdressing Vitamix III, November 2020

Vorläufer 12961

- 250 g Wasser
- 50 g Hafersahne
- 250 g Joghurt
- 80 g Mayonnaise vegan
- 40 g Ahornsirup
- 40 g Honig (Akazienhonig)
- 1 Prise Pfeffer
- 1 Prise Kreuzkümmel
- 1 Prise gem. Nelken
- 1 TL Salz (9 g)
- 1 EL Apfelessig
- 3 g Guarkernmehl

Wasser, Joghurt, Mayonnaise, Süßungsmittel, Salz, Pfeffer und gem. Kreuzkümmel im Vitamix verquirlen. Guarkernmehl dann während des Rührens einrieseln lassen. Zu verdünnen 3:1 mit Wasser.

12967. Reis und Rotkohl, November 2020

Den *Reiskochtopf* wie folgt beladen:

Topf
- 2 g Sonnenblumenöl
- 30 g Mungbohnen
- 70 g Jasminvollkornreis

Dämpfeinsatz
- 190 g Rotkohl, grob geschnitten

Soße
- 30 g Frischkäse
- 30 g Hafersahne
- 2 Prisen Salz
- 1 Prise Pfeffer
- 1 Prise Kreuzkümmel
- 5 g TK italienische Kräuter

Soßenzutaten verquirlen und mit dem heißen Rotkohl mischen. Kohl zur Seite schieben und die Reis-Mungbohnenmischung auf die andere Seite füllen.

12968. Freigschobenes Mischbrot für Faule, Nov. 2020

- 100 g Dinkel, fein gemahlen
- 150 g Weizen, fein gemahlen
- 300 g Roggen, fein gemahlen
- 350 g Wasser
- 2 gestr. TL Salz
- 1 TL (15 g) Sauerteig
- 10 g frische Hefe (1/4 Würfel)

Zutaten kneten lassen (TM: 3,5 Min./Knetstufe). Teig als Teigkugel in einer Pengdose (diese in eine Plastiktüte geben) über Nacht gehen lassen, das waren bei mir 9 Std. Kneten, zu einem Laib formen und mehrmals schräg einschneiden.

Auf dem Backblech im Ofen 25 Min. gehen lassen. Ofen auf 190 °C (Heißluft) aufheizen und 45 Min. bei 190 °C backen. Mit Wasser einsprühen.

12969. Spätzle mit Kartoffeln, überbacken, Nov. 2020

- 10 g Sonnenblumenöl
- 100 g Kartoffeln, klein geschnitten
- 70 g Spitzepaprika, klein geschnitten
- 85 g Wasser
- 250 g Dinkel-Spätzle (Kühlregal)
- 25 g Frischkäse
- 20 g Hafersahne
- 50 g Wasser
- 80 g Gouda in dünnen Scheiben

Sonnenblumenöl, Kartoffeln, Spitzpaprika und 85 g Wasser als Gemüsepfanne (22 cm) in einer ofenfesten Pfanne garen. Spätzle unterrühren. Frischkäse, Hafersahne und 50 g Wasser verquirlen, unter das Gemüse rühren. Mit Gouda belegen, Ofen auf 190 °C (Heißluft) vorheizen und 20 Min. bei 190 °C backen.

12970. Joghurt-Mischbrot, vergerstelt, November 2020

Vorläufer 12938

Stufe 1 (12 Std. vorher):
Sauerteigansatz:

- 400 g Roggen
- 410 g Wasser
- 135 g Sauerteig

Stufe 2 (bei mir Morgen):

- 155 g Roggen
- 275 g Weizen, fein gemahlen
- 100 g Sonnenblumenkerne
- 15 g Salz
- 250 g Wasser
- 50 g Joghurt
- 50 g Gerstenmalz
- 1 EL Ahornsirup
- 1/4 Würfel frische Hefe (10 g)
- ca. 800 g Sauerteigansatz
- 20 g Butter für die Form

Stufe 1: Roggen fein mahlen, mit Wasser und altem Sauerteig mischen. In einer Plastiktüte über Nacht stehen lassen. 150 g von der Stufe 1 abnehmen und in einem gut schließenden Schraubglas in den Kühlschrank stellen für das nächste Backen. *Stufe 2:* Getreide mahlen (Vorabend). Backmorgen: Hefe in einem Teil des Wassers auflösen. Zutaten (außer der Butter) mit einem großen Löffel gründlich verrühren, bis kein Mehl mehr sichtbar ist. Eine 30-cm-Brotform, Profi-Email von Dr. Oetker, gut einfetten. Teig hineingeben, mit der nassen Hand herunterdrücken und glattstreichen. Mit einem scharfen Messer mehrmals schräg einschneiden. Form im kalten Ofen etwa 90 Min. gehen lassen. Ofen auf 190 °C aufheizen, das Brot ist dabei im Ofen. Backzeit 65 Min., im ausgestellten Ofen 10 Min. nachbacken.

12971. Joghurtdressing Vitamix IV, November 2020

Vorläufer 12966

- 250 g Wasser
- 300 g Joghurt
- 80 g Mayonnaise vegan
- 75 g Honig (Akazienhonig)
- 1 Prise Pfeffer
- 1 TL Salz (10 g)
- 1 EL Apfelessig
- 8 g italienische Kräuter
- 3 g Guarkernmehl

Wasser, Joghurt, Mayonnaise, Süßungsmittel, Salz, Pfeffer und gem. Nelken im Vitamix verquirlen. Guarkernmehl dann während des Rührens einrieseln lassen.

Zu verdünnen 4:1 mit Wasser.

12972. Kartoffel-Möhrensuppe, November 2020

- 20 g Sonnenblumenöl
- 75 g Zwiebeln
- 175 g Kartoffeln, grob vorgeschnitten
- 125 g Möhre, grob vorgeschnitten
- 450 g Wasser
- 1 gestr. TL Salz
- 1 Prise Pfeffer
- 1 Prise Kreuzkümmel
- 30 g Hafersahne

Öl und Zwiebeln in den TM-Mixtopf geben, zerkleinern (5 Sek./Stufe 5) und anbraten (4 Min./Varoma/Stufe 2). Kartoffeln und Möhren zugeben, zerkleinern (5 Sek./Stufe 5). Wasser zugeben und garen (20 Min./100 °C/Stufe 2). Temperatur auf 98 °C stellen, wenn es kräftig kocht. Salz, Gewürze und Sahne zugeben und pürieren (10 Sek./Stufe 8).

12973. Berliner Brot, November 2020

Vorläufer 14/12043

- 3 Eier (155 g netto)
- 2 EL Wasser
- 245 g Farinzucker *
- 20 g Rohrohrzucker
- 2 geh. EL Apfel-Birnenkraut (100 g (mehr hatte ich nicht, eigentlich 125 g))
- 2 EL Rum
- 1 TL Spekulatiusgewürz (Brecht) (5 g)
- 1 geh. EL Zimt
- 1 geh. EL Kakaopulver (13 g)
- 250 g Dinkel, fein gemahlen
- 2 gestr. TL Weinsteinbackpulver
- 80 g bittere Schokolade 99 % (zerkleinert im TM 10 Sek./Stufe 6 + 10 Sek./Stufe 7)
- 150 g ganze Haselnüsse

Eier mit Wasser schaumig schlagen, den Zucker hinzugeben und bis zu einer cremeartigen Masse schlagen. Apfelkraut und Rum unterrühren, Gewürze mit Mehl, Kakaopulver und Backpulver sieben und ebenfalls unterrühren. Schokolade einmischen, Haselnüsse unterziehen und den Teig auf einem mit Backpapier ausgelegten Backblech glatt streichen (ca. 1/2 cm dick, das Blech ist nicht ganz bedeckt). Backofen auf 180 °C (Heißluft) vorheizen. Blech einschieben und 25 Min. bei 180 °C backen, 5 Min. im ausgeschalteten Ofen nachbacken. Auf einem Gitterrost auskühlen lassen und in 2 x 5 cm-Streifen schneiden.

*Hinweis: * Der Farinzucker war zwei Jahre alt und total fest geworden. Dank Thermomix konnte ich ihn pulverisieren, am Geschmack hat sich nichts geändert.*

12974. Klare Kartoffel-Gemüsesuppe, November 2020

- 130 g Kartoffeln, in Scheiben
- 70 g Möhre, in Scheiben
- 50 g Zwiebel, gehackt
- 120 g Kohlrabi, in Streifen
- 360 g Wasser
- 1 TL Salz
- 1 EL Sonnenblumenöl
- 1 EL Zitronensaft

Gemüse mit Wasser 20 Min. kochen. Mit Salz, Öl und Zitronensaft abschmecken.

12975. Tomatenketchup XLVV, November 2020

Vorläufer 12947; 2 Cashewnussmus-Gläser + 1/4 Honigglas

- 2 Dosen Tomaten inklusive Saft (800 g)
- 150 g Apfelessig
- 100 g Wasser
- 150 g Sultaninen
- 10 g Knoblauchzehen (frisch)
- 1 geh. TL Salz
- 125 g Gemüsezwiebeln, halbiert
- 1 Apfel 160 g
- 1 rote Spitzpaprika (65 g)
- 1 Stück Essigpeperoni (6 g) 7/4573
- 1 Prise (1/4 TL) Pfeffer
- 2 geh. TL Paprikapulver
- 1 gute MS Zimt
- 1 gute Prise Kreuzkümmel
- 30 g Tomatenmark
- 170 g Wasser

Alle Zutaten bis auf die zweite Menge Wasser in den Mixtopf geben. 25 Sek. auf Stufe 10 zerkleinern, dabei den Messbecher fest andrücken, anschließend garen (40 Min./Varoma/Stufe 3). Nach Ende der Garzeit Rest Wasser zugeben und fein pürieren (30 Sek./Stufe 10). Direkt in Schraubgläser füllen.

12976. Zwiebel-Relish XX, November 2020

Vorläufer 12948; 2 Nussmusgläser

- 640 g Zwiebeln
- 1 Apfel (165 g, ohne Kerne)
- 2 Knoblauchzehen (frisch (10 g))
- 250 g Rosinen
- 75 g selbstgemachter Tomatenketchup
- 1 geh. TL Salz
- 1 geh. MS gem. Nelken
- 1 geh. MS Zimt
- 1 MS Kreuzkümmel
- 1 MS Koriander
- 1 gestr. TL Curry
- 1 TL getr. Majoran, zwischen den Händen verrieben
- 155 g Apfelessig
- 130 g Wasser

Herstellung im TM. Zwiebeln, Apfel, Rosinen und Knoblauch zerkleinern (10 Sek./Stufe 5,5). Nach unten schieben und die restlichen Zutaten zugeben. 55 Min./100 °C/Linkslauf/Stufe 1 ohne Messbecher garen. Sobald es kocht, wenn nötig Garkörbchen als Spritzschutz aufsetzen. Relish in zwei leere Schraubgläser füllen. Sofort verschließen und abgekühlt im Kühlschrank aufbewahren.

12977. Brotpizza, November 2020

- Etwas Öl für die Form
- 3-4 Scheiben Brot (190 g)
- 10 g Tomatenmark
- 50 g Tomatenketchup
- 10 g Sonnenblumenöl
- 1 Prise Salz
- 1 TL Pizzakräuter
- 1 Tomate (115 g) in Scheiben
- 80 g Gouda (4 Scheiben)

Eine 22-cm-Pizzaform mit Öl einpinseln. Brot so zurecht-schneiden, dass es die Fläche bedeckt. Tomatenmark- und -ketchup mit Öl, Salz und Kräutern verrühren. Mit einem Löffel auf das Brot auftragen, mit Tomatenscheiben belegen. Mit Käse abschließen. Heißluftofen auf 200 °C vorheizen und Pizza 15 Min. bei 200 °C backen.

12978. Gemüse-Chili, November 2020

Vorläufer 12584; 2 Portionen

- 15 g Sonnenblumenöl
- 220 g Kartoffeln, geschält und gewürfelt
- 55 g Möhre, in Scheiben
- 80 g orangefarbene Paprika, gewürfelt
- 100 g Wasser
- 1 TL Salz
- 1 geh. TL Paprika edelsüß
- 1 Prise Pfeffer
- 1 Prise Kreuzkümmel
- 1/2 TL getr. Oregano
- 1 Prise gem. Gewürznelken
- 1 gestr. TL Rohrohrzucker
- 1 gestr. TL Kakao
- 1 TL Sambal Oelek (oder Chilipulver, klein geschnittene Chilis usw.)
- 240 g Kidneybohnen aus der Dose (Inhalt einer kleinen Dose)
- 80 g Mais aus der Dose

Öl und frisches Gemüse als Gemüsepfanne (20 cm Pfanne) 20 Min. garen. Gewürze mischen. Dosengemüse und Gewürze einrühren und aufkochen.

12979. Joghurtdressing Vitamix V, Dezember 2020

Vorläufer 12971

- 300 g Wasser
- 300 g Joghurt
- 80 g Mayonnaise vegan
- 75 g Honig (Akazienhonig)
- 1 Prise Pfeffer
- 1 TL Salz (10 g)
- 1 EL Knoblauchessig
- 5 g italienische Kräuter
- 4 g Guarkernmehl

Wasser, Joghurt, Mayonnaise, Süßungsmittel, Salz, Pfeffer und gem. Nelken im Vitamix verquirlen. Guarkernmehl dann während des Rührens einrieseln lassen. Zu verdünnen 3:1 mit Wasser.

12980. Sambal Oelek Vitamix V, Dezember 2020

Vorläufer 12623; für den 2-Liter-Becher

- 660 g rote Peperoni, frisch
- 23 g Habaneros in Honig (vor Jahren eingelegt)
- 75 g Apfelessig
- 1 Knoblauchzehe (5 g)
- 15 g Salz
- 88 g Honig
- 20 g Zitronensaft
- 135 g Sonnenblumenöl
- 10 g Johannisbrotkernmehl

Alle Zutaten außer dem Johannisbrotkernmehl in den Vitamix geben und pürieren. Während der Vitamix auf kleiner Einstellung läuft, Johannisbrotkernmehl zugeben und nochmals gut auf der mittleren Stufe mischen. In Schraubgefäße umfüllen und im Kühlschrank aufbewahren.

Tipp: *Durch die Habaneros ist das Sambal wirklich scharf.*

12981. Reisrestauflauf, Dezember 2020

- 1/2 Portion gekochter Jasminvollkornreis
- 1/2 Portion gedünsteter Porree
- 35 g Kichererbsenkochwasser
- 55 g Hafersahne
- 20 g Schmelzflocken Hafer-Dinkel
- 5 g Sambal Oelek
- 50 g Wasser
- 1 Prise Salz
- 1 Tomate in Scheiben (100 g)
- 70 g Bergkäse in Scheiben

Reis in eine passende Auflaufform geben, darüber den Porree geben. Kichererbsenkochwasser, Sahne, Schmelzflocken, Sambal, Wasser und Salz verrühren, über das Gemüse gießen. Tomatenscheiben darüber legen, mit Käse abdecken. Ofen (Heißluft) auf 200 °C vorheizen. 15 Min. bei 200 °C überbacken.

12982. Christstollen über Nacht II, Dezember 2020

- 80 g Mandeln, gehackt und
- 45 g Haselnüsse, gehackt (im TM 5 Sek./Stufe 6)
- 500 g Weizen, fein gemahlen
- 100 g Ahornsirup
- 175 g Butter
- 25 g Sonnenblumenöl
- 1/2 TL Salz
- 210 g Hafermilch
- 1 Würfel (42 g) Hefe
- 1 Tüte Biovegan Backgewürz Klassik

Zutaten im TM kneten (3 Min. Knetstufe). Hinzugeben:

- 100 g Zitronat (selbstgemacht mit Honig)
- 250 g Rosinen

und nochmal kneten (1 Min. Knetstufe). In eine Pengform geben, verschlossen und in einer Plastiktüte im Kühlschrank stehen lassen (von 18 Uhr bis 7 Uhr). Zwei Std. stehen und wärmer werden lassen, durchkneten mit der Hand. Nochmals in der Pengdose einige Std. gehen lassen (bei mir bis 15 Uhr, d. h. 8 Std.).
Teig halbieren (je 700 g), zu einer groben Platte auseinanderdrücken. In die Mitte

- 250 g Marzipan, in Stangen geschnitten

geben und wie einen Stollen formen und zusammendrücken. Auf dem Backblech 30 Min. gehen lassen. Ofen (Heißluft) auf 190 °C aufheizen. 35-40 Min. backen. Noch heiß mit insgesamt:

- 35 g Butterstücken belegen und mit
- 3-4 TL Rohrohrzucker bestreuen.

12983. Kartoffelporreeauflauf vegan, Dezember 2020

- 195 g Kartoffeln, in Scheiben
- 210 g Porree, in Ringen
- 150 g Wasser
- 50 g Hafersahne
- 1 gestr. TL Salz
- 1 TL Sambal Oelek
- 45 g Haferflocken
- 20 g Cashewkerne
- 10 g Sonnenblumenöl

Gemüse mit dem Wasser als Gemüsepfanne (20 cm Wollpfanne) 15 Min. garen.

Restliche Zutaten verrühren, über das Gemüse geben. Ofen (Heißluft) auf 190 °C vorheizen und 20 Min. überbacken.

12984. Hafermilchbrötchen, Dezember 2020

10 Stück

- 35 g Butter
- 370 g Weizen
- 130 g Dinkel
- 2 gestr. TL Salz
- 195 g Hafermilch
- 55 g Hafersahne
- 80 g Wasser
- 1/2 P frische Hefe (20 g)

Butter zerlassen (TM 2 Min./37°C/Stufe 1). Weizen und Dinkel mahlen. Die restlichen Zutaten hinzugeben und kneten (2 Min./Knetstufe) (ich habe die 80 g Wasser nachträglich mit der Hand eingearbeitet, weil ich mich verschätzt hatte). Ca. 3 Std. in einer Pengdose gehen lassen. Durchkneten. 10 Brötchen formen und nebeneinander auf ein mit Backpapier ausgelegtes Backblech legen. 20 Min. gehen lassen. Dann Ofen auf 190 °C (Heißluft) vorheizen, Brötchen einschieben und 20 Min. bei 190 °C backen. 5 Min. im ausgeschalteten Ofen nachbacken. Mit Wasser besprühen und auf einem Gitterrost kalt werden lassen.

12985. Joghurtdressing Vitamix VI, Dezember 2020

Vorläufer 12978

- 300 g Wasser
- 300 g Joghurt
- 80 g Mayonnaise vegan
- 70 g Agavendicksaft
- 1 Prise Pfeffer
- 1 TL Salz (10 g)
- 1 EL Apfelessig
- 1 Prise Kreuzkümmel, gemahlen
- 10 g Senf
- 4 g italienische Kräuter
- 4 g Guarkernmehl

Alle Zutaten bis auf das Guarkernmehl gut mixen. Guarkernmehl dann während des Rührens einrieseln lassen. Zu verdünnen 3:1 mit Wasser.

12986. Kartoffel-Fenchelgemüse, Dezember 2020

- 320 g Kartoffeln, in Scheiben
- 110 g Fenchel, in Würfeln
- 100 g Tomaten, in Würfeln
- 10 g Sonnenblumenöl
- 125 g Wasser
- 1/2 gestr. TL Salz
- 1-2 Prisen Pfeffer

Gemüse in Öl und Wasser 20 Min. als Gemüsepfanne garen. Mit Salz und Pfeffer abschmecken.

12987. Fenchel-Paprikasuppe, Dezember 2020

- 150 g Fenchel, in Stücken
- 90 g Spitzpaprika, kleingeschnitten
- 1 TL Gemüsebrühe
- 400 g Wasser
- 1 TL Stärke
- 20 g Hafersahne
- 1 TL Sambal Oelek
- 1/2 TL Salz
- 1 TL Agavendicksaft

Die ersten vier Zutaten 20 Min. kochen. Restliche miteinander verquirlen, unter die Suppe rühren und aufkochen.

12988. Mischbrot mit Dressing, Dezember 2020

Vorläufer 12970

Stufe 1 (12 Std. vorher):

Sauerteigansatz:

- 400 g Roggen
- 410 g Wasser
- 150 g Sauerteig

Stufe 2 (bei mir Morgen):

- 100 g Roggen
- 325 g Weizen, fein gemahlen
- 100 g Sonnenblumenkerne
- 17 g Salz
- 265 g Wasser
- 50 g Joghurt
- 55 g Dressing z. B. 12985
- 1/4 Würfel frische Hefe (10 g)
- ca. 800 g Sauerteigansatz
- 20 g Butter für die Form

Stufe 1: Roggen fein mahlen, mit Wasser und altem Sauerteig mischen. In einer Plastiktüte über Nacht stehen lassen. 150 g von der Stufe 1 abnehmen und in einem gut schließenden Schraubglas in den Kühlschrank stellen für das nächste Backen.

Stufe 2: Getreide mahlen (Vorabend). Backmorgen: Hefe in einem Teil des Wassers auflösen. Zutaten (außer der Butter) mit einem großen Löffel gründlich verrühren, bis kein Mehl mehr sichtbar ist. Eine 30-cm-Brotform, Profi-Email von Dr. Oetker, gut einfetten. Teig hineingeben, mit der nassen Hand herunterdrücken und glattstreichen. Mit einem scharfen Messer mehrmals schräg einschneiden. Form im kalten Ofen etwa 95 Min. gehen lassen. Ofen auf 190 °C aufheizen, das Brot ist dabei im Ofen. Backzeit 65 Min., im ausgestellten Ofen 10 Min. nachbacken.

12989. Joghurtdressing Vitamix VII, Dezember 2020

Vorläufer 12984

- 140 g Kichererbsenwasser
- 160 g Wasser
- 300 g Joghurt
- 80 g Mayonnaise vegan
- 70 g Agavendicksaft
- 1 Prise Currypulver
- 1 TL Salz (10 g)
- 1 EL Apfelessig
- 1 Prise Kreuzkümmel, gemahlen
- 12 g Senf
- 4 g Guarkernmehl

Alle Zutaten bis auf das Guarkernmehl gut mixen. Guarkernmehl dann während des Rührens einrieseln lassen. Zu verdünnen 3+2 mit Wasser.

12990. Linsenreis mit Wurzel, Dezember 2020

Im Reiskochtopf:

- 40 g Jasminvollkornreis
- 40 g Linsen
- 3 g Sonnenblumenöl
- 235 g Wasser

Im Dampfeinsatz:

- 195 g Petersilienwurzel, passend geschnitten in groben Stücken

Unter Einstellung „brauner Reis" garen.

Dazu einen Dip aus:

- 2 EL Joghurt
- 1 EL Hafersahne
- 1 Prise Salz
- 1 TL Sambal Oelek
- 1 TL Agavendicksaft
- 1 Prise Kreuzkümmel

12991. Zitronenöl, Dezember 2020

- Eine halbe große ungespritzte Zitrone
- Eine ungespritzte Zitrone
- 400 ml Öl

Öl in eine leere 500 ml Flasche (z. B. Sahneflasche geben). Die halbe Zitrone in Scheiben schneiden, halbieren oder vierteln, ins Öl geben. Die zweite Zitrone schälen (nicht zu dick) und ebenfalls in das Öl geben. Gut verschließen, im Kühlschrank aufbewahren (mindestens 6 Wochen). Sowohl Zitrone als auch Öl sind dann verwertbar.

12992. Essigzitrone, Dezember 2020

- 1 ungespritzte Zitrone
- ca. 300 ml Apfelessig

Zitrone waschen, Schadstellen abschneiden, in Scheiben schneiden und in ein leeres Honigglas legen. Bis zum Rand mit Essig auffüllen. Essig & Zitrone nach 4-6 Wochen für Dressings verwenden.

12993. Red Pepper in Vinegar, Dezember 2020

- ca. 20-25 g Red Pepper (Chilis)
- 100-200 ml Apfelessig

Stängelansatz und „Kappe" von den Chilis abschneiden, in ein kleines Gläschen mit Schraubverschluss geben, größere vorher durchschneiden. Mit Essig auffüllen. Im Kühlschrank aufbewahren und nach Bedarf entnehmen. Hält sich mindestens ein halbes Jahr.

12994. Bird Eye Chilis in Öl, Dezember 2020

- ca. 20-25 g Bird Eye Chilis (grün)
- 100-200 ml Sonnenblumen- oder Olivenöl

Stängelansatz und „Kappe" von den Chilis abschneiden, in ein kleines Gläschen mit Schraubverschluss geben. Mit Öl auffüllen. Im Kühlschrank aufbewahren und nach Bedarf entnehmen. Halten sich nicht so gut wie die Chilis in Öl, unbedingt auf Schimmelbildung achten!

12995. Oregano-Öl, Dezember 2020

- Ca. 450-470 ml Sonnenblumenöl
- 4-5 Ästchen Oregano frisch

Oregano waschen und sehr gut trocknen lassen. In eine leere 0,5-Liter-Flasche geben und mit Öl auffüllen. Hält sich im Kühlschrank locker ein Jahr.

__Hinweis:__ Wer Olivenöl verwendet, sollte sich nicht wundern, wenn die Masse im Kühlschrank fest werden, denn Olivenöl hat einen sehr hohen Gefrierpunkt.

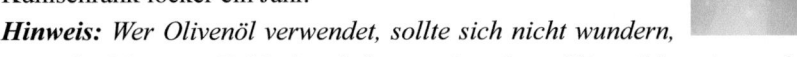

12996. Wilde Ölzwiebeln, Dezember 2020

- Etwa 2 Zwiebeln mittlerer Größe (100 g)
- 2 Knoblauchzehen
- 4-6 Löwenzahnblüten, noch nicht ganz offen
- 1 EL Schnittlauch
- 1 Ästchen Liebstöckel
- Etwa 200 g Sonnenblumenöl

Zwiebeln und Knoblauch schälen, Zwiebeln vierteln. Löwenzahnblüten auf Tierchen durchsehen, kurz unter der Blüte
abschneiden. Darauf achten, dass die Blüte aber noch
zusammenhält. Schnittlauch in 1 cm-lange Stücke schneiden,
Liebstöckelblätter abzupfen.

Die festen Zutaten schichtweise in ein leeres Glas mit
Schraubverschluss (z. B. in ein leeres Honigglas) geben und
mit Öl auffüllen. Hält sich im Kühlschrank, wenn die Zutaten sorgfältig mit Öl bedeckt sind, gut ein Jahr. Man
kann auch Olivenöl nehmen, das jedoch im Kühlschrank „gefrieren" kann. Das ist optisch nicht so schön, bei
Raumtemperatur wird das aber wieder flüssig.

12997. Zitronentomaten in Öl, Dezember 2020

- getr. Tomatenhälften
- 2 große Biozitronen
- 2 TL grüner Pfeffer
- Sonnenblumenöl

2 Kilogramm Tomaten halbieren und bei 60 °C trocknen
(alles andere dauert zu lang; oder fertig kaufen). Übrige
Tomaten kann man einfach in Öl einlegen, oder auch in Öl
mit Rosinen (tolle Grundlage für ein süßliches Dressing).

Die Zitronen mit einem Sparschäler schälen, die Schalen-
stücke in 2-3 cm breite Stücke schneiden. Abwechselnd mit
den getrockneten Tomatenhälften und grünem Pfeffer in ein
Honigglas geben. Öl darüber gießen, bis oben mit Öl
abgeschlossen ist.

12998. Beinwellöl, Dezember 2020

- 65 g Beinwell, gewaschen und getrocknet
- 20 g Salz
- 150 g Sonnenblumenöl

Beinwell zerkleinern, mit Salz und Öl in einem Mixer schlagen, bis die Masse glatt ist. Im Kühlschrank aufbewahren.
Wer dieses Öl für ein Salatdressing verwendet, sollte die
starke Salzmenge berücksichtigen, die hier zwecks Haltbarkeit schon verwendet ist.

12999. Limetten-Vanillehonig, Dezember 2020

- 1 Limette
- 2 Stangen Vanille
- ca. 450 g Honig

Limette waschen und in 3 mm dicke Scheiben, Vanille in 2
cm lange Stücke schneiden. In ein leeres Honigglas geben
und mit Honig auffüllen. Sehr gut verschließen und auf den
Kopf drehen. So einige Wochen stehen lassen, bis alles gut
durchgezogen ist.

13000. Habaneros in Honig, Dezember 2020

- 4 Habaneros (oder 8 rote/grüne Chilis)
- 1 Glas Akazienhonig (natürlich lässt sich auch ein anderer Honig wählen)

Habaneros mit einer Schere in Stücke schneiden. In das Honigglas geben und umrühren.

Hinweis: Achtung, Habaneros sind extrem scharf. Also schon beim Schneiden darauf achten, dass man dann nicht versehentlich ins Gesicht fasst, sich die Augen reibt o. Ä. Auch bei der späteren Verwendung sollte man extrem vorsichtig sein. Sie verlieren ihre Schärfe nicht.

13001. Knofizwiebeln, Dezember 2020

- 4 Knoblauchzehen (12 g netto)
- 1 Zwiebel (45 g netto)
- 2 TL getr. grüner Pfeffer (5 g)
- Ca. 245 g Honig (Akazie oder Waldhonig)

Knoblauch und Zwiebel schälen, in Scheiben schneiden. Mit dem Pfeffer in ein kleineres Schraubglas geben (Volumen etwa die Hälfte eines Honigglases). Mit Honig auffüllen, zuschrauben und im Kühlschrank mindestens 3 Wochen durchziehen lassen.

Tipps: Diesen Honig nehme ich zum Süßen von allen Dingen, wo das passt: gekochter Rotkohl zum Beispiel. Auch in Dressings ist er apart.

13002. Zimthonig, Dezember 2020

- 2 Stangen Zimt
- 75 g Akazienhonig
- 90 g Waldhonig

Ein kleineres Gläschen mit Schraubdeckel bereitstellen. Zimtstangen halb durchbrechen, in das Glas geben, mit dem Honig auffüllen. Mindestens 2 Wochen durchziehen lassen. Hält sich genau wie Honig außerhalb des Kühlschranks.

13003. Kakao, Dezember 2020

- 1 TL Kakaopulver
- 1 TL Honig
- 2 EL Sahne
- 300-400 g kochendes Wasser

Kakao, Honig und Sahne verrühren. Kochendes Wasser unter Rühren hinzufügen.

13004. Heißes Bounty, Dezember 2020

- 1 EL Kakaonibs
- 2 EL Kokosraspeln
- 1 EL Naturreis
- 625 g heißes Wasser

Alle Zutaten in einen Hochleistungsmixer geben und auf der Höchststufe 5 Min. mixen. Mit einem normalen Mixer: Zutaten vorher einzeln mahlen, dann mit kochendem Wasser gut vermischen.

Tipp: Wer Hafer statt Reis nimmt, bekommt eine cremigere Version.

13005. Veganer Kakao, Dezember 2020

- 10 g Kakaonibs
- 10 g Nackthafer
- 10 g Mandeln
- 1 Dattel 20 g (entsteint)
- 300-400 g kochendes Wasser

Kakaonibs, Hafer und Mandeln mahlen, z. B. in einem kleinen Mixer. Dattel zerkleinern, mit ca. 150 ml heißem Wasser alles gut durchschlagen. In eine große Tasse geben und mit kochendem Wasser aufgießen, umrühren.

Hinweis: *Nicht-Veganer können statt der Dattel 2-3 TL Honig nehmen.*

13006. Macapfeldrink, Dezember 2020

- 1 kleiner Apfel (90 g)
- 350 g Wasser
- 1 TL Gierschhonig 12773 (oder anderer Honig)
- 1 EL Macadamianussmus
- 1 MS gem. Vanille

Apfel in Stücke schneiden. Alle Zutaten in einem starken Mixer auf höchster Geschwindigkeit gut durchschlagen.

13007. Nektarinenshake, Dezember 2020

- 2 kleine Nektarinen (140 g netto)
- 1 Scheibe Zitrone (10 g)
- 20 g Macadamianussmus
- 20 g Honig
- 300 g Wasser

Nektarinen entsteinen, Zitrone entkernen, beides vorschneiden. Alle Zutaten in einem Hochleistungsmixer auf der höchsten Stufe gut vermischen.

Tipp: *Normalerweise brauche ich in Obstshakes keinen Honig, aber diese Nektarinen waren einfach zu sauer! Die Honigmenge richtet sich also nach dem Süßegrad der Früchte.*

13008. Sahneshake, Dezember 2020

- 50 g Johannisbeeren
- 1 Banane (110 g netto)
- 20 g Sahne
- 200 g Wasser
- 1/4 TL gem. Vanille
- 60 g Eiswürfel

Alle Zutaten außer den Eiswürfeln in der angegebenen Reihenfolge in einen Hochleistungsmixer geben und auf der Höchststufe durchmischen. Dann die Eiswürfel einarbeiten.

Tipp: *Das geht auch nur mit Banane oder anderen Früchten. Mit einem normalen Mixer: Johannisbeeren und Eiswürfel weglassen. Da Bananen sich bei Kontakt mit Sauerstoff, also nach dem Schälen, schnell braun verfärben, möglichst direkt nach der Zubereitung servieren.*

13009. Heiße Zitrone, Dezember 2020

- Etwa 1/2 Zitrone (50 g netto)
- 1 geh. TL Imkerhonig (30 g)
- 300-500 g kochendes Wasser

Zitrone in Scheiben schneiden, ggf. Kerne entfernen. In einem kleinen Mixer zu einer Flüssigkeit schlagen und in einen Trinkbecher oder eine große Tasse umfüllen. Honig dazu geben und verrühren. Heißes Wasser in den Mixbecher gießen, und dann in die Tasse umschütten – so kommen wir auch noch an die letzten Reste der Zitrone! Die Tasse mit kochend heißem Wasser auffüllen.

Tipp: Gut durchrühren und so heiß wie möglich trinken, d. h. am Anfang löffle ich das Getränk.

13010. Warmer Gerstensaft, Dezember 2020

- 1 EL Nacktgerste
- 1 EL Sonnenblumenkerne
- 1/2 TL gem. Kardamom
- 1 gestr. TL gem. Ingwer
- 300-400 g kochendes Wasser

Gerste flocken oder mahlen. Mit den restlichen trockenen Zutaten in einem kleinen Mixer zerkleinern. Dann einen Teil des kochenden Wassers hinzugeben, gut mixen. In eine große Tasse füllen, mit kochendem Wasser auffüllen und mit einem Löffel durchrühren.

13011. Hafergenesungsdrink, Dezember 2020

- 1 EL Hafer
- 1 Dattel (20 g brutto)
- 1 MS gem. Vanille
- 300-400 g kochendes Wasser
- 1 Prise Zimt

Hafer fein mahlen. Die Dattel entsteinen, in Stücke schneiden. Den Becher eines kleinen Mixers halb mit kochendem Wasser füllen, Hafer und Datteln hinzufügen und gut durchmixen. In eine große Tasse umfüllen, kochendes Wasser bis zum Rand nachgießen und umrühren. Mit ganz wenig Zimt bestreuen.

13012. Luxusdrink, Dezember 2020

- 1 EL Naturreis
- 1 TL Nackthafer
- 2 cm Vanillestange
- 1 EL Kokosraspeln
- 1 gestr. EL Kokosmus
- 1-3 getr. Aprikosen (15-45 g), entsteint
- 1 große Tasse Wasser (300-400 ml)

Alle Zutaten in einem starken Mixer 4-5 Min. laufen lassen. Wer einen solchen Mixer nicht hat, kann Honig (1-2 TL) statt Aprikosen nehmen. Reis, Hafer und Kokosraspeln fein mahlen, mit gemahlener Vanille und kochendem Wasser gut mixen.

Tipp: Wer kein Kokosmus hat, nimmt 1 EL Kokosraspeln mehr und z. B. 1 EL Sahne.

13013. Muttis Nusskuchen vegan, Dezember 2020

Dieser Kuchen hat mich durch mein ganzes Leben begleitet. Wir Kinder zu Hause haben ihn geliebt. Nur gab es ihn nicht so häufig, wie wir gerne gehabt hätten, da meine Mutter die Nüsse mit einer kleinen Handmühle mahlen musste. Da können 300 g ganz schön viel werden! Und obwohl meine Mutter Fertigware in Maßen durchaus zugetan war, hatte sie auch bald gemerkt, dass der Kuchen mit fertig gemahlen gekauften Nüssen nicht so lecker ist. Damals war das eine Sensation, bei der geraunt wurde: Ein Kuchen ohne Ei! Das

Rezept wäre fast verloren gegangen, hätte meine ältere Schwester es nicht zum Glück aufbewahrt. So traf ich das Rezept wieder, als ich noch herkömmlich kochte. Dann habe ich es in verschiedenen Variationen stets entsprechend meiner vollwertigen Entwicklung neu gestaltet. Erst einmal durch einfaches Ersetzen von Milch durch Wasser/Sahne und mit selbstgemahlenem Mehl. Dann war es mein Ehrgeiz, einmal auszuprobieren, ob das wohl auch ganz ohne Tierprodukte funktioniert. Das Ergebnis kann sich sehen lassen und fand bei meinen Testessern reißenden Absatz.

Kuchen:
- 300 g Haselnüsse
- 2 bittere Mandel
- 250 g Dinkel
- 200 g Honig
- 1/2 TL gem. Vanille
- 1 P Weinsteinbackpulver
- 50 g Sonnenblumenöl
- 200 g Wasser

Guss:
- 2 EL Kakao
- 50 g Kakaobutter
- 50 g Honig
- 1/2 TL gem. Vanille

> **Originalrezept**
> - 300 g gem. Haselnüsse
> - 250 g Mehl
> - 200 g Zucker
> - 1 P. Vanillezucker
> - 1 P. Backpulver
> - 1 Fläschchen Bittermandelaroma
> - 1/4 Liter Milch
>
> *Die Zutaten gut miteinander verrühren. Teig in eine gefettete, mit Paniermehl ausgestreute Form geben. Nach dem Backen in der Form abkühlen lassen, stürzen. 45 Min bei 180 °C backen. 1 Packung Kuvertüre flüssig werden lassen und den Kuchen damit bestreichen.*

Nüsse in der Küchenmaschine, Dinkel in der Mühle fein mahlen. Die trockenen Zutaten miteinander mischen. Öl und Wasser in einem Mixer emulgieren (d. h. 30 Sek. mischen). Alles mit einem Handrührgerät oder der Küchenmaschine zu einem glatten Teig verarbeiten. Eine 18 cm-Ringform oder eine Gugelhupfform mit weicher Butter einpinseln. Den Teig hineingeben, in den kalten (Umluft-)Ofen schieben und bei 175 °C für 45 Min. backen. Nach dem Backen in der Form abkühlen lassen, stürzen. Auf einem Kuchenrost gut auskühlen lassen.

Wer mag, umhüllt den Kuchen noch mit Schokolade – für uns als Kinder ungeheuer wichtig! Kokosbutter im Wasserbad oder auf ganz kleiner Hitze zerlassen, die restlichen Zutaten mit einem Schneebesen unterschlagen.

13014. Schoko-Orangen-Schnecken, Dezember 2020

Für 2 Bleche.

Teig:
- 1 Würfel Hefe (42 g)
- 100 g Wasser
- 20 g Macadamianussmus
- 10 g Haselnussöl
- 220 g Wasser
- 40 g Honig
- 1 MS gem. Vanille
- 500 g Weizen
- Streumehl

Füllung:
- 200 g Haselnüsse
- 35 g Kakaopulver
- 1/2 TL gem. Vanille

- 45 g Sonnenblumenöl
- 150 g Honig
- 50 g Wasser
- 125 g Orangeat 12789

Hefe in 100 g Wasser auflösen. Nussmus, Haselnussöl und 220 g Wasser im Mixer zu einer Milch schlagen. Weizen fein mahlen. Die Nussmilch in die Küchenmaschine geben, darauf die restlichen Teigzutaten und obenauf das Hefewasser geben. Gut durchkneten lassen. Es ergibt sich ein sehr weicher Teig. Den Teig in eine Schüssel umfüllen, nochmals kurz mit der Hand durchkneten und mit Plastik abgedeckt gehen lassen, bis er sich verdoppelt hat (ca. 45 Min).

Für die Füllung die Haselnüsse mahlen und mit den anderen Zutaten – außer dem Orangeat – verrühren.

Den Teig mit bemehlter Hand kurz durchkneten, bis alle Luft entwichen ist. Auf einer glatten Unterlage mit Hilfe von reichlich Streumehl (immer wieder testen, dass er sich von der Unterlage abheben lässt) den Teig zu einem Rechteck von ca. 35 x 45 cm ausrollen. Mit der Nuss-Schokofüllung bestreichen. Dazu einen Spatel nehmen, der immer wieder in Wasser getaucht wird. Darauf achten, dass die Masse rechts und links bis an den Rand geht. Mit dem Orangeat bestreuen.

Den Teig von unten her vorsichtig aufrollen, mit einem scharfen Messer 2 cm breite Stücke abschneiden und mit einer Schnittfläche nach oben nebeneinander auf die mit Dauerbackfolie ausgelegten Backbleche legen. Mit Gärfolie oder einer Plastikhülle abdecken. Nach 10 Min. Gehzeit den Ofen 20 Min. auf 250 °C (Umluft) vorheizen. Die Bleche einschieben und bei 175 °C 25-30 Min. backen. Die Schnecken sollen auf keinen Fall dunkel werden!

Tipps: Wer die Schnecken etwas glänzend haben möchte, verrührt 30 g Honig mit 10 g Öl und 50 g heißem Wasser und bepinselt das Gebäck zweimal: Bevor es in den Ofen kommt, und frisch aus dem Ofen. – Als Füllung eignet sich auch Marzipan, besonders schnell geht es mit fertig gekauftem Honigmarzipan. Ebenso können wir fein geraffelte, mit etwas Honig gewürzte Äpfel nehmen. Wer es gar nicht süß mag, lässt den Honig aus dem Teig und füllt mit einer herzhaften Nuss-Öl-Füllung oder Kräutern. Der Grundteig eignet sich für viele Varianten.

13015. Apfelquiche, Dezember 2020

Teig:
- 80 g Einkorn
- 70 g Kamut (oder insgesamt 150 g Weizen)
- 50 g Sonnenblumenöl
- 3 EL Wasser
- 1 TL ger. getr. Orangenschale
- 1 Prise Salz

Belag 1:
- 50 g Cashewnüsse
- 30 g Hirse
- 60 g Honig
- 40 g Wasser

Belag 2:
- 400 g Äpfel
- 2 EL Zitronensaft
- 40 g Honig

Getreide mischen und in der Getreidemühle fein mahlen. Mit Wasser, Öl, Orangenschale und Salz gut verkneten. Eine Springform mit Backpapier überspannen, Teig in die Form geben und mit der Hand und einem kleinen Pizzaroller so auseinanderdrücken, dass sich ein kleiner Rand (ca. 1 cm) hochdrücken lässt. Form mit dem Teig in eine Plastiktüte geben und mindestens 2 Std. in den Kühlschrank stellen.

Die Zutaten von Belag 1 in einem kleinen Mixer zu einer Creme schlagen, auf dem Boden verstreichen. Äpfel vierteln, mit Zitronensaft und Honig raffeln, aber nicht zu fein. Auf der Creme verteilen. Auf dem Kuchenrost in den kalten Ofen schieben. Bei 175 °C abgedeckt mit Dauerbackfolie 30 Min. und dann offen nochmals 15 Min. backen. Auf einem Kuchengitter auskühlen lassen.

13016. Tortenboden mit Aprikosen, Dezember 2020

Teig:

- 50 g Mandeln
- 125 g Einkorn (oder Dinkel)
- 125 g Dinkel
- 1 Prise Salz
- 1 P Weinstein Backpulver
- 1 MS gem. Vanille
- 165 g Honig
- 80 g Öl
- 370 g Mineralwasser

Belag:

- 50 g Mandeln
- 30 g Honig
- 30 g Wasser

Obst:

- 360 g Aprikosen brutto

Tortenguss:

- 100 g Wasser
- 1 gestr. TL Agar Agar
- 1 TL Honig (10 g)

Mandeln z. B. in einem kleinen Mixer mahlen. Getreide mischen und sehr fein mahlen. Mit den anderen trockenen Zutaten vermischen. Jetzt den Ofen auf 175 °C (Umluft) stellen. Honig hinzugeben. Öl und Mineralwasser in einem ausreichend großen Mixer kräftig durchschlagen. Achtung: Die Flüssigkeit nimmt an Volumen zu und dann kann ein Mixer sehr schnell überlaufen, das ergibt eine sehr ölige Küche! Diese Schaummasse zu den anderen Zutaten geben und mit dem Handrührgerät gut vermengen. In eine 26-cm-Springform (Boden mit Backpapier überspannen) geben, in den Ofen schieben und etwa 30 Min. backen. Der Teig bleibt sehr saftig. Wer den Teig z. B. füllen möchte, sollte in zwei Springformen backen, das Durchschneiden könnte schwierig werden. Auskühlen lassen. Die Mandeln für den Belag fein mahlen, mit Honig und Wasser verrühren und auf dem Boden verteilen. Aprikosen entsteinen, in Spalten schneiden und kreisförmig in eine Richtung auf dem Belag verteilen. Agar Agar im Wasser verrühren, mit Honig kräftig aufkochen. Gleichmäßig über dem Obst verteilen und in den Kühlschrank stellen, der Gelee wird dann sehr schnell fest.

13017. Heidelbeermuffins, Dezember 2020

- 60 g Sonnenblumenöl
- 150 g Honig
- 50 g Mandelmus
- 155 g Mineralwasser
- 225 g Weizen
- 25 g Gerste
- 1 Prise Salz
- 1 MS gem. Vanille
- 1 TL gem. Orangenschale
- 1 P Weinsteinbackpulver

Obst:

- 400 g Blaubeeren

Weizen und Nacktgerste mischen und fein mahlen. Mit dem Backpulver (evtl. sieben) und der Orangenschale verrühren. Öl, Honig, Mandelmus und Mineralwasser im Küchengerät auf der höchsten Stufe schlagen. Mehlmischung zu der Masse geben und vorsichtig unterkneten. Blaubeeren (nicht waschen) hinzuschütten, vorsichtig unterziehen.

16 Silikon-Muffinförmchen mit je einem guten Esslöffel Teig füllen. In den kalten Ofen geben und 30 Min. bei 175 °C (Umluftofen) backen (in den letzten 5 Min. den Ofen ausstellen).

Stäbchenprobe machen: An einem Holzstäbchen, dass man in den Teig steckt, darf beim Herausziehen nichts hängenbleiben (ist wegen der Heidelbeeren nicht ganz so leicht zu überprüfen).

13018. Käseschokokuchen, Dezember 2020

Teig:
- 250 g Weizen
- 1 MS Salz
- 1 TL Weinsteinbackpulver
- 50 g Honig
- 15 g Kakaopulver
- 100 g Butter
- 3 EL kaltes Wasser

Belag 1 (Schokocreme):
- 100 g Mandelmus
- 15 g Kakao
- 100 g Honig

Belag 2 (Käsemasse):
- 125 g Sahne
- 50 g weiche Butter
- 180 g Honig
- 1 kleine Apfelsine (130 g netto)
- 1 MS Salz
- 1/4 TL gem. Vanille
- 100 g Naturreis
- 875 g Crème fraîche

Weizen fein mahlen, mit Salz und Backpulver vermischen. Dann die restlichen Teigzutaten hinzufügen (Kakao sieben) und mit den Händen gut verkneten. In Plastik oder Folie eingewickelt etwa eine halbe Stunde in den Kühlschrank legen.

Teig auf einer leicht bemehlten oder glatten Fläche (einer Plastikschneidmatte) ausrollen. Springformgroßen Kreis ausschneiden, den mit Backpapier ausgelegten Boden einer Springform darauflegen und mit Hilfe der Matte stürzen. Risse zusammendrücken, mit Teigresten einen Rand hochdrücken.

Mandelmus mit Honig und Kakao (gesiebt) verrühren.

Erst die Sahne (Handrührgerät) steif schlagen, in den Kühlschrank stellen. Honig und Butter gut verquirlen, Orangenschale abraspeln, hinzugeben. Dann die Apfelsine ohne Kerne in einem Mixer pürieren und zu der Honigmasse geben. Reis fein mahlen, mit Vanille und Salz mischen, alles gründlich verrühren. Die Crème fraîche dann mit einem Rührlöffel mit Loch in der Mitte oder einem Rührblitz manuell unterziehen, damit die Crème fraîche nicht flüssig wird. Zum Schluss die steife Sahne unterheben. Auf den Teig gießen und in den kalten Ofen schieben. Lässt sich übrigens gut einen Tag vorher backen.

Bei 150-160 °C (Umluft) 75 Min. backen. Ofen ausstellen und noch 5 Min. nachbacken lassen. Die Masse ist goldgelb und locker. Auf ein Gitterrost geben, die Käsemasse vorsichtig mit einem Keramikmesser vom Springformrand lösen, damit der Kuchen oben beim Abkühlen nicht reißt. Wenn er lauwarm ist, den Springformrand abnehmen. Vor dem Anschneiden völlig kalt werden lassen.

13019. Marzipankartoffeln, Dezember 2020

- 50 g Mandeln
- 1 TL Rosenwasser
- 1 MS Vanille
- 20 g Honig
- 1-2 TL Carob (Kakao geht auch, ist aber bitterer)

Mandeln fein mahlen. Mit Rosenwasser, Vanille und Honig gut verkneten. Kirschgroße Kugeln zwischen den Händen rollen. Carob auf eine Untertasse sieben und die Kugeln darin rollen, dann in kleine Papierförmchen setzen. Im Kühlschrank in einer fest schließenden Plastikdose aufbewahren. Hält sich einige Wochen, nur verflüchtigt sich das Rosenwasseraroma relativ schnell.

13020. Gefüllter Halbmond (Cremekuchen), Dez. 2020

Teig:

- 50 g Mandeln
- 125 g Einkorn (oder Dinkel)
- 125 g Dinkel
- 1 Prise Salz
- 1 P Weinstein Backpulver
- 1 MS gem. Vanille
- 165 g Honig
- 80 g Öl
- 370 g Mineralwasser

Creme:

- 225 g Macadamianussmus (oder Cashewnussmus)
- 180 g Honig
- 120-150 g Kokosöl

Mandeln mahlen. Getreide mischen und sehr fein mahlen. Mit den anderen trockenen Zutaten vermischen. Jetzt den Ofen auf 175 °C (Umluft) stellen. Honig hinzugeben. Öl und Mineralwasser in einem ausreichend großen Mixer kräftig durchschlagen. Achtung: Die Flüssigkeit nimmt an Volumen zu und dann kann ein Mixer sehr schnell überlaufen, das ergibt eine sehr ölige Küche! Diese Schaummasse zu den anderen Zutaten geben und mit dem Handrührgerät gut vermengen. In eine 26-cm-Springform oder drei kleine Springformen (Boden mit Backpapier überspannen) geben, in den Ofen schieben und etwa 30 Min. backen. Der Teig bleibt sehr saftig.

Einmal längs durchschneiden, dass sich quasi zwei Halbmonde nebeneinander ergeben. Wenn der Rand höher steht, abschneiden und anderweitig verwerten. Die Cremezutaten mit einem Löffel verrühren. Einen Halbmond damit bestreichen, den zweiten darüber legen. Im Kühlschrank fest werden lassen. Den Rest der Creme am Rand und oben drauf verteilen.

13021. Marzipanstollen, Dezember 2020

- 100 ml warmes Wasser
- 100 ml Sahne
- 1 P frische Hefe (42 g)
- 350 g Weizen
- 200 g Einkorn
- 2 TL Delisweet 12760
- 1 EL Lebkuchengewürz
- 125 g Butter
- 175 g Honig
- 50 g getr. Äpfel
- 100 g Mandeln
- 100 g Orangeat
- 100 g grüne Rosinen
- Für das Marzipan
- 80 g Mandeln
- 50 g Cashewnüsse
- 1 EL Rosenwasser
- 40 g dünnflüssiger Honig

Außerdem 15 g Butter

Wasser und Sahne mischen, die Hefe darin auflösen. Getreide fein mahlen. In das Mehl eine Mulde drücken und die Hefeflüssigkeit hineingießen (= Vorteig). Auf der warmen Fensterbank ca. 15-20 Min. gehen lassen.

Mandeln im Zerkleinerer grob hacken. Mit Orangeat, Rosinen und kleingeschnittenen Äpfeln mischen. Die getrockneten Äpfel lassen sich am einfachsten mit einer Schere schneiden. Gewürze, Butter und Honig zum Vorteig geben und alles gründlich kneten (ca. 10 Min.), dann die Trockenfrüchte noch 5 Min. einarbeiten. Zu einer Teigkugel formen, in eine Plastikschüssel geben. Schüssel in eine Plastiktüte stecken, mit einem Geschirrtuch abdecken und etwa 3 Std. auf der warmen Fensterbank gehen lassen. Da der Teig so schwer ist mit all den guten Zutaten, geht er nicht stark.

Während der Teig geht, Mandeln und Cashewnüsse mahlen, mit Honig und Rosenwasser verkneten. Eine Rolle bilden, in Haushaltsfolie wickeln und in den Kühlschrank legen.

Teig mit der Hand gut durchkneten und zu einem Rechteck auseinanderdrücken.

Marzipanrolle in das Teigrechteck legen und die beiden Längsseiten jeweils darüber schlagen, sodass sie sich überlappen. Die Enden gut verschließen und von den Seiten zur Mitte drücken, damit der Stollen nicht ganz so lang wird.

Mit Wasser besprühen und auf ein mit Dauerbackfolie ausgelegtes Backblech legen. In eine große Plastiktüte stecken und etwa 45 Min. gehen lassen. In den auf 175 °C vorgeheizten Ofen (Umluft) schieben, eine Schale mit heißem Wasser steht auf dem Boden. 30 Min. backen, dann auf 150 °C stellen und weitere 20 Min. backen.

15 g Butter in Scheiben schneiden und auf die heißen Stollen legen. Vor dem Anschneiden in Alufolie gepackt einige Tage liegen lassen. So hält er sich mehrere Wochen. Am besten 4 Wochen vor Verzehr backen.

13022. Vanillekugeln, Dezember 2020

- 125 g Butter
- 125 g Dinkel
- 125 g Einkorn (oder insgesamt 250 g Dinkel)
- 2 TL Weinsteinbackpulver
- 1 Prise Salz
- 1 guter TL gem. Vanille
- 125 g Honig

Butter 2-3 Std. vor der Teigzubereitung aus dem Kühlschrank nehmen. Getreide in der Getreidemühle fein mahlen. Mit Backpulver, Salz und Vanillepulver mischen. Butter und Honig mit dem Handrührgerät oder einer Küchenmaschine gut durchrühren und dann in zwei bis drei Portionen die Mehlmischung hinzugeben und etwas rühren. Bei Zimmertemperatur mindestens 10-15 Min. stehen lassen.

Ein Backblech mit Dauerbackfolie belegen. Walnussgroße Teigstückchen zwischen den Händen zu Kugeln rollen und auf die Backbleche setzen. Für flachere „Tatzenformen" kurz mit einer Gabel auf die Kugeln drücken. Die Plätzchen bei 175 °C etwa 18 Min backen, bis sie hellbraun sind. Es ist wichtig, dass sie nicht zu dunkel werden.

*Dieses Rezept geht auf ein Zimtkugel-Rezept von Dijana, meiner Klavierlehrerin, zurück. Sie kommt aus Montenegro und hat von dort einige interessante tiereiweißfreie Rezepte ihrer Mutter mitgebracht, allerdings mit fertig gekauftem Mehl. Das **Originalrezept** wird mit den folgenden Zutaten genauso wie oben beschrieben hergestellt:*

- 500 g Weizen
- 250 g Butter
- 250 g Honig
- 1 P Backpulver
- 1 Prise Salz
- 2 TL Zimt
- 1/2 TL gem. Vanille

13023. Bananenleckerli, Dezember 2020

- 20 g geschälte Zitrone
- 1 Banane (125 g netto)
- 1 MS gem. Vanille
- 70 g Kokosraspeln
- Einige Kakaonibs

Zitrone, Banane und Vanille in einem kleinen Mixer schlagen. Raspeln unterrühren. Etwas quellen lassen, dann mit feuchten Händen kirschgroße Kugeln formen und in Papierförmchen setzen. In jedes Leckerli ein Kakaonib stecken.

Hinweis: *Sollte möglichst frisch serviert werden, da die Banane trotz der Zitronenzugabe oxidiert. Sonst muss man eine kleine Verfärbung in Kauf nehmen. Reste können gut eingefroren werden, ein sehr schöner Eiskonfekt!*

13024. Shortbread, Dezember 2020

- 300 g Dinkel
- 150 g Naturreis
- 1 gestr. TL Salz
- 50 g Mandeln
- 150 g Sonnenblumenöl
- 35 g Kokosöl
- 165 g Honig

Dinkel mit dem Naturreis fein mahlen. Salz untermischen. Mandeln mahlen und mit den restlichen Zutaten zum Mehl geben. Erst mit einem Löffel dann mit der Hand verkneten.

Der Teig ist sehr weich. Eine Kugel formen, Teigschüssel mit dem Teig in Plastik wickeln und mindestens 30 Min. im Kühlschrank ruhen lassen.

Auf einer Dauerbackfolie etwa 0,8 bis 1 cm hoch ausrollen. Auf ein Backblech ziehen, mit dem Stipproller Löcher einbohren (oder eine Gabel dafür nehmen) und mit einem Messer vorsichtig in fingergroße Stücke schneiden.

In den kalten Ofen schieben und bei 175 °C (Umluft) 20 Min. backen lassen. Eventuell nach 15 Min. das Blech drehen, falls der Ofen ungleichmäßig backt. Das Shortbread sollte nicht zu dunkel werden! Auf dem Blech sehr vorsichtig nochmals nachschneiden und ebenso vorsichtig auf ein Kuchengitter geben: Der Teig ist noch sehr brüchig! Auskühlen lassen und in einer gut schließenden Metalldose oder einem Glaskeksbehälter mit gut schließendem Deckel aufbewahren.

13025. Kürbiskokoskonfekt, Dezember 2020

- 50 g Kürbiskerne
- 25 g Kokosraspeln
- 15 g Kokosöl (nicht mit Kakaobutter verwechseln)
- 25 g Honig
- Ca. 30 g Kokosraspeln zum Wälzen

Kürbiskerne und Kokosraspeln fein mahlen, z. B. nacheinander in einem kleinen Mixer. Im Mixer mit weichem Kokosöl und Honig zu einer glatten Masse schlagen. Kokosöl ist im Sommer schon im Schrank fast flüssig und härtet dann im Kühlschrank.

Zwischen den Händen Kugeln formen, die etwas kleiner als Walnüsse sind. Raspeln auf einen flachen Teller streuen, die Kugeln darin wälzen und in Papierförmchen setzen. Im Kühlschrank in einer fest schließenden Plastikdose aufbewahren. Hält sich einige Wochen.

13026. Haferplätzchen Peanuts, Dezember 2020

- 300 g Nackthafer
- 2 TL Backpulver
- 10 g Zitronenscheibe (geschält, ohne Kerne)
- 10 g Wasser
- 50 g Sonnenblumenöl
- 100-140 g Honig
- 60 g Erdnüsse, geröstet & gesalzen
- 60 g grüne Rosinen

Hafer fein mahlen, mit dem Backpulver mischen. Zitronenscheibe vierteln, mit dem Wasser in einem kleinen Mixer pürieren. Mit Hafer, Öl und Honig mit einem Handrührgerät (Rührteigbesen) gut durchmischen. Die Erdnüsse im Zerkleinerer grob hacken und mit den Rosinen in den Teig einarbeiten (Stufe 1 des Geräts). Zwei Backbleche mit Dauerbackfolie oder Backpapier auslegen. Mit einem Teelöffel etwa walnussgroße Stücke abstechen, mit nassen / feuchten Händen zu Kugeln formen und nebeneinander, nicht zu dicht auf die Bleche setzen. In den kalten Ofen schieben und bei 160 °C (Umluft) 20 Min. backen.

13027. Kokospralinen, Dezember 2020

- 50 g Kakaobutter
- 15 g Kokosöl (oder Butter)
- 40 g Mandelpaste
- 30 g Honig
- 60 g Kokosraspeln

Kokosbutter in einer kleinen Pfanne auf der niedrigsten Einstellung vorsichtig zerlassen. Alle Zutaten bis auf die Kokosraspel in den kleinen Becher eines kleinen Mixers geben und mit dem flachen Messer 1 Minute mixen. Dann die Kokosraspel mit einem Löffel einrühren. In Silikonpralinenförmchen gießen, im Kühlschrank fest werden lassen, aus der Form drücken und in einem fest verschließbaren Plastikbehälter im Kühlschrank aufbewahren.

Tipps: Wer kein Kokosöl bekommt, nimmt mehr Kakaobutter (60 g) oder ersetzt durch Butter. – Mandelpaste sind sehr fein geriebene Mandeln, die noch nicht die flüssige Konsistenz von Nussmus haben. Sie lassen sich durch ein Nussmus oder fein gemahlene Nüsse ersetzen.

13028. Ingwer-Zitronentee, Dezember 2020

- 1 Scheibe Zitrone, geschält, ohne Kerne (ca. 20 g)
- 2-3 Scheiben Ingwer (ca. 8 g)
- Je nach Tasse 350-450 ml kochendes Wasser

Zitronenscheibe achteln. Ingwerscheiben eventuell auch kleiner schneiden. Zusammen in eine große Tasse oder ein Teeglas geben und mit kochendem Wasser aufgießen. 5-10 Min. ziehen lassen. Schmeckt auch nach Std. noch, wenn es kalt ist.

13029. Obsttee, Dezember 2020

- 2 Scheiben getr. Äpfel
- 2 Scheiben getr. Birne
- 1 Scheibe getr. Zitrone (nach Geschmack)
- Je nach Tasse 250-450 ml kochendes Wasser

Das getrocknete Obst mit der Schere oder einem scharfen Messer in kleine Stücke schneiden.

Zusammen in eine große Tasse oder ein Teeglas geben und mit kochendem Wasser aufgießen. 5-10 Min. ziehen lassen. Schmeckt auch nach Std. noch, wenn er abgekühlt ist. Die Fruchtstückchen lassen sich auch genießen, kein Grund sie wegzuwerfen!

13030. Blütentee, Dezember 2020

- 1 geh. TL Malvenblüten
- 1 geh. TL Orangenblüten
- 1 geh. TL Gänseblümchenblüten
- Je nach Tasse 350-450 ml kochendes Wasser

Zusammen in eine große Tasse oder ein Teeglas geben und mit kochendem Wasser aufgießen. 5-10 Min. ziehen lassen, durch ein Sieb gießen. Schmeckt auch nach Std. noch, wenn er abgekühlt ist.

Tipp: Die Malvenblüten gibt vor allem zu Beginn eine überraschend blaue Farbe. Wer will, kann die Blüten selbst sammeln. Ich habe sie mir bei einer Kräuterapotheke bestellt. Natürlich kann man die Blüten auch einzeln nehmen oder anders kombinieren.

13031. Verbenade, Dezember 2020

- 2 EL getr. Verbena
- 1 dünne Scheibe Zitrone
- 500-600 g kochendes Wasser

Etwa 2 EL getrocknete Verbena (deutscher Name Eisenkraut) in ein Sieb geben. Eine dünne Scheibe Zitrone in eine große Tasse geben, das Sieb einhängen. Mit kochendem Wasser auffüllen und mindestens 5 Min. ziehen lassen.

Hinweis: Verbena wird als Tee im Orient gerne getrunken. Er schmeckt auch sehr lecker mit frischem Kraut! Freunde von mir bauen Verbena problemlos in großen Kübeln auf der Terrasse an.

13032. Pfefferminztee, Dezember 2020

- 1 EL getr. Pfefferminze
- 500-600 g kochendes Wasser

Pfefferminze in ein Sieb geben. Das Sieb in eine große Tasse einhängen. Mit kochendem Wasser auffüllen und etwa 5 Min. ziehen lassen.

Hinweis: Pfefferminztee schmeckt auch kalt. Zu oft sollte man ihn allerdings nicht trinken, weil er auch medizinische Wirkungen hat.

13033. Erdbeeren mit Soße, Dezember 2020

Dessert

- 450 g Erdbeeren (netto)
- 25 g Zitrone
- 25 g Macadamianussmus
- 1 Banane (120 g)
- 20 g Sahne
- Einige Kakaonibs

Erdbeeren waschen, Stiel entfernen und halbieren (oder je nach Größe vierteln). Die restlichen Zutaten bis auf die Kakaonibs in einem kleinen Mixer mit dem hochstehenden Messer zu einer cremigen Soße verschlagen und über die Erdbeeren geben. Mit ein paar Kakaonibs bestreuen.

13034. Obstsalat mit Erdnusssoße, Dezember 2020

- 1 Apfelsine (190 g brutto/140 g netto)
- 1 Banane (160 g brutto/115 g netto)
- 1 Apfel (95 g)
- 10 g Zitrone (ohne Kerne/Schale)
- 15 g Sahne
- 20 g Erdnüsse
- 1 TL Kokosraspeln

Apfelsine und Banane schälen. Eine halbe Apfelsine mit einem Drittel Banane, Zitrone, Sahne und Erdnüssen in einem kleinen Mixer zu einer ganz glatten Soße schlagen. Das restliche Obst kleinschneiden, mischen und auf einen Teller geben. Die Soße daneben auf den Teller löffeln. Mit den Kokosraspeln bestreuen.

13035. Zitronengötterspeise, Dezember 2020

- 1 Zitrone (180 g netto)
- 100 g + 100 g + 150 g Wasser
- 2-3 cm Zitronenschale, dünn geschält
- 50 g Honig
- 1 TL Agar-Agar

Von einer ungespritzten Bio-Zitrone dünn die Schale abschneiden, dann richtig schälen, so wie eine Apfelsine. Etwa 1-2 Quadratzentimeter der Schale mit dem Zitronenfruchtfleisch (entkernt), 100 g Wasser und Honig in einem kleinen Mixer gut vermischen. Agar-Agar in 100 g Wasser verrühren, gut durchkochen (1-2 Min.), dann vom Herd nehmen. 150 g kaltes Wasser und die Zitronenmischung unterziehen. In Glasschälchen geben und im Kühlschrank fest werden lassen.

Fester wird die Masse, wenn man den Honig mit kocht, aber dann gehen auch die Inhaltsstoffe teils verloren. Im Kühlschrank wird die Masse innerhalb 1 Stunde fest. Können wir auch mit Sahne oder Macadamianussmus servieren.

13036. Carobcreme, Dezember 2020

Dessert

- 20 g Cashewnüsse
- 2 TL Carob (10 g)
- 2 EL Sahne
- 1 größere Banane (135 g netto)
- Zum Dekorieren wilde Erdnüsse o. Cashewnüsse

Nüsse fein mahlen. Mit Carob, Sahne und Banane in einem kleinen Mixer mischen und in eine kleine Schüssel geben. Mit ein paar wilden rohen Erdnüssen bestreuen.

13037. Obstparfait / Obstsoße, Dezember 2020

- Ca. 900 g frische geputzte Früchte
- 125 g Honig
- ½ geschälte und entkernte Zitrone

Früchte, Honig und Zitrone in einem starken Mixer gründlich vermischen. 12 Silikonmuffinformen mit je 3 EL der Masse füllen. Auf Frühstücksbrettchen stellen und einfrieren. Sobald sie gefroren sind, in Plastikbeutel umfüllen und gut verschließen. Parfait 15 Min. vor dem Essen aus dem Tiefkühlschrank nehmen.

13038. Fruchteis exotisch, Dezember 2020

- 105 g Mango (netto)
- 75 g Ananas (netto)
- 30 g Honig
- 1 MS gem. Vanille
- 200 g Sahne
- ½ dünne Scheibe Ananas

Obst schälen, grob vorschneiden. Mit Honig und Vanille in einem kleinen Mixer pürieren. Sahne mit dem Handrührgerät steif schlagen, dann das Obstpüree gründlich unterheben. 8 kleine Silikonmuffinförmchen auf zwei Frühstücksbretter aufstellen, mit je 2 EL der Obstsahne füllen. Ananas schälen, in 8 Stücke schneiden und jeweils eins in das Eis stecken. Einfrieren wie für 13037 beschrieben. Entweder 2-3 Std. nach der Herstellung essen oder 15 Min. vor dem Verzehr bei Raumtemperatur antauen lassen.

13039. Kürbiscassata, Dezember 2020

- 50 g Kürbiskerne
- 1 kleine süße Apfelsine (165 g brutto, 105 g netto)
- Ca. 25 g Honig
- 200 g Sahne
- 25 g Orangeat
- Etwas Orangeat zum Dekorieren

Kürbiskerne hacken (z. B. im Zerkleinerer). Geschälte Apfelsine mit dem Honig in einem Mixer pürieren. Die Honigmenge richtet sich danach, wie süß die Apfelsine ist. Sahne mit dem Handrührgerät steif schlagen, dann das Orangenpüree und die Kerne zusammen mit 25 g Orangeat gründlich unterheben. 6 kleine Silikonmuffinförmchen auf ein Frühstücksbrett stellen, mit je 2 EL der Obstsahne füllen. Mit etwas Orangeat dekorieren.

Auf dem Brett einfrieren. Sobald das Eis gefroren ist, in eine fest verschließbare Plastikdose geben. Entweder 2-3 Std. nach der Herstellung essen oder 15 Min. vor dem Verzehr bei RT antauen lassen.

13040. Kakao Mikrowelle, Dezember 2020

- 2 TL Kakaopulver
- 2 TL Rohrohrzucker
- 1 TL Kartoffelstärke
- 30 g Hafersahne
- ca. 450 g Hafermilch (d.h. bei einer 500-ml-Tasse)

Verrühren, 3 Min. bei 620 Watt erhitzen. Mit einem Quirl durchrühren und nochmals 2 Min. / 620 Watt.

13041. Pizzateig für Pizza III, Dezember 2020

2 Portionen; Vorläufer 12958

Teig
- 235 g Dinkel, fein gemahlen
- 20 g Hefe (1/2 Würfel)
- 1 TL Salz
- 3 knappe EL Sonnenblumenöl (20 g)
- 50 g Joghurt
- 75 g Wasser

Belag für beide Pizzen
- ÖL für die Formen (2 x 5 g)
- 1 EL Ketchup verrührt mit
- 1 EL Wasser,
- 10 g Tomatenmark
- 1 Prise Salz
- 2 TL Sonnenblumenöl (10 g) und
- 1 TL Pizzagewürz
- 2 kleine Tomaten (75 + 115 g), in sehr dünne Scheiben geschnitten
- 200 g Mozzarella am Stück, in Scheiben

Belag individuell
- 5 Scheiben Salami oder
- 25 g Cashewnüsse

Im TM kneten (2,5 Min./Knetstufe). Abgedeckt ca. 2 Std. (ab 14.30 Uhr) gehen lassen. Zwischendurch nicht durchkneten. Zwischendurch nicht durchkneten. Auf zwei Portionen verteilen. Zwei 28-cm-große Formen einfetten. Teigstück in die Mitte geben und auseinanderdrücken. Nicht bis ganz an den Rand gehen, sondern so lange, wie der Teig sich einfach auseinanderdrücken lässt, ohne zu reißen, und noch einen kleinen Wulst am Rand hat. Ketchupmischung darauf verstreichen, mit Kräutern bestreuen. Mit Tomatenscheiben belegen. Jeweilige Beläge auf den Pizzen verteilen. Mit Käse belegen. Ofen (Heißluft) auf 220 °C vorheizen, in der Zeit geht der Teig. Formen einschieben und 15 Min. bei 220 °C backen. Nach 6 Min. den Käse auflegen.

13042. Christstollen über Nacht III, Dezember 2020

Vorläufer 12981

- 80 g Mandeln, gehackt und
- 45 g Walnüsse, gehackt (im TM 5 Sek./Stufe 6)
- 500 g Dinkel, fein gemahlen
- 100 g Ahornsirup
- 175 g Butter
- 25 g Sonnenblumenöl
- 1/2 TL Salz
- 210 g Hafermilch
- 1 Würfel (42 g) Hefe
- 1 Tüte Christstollengewürz

Zutaten im Thermomix kneten (3 Min. Knetstufe). Hinzugeben:

- 100 g Schokotropfen von „Leckerli"
- 300 g Rosinen

und nochmal kneten (1 Min. Knetstufe). In eine Pengform geben, verschlossen und in einer Plastiktüte in einem kühlen Raum stehen lassen (von 21:30 Uhr bis 7:15 Uhr). Durchkneten mit der Hand. Teig halbieren (je 700 g), zu einer groben Platte auseinanderdrücken. In die Mitte

- 250 g Marzipan, in Stangen geschnitten

Geben und wie einen Stollen formen und zusammendrücken. Auf dem Backblech 30 Min. gehen lassen. Ofen (Heißluft) auf 190 °C aufheizen. 35-40 Min. backen. Nach 20 Min. mit Alufolie abdecken. Noch heiß mit insgesamt:

- 35 g Butterstücken belegen und mit
- 3-4 TL Rohrohrzucker bestreuen.

13043. Kartoffellinsen überbacken, Dezember 2020

- 280 g Kartoffeln, in Scheiben
- 35 g rote Linsen
- 205 g Wasser
- Salz
- Pfeffer
- 1 TL Sambal Oelek
- 15 g Sonnenblumenkerne
- 100 g Mozzarella, in Scheiben

Kartoffeln, Linsen und Wasser als Gemüsepfanne 20 Min. dünsten. Gewürze und Kerne unterrühren. In eine feuerfeste Form umfüllen, mit Käse belegen und im vorgeheizten Ofen (Heißluft 190 °C) 20 Min. backen.

13044. Süßkartoffeln mit Nudeln und Feta

- 13 g Sonnenblumenöl
- 180 g Süßkartoffel, gewürfelt
- 100 g Vollkorn-Spiralnudeln
- 260 g Wasser
- Eine gute Prise Salz
- 30 g Hafersahne
- 50 g Feta, in Würfeln

Öl mit Gemüse, Nudeln und Wasser 15 Min. kochen. Salz, Sahne und Käse unterrühren und erhitzen, ohne es zu kochen.

13045. Joghurtdressing Vitamix VIII, Dezember 2020

Vorläufer 12988

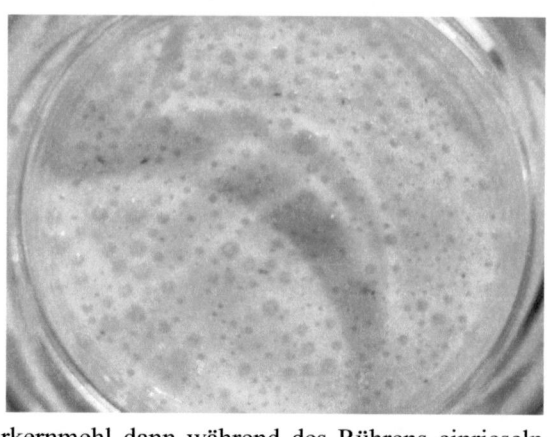

- 125 g Kichererbsenwasser
- 175 g Wasser
- 300 g Joghurt
- 80 g Mayonnaise vegan
- 75 g Ahornsirup
- 1 TL Salz (10 g)
- 1 Prise Pfeffer
- 2 EL Zitronensaft
- 5 g Dill, TK
- 4 g Guarkernmehl

Alle Zutaten bis auf Dill und Guarkernmehl gut mixen. Guarkernmehl dann während des Rührens einrieseln lassen. Dill auf kleiner Drehzahl einarbeiten. Zu verdünnen 3+2 mit Wasser.

13046. Kidney-Bratlinge, Dezember 2020

11 Stück (9 Stück wären besser, da sie so sehr klein sind.)

- 1 kleines Ei (Inhalt 47 g)
- 50 g Frischkäse
- 1 TL Salz
- 1-2 Prisen Pfeffer
- 8 g Sambal
- 1 TL Paprika edelsüß

Miteinander vermischen (TM 5 Sek./Stufe 3 + 5 Sek./Stufe 4.5). Zugeben:

- 1 kleine Dose Kidneybohnen (255 g Einwaage)
- 250 g Kernflocken
- Öl für die Fertigstellung

und kneten (10 Sek. Knetstufe). Mit einem Esslöffel Portionen abstechen und nebeneinander auf ein mit Backpapier ausgelegtes Backblech legen. In den auf 200 °C vorgeheizten Ofen geben und 25-30 Min. backen. Nach 10 Min. wenden und mit Öl bepinseln.

13047. Gemüse für Bratlinge, Dezember 2020

- 10 g Sonnenblumenöl
- 75 g Wasser
- 1 Prise Salz
- 125 g dünne Kartoffelscheiben
- 95 g mitteldicke Scheiben Süßkartoffel
- 65 g rote Paprikaschote (= eine halbe), gewürfelt

Als Gemüsepfanne 15-20 Min. garen. Zu Bratlingen servieren.

13048. Blitzbrötchen, Dezember 2020

9 Stück (besser 6, sie sind zu klein).

- 300 g Weizen, gemahlen
- 300 g Dinkel, gemahlen
- 1 Würfel frische Hefe (42 g)
- 20 g Honig
- 2 TL Salz
- 200 g Wasser
- 100 g Hafermilch

Hefe mit Honig in der Flüssigkeit auflösen (2,5 Min./37 °C/Stufe 1). Die restlichen Zutaten zugeben und kneten (2,5 Min./Knetstufe). Den Teig zu 9 gleichgroßen

Brötchen formen (wiegen!), nebeneinander auf ein mit Backpapier ausgelegtes Backblech legen und oben mit der Schere einschneiden. Mit Wasser einsprühen.

Die Brötchen im nicht vorgeheizten Ofen (Heißluft) 20 bis 30 Min. bei 180 °C backen. Nochmals mit Wasser einsprühen und auf einem Gitterrost auskühlen lassen.

Hinweis: Ein gutes Beispiel dafür, dass ich meine Koch- und Backerfahrung nicht in Zweifel ziehen sollte. Es war ein Rezept aus dem Internet. Die Brötchen gehen ganz schnell, aha. 600 g Getreide und 300 g Flüssigkeit sowie 1/2 Päckchen Hefe. Bei der Hefeangabe hat mein Gehirn noch funktioniert, ich habe 42 g genommen. Aber als ich den doch recht festen Teig aus dem Thermomix nahm, habe ich der Versuchung leider widerstanden, noch Wasser einzuarbeiten. So ergaben sich 9 Bömbchen.

13049. Pizzateig für Pizza IV, Dezember 2020

2 Portionen; Vorläufer 13041

Teig
- 235 g Dinkel, fein gemahlen
- 20 g Hefe (1/2 Würfel)
- 1 TL Salz
- 3 knappe EL Sonnenblumenöl (20 g)
- 1/2 TL Paprika edelsüß
- 50 g Joghurt
- 75 g Wasser

Belag für beide Pizzen
- Butter für die Formen (2 x 5 g)
- 1 EL Ketchup (selbstgemacht) verrührt mit
- 1 EL Wasser,
- 15 g Tomatenmark
- 1 Prise Salz
- 1 EL Sonnenblumenöl und
- 1 TL Pizzagewürz
- 2 kleine Tomaten, in sehr dünne Scheiben geschnitten

Belag individuell
- 5 Scheiben Salami **oder**
- 20 g Petersilienwurzel, in sehr feinen Scheiben

Käse
- 200 g Mozzarella am Stück, in Scheiben geschnitten

Im TM kneten (2,5 Min./Knetstufe). Abgedeckt ca. 3 Std. (ab 14.30 Uhr) gehen lassen. Zwischendurch einmal durchkneten. Teig in zwei Teile teilen, auf die beiden gefetteten Formen verteilen. Mit dem „Belag für beide Pizzen" bestreichen. Ofen (Heißluft) auf 220 °C vorheizen, in der Zeit geht der Teig. Formen einschieben und 5 Min. bei 220 °C backen. Tomaten und Salami bzw. Petersilienwurzel auflegen, weitere 5 Min. backen. Mit Käse belegen und nochmals 7 Min. backen.

13050. Joghurtdressing Vitamix IX, Dezember 2020

Vorläufer 13045
- 150 g Kochwasser von weißen Bohnen (Dose)
- 150 g Wasser
- 320 g Joghurt
- 60 g Mayonnaise vegan
- 70 g Ahornsirup
- 1 TL Salz (10 g)
- 1 Prise Pfeffer
- 1/2 TL Currypulver
- 1 EL (13 g) Knoblauchessig
- 4 g Guarkernmehl

Alle Zutaten bis auf Dill und Guarkernmehl gut mixen. Guarkernmehl dann während des Rührens einrieseln lassen. Dill auf kleiner Drehzahl einarbeiten. Zu verdünnen 3+2 mit Wasser.

13051. Brötchenlasagne, Dezember 2020

- 150 g Petersilienwurzel
- 80 g Zwiebel
- 55 g Möhre
- 1 Knoblauchzehe (4-5 g)
- 245 g Hafermilch
- 60 g Wasser
- 1 gute Prise Salz
- 1 TL Sambal Oelek
- 30 g Hafersahne
- 1 festes Brötchen (95 g), in 10-11 Scheiben geschnitten (ca. 3-4 mm dick)
- 95 g Mozzarella in Scheiben

Gemüse im TM zerkleinern (5 Sek./Stufe 5). Milch, Wasser und Salz zugeben und kochen (20 Min./100-90 °C/Stufe 2). Abschmecken mit Sambal und Hafersahne.

Von der Gemüsesoße einige Esslöffel auf den Boden einer runden ofenfesten Form geben. Mit Brötchenscheiben belegen, wieder gut mit Soße bedecken. Eine zweite Brötchenschicht auflegen und mit dem Rest Soße abschließen. Mit den Käsescheiben belegen. Ofen auf 190 °C vorheizen. Form einschieben und 15-20 Min. bei 190 °C backen.

13052. Bequembrot, Dezember 2020

Vorläufer 13048

- 300 g Weizen, gemahlen
- 300 g Dinkel, gemahlen
- 1/2 Würfel frische Hefe (42 g)
- 20 g Honig
- 2 TL Salz
- 1 TL Brotgewürz gemahlen (Brecht)
- 275 g Wasser
- 100 g Hafermilch
- 75 g Sonnenblumenkerne
- Butter für die Form

Im TM Hefe mit Honig in der Flüssigkeit auflösen (2,5 Min./37 °C/Stufe 2). Die restlichen Zutaten zugeben und kneten (2,5 Min./Knetstufe). Den Teig in eine gefettete 30-cm-Brotform geben, glattstreichen und mit Wasser besprühen. Den Teig 1 Std. gehen lassen. Das Brot im nicht vorgeheizten Ofen (Heißluft) 50 Min. bei 190 °C backen. Aus der Form stürzen, nochmals mit Wasser einsprühen und auf einem Gitterrost auskühlen lassen.

Hinweis: Grundlage war der zu trocken geratene Blitzbrötchenteig. Er hätte noch etwas „feuchter" sein dürfen!

13053. Pizzateig für Pizza V, Dezember 2020

2 Portionen; 13049

Teig

- 235 g Dinkel, fein gemahlen
- 20 g Hefe (1/2 Würfel)
- 1 TL Salz
- 3 knappe EL Sonnenblumenöl (20 g)
- 1/2 TL Brotgewürz
- 50 g Joghurt
- 75 g Wasser

Belag für beide Pizzen

- Butter für die Formen (2 x 5 g)
- 1 EL + 1 TL Wasser
- 20 g Tomatenmark
- 1 Prise Salz
- 1 EL Sonnenblumenöl
- 1 TL Pizzagewürz

- 2 kleine Tomaten, in sehr dünne Scheiben geschnitten
- 1 Knoblauchzehe, in sehr feine Scheiben geschnitten

Belag individuell
- 5 Scheiben Salami **oder**
- 15 g Cashewkerne und 40 g gekochte weiße Bohnen

Käse
- 150 g Emmentaler gerieben (50 g für die kleinere Pizza)

Im TM kneten (2,5 Min./Knetstufe). Abgedeckt ca. 3 Std. (ab 14.30 Uhr) gehen lassen. Zwischendurch einmal durchkneten. Ich habe 50 g abgenommen und eingefroren, weil ich lieber eine kleinere Pizza wollte.

Zwischendurch einmal durchkneten. Teig in zwei Teile teilen, auf die beiden gefetteten Formen verteilen. Mit dem „Belag für beide Pizzen" bestreichen. Die kleinere Pizza mit dem Knoblauch belegen. Ofen (Heißluft) auf 220 °C vorheizen, in der Zeit geht der Teig. Formen einschieben und 5 Min. bei 220 °C backen. Tomaten und Salami bzw. Tomaten, Cashewnüsse und Bohnen auflegen, weitere 5 Min. backen. Mit Käse bestreuen und nochmals 7 Min. backen.

13054. Tomatenketchup XLXVI, Januar 2021

Vorläufer 12975

- 2 Dosen Tomaten inklusive Saft (800 g)
- 150 g Apfelessig
- 1 EL Peperoniessig 7/4573
- 100 g Wasser
- 150 g Sultaninen
- 10 g Knoblauchzehen (frisch)
- 1 geh. TL Salz
- 150 g Gemüsezwiebeln, halbiert
- 1 Apfel 165 g
- 1 rote Spitzpaprika (75 g)
- 1 Stück Essigpeperoni (6 g) 7/4573
- 1 Prise (1/4 TL) Pfeffer
- 3 geh. TL Paprikapulver
- 1 gute MS Zimt
- 1 gute Prise Kreuzkümmel
- 1 Prise gem. Gewürznelke
- 30 g Tomatenmark
- 170 g Wasser

Alle Zutaten bis auf die zweite Menge Wasser in den Mixtopf geben. 25 Sek. auf Stufe 10 zerkleinern, dabei den Messbecher fest andrücken, anschließend garen (40 Min./Varoma/Stufe 3). Nach Ende der Garzeit Rest Wasser zugeben und fein pürieren (30 Sek./Stufe 10). Direkt in Schraubgläser füllen.

13055. Zwiebel-Relish XXI, Januar 2021

Vorläufer 12976; 2 Nussmusgläser

- 635 g Zwiebeln	- 1 MS Kreuzkümmel
- 1 Apfel (220 g, ohne Kerne)	- 1 TL Paprikapulver
- 10 g Knoblauchzehen	edelsüß
- 250 g Rosinen	- 1 gestr. TL Curry
- 50 g Tomatenketchup	- 1 TL getr. Majoran
- 1 geh. TL Salz	- 150 g Apfelessig
- 1 geh. MS gem. Nelken	- 1 EL Peperoniessig
- 1 geh. MS Zimt	- 130 g Wasser

Herstellung im TM. Zwiebeln, Apfel, Rosinen und Knoblauch zerkleinern (10 Sek./Stufe 5,5). Nach unten schieben und die restlichen Zutaten zugeben. 55 Min./100 °C/Linkslauf/Stufe 1 ohne Messbecher garen. Sobald es kocht, wenn nötig Garkörbchen als Spritzschutz aufsetzen. Relish in zwei leere Schraubgläser füllen. Sofort verschließen und abgekühlt im Kühlschrank aufbewahren.

13056. Brotpizza, Januar 2021

- 5 g Sonnenblumenöl
- 90 g Zwiebel, gehackt
- Butter für die Form
- 120 g Brot in 5 Scheiben
- 20 g Tomatenmark
- 10 g Ketchup
- 3-4 g Sambal Oelek
- 10 g Sonnenblumenöl
- 1 EL Wasser
- 1 Prise Salz
- 1 mittelgroße Tomate in Scheiben (ca. 80-100 g)
- 20 g Cashewnüsse
- 1 Prise Salz
- 10 g Sonnenblumenöl
- 10 g Wasser
- 15 g Hafersahne

Öl erhitzen, Zwiebeln darin anrösten (ca. 10 Min.) Eine 20-cm-Pizzaform mit Butter einfetten. Brot dicht an dicht legen, Lücken mit kleinen Ecken stopfen. Mark, Ketchup, Sambal, Öl, Wasser und Salz verrühren und auf das Brot streichen. Mit den Tomatenscheiben belegen. Die gebratenen Zwieblen darauf verteilen.

Restliche Zutaten in einem Mixer nicht zu glatt mischen, es entsteht eine krümelige Soße. Über die Tomaten verteilen. Ofen (Heißluft) auf 190 °C vorheizen. 15 Min. bei 190 °C backen.

13057. Rotkohl-Linsentopf, Januar 2021

- 10 g Sonnenblumenöl
- 55 g Zwiebeln, gewürfelt
- 145 g Rotkohl
- 1 Tomate (90 g)
- 50 g Kichererbsenkochwasser o. Ä.
- 55 g Wasser
- 1 kleine Dose Linseneintopf (ca. 420 g Einwaage)
- 40 g Hafersahne
- 1 gute Prise Salz
- 100 g Emmentaler in Scheiben

Öl und Zwiebeln im Mixtopf zerkleinern (5 Sek./Stufe 5) und  angaren (2 Min./Varoma/Stufe 2). Rotkohl und Tomate zugeben und zerkleinern (5 Sek./Stufe 5). Flüssigkeiten zugeben und garen (20 Min./100 °C/Stufe 1). Sahne, Eintopf und Salz zugeben und unterrühren (10 Sek./Linkslauf/Stufe 1). In eine ofenfeste Form füllen, mit Käse belegen und im vorgeheizten Ofen (Heißluft, 190 °C) 20 Min. bei 190 °C backen.

13058. Senfsoße kalt, Januar 2021

- 10 g Senf
- 30 g Hafersahne
- 1 Prise Salz
- 1 Spritzer Agavendicksaft
- 50 g Joghurt

Zutaten mit einem Löffel glattrühren. Passte meiner Ansicht nach gut zu Reis-Linsen mit Rotkohl aus dem Reiskocher:

- 3 g Sonnenblumenöl
- 30 g Linsen
- 50 g Jasminvollkornreis
- 240 g Wasser
- Ca. 200 g Rotkohl (Dünsteinsatz)

13059. Joghurtdressing Vitamix X, Januar 2021

Vorläufer 13050

- 130 g Kochwasser von weißen Bohnen (Dose)
- 185 g Wasser
- 320 g Joghurt
- 60 g Mayonnaise vegan
- 70 g Ahornsirup
- 1 TL Salz (10 g)
- 1 Prise Pfeffer
- 1/2 TL Currypulver
- 1 EL Zitronensaft
- 4 g Guarkernmehl

Alle Zutaten bis auf Dill und Guarkernmehl gut mixen. Guarkernmehl dann während des Rührens einrieseln lassen. Dill auf kleiner Drehzahl einarbeiten. Zu verdünnen 3+2 mit Wasser.

13060. Christstollen after Xmas, Januar 2021

Vorläufer 13042

- 100 g Mandeln, gehackt und
- 25 g Walnüsse, gehackt (im TM 5 Sek./Stufe 6)
- 500 g Dinkel, fein gemahlen
- 1 P Zitronenschale gerieben (5 g)
- 100 g Agavendicksaft
- 175 g Butter
- 25 g Sonnenblumenöl
- 1/2 TL Salz
- 220 g Hafermilch
- 1 Würfel (42 g) Hefe
- 1 Tüte Christstollengewürz

Butter schmelzen (TM 5 Min./40 °C/Stufe 1). Restliche Zutaten zugeben und im Thermomix kneten (3 Min. Knetstufe). Hinzugeben:

- 125 g Früchte aus Rumtopf mit Orangenschale (14/12006); zerkleinert 20 Sek./Stufe 5)
- 300 g Rosinen

und nochmal kneten (1 Min. Knetstufe). In eine Pengform geben, verschlossen und in einer Plastiktüte 5 Std. gehen lassen, zwischendurch einmal mit der Hand kneten. Teig halbieren (je 770 g), zu einer groben Platte auseinanderdrücken. In die Mitte

- 250 g Marzipan, in Stangen geschnitten

geben und wie einen Stollen formen und zusammendrücken. Auf dem Backblech 30 Min. gehen lassen. Ofen (Heißluft) auf 175°C aufheizen. 30 Min. bei 175 °C und 15 Min. bei 150 °C backen. (Backzeit hätte noch 5 Min. kürzer sein können.) Noch heiß mit insgesamt:

- 35 g Butterstücken belegen und mit
- 3-4 TL Rohrohrzucker bestreuen.

13061. Pizzateig für Pizza VI, Januar 2021

2 Portionen; Vorläufer 13053

- 225 g Dinkel und
- 10 g Weizen, fein gemahlen
- 1 P Trockenhefe
- 1 TL Salz
- 1/2 TL Paprika edelsüß
- 3 knappe EL Sonnenblumenöl (20 g)
- 50 g Joghurt
- 75 g Wasser

Im Thermomix kneten (2,5 Min./Knetstufe). Abgedeckt ca. 4-5 Std. gehen lassen. Zwischendurch einmal durchkneten. Beläge und Backen analog zu 13053.

13062. Gemüseauflauf mit Linsenkruste, Januar 2021

Gemüse:
- 120 g Zwiebel
- 175 g Kartoffel
- 150 g Tomate
- 100 g Wasser
- Salz
- Pfeffer

Kruste:
- 50 g rote Linsen
- 150 g Wasser
- 25 g Cashewnüsse
- 1/2 TL Salz
- 1 TL Sambal Oelek
- 2 EL Kernflocken
- 70 g Hafersahne

Gemüse kleinschneiden, mit dem Wasser als Gemüsepfanne 20 Min. garen und mit Salz und Pfeffer abschmecken. In eine ofenfeste Form geben. Linsen im Wasser 20 Min. kochen und mit den anderen Zutaten verrühren. Über das Gemüse geben. In den auf 200 °C vorgeheizten Ofen geben und 20 Min. backen.

13063. Brot mit Bayerntouch, Januar 2021

Vorläufer 12988

Stufe 1 (12 Std. vorher):

Sauerteigansatz:
- 400 g Roggen
- 410 g Wasser
- 150 g Sauerteig

Stufe 2 (bei mir am Morgen):
- 100 g Roggen
- 325 g Weizen, fein gemahlen
- 1 EL Kümmel (gem. oder mit Getreide gemahlen)
- 100 g Sonnenblumenkerne
- 17 g Salz
- 2 EL Ahornsirup
- 280 g Wasser
- 1/4 Würfel frische Hefe (10 g)
- ca. 800 g Sauerteigansatz
- 20 g Butter für die Form

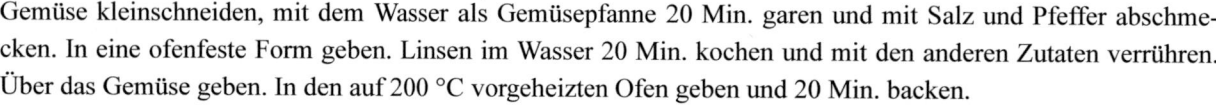

Stufe 1: Roggen fein mahlen, mit Wasser und altem Sauerteig mischen. In einer Plastiktüte über Nacht stehen lassen. 150 g von der Stufe 1 abnehmen und in einem gut schließenden Schraubglas in den Kühlschrank stellen für das nächste Backen. **Stufe 2:** Getreide mahlen (Vorabend). Backmorgen: Hefe in einem Teil des Wassers auflösen. Zutaten (außer der Butter) mit einem großen Löffel gründlich verrühren, bis kein Mehl mehr sichtbar ist. Eine 30-cm-Brotform, Profi-Email von Dr. Oetker, gut einfetten. Teig hineingeben, mit der nassen Hand herunterdrücken und glattstreichen. Mit einem scharfen Messer mehrmals schräg einschneiden. Form im kalten Ofen etwa 95 Min. gehen lassen. Ofen auf 190 °C aufheizen, das Brot ist dabei im Ofen. Backzeit 65 Min., im ausgestellten Ofen 10 Min. nachbacken.

13064. Joghurtdressing Vitamix XI, Januar 2021

Vorläufer 13059

- 100 g Kochwasser von Kichererbsen (Dose)
- 230 g Wasser
- 330 g Joghurt
- 55 g Mayonnaise vegan
- 70 g Ahornsirup
- 1 TL Salz (10 g)

- 1 Prise Pfeffer
- 1/2 TL Currypulver
- 2 EL Zitronensaft
- 4-5 g Guarkernmehl

Alle Zutaten bis auf das Guarkernmehl gut mixen. Guarkernmehl dann während des Rührens einrieseln lassen. Zu verdünnen 3+2 mit Wasser.

13065. Gemüse mit Brotkruste, Januar 2021

Kruste
- 45 g trockenes Brot
- 100 g kochendes Wasser

Gemüse
- 10 g Sonnenblumenöl
- 45 g Wasser
- 70 g Süßkartoffel
- 50 g Tomate
- 100 g Pastinake
- 60 g rote Paprika

Soße
- 1 TL Sambal
- 50 g Hafersahne
- 10 g Sonnenblumenöl
- 50 g Hafersahne
- 30 g Haferflocken
- 25 g Sonnenblumenkerne

Brot zerkleinern, in einer Dose mit Wasser bedecken. Dose schließen und einige Std. einweichen. Gemüsezutaten als Gemüsepfanne 15 Min. garen. Die Soßenzutaten mit dem eingeweichten Brot verrühren, das Brot sollte sich „auflösen". Über das Gemüse geben. Ofen (Heißluft) auf 200 °C vorheizen und 20 Min. bei 200 °C backen. 5 Min. im ausgeschalteten Ofen nachbacken lassen.

13066. Weißmehlbrötchen, Januar 2021

8 Stück

- 150 g Wasser
- 150 g Hafermilch
- 1/2 Würfel Hefe (21 g)
- 1 TL Rohrohrzucker
- 1 EL Sonnenblumenöl
- 500 g Weizenmehl (Typ 550)
- 2 gestr. TL Salz

Wasser, Milch, zerbröselte Hefe und Zucker im Thermomix auflösen (3 Min./37 °C/Stufe 2). Restliche Zutaten zugeben und 3,5 Min. kneten (Knetstufe). Teig in eine Pengschüssel geben und 45 Min. auf der Fensterbank gehen lassen. Durchkneten und weitere 15 Min. gehen lassen.

Teig auf der Arbeitsfläche durchkneten und in acht Stücke zu je 100 g wiegen. Kneten und zu Kugeln unter Spannung formen, etwas in die Länge ziehen. Auf ein Lochblech setzen, einschneiden und abdecken. Eine ofenfeste Form mit Wasser in den Ofen stellen. Ofen (Heißluft) auf 220 °C vorheizen. Blech einschieben, Brötchen mit Wasser einsprühen und 15 Min. bei 220 °C backen. Nochmals einsprühen und 5 Min. weiterbacken. Auf einem Gitterrost auskühlen lassen.

Hinweis: *Ich suchte ein Rezept für Weißmehlbrötchen für eine Freundin, die gern selbst backen würde, aber nicht immer Appetit auf Vollkorngeschmack hat. Und außerdem reizte es mich, nach knapp 15 Jahren ausschließlich mit selbstgemahlenem Getreide mal wieder was Herkömmliches zu backen. Fazit: Weißmehl lässt sich super verarbeiten. Die Brötchen sind sehr schön geworden. Ein zweites Mal würde ich sogar einen Vorteig machen, damit sie noch etwas lockerer werden. Dann werde ich das gekaufte Mehl immer mehr in Richtung gekauftes Vollkornmehl lenken. – Lassen sich gut einfrieren, auf dem Toaster aufgewärmt, sind sie wie frisch.*

13067. Pizzagulasch, Januar 2021

- 10 g Sonnenblumenöl
- 85 g Zwiebel
- 305 g Tomate
- 1 Knoblauchzehe
- 1/4 Pizza (ca. 200 g)
- 1 Prise Salz
- 1 gestr. TL Paprikapulver edelsüß
- 30 g Frischkäse
- 10 g Hafersahne
- 1 TL Sambal Oelek

Gemüse kleinschneiden und mit dem Öl als Gemüsepfanne 15 Min. garen. Pizza in kleine Stücke schneiden und zugeben. Gewürze, Frischkäse, Hafersahne und Sambal verrühren und zum Gemüse geben. Aufkochen.

13068. Joghurtdressing Vitamix XII, Januar 2021

Vorläufer 13064

- 330 g Wasser
- 335 g Joghurt
- 50 g Mayonnaise vegan
- 70 g Ahornsirup
- 1 TL Salz (10 g)
- 1 Prise Pfeffer
- 1/2 TL Currypulver
- 2 EL Zitronensaft
- 4-5 g Guarkernmehl

Alle Zutaten bis auf das Guarkernmehl gut mixen. Guarkernmehl dann während des Rührens einrieseln lassen.

Zu verdünnen 3+2 mit Wasser.

13069. Kartoffeln vegan überbacken, Januar 2021

- 80 g Zwiebel, gewürfelt
- 400 g Kartoffeln, in Scheiben
- 100 g Wasser

15 Min. als Gemüsepfanne. Abschmecken mit

- 1 gestr. TL Salz
- 1 Prise Pfeffer

In eine ofenfeste Form füllen.

- 20 g Haferflocken
- 20 g Cashewnüsse
- 20 g Sonnenblumenöl

Flocken und Nüsse darüber streuen, Fett darauf verteilen (Tropfen oder Stückchen). Im vorgeheizten Ofen (Heißluft) 20 Min. bei 200 °C backen.

13070. Pizzateig für Pizza, Januar 2021

2 Portionen; Vorläufer 13061; auf dem Foto ist die Variante mit veganem Belag links zu sehen.
Teig

- 215 g Weizen, fein gemahlen
- 20 g Vollkorngrieß
- 1 Päckchen Trockenhefe
- 1 TL Salz
- 3 knappe EL Sonnenblumenöl (20 g)
- 50 g Joghurt
- 100 g Wasser

Im Thermomix kneten (2,5 Min./Knetstufe). Abgedeckt ca. 4-5 Std. gehen lassen. Zwischendurch einmal durchkneten.

Belag für beide Pizzen
- 25 g Tomatenmark
- 10 g Sonnenblumenöl
- 2 EL Wasser
- 1 Prise Salz
- 1 TL Pizzagewürz
- 1 Tomate (150 g) in Scheiben

Veganer Belag
- 1 EL Sonnenblumenkerne
- 1 EL Cashewnüsse

Teig in zwei Teile teilen, auf die beiden gefetteten Formen verteilen. Mit dem „Belag für beide Pizzen" bestreichen und mit Tomatenscheiben belegen. Ofen (Heißluft) auf 220 °C vorheizen, in der Zeit geht der Teig. Formen einschieben und 8-9 Min. bei 220 °C backen. Belag auflegen (für die zweite Pizza auch geriebenen Käse), weitere 7 Min. backen.

13071. Weißmehlbrötchen II, Januar 2021

8 Stück; Vorläufer 13066

- 300 g Wasser lauwarm
- 1/2 Würfel Hefe (21 g)
- 1 TL Rohrrohrzucker
- 1 EL Sonnenblumenöl
- 500 g Weizenmehl (Typ 550)
- 2 gestr. TL Salz

Zerbröselte Hefe mit Zucker und 4 EL von dem Mehl verrühren. Abgedeckt 15 Min. gehen lassen. Mit den restlichen Zutaten im Thermomix kneten (3,5 Min./Knetstufe). Teig in eine Pengschüssel geben und 45 Min. auf der Fensterbank gehen lassen. Durchkneten und weitere 15 Min. gehen lassen.

Teig auf der Arbeitsfläche durchkneten und in acht Stücke zu je 100 g wiegen. Kneten und zu Kugeln unter Spannung formen, etwas in die Länge ziehen. Auf ein Lochblech setzen, einschneiden und abdecken. Eine ofenfeste Form mit Wasser in den Ofen stellen. Ofen (Heißluft) auf 220 °C vorheizen. Blech einschieben, Brötchen mit Wasser einsprühen und 15 Min. bei 220 °C backen. Nochmals einsprühen und 5 Min. weiterbacken. Auf einem Gitterrost auskühlen lassen.

Fazit: Sie sind richtig gut geworden! Evtl. werden sie mit Grieß noch etwas „luftiger". Ein Experiment mit Bepinseln mit aufgelöster Stärke brachte keinen Glanz.

13072. Weizenbrötchen, Vollkorn, Januar 2021

8 Stück; Vorlage 13071; Fotos nächste Seite.

- 300 g Wasser lauwarm
- 1/2 Würfel Hefe (21 g)
- 1 TL Rohrrohrzucker
- 1 EL Sonnenblumenöl
- 500 g Weizen, frisch gemahlen
- 2 gestr. TL Salz

Zerbröselte Hefe mit Zucker und 4 EL von dem Mehl verrühren. Abgedeckt 15 Min. gehen lassen. Mit den restlichen Zutaten im Thermomix kneten (3,5 Min./Knetstufe). Teig in eine Pengschüssel geben und 45 Min. auf der Fensterbank gehen lassen. Durchkneten und weitere 15 Min. gehen lassen.

Teig auf der Arbeitsfläche durchkneten und in acht Stücke zu je 100 g wiegen. Kneten und zu Kugeln unter Spannung formen, etwas in die Länge ziehen. Auf ein Lochblech setzen, einschneiden und abdecken. Eine ofenfeste Form mit Wasser in den Ofen stellen. Ofen (Heißluft) auf 220 °C vorheizen. Blech einschieben, Brötchen mit Wasser einsprühen und 15 Min. bei 220 °C backen. Nochmals einsprühen und 5 Min. weiterbacken. Auf einem Gitterrost auskühlen lassen.

Hinweis: Beste Brötchen mit selbstgemahlenem Mehl bisher.

13073. Kartoffel-Tomatensuppe, Januar 2021

- 335 g Kartoffeln, in Scheiben
- 1 große Tomate (185 g)
- 1 Knoblauchzehe
- 415 g Wasser
- 15 g Pinienkerne
- 1 gestr. TL Salz
- 1 TL Sambal Oelek
- 1 EL Sonnenblumenöl

Kartoffeln, Tomate und Knoblauch zerkleinern (Thermomix 5 Sek./Stufe 5). Wasser zugeben und garen (18 Min./100 °C/ Stufe 2). In der Zeit in einer trockenen Keramikpfanne die Pinienkerne rösten. Salz, Sambal und Öl zugeben und pürieren (10 Sek./Stufe 8). Wer es cremiger möchte (hier sind noch sehr kleine Stückchen zu spüren), püriert auf Stufe 10. In eine Schüssel füllen und mit den gerösteten Kernen bestreuen.

13074. Joghurtdressing Vitamix XIII, Januar 2021

Vorläufer 13068

- 340 g Wasser
- 435 g Joghurt 1,8 %
- 50 g Mayonnaise vegan
- 70 g Ahornsirup
- 1 TL Salz (10 g)
- 1 Prise Pfeffer
- 1/2 TL Currypulver
- 2 EL Zitronensaft
- 5 g Guarkernmehl

Alle Zutaten bis auf das Guarkernmehl gut mixen. Guarkernmehl dann während des Rührens einrieseln lassen.

Zu verdünnen 3+2 mit Wasser.

13075. Weizenbrötchen Vollkorn mit Fertigmehl, Januar 2021

8 Stück; Vorläufer 13071 (nach Weißmehlrezept)

- 350 g Wasser lauwarm
- 1/2 Würfel Hefe (21 g)
- 1 TL Rohrrohrzucker
- 1 EL Sonnenblumenöl
- 500 g Vollkornmehl Weizen
- 2 gestr. TL Salz

Zerbröselte Hefe mit Zucker und 4 EL von dem Mehl verrühren. Abgedeckt 15 Min. gehen lassen. Mit den restlichen
Zutaten, aber nur 300 g Wasser im Thermomix kneten (3,5
Min./Knetstufe). Mit der Hand noch 50 g Wasser einarbeiten.
Teig in eine Pengschüssel geben und 45 Min. auf der Fensterbank gehen lassen. Durchkneten und weitere 15 Min. gehen
lassen.

Teig auf der Arbeitsfläche durchkneten und in acht Stücke zu
je 100 g wiegen. Kneten und zu Kugeln unter Spannung
formen, etwas in die Länge ziehen. Auf ein Lochblech setzen,
einschneiden und abdecken. Eine ofenfeste Form mit Wasser
in den Ofen stellen. Ofen (Heißluft) auf 230 °C vorheizen. Blech einschieben, Brötchen mit Wasser einsprühen
und 13 Min. bei 220 °C backen. Nochmals einsprühen und 5 Min. weiterbacken. Auf einem Gitterrost auskühlen
lassen.

*Hinweis: Eric war begeistert. Sie sind wirklich sehr schön geworden, lockerer als die aus selbstgemahlenem
Mehl. Also eine gute Alternative für Weißmehlfreunde. Erstaunlich die Wassermenge. Ich kenne es nur aus der
Literatur, dass Vollkornteig mehr Wasser benötigt. Meine eigene Erfahrung hat das nie gestützt, die Wassermenge war immer identisch. Interessant, dass es mit dem fertig gekauften (= feiner gemahlenen) Getreide wirklich zutrifft.*

13076. Champignonpizza, Januar 2021
1 Pizza; Vorläufer 13070
Teig
- 3 x 50 g tiefgekühlter Teig
- Butter bzw. Öl für die Formen (5 g)
Tomatenbelag
- 10 g Tomatenmark
- 5 g Sonnenblumenöl
- 5 g Wasser
- 1 Prise Salz
- 1/2 TL Pizzagewürz
- 1/2 TL Sambal Oelek
- 1 Tomate (85 g) in Scheiben
- 1 EL Sonnenblumenkerne
Belag für die Pizza
- 60 g Champignons in Scheiben
- 10 g Sonnenblumenöl

Teig langsam auftauen lassen, zweimal durchkneten nach dem Auftauen. Teig in der gefetteten Form ausrollen.
Mit dem Tomatenbelag (zusammen rühren) bestreichen. Champignons im Öl dünsten, bis die Scheiben verfärbt
sind. Ofen (Heißluft) auf 225 °C vorheizen, in der Zeit geht der Teig. Form einschieben und 8-9 Min. bei 225 °C
backen. Tomaten und Champignons auflegen, mit Kernen bestreuen und weitere 7 Min. backen.

13077. Linsenpilze, Januar 2021
Gemüsepfanne 21 Min:
- 10 g Sonnenblumenöl
- 80 g rote Linsen
- 135 g Zwiebel, gewürfelt
- 65 g Tomate, gewürfelt
- 90 g Champignons in Scheiben
- 245 g Wasser
Abschmecken mit:
- 1 TL Sambal Oelek
- 1 gestr. TL Salz

13078. Haferbrei mit Apfel, Februar 2021

- 75 g Hafer, frisch geflockt
- 1 Apfel (ca. 100 g) in Stücken
- 315 g Wasser

Zusammen ca. 15 Min. kochen.

13079. Brot mit Hafermilch, Februar 2021

Vorläufer 13063

Stufe 1 (12 Std. vorher):
Sauerteigansatz:

- 400 g Roggen
- 410 g Wasser
- 150 g Sauerteig

Stufe 2 (bei mir Morgen):

- 100 g Roggen
- 325 g Weizen, fein gemahlen
- 100 g Sonnenblumenkerne
- 17 g Salz
- 2 EL Ahornsirup
- 100 g Wasser
- 1/4 Würfel frische Hefe (10 g)
- 200 g Hafermilch
- ca. 800 g Sauerteigansatz
- 20 g Butter für die Form

Stufe 1: Roggen fein mahlen, mit Wasser und altem Sauerteig mischen. In einer Plastiktüte über Nacht stehen lassen. 150 g von der Stufe 1 abnehmen und in einem gut schließenden Schraubglas in den Kühlschrank stellen für das nächste Backen.

Stufe 2: Getreide mahlen (Vorabend). Backmorgen: Hefe in einem Teil des Wassers auflösen. Zutaten (außer der Butter) mit einem großen Löffel gründlich verrühren, bis kein Mehl mehr sichtbar ist. Eine 30-cm-Brotform, Profi-Email von Dr. Oetker, gut einfetten. Teig hineingeben, mit der nassen Hand herunterdrücken und glattstreichen. Mit einem scharfen Messer mehrmals schräg einschneiden. Form im kalten Ofen etwa 95 Min. gehen lassen. Ofen auf 190 °C aufheizen, das Brot ist dabei im Ofen. Backzeit 60 Min., im ausgestellten Ofen 15 Min. nachbacken.

13080. Apfelkuchen unvollwertig, Februar 2021

Springform 26 cm

- 3-4 Äpfel (ca. 750 g)
- 130 g Butter
- 3 Eier
- 150 g Rohrohrzucker
- 1 P Vanillezucker
- 30 g Rum
- 200 g Weizenmehl 550
- 1 P Weinsteinbackpulver
- 1 Prise Salz

Zubereitung im TM . Springform mit Backpapier überspannen. Butter zerlassen (4 Min./37 °C/Stufe 1,5). Äpfel vierteln und in die gewölbte Apfelseite Schnitte machen, die aber das Stück nicht trennen. Butter, Eier, Zucker, Rum, Mehl, Backpulver und Salz in den Mixtopf geben und verrühren (20 Sek./Stufe 6). Teig in die Form gießen und ggf. glatt streichen. Äpfel mit der Wölbung nach oben dicht nebeneinander in den Teig drücken.

Kuchen bei 175 °C (Heißluft) 40 Min. backen. Auf einem Gitter in der Form abkühlen lassen und aus der Form nehmen.

13081. Tomatensuppe, Februar 2021

- 10 g Sonnenblumenöl
- 1 kleine Kartoffel, vorgeschnitten (60 g)
- 55 g Zwiebel, in Vierteln
- 470 g Tomaten, in Vierteln
- 250 g Wasser
- 25 g Tomatenmark
- 1 TL Sambal Oelek
- 1 gestr. TL Salz
- 20 g Sahne

Öl, Kartoffel und Zwiebel im TM zerkleinern (5 Sek./Stufe 5). Tomatenviertel und Wasser zugeben und kochen (16 Min./100 °C/Stufe 1,5). Tomatenmark, Salz, Sambal und Sahne zugeben und pürieren (10 Sek./Stufe 10).

13082. Tomatenketchup mit Nussmus I, Februar 2021

Vorläufer 13054

- 2 Dosen Tomaten inklusive Saft (800 g)
- 150 g Apfelessig
- 100 g Wasser
- 150 g Sultaninen
- 10 g Knoblauchzehen (frisch)
- 1 EL Mischmus 4 Nuss (40 g)
- 1 geh. TL Salz
- 150 g Gemüsezwiebeln, halbiert
- 1 Apfel 140 g
- 60 g grüne Paprika
- 60 g Pastinake
- 1 Stück Essigpeperoni (8 g) 7/4573
- 1 Prise (1/4 TL) Pfeffer
- 2 geh. TL Paprikapulver
- 1 gute MS Zimt
- 1/2 TL gem. Kümmel
- 1 Prise gem. Gewürznelke
- 30 g Tomatenmark
- 275 g Wasser

Alle Zutaten bis auf die zweite Menge Wasser in den Mixtopf geben. 25 Sek. auf Stufe 10 zerkleinern, dabei den Messbecher fest andrücken, anschließend garen (40 Min./Varoma/Stufe 3). Nach Ende der Garzeit Rest Wasser zugeben und fein pürieren (30 Sek./Stufe 10). Direkt in Schraubgläser füllen.

13083. Zwiebel-Relish XXII, Februar 2021

Vorläufer 13055

- 625 g Zwiebeln
- 1 Apfel (180 g, ohne Kerne)
- 10 g Knoblauchzehen
- 250 g Rosinen
- 65 g Tomatenketchup
- 1 geh. TL Salz
- 1 geh. MS gem. Nelken
- 1 geh. MS Zimt
- 1 MS gem. Kümmel
- 1 TL Paprikapulver edelsüß
- 1 gestr. TL Curry
- 1 TL getr. Majoran
- 150 g Apfelessig
- 1 EL Peperoniessig
- 130 g Wasser

Herstellung im TM. Zwiebeln, Apfel, Rosinen und Knoblauch zerkleinern (10 Sek./Stufe 5,5). Nach unten schieben und die restlichen Zutaten zugeben. 55 Min./100 °C/Linkslauf/Stufe 1 ohne Messbecher garen. Sobald es kocht, wenn nötig Garkörbchen als Spritzschutz aufsetzen. Relish in zwei leere Schraubgläser füllen. Sofort verschließen und abgekühlt im Kühlschrank aufbewahren.

13084. Marmorkuchen Dr. Oetker, Februar 2021

Originalrezept nur wenig verändert.

- 250 g Butter
- 215 g Agavendicksaft
- 1 P Vanillezucker
- 3 Eier
- 1 Fläschen Rum-Aroma
- Etwas Salz
- 500 g Weizenmehl 550
- 1 P Weinsteinbackpulver
- 125 g Hafermilch
- 30 g Kakao
- 1 geh. EL Rohrohrzucker
- 40 g vegane Nusscreme von Rapunzel
- 4 EL Hafermilch
- Butter und Dinkelgrieß für die Form

Schokoguss

- 1 Tafel (80 g) Vivani Schokolade 99 % Kakao
- 35 g Agavendicksaft

Die Butter schaumig rühren und nach und nach Agavendicksaft, Vanillezucker, Eier, Salz und Aroma zugeben. Das mit Backpulver gemischte Mehl in 2-3 Portionen, abwechselnd mit der Milch, unterrühren. Der Teig soll schwer reißend vom Löffel fallen. Eine Napfkuchenform mit Butter fetten und mit Grieß ausstreuen. Zwei Drittel des Teiges in die Form füllen. Unter den Rest des Teigs den gesiebten Kakao, Zucker, Nusscreme und 4 EL Milch mengen. Den dunklen Teig auf dem hellen verteilen. Eine Gabel spiralförmig durch die beiden Teigschichten ziehen, um ein Marmormuster zu erhalten.

Ofen (Heißluft) auf 155 °C vorheizen und 50 Min. bei 155 °C backen. Im ausgeschalteten Ofen 5 Min. nachbacken. Für den Guss Schokolade und Agavendicksaft in einer Pfanne bei kleiner Einstellung schmelzen. Kuchen damit bepinseln.

Hinweis: *Ich hatte schon die niedrigste Backzeit genommen, aber sie war noch etwas zu lang. Demnächst 45 Min. bei 150 °C. Ansonsten sehr lecker. Durch die Verwendung von Agavendicksaft wird der Teig sehr schon geschmeidig.*

13085. Pizzateig mit Weißmehl, Februar 2021

Vorläufer 13070

Teig

- 235 g Weizen 550
- 1 P Trockenhefe
- 1 TL Salz
- 3 knappe EL Sonnenblumenöl (20 g)
- 125 g Wasser

Für beide Pizzen

- Butter bzw. Öl für die Formen (je 5 g)
- 25 g Tomatenmark
- 1 EL Tomatenketchup
- 10 g Sonnenblumenöl
- 2 EL Wasser
- 1 Prise Salz
- 1 TL Pizzagewürz
- 2 Tomaten (185 g) in Scheiben

Belag für die vegane Pizza:

- 95 g Porree
- 75 g Wasser
- 1 EL Sonnenblumenkerne

Für den veganen Belag Porree in der Mikrowelle mit dem Wasser garen (10 Min./620 Watt).

Im Thermomix kneten (2,5 Min./Knetstufe). Abgedeckt ca. 4-5 Std. gehen lassen. Zwischendurch einmal durchkneten. Teig in zwei Teile teilen, auf die beiden gefetteten Formen verteilen. Mit dem „Belag für beide Pizzen" bestreichen und mit Tomatenscheiben belegen. Ofen (Heißluft) auf 230 °C vorheizen, in der Zeit geht der Teig. Formen einschieben und 7 Min. bei 220 °C backen. Entsprechenden Belag auflegen, weitere 6-7 Min. backen.

13086. Kartoffel-Porreeauflauf, Februar 2021

Gemüse:
- 25 g Sonnenblumenöl
- 80 g Zwiebel, gewürfelt
- 180 g Kartoffeln, in Scheiben
- 125 g Porree, in Scheiben
- 125 g Wasser
- 1 Prise Salz

Soße:
- 1 TL Kartoffelstärke
- 1 TL Sambal Oelek
- 25 g Sahne
- 1/2 TL Currypulver Sonnentor
- 40 g Cashewnüsse

Gemüsezutaten als Gemüsepfanne (20 cm Wollpfanne) 15 Min. garen. Die Soßenzutaten ohne die Cashewnüsse mit einem Löffel verrühren. Soße unter das Gemüse ziehen und zusammen in eine Auflaufform füllen, mit Cashewnüssen bestreuen. Im vorgeheizten Ofen (200 °C, Heißluft) 20 Min. überbacken.

13087. Joghurtdressing Vitamix XIV, Februar 2021

Vorläufer 13074
- 350 g Wasser
- 435 g Joghurt 1,8 %
- 55 g Mayonnaise vegan
- 70 g Ahornsirup
- 1 TL Salz (10 g)
- 1 Prise Pfeffer
- 1 Prise Currypulver
- 1 LS Paprikapulver edelsüß
- 2 EL Zitronensaft
- 5 g Guarkernmehl

Alle Zutaten bis auf das Guarkernmehl gut mixen. Guarkernmehl dann während des Rührens einrieseln lassen. Zu verdünnen 3+2 mit Wasser.

13088. Kernige Haferplätzchen, Februar 2021

Mehr als 2 Backbleche; nach einem Rezept auf einer Packung Kölln's Kernige Haferflocken
- 250 g Butter
- 500 g kernige Haferflocken
- 200 g Rohrohrzucker
- 3 Eier
- 50 g Weizenmehl 550
- 1 TL Weinsteinbackpulver

Butter zerlassen. Flocken zugeben, gut verrühren und erhitzen. Etwa 15 Min. abkühlen lassen. Zucker und Eier schaumig rühren. Mehl und Backpulver mischen, zugeben und einarbeiten. Flocken zugeben und zu einem Teig verarbeiten. Mit zwei Teelöffeln flache Plätzchen auf mit Backpapier ausgelegte Backbleche setzen. Backofen (Heißluft) auf 180 °C vorheizen. Plätzchen 10-12 Min. bei 180 °C backen. Da ich drei Bleche eingeschoben hatte, habe ich die Hälfte nachgebacken (nochmals 2-4 Min.).

13089. Linsentopf, Februar 2021

- 80 g kleine Linsen (keine roten)
- 160 g Weißkohl, in Stücken
- 120 g Kartoffeln, in Halbscheiben
- 45 g Möhre, in Scheiben
- 355 g Wasser

35 Min. zusammen kochen. Abschmecken mit:

- 5 g Sonnenblumenöl
- 15 g Sahne
- 2 Tropfen Agavendicksaft
- 1 TL Sambal Oelek

13090. Spaghetti in Bechamelsauce, Februar 2021

- 125 g Spaghetti nach Anleitung kochen

Sauce:

- 20 g Butter
- 20 g Mehl Typ 550
- 150 g Kichererbsenwasser
- 20 g Sahne
- 80 g Hafermilch
- 1/2 TL Salz
- 1 Prise Pfeffer
- 5 g Dill, TK

Butter erwärmen (2,5 Min./100 °C/Stufe 1). Mehl zugeben und anschwitzen (2,5 Min./100 °C/Stufe 1). Flüssigkeiten, Salz und Pfeffer zugeben und kochen (6 Min./90 °C/Stufe 4). Dill zugeben und unterrühren (4 Sek./Stufe 4).

Hinweis: *Ich habe das Nudelwasser aufgefangen und für andere Dinge verwendet. Dann habe ich die Nudeln in den TM gegeben und dort untergerührt (2 Min./37°C/Linkslauf Stufe 1). Das würde ich demnächst umgekehrt machen, weil die Spaghetti sich blöde um das Messer wickeln.*

13091. Gesundheitskuchen, Februar 2021

Nach einem Rezept von Dr. Oetker. Fazit: Der Kuchen ist toll aufgegangen, aber sehr trocken geworden. Ist Agavendicksaft doch nicht zum Backen geeignet?

- 200 g Butter
- 200 g Agavendicksaft
- 1 P Vanillezucker
- 5 Eier
- 1 Fläschchen Butter-Vanille-Aroma
- Etwas Salz
- 75 g Vanille-Puddingpulver
- 425 g Mehl Typ 550
- 1 P Weinsteinbackpulver
- 125 g Hafermilch
- 50 g Mischnussmus
- 20 g Agavendicksaft
- Butter und Grieß für die Form
- Guss: 1 Tafel 99% Schokolade (80 g Vivani)
- Guss: 35 g Agavendicksaft

Butter schaumig rühren. 200 g Agavendicksaft und Vanillezucker unterrühren. Eier und Gewürze zugeben. Das mit Backpulver gemischte Mehl abwechselnd mit der Milch unterrühren. Der Teig sollte schwer (reißend) vom Löffel fallen. Zwei Drittel des Teigs in eine mit Grieß ausgestreute Kastenform (30 cm) füllen. Nussmus und 20 g Agavendicksaft unter den Rest rühren, auf den weißen Teig geben und mit einer Gabel Spiralen ziehen.

Ofen (Heißluft) auf 155 °C vorheizen. 65 Min. bei 155 °C backen. Nach dem Abkühlen mit Schokoguss über-ziehen. Dafür die Gusszutaten in einer Pfanne auf kleiner Einstellung zerlassen.

13092. Kartoffeln in Bechamelsoße, Februar 2021

2 Portionen

Kartoffeln

- 80 g Zwiebel, gehackt
- 750 g Kartoffeln, in Scheiben
- 165 g Flüssigkeit (hier 70 g von einer kleinen Bio-Dose Erbsen plus 90 g Nudelkochwasser)
- 140 g Erbsen aus der Dose

Bechamelsoße (TM)

- 40 g Butter (3 Min./100 °C/Stufe 1) plus
- 40 g Mehl (3 Min./100 °C/Stufe 1) plus
- 50 g Sahne
- 250 g Nudelkochwasser
- 200 g Hafermilch
- 1 gute Prise Salz
- 1 MS Pfeffer (6 Min./90 °C/Stufe 4).

Zwiebeln und Kartoffeln mit der Flüssigkeit 20 Min. dünsten. Erbsen unterziehen. Soße zu den Kartoffeln geben und unter vorsichtigem Rühren aufkochen.

13093. Spaghetti in Gemüse überbacken, Februar 2021

Gemüse

- 100 g Nudelkochwasser
- 235 g Pastinake, kleingeschnitten
- 140 g Tomate, gewürfelt

Bechamelsoße mit Käse

- 20 g Butter
- 20 g Vollkornmehl
- 250 g Flüssigkeit (Nudelkochwasser plus Wasser)
- 1/2 TL Salz
- 1 Prise Pfeffer

Auflauf

- 75 g Spaghetti, in Stücke gebrochen
- 80 g Käse (4 kleine Scheiben Gouda)

Das Gemüse als Gemüsepfanne 15 Min. garen. (20-cm-Alugusspfanne). Für die Soße Butter erwärmen (2,5 Min./100 °C/Stufe 1). Mehl zugeben und anschwitzen (2,5 Min./100 °C/Stufe 1). Flüssigkeiten, Salz und Pfeffer zugeben und kochen (6 Min./90 °C/Stufe 4). Zum Gemüse geben.

Spaghetti unter das Gemüse mit der Soße rühren (sie garen in der Flüssigkeit). Mit dem Käse belegen. Deckel auflegen. Mit Deckel 10 Min. im vorgeheizten Ofen (Heißluft) bei 200 °C backen, Deckel abnehmen und weitere 10 Min. garen.

13094. Kartoffeln in Senfsoße, Februar 2021

- 325 g Kartoffeln, mittelgroß
- 20 g Butter
- 20 g Vollkornmehl
- 250 g Flüssigkeit (Nudelkochwasser plus Wasser)
- 1/2 TL Salz
- 1 Prise Pfeffer
- 2 TL Senf (25 g)
- 1 TL Zitronensaft

Kartoffeln 25 Min. in Wasser kochen. Mit dem Messer in eine Kartoffel stechen, um zu testen, ob sie gar sind, machen. Abkühlen lassen, pellen und in Scheiben schneiden.

Butter erwärmen (2,5 Min./100 °C/Stufe 1). Mehl zugeben und anschwitzen (2,5 Min./100 °C/Stufe 1). Flüssigkeiten, Salz und Pfeffer zugeben und kochen (6 Min./90 °C/Stufe 4). Senf und Zitronensaft zugeben und nochmals erwärmen (2 Min./90 °C/Stufe 4). Zu den Kartoffeln geben und kurz erhitzen.

13095. Joghurtdressing Vitamix XV, Februar 2021

Vorläufer 13087

- 380 g Wasser
- 450 g Joghurt 1,8 %
- 55 g Mayonnaise vegan
- 70 g Ahornsirup
- 1 TL Salz (10 g)
- 1 Prise Pfeffer
- 1 Prise Currypulver
- 1 LS Paprikapulver edelsüß
- 2 EL Zitronensaft
- 5 g Guarkernmehl
- 10 g TK-Dill

Alle Zutaten bis auf das Guarkernmehl gut mixen. Guarkernmehl dann während des Rührens einrieseln lassen. Anschließend Dill einrühren. Zu verdünnen 3+2 mit Wasser.

13096. Spaghetti mit Blumenkohl in Käsesoße, Feb. 2021

- 75 g Spaghetti, in kleine Stücke gebrochen
- 250 g Blumenkohl, in Röschen
- 355 g Wasser

Käsesoße

- 20 g Alsan Biomargarine
- 20 g Mehl Typ 550
- 250 g Flüssigkeit (160 g Kochwasser vom Gemüse + 90 g Hafermilch)
- 1/2 TL Salz
- 1 Prise Pfeffer
- 1 Scheibe Gouda (20 g), in Stücke gebrochen.

Spaghetti und Blumenkohl 10 Min. in 355 g Wasser garen.

Margarine erwärmen (2,5 Min./100 °C/Stufe 1). Mehl zugeben und anschwitzen (2,5 Min./100 °C/Stufe 1). Flüssigkeiten, Salz und Pfeffer zugeben und kochen (6 Min./90 °C/Stufe 4). Käse zugeben und nochmals erwärmen (20 Sek./Stufe 4). Soße unter Nudeln und Gemüse rühren.

Hinweis: *Der Käse hätte mehr sein dürfen.*

13097. Apfelschichtkuchen nach Dr. Oetker, Februar 2021

1 Springform 26 cm

- 1 P. Puddingpulver Vanille
- 5 EL Hafermilch
- 150 g Butter
- 150 g Rohrohrzucker
- 2 Eier
- Etwas Salz
- 250 g Weizenmehl Typ 550
- 3 gestr. TL Weinsteinbackpulver
- 500 g Äpfel (entkernt, in dünnen Spalten)
- 1 EL Milch
- 2 EL geh. Mandeln

Puddingpulver mit 5 EL Milch anrühren. Butter schaumig rühren und nach und nach Zucker, Eier und Salz hinzugeben. Das mit Backpulver gemischte Mehl abwechselnd mit dem angerührten Puddingpulver unterrühren. Die Hälfte des Teigs in eine mit Backpapier ausgelegt Springform geben, mit einem Teigschaber glatt streichen und die Hälfte der Äpfel auf dem Teig verteilen. Den Rest des Teigs mit 1 EL Milch und den Mandeln verrühren, auf die Äpfel geben und gleichmäßig verteilen. Mit den restlichen Apfelscheiben belegen.

In den auf 150 °C vorgeheizten Heißluftofen geben und 40-55 Min. backen.

13098. Pizzateig Weizenvollkorn, Februar 2021

2 Pizzen; Vorläufer 13085
Teig

- 235 g Weizenvollkornmehl
- 1/2 Würfel frische Hefe (20 g)
- 1 TL Salz
- 3 knappe EL Sonnenblumenöl (20 g)
- 145 g Wasser
- Butter für die Formen (je 5 g)

Im Thermomix kneten (3 Min./Knetstufe). Abgedeckt ca. 4-5 Std. gehen lassen. Zwischendurch einmal durchkneten. Nach Wunsch belegen.

13099. Pudding „Trockener Kuchen", Februar 2021

3-4 Desserts

- 450 g Hafermilch
- 1 P Puddingpulver Vanille
- 1 EL Agavendicksaft
- 80 g Kuchenreste mit Schokoguss
- 1 EL Rosinen
- 10 g gehackte Mandeln

Puddingpulver mit 4 EL der Milch verrühren. Restliche Milch zum Kochen bringen. Angerührtes Pulver, Rosinen und Agavendicksaft unterrühren, kurz aufkochen. Kuchen würfeln und unterziehen. Auf Schüsselchen verteilen, mit Mandeln bestreuen und kaltstellen.

Hinweis: *Eric war es nicht süß genug, im habe ich noch 1 TL Fruchtaufstrich dazu gegeben.*

13100. Falsche Bechamelsoße, Februar 2021

- 200-280 g Blumenkohl, in Röschen
- 145 g Wasser
- 1 Prise Salz und
- 50 g Hafermilch

Die Wassermenge (hier 145 g) richtet sich danach, wie viel verkocht (falls man mal nicht aufpasst). Als Gemüsepfanne 12 Min. dünsten. Mit Salz und Milch pürieren.

13101. Falsche Lasagne, Februar 2021

- 25 g Sonnenblumenöl
- 55 g Zwiebel, gehackt
- 220 g Tomaten, gewürfelt
- 1 TL Sambal
- 1 gestr. TL Salz
- 1 Prise Vollrohrzucker
- 125 g Wasser
- 40 g Spaghetti, in Stücken
- 85 Käse in Scheiben
- Falsche Bechamelsoße 13100.

Eine Gemüsepfanne aus Öl, Zwiebeln und Tomaten zubereiten (20 cm, 14 Min.). Mit Sambal, Salz und Zucker abschmecken. Wasser und Spaghetti unterrühren, 5 Min. kochen. Falsche Bechamelsoße auf die Mischung geben, mit den Käsescheiben bedecken und 20 Min. im auf 200 °C vorgeheizten (Umluft-) Ofen backen.

13102. Pizzateig Weißmehl II, Februar 2021

2 Pizzen; Vorläufer 13098

- 255 g Weizenmehl Typ 550
- 1 P Trockenhefe
- 1 TL Salz
- 3 knappe EL Sonnenblumenöl (20 g)
- 135 g Wasser

Im Thermomix kneten (3 Min./Knetstufe). Abgedeckt ca. 4-5 Std. gehen lassen. Zwischendurch einmal durchkneten.

Hinweis: Die Wassermenge war als 125 g gedacht, ich war aber zu schwungvoll. Obwohl ich noch 20 g Mehl zugegeben habe, blieb der Teig sehr klebrig. Eventuell liegt das am Wetterumschwung? Eric fand diese Pizza mit Abstand die beste, obwohl auch er (wegen Hafertag) eine Margarita ohne Salami bekam.

13103. Weizenbrötchen Abfalleimer, Februar 2021

8 Stück; Vorläufer 13071 (nach Weißmehlrezept). Ich schmei-

ße wirklich extrem selten Lebensmittel weg, aber dieses Bröt-chen konnte ich nicht einmal weiterverarbeiten oder an die Vögel verfüttern. Die Kruse war dick und sehr hart, innen waren die Brötchen auch nach 40 Min. Backzeit noch halb-roh.

- 300 g Wasser lauwarm
- 1/2 Würfel Hefe (21 g)
- 1 TL Rohrohrzucker
- 1 EL Sonnenblumenöl
- 150 g Vollkornmehl Weizen
- 350 g Weizenmehl Typ 550
- 40 g Backmalz
- 2 gestr. TL Salz

Zutaten im Thermomix kneten (3,5 Min./Knetstufe). Der Teig war deutlich zu flüssig (Wetter?). 1 Std. auf der Fensterbank gehen lassen. Acht Brötchen formen (so gut wie möglich) und auf ein Lochblech setzen. Ofen auf 220 °C backen und insgesamt 40 Min. (keine Ahnung, warum die solange im Ofen waren, sie wurden einfach nicht gar) backen.

Sie lösten sich auch dann kaum vom Blech. Eric hat das Blech vor mir gerettet (ich hätte es weggeworfen) und saubergemacht. Könnte am Backmalz liegen?

13104. Kartoffelsuppe mit Dosenerbsen, Februar 2020

- 50 g Zwiebel
- 250 g Kartoffel
- 75 g Erbsenwasser (von der Dose)
- 215 g Wasser
- Salz
- Pfeffer
- 1 EL Zitronensaft
- 200 g Hafermilch
- 140 g Erbsen aus der Dose

Zwiebel und Kartoffel in grobe Stücke schneiden. Mit Erbsenwasser und Wasser im TM garen (20 Min./100 °C/Stufe 2). Mit Gewürzen, Zitronensaft und Hafermilch pürieren (10 Sek./Stufe 10). Erbsen unterziehen (4 Min./80 °C/Links Stufe 1).

13105. Brötchen mit Kühlschrankphase, Februar 2021

8 Stück zu ca. 100 g Teig

- 140 g Weizenmehl Vollkorn
- 360 g Weizenmehl Typ 550
- 1 TL Backmalz
- 1 P Trockenhefe
- 2 TL Salz
- 1 TL Vollrohrzucker
- 300 g Wasser

Mit dem Handrührgerät, Knethaken, die Zutaten verkneten, bis sich eine glatte Teigkugel ergibt. (Das Wasser hatte ich nach und nach zugegeben, aber diesmal war die Menge korrekt.) In einer Pengschüssel geben, in eine Plastiktüte stecken und in den Kühlschrank stellen. Nach ca. vier Std. einmal durchkneten, wieder in den Kühlschrank stellen. Nach weiteren 75 Min. aus dem Kühlschrank nehmen. 1-2 Std., um RT erreichen zu lassen. Teig aus der Schüssel nehmen, nicht kneten! Jeweils Teiglinge zu ca. 105 g abwiegen, zweimal falten und zu einer Kugel rollen. Länglich formen, nebeneinander auf ein mit Backpapier ausgelegtes Backblech setzen. Ofen auf 220 °C vorheizen, auf dem Boden steht eine feuerfeste Form mit Wasser. Brötchen einschneiden und einsprühen. Blech einschieben und 20 Min. backen. Sie müssen hohl klingen. Auf einem Gitterrost abkühlen lassen.

13106. Nuss-Nougat-Creme „Bild der Frau", Feb. 2021

Das Rezept in der Zeitung las sich gut, dass Foto war schön cremig. Hätte ich vorher nachgedacht, hätte ich drauf kommen dürfen, dass 120 g Kakao viel zu viel sind und die Flüssigkeiten zu wenig. Als ich dann später sah, dass es sich um ein Stockphoto handelt, wurde mir einiges klar.

- 300 g Haselnusskerne (TM 10 Sek./Stufe 10) mahlen
- 280 g Ahornsirup
- 230 g Hafermilch
- 120 g Kakaopulver (stark entölt)
- 25 g Sonnenblumenöl
- 1 P Vanilleextrakt
- 1 Prise Salz

Ich habe die Zutaten abwechseln auf Stufe 5 bis Stufe 10 eingearbeitet. Noch einmal würde ich sie nicht machen, da habe ich selbst schon deutlich leckerere Schokocremes gemacht!

13107. Selleriesuppe scharf, Februar 2021

- 55 g Kartoffeln
- 1 kleiner Apfel (85 g), in Vierteln
- 210 g Sellerie, geschält und grob vorgeschnitten
- 300 g Wasser
- 1/2 TL Salz
- 1/2 TL Curry
- 1 TL Sambal Oelek
- 100 g Hafermilch

Gemüse und Apfel im TM zerkleinern (5 Sek./Stufe 5). Wasser zugeben und garen (20 Min./100 °C/Stufe 1). Gewürze und Milch zufügen und pürieren (2 x 8 Sek./Stufe 10).

13108. Schneller Schokoladenkuchen, Februar 2021

Noch ein Flop. TM-Grundkochbuch S. 324

- 150 g Butter
- 6 Eier
- 1 Prise Salz
- 200 g Rohrohrzucker
- 185 g Schweizervollmilchschokolade
- 65 g Vivani 99 % Schokolade
- 50 g Weizenmehl Typ 550

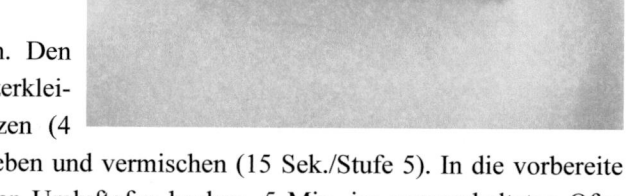

Eine 24-cm-Springform mit Backpapier überspannen. Den Rand mit etwas Butter einfetten. Schokolade im TM zerkleinern (5 Sek./Stufe 7). Butter zugeben und schmelzen (4 Min./60 °C/Stufe 2). Mehl, Zucker, Salz und Eier zugeben und vermischen (15 Sek./Stufe 5). In die vorbereite Springform geben, 25 Min. bei 180 °C im vorgeheizten Umluftofen backen. 5 Min. im ausgeschalteten Ofen nachbacken lassen.

Fazit: *Am nächsten Tag haben wir den Kuchen angeschnitten. Er ist sehr kompakt und schmeckt, äh, süß. Aber nicht schokoladig. Eher so nach „naja, wegschmeißen müssen wir ihn nicht…".*

13109. Joghurtdressing Vitamix XVI, Februar 2021

Vorläufer 13095

- 400 g Wasser
- 440 g Joghurt 1,8 %
- 55 g Mayonnaise vegan
- 70 g Ahornsirup
- 1 TL Salz (10 g)
- 1 Prise Pfeffer
- 1 Prise Currypulver
- 1 LS Paprikapulver edelsüß
- 2 EL Zitronensaft
- 5 g Guarkernmehl (gerade < 6 g)

Alle Zutaten bis auf das Guarkernmehl gut mixen. Guarkernmehl dann während des Rührens einrieseln lassen. Anschließend Dill einrühren. Zu verdünnen 3+2 mit Wasser.

13110. Pizzateig Weißmehl III, Februar 2021

Vorläufer 13102

- 5 g Dinkel-Vollkorngrieß
- 230 g Weizenmehl Typ 550
- 1 P Trockenhefe
- 1 TL Salz
- 3 knappe EL Sonnenblumenöl (20 g)
- 2 TL Joghurt (1,8 %) = 35 g
- 100 g Wasser

Im Thermomix kneten (3 Min./Knetstufe). Abgedeckt ca. 4-5 Std. gehen lassen. Zwischendurch einmal falten.

Hinweis: *Ich fand die Pizza jetzt mit Joghurt und Grieß nicht wirklich anders. Eric hat auch keinen Unterschied geschmeckt.*

13111. Napfkuchen mit Schokoladenstückchen, Feb. 2021

1 Gugelhupfform; ein Kuchen, den ich mal früher aus meinem Dr. Oetker-Kochbuch gebacken habe. Das Buch habe ich nicht mehr, im Internet bietet Oetker eine nicht so schöne Version an. Es gibt aber Rezepte, die mich sehr an das Originalrezept erinnern.

- 250 g Butter
- 200 g Zucker
- 1 Prise Salz

- 4 Eier
- 1 P. Vanillezucker
- 360 g Mehl
- 60 g Speisestärke
- 80 g gem. Mandeln
- 1 P. Weinsteinbackpulver
- 135 g Hafermilch
- 100 g backfeste Schokoladen-Chunks Vollmilch

Butter zusammen mit dem Zucker schaumig aufschlagen. Die Eier nach und nach einrühren. Mehl, Backpulver, Mandeln und Stärke in einer zweiten Schüssel vermischen. Das Ganze abwechselnd mit der Milch unterheben. Zum Schluss die Schokoladen-Chunks unterheben. Gugelhupfform mit Butter einfetten und mit Grieß ausstreuen. Teig einfüllen.

Den Ofen (Umluft) auf 175 °C vorheizen. 50-55 Min. bei 175 °C backen, Stäbchenprobe machen. Ein nasses Geschirrtuch auf einen Gitterrost legen, Kuchenform darauf 10 Min. abkühlen lassen. Vorsichtig aus der Form stürzen.

Tipp: Nach Belieben mit einem Guss aus 99% Schokolade und Agavendicksaft überziehen.

13112. Pseudolasagne, Februar 2021
- 75 g Spaghetti, in Stücke gebrochen
- 260 g Wasser
- 15 g Sonnenblumenöl
- 140 g Tomaten, in Stücken
- 170 g Champignons in Scheiben
- 1 Knoblauchzehe, gehackt

Weiße Sauce:
- 10 g Butter
- 10 g Mehl 550
- 80 g Kochwasser der Nudeln
- 45 g Hafermilch
- 1/2 TL Salz
- 1 Prise Pfeffer
- Als Belag: 60 g Käse in Scheiben

Spaghetti 10 Min. im Wasser kochen. Kochwasser auffangen. Öl und Gemüse als Gemüsepfanne 10 Min. garen. Butter und Mehl anschwitzen. Milch erst esslöffelweise, dann unter Rühren mit dem Schneebesen einrühren und aufkochen. Ca. 6-10 Min. ziehen lassen, mit Salz und Pfeffer abschmecken. Spaghetti mit dem Gemüse verrühren. Sauce darüber geben, mit Käse bedecken. Im vorgeheizten Ofen 15 Min. bei 190 °C (Umluft).

13113. Gemüsesuppe mit Reis, März 2021
- 105 g Kartoffeln, ungeschält in Halbscheiben
- 65 g Möhren, in Scheiben
- 90 g Sellerie, geschält und kleingeschnitten
- 1 Prise Salz
- 2 EL weißer Reis (= 45 g)
- 400 g Wasser

Die Zutaten 20 Min. kochen. Abschmecken mit:
- 10 g Butter
- 1 TL Zitronensaft
- 1 gute Prise Salz
- 1 Prise Pfeffer
- 1 TL Dill tiefgekühlt

13114. Brot mit gekauftem Mehl, März 2021

Vorläufer 13079

Stufe 1 (12 Std. vorher):

Sauerteigansatz:

- 400 g Roggenvollkornmehl
- 410 g Wasser
- 150 g Sauerteig

Stufe 2 (bei mir Morgen):

- 100 g Roggenvollkornmehl
- 325 g Weizenvollkornmehl
- 100 g Sonnenblumenkerne
- 16 g Salz
- 325 g Wasser
- 1/4 Würfel frische Hefe (10 g)
- ca. 800 g Sauerteigansatz
- 20 g Butter für die Form

Stufe 1: Roggen mit Wasser und altem Sauerteig mischen. In einer Plastiktüte über Nacht stehen lassen. 150 g von der Stufe 1 abnehmen und in einem gut schließenden Schraubglas in den Kühlschrank stellen für das nächste Backen.

Stufe 2: Hefe im Wasser auflösen. Zutaten (außer der Butter) mit einem großen Löffel gründlich verrühren, bis kein Mehl mehr sichtbar ist. Eine 30-cm-Brotform, Profi-Email von Dr. Oetker, gut einfetten. Teig hineingeben, mit der nassen Hand herunterdrücken und glattstreichen. Mit einem scharfen Messer mehrmals schräg einschneiden. Form im kalten Ofen etwa 95 Min. gehen lassen. Ofen auf 190 °C aufheizen, das Brot ist dabei im Ofen. Backzeit 60 Min., im ausgestellten Ofen 15 Min. nachbacken.

Hinweis: *Der Geschmackstest mit gekauftem Mehl war erfolgreich, daher habe ich die Mühle gut gereinigt, verpackt und in den Keller gestellt.*

13115. Spaghetti in Pestosauce, März 2021

- 115 g Vollkornspaghetti
- 1 Prise Salz
- Wasser
- 20 g Butter
- 20 g Mehl
- 50 g Kichererbsenwasser
- 75 g Wasser
- 125 g Hafermilch
- 1 Prise Salz
- 1 Probepäckchen Barilla „Pesto della Genovese" (45 ml)
- 15 g geröstete, ungesalzene Pistazien

Spaghetti in genügend Wasser gar kochen (bei mir 10 Min.). Aus Butter, Mehl und Flüssigkeiten eine weiße Sauce herstellen (Weiße Soße Grundrezept). Salz und Pesto einrühren. Mit den Pistazien zu den Spaghetti geben und unterrühren.

Hinweis: *Wir hatten zwei Päckchen Pesto vom Bäcker geschenkt bekommen. Gekauft hätte ich mir das nicht - und geschmeckt hat es auch nicht wirklich gut. Das zweite Päckchen habe ich deshalb gegen meine Einstellung weggeworfen.*

13116. Brötchen perfekt, März 2021

8 Stück; Vorläufer 13105

- 300 g Wasser
- 1 P Trockenhefe
- 1 TL Rohrohrzucker
- 1 EL Sonnenblumenöl
- 500 g Dinkelmehl (Typ 630)
- 2 gestr. TL Salz

Trockene Zutaten mischen. Öl und Wasser zugeben, mit dem Handrührgerät (Knethaken) kneten, bis der Teig sich von der Schüssel löst. Noch einmal mit der Hand durchkneten, eine Kugel unter Spannung formen. Kugel in eine verschließbare Dose geben, gut verschlossen und evtl. noch in einer Plastiktüte mehrere Std. (bei mir 5 Std.) in den Kühlschrank stellen. Der Teig war bei mir so weit gegangen, dass der Deckel der Pengdose abgesprungen war. Teig nicht kneten, sondern falten (Rechteck einmal von oben und unten zusammenfalten, um 90 ° drehen und nochmals falten. Zwischen den Händen zu einer Kugel unter Spannung formen.) Teig in der verschlossenen Dose bei RT aufbewahren (bei mir 2 Std.). Nochmals zusammenfalten und eine Rolle bilden (nicht zu lang).

Teigstück wiegen, Gewicht durch 8 dividieren. Das ergibt das Zielgewicht der einzelnen Brötchen. Die Rolle halbieren, die Hälften halbieren und noch einmal halbieren, das ergibt 8 etwa gleichgroße Stücke. Die einzelnen Stücke auf das ausgerechnete Gewicht hin auswiegen. Einzelstücke zusammenfalten und zwischen den Händen zu einer Kugel unter Spannung formen. Jede Kugel flach drücken und etwas in die Länge ziehen. Nebeneinander auf ein Backblech legen (ich habe ein Lochblech, das ich nicht einfetten muss).

Den Ofen auf 220 °C (Heißluft) vorheizen. In dieser Zeit gehen die Brötchen, locker abgedeckt mit einer Plastiktüte. Brötchen mit einem scharfen Messer längs einschneiden, mit Wasser einsprühen.

Eine ofenfeste Schüssel mit Wasser in den Backofen stellen. Brötchen einschieben und insgesamt 20 Min. backen. Nach 15 Min. mit Wasser einsprühen. Nach 20 Min. müssen sie hohl klingen, wenn man von unten klopft. Mit Wasser einsprühen, auf ein Gitterrost setzen und auskühlen lassen.

13117. Selleriesalat, März 2021

1-2 Portionen.

- 200 g Sellerie
- 100 g Möhre
- 1 TL Zitronensaft
- 1/2 TL Salz
- 60 g Skyr
- 1 TL Sambal Oelek
- 25 g geröstete, ungesalzene Pistazien
- Pistazien für die Dekoration

Alle Zutaten (außer der Deko) im TM 5 Sek. bei Stufe 5 zerkleinern. In Schüssel umfüllen und mit Pistazien dekorieren.

13118. Pizzateig Mischmehl, März 2021

2 Pizzen; Vorläufer 13110

- 235 g Dinkelmehl Typ 630
- 1 P Trockenhefe
- 1 knapper TL Salz
- 125 g Nudelkochwasser
- 3 knappe EL Sonnenblumenöl (20 g)

Mit dem Handrührgerät, Knethaken, verarbeiten, bis der Teig sich vom Schüsselrand löst. Abgedeckt ca. 4-5 Std. im Kühlschrank gehen lassen. Einmal falten und bei RT bis zum Backen etc. vorbereiten.

13119. Pizzateig nach 2 Tagen, März 2021

2 Pizzen; Vorläufer 13118. Ich hatte versehentlich zweimal Teig zubereitet und wollte den Teig natürlich nicht wegwerfen. Also habe ich diesen im Biofresh-Fach zwei Tage aufbewahrt (von Samstag auf Montag) und zwischendurch einmal gefaltet. Er verflüssigte sich so weit, dass ich ihn am Backtag so nicht verarbeiten konnte. Ich habe Mehl (ungemessen) zugegeben.

- 30 g Dinkelmehl Typ 630
- 205 g Weizenmehl Typ 550
- 1 P Trockenhefe
- 1 knapper TL Salz
- 125 g Nudelkochwasser
- 3 knappe EL Sonnenblumenöl (20 g)

Mit dem Handrührgerät, Knethaken, verarbeiten, bis der Teig sich vom Schüsselrand löst. Abgedeckt ca. 48 Std. im Kühlschrank, Biofresh-Fach gehen lassen. Zwischendurch einmal falten. Am Backtag 4 Std. vor dem Backen aus dem Kühlschrank nehmen. Vor dem Backen einmal falten, dabei soviel Mehl verwenden, bis er nicht mehr flüssig, sondern bearbeitbar ist.

13120. Linsenhummus, März 2021

4 Portionen

- 200 g rote Linsen
- 500 g Wasser
- 5 g Essigpeperoni 7/4573
- 100 g Skyr
- 2 Knoblauchzehen (8 g)
- 2 TL Salz
- 1/2 TL Kreuzkümmel
- 70 g Tahina (gekauft; = 3 geh. TL)
- 2 EL Öl

Linsen im Wasser kochen (17 Min./100 °C/Stufe 2). Sobald die Linsen kräftig sprudeln und sich Schaum entwickelt, bei 95 °C weiterkochen. Die restlichen Zutaten zugeben und pürieren (10 Sek./Stufe 10). Hält sich im Kühlschrank gut 1 Woche.

13121. Milchbrötchen mit Schokofüllung, März 2021

10 Stück

- 250 g Hafermilch
- 50 g Margarine (Alsan)
- 300 g Dinkelmehl Typ 1050
- 200 g Weizenmehl Typ 550
- 50 g Rohrohrzucker
- 1 Prise Salz
- 1 P Vanillinzucker
- 1 Ei
- 230 g Nuss-Nougat-Creme nach „Bild der Frau" 13106
- 50 g Vollmilch-Weihnachtsmann
- 20 g Ahornsirup

Milch mit Margarine erwärmen. Mehl mit den trockenen Zutaten in einer Schüssel mischen und in den Mixtopf geben. Hefe darüber bröckeln, restliche Zutaten (bis auf die Schokocreme) hinzugeben und 3 Min. kneten (Knetstufe). 30 Min. in einer Pengschüssel gehen lassen. Ein Backblech mit Backpapier auslegen. Teig auf einer leicht bemehlten Arbeitsfläche zu einem Rechteck ausrollen. Rechteck in 10 gleich große Stücke schneiden. Je 2 TL Creme die kurze Seite der Teigstücke geben und aufrollen, Ränder festdrücken. Etwa 15 Min. leicht abgedeckt ruhen lassen. In dieser Zeit den Ofen (Umluft) auf 140 °C vorheizen. 25 Min. bei 140 °C backen. Auf einem Gitterrost abkühlen lassen. Schokolade mit dem Ahornsirup erwärmen. Flüssig auf die Brötchen streichen.

Meine Bücher

Ratgeber

- Spiele mit ChatGPT und Bard: Zeitvertreib mit künstlicher Intelligenz. Norderstedt (BoD) 2023.
- Wie erkenne ich KI-generierte Texte? – Ein Ratgeber. Norderstedt (BoD) 2023.
- Rette dein Seelenheil mit ChatGPT: Ein Ratgeber. Norderstedt (BoD) 2023.

Belletristik

- Torge ist verschwunden: Lost Places und Urban Vanishing (mit Janina Schmiedel). Norderstedt (BoD) 2024.
- Iphorismen II: Nachfolger der Iphorismen. Norderstedt (BoD) 2024.
- Iphorismen: Kritische Ausgabe unter Mitwirkung der Professoren Ptaček, Bardeloni und Sibingskin. Norderstedt (BoD) 2024.
- Zitatezirkus: Erkenne den Fake. 2. Bd. der Reihe Textcollagen. Norderstedt (BoD) 2023.
- Wilkesmann von A bis Z – Ein Leben in 26 Buchstaben. Norderstedt (BoD) 2023.
- Freundschaft als Installation. Norderstedt (BoD) 2023.
- Fantastisches Tagebuch. (mit Janina Schmiedel). Norderstedt (BoD) 2023.
- Kriminalalphabet. Norderstedt (BoD) 2023.
- Bernadette K. – Das Leben einer Königin. 1. Bd. Der Reihe Textcollagen. Norderstedt (BoD) 2023.
- Die Iden des Jumi: Ein archäologischer Bestseller. Norderstedt (BoD) 2023.
- Gedanken zum Gedenken: Gedenk-, Aktions- und Feiertage. Norderstedt (BoD) 2023.
- Wer steckt hinter Spam? Ein Roman. Norderstedt (BoD) 2023.
- Chimären: Was Menschen bisher nicht wussten. Norderstedt (BoD) 2023.
- Seite 22, Zeile 22 (mit Janina Schmiedel.) Norderstedt (BoD) 2022.
- Märchen von heute: 61 wundersame Geschichten. Norderstedt (BoD) 2022.
- Präpositionen. Norderstedt (BoD) 2022.
- Eine Hand greift die andere. Norderstedt (BoD) 2022.
- Iphorismische Short Stories. Norderstedt (BoD) 2022.
- Iphorismen. Norderstedt (BoD) 2021.
- OneBBO's Castle lädt ein. Schau uns über die Schulter. Norderstedt (BoD) 2007.

Ernährung

- Am besten vegetarisch mit der Thermo-Küchenmaschine. Potsdam (Dort-Hagenhausen) 2016.
- Hartz IV in aller Munde. Norderstedt (BoD) 2013.
- Indisch inspiriert. München (Dort-Hagenhausen) 2013.
- Jetzt wird gesnackt! Norderstedt (BoD) 2013.
- Immer öfter vegetarisch. München (Dort-Hagenhausen) 2012.
- Rohkost statt Fasten Teil 2: Rezepte für ein Rohkostjahr. Norderstedt (BoD) 2011.
- Mein Kollege kocht Vollwert. Norderstedt (BoD) 2010.
- Schokolade. Norderstedt (BoD) 2010.
- Gemüse in aller Munde. Norderstedt (BoD) 2009.
- Hartz IV in aller Munde. Norderstedt (BoD) 2009.
- Schrot statt Schrott. Norderstedt (BoD) 2008.
- Vollwert? Gold wert! Norderstedt (BoD) 2008.
- Brötchen statt Brot. Norderstedt (BoD) 2007.
- Konfekt statt Sünde. Norderstedt (BoD) 2007.
- Rohkost statt Fasten. Norderstedt (BoD) 2007.

Reihe: Meine Rezeptebibliothek:

- Band 1: 1998 bis März 2006, Rezepte 1-769. Norderstedt (BoD) 2024
- Band 2: März 2006 bis April 2007, Rezepte 770-1503. Norderstedt (BoD) 2024
- Band 3: April bis November 2007, Rezepte 1504-2163. Norderstedt (BoD) 2024.
- Band 4: November 2007 bis September 2008, Rezepte 2164-2913. Norderstedt (BoD) 2024.
- Band 5: September 2008 bis August 2009, Rezepte 2914-3676. Norderstedt (BoD) 2024.
- Band 6: August 2009 bis Dezember 2010, Rezepte 3677-4404. Norderstedt (BoD) 2024.
- Band 7: Januar 2011 bis Dezember 2012, Rezepte 4405-5290. Norderstedt (BoD) 2024.
- Band 8: Dezember 2012 bis Juni 2014, Rezepte 5291-6142. Norderstedt (BoD) 2024.
- Band 9: Juni 2014 bis April 2015, Rezepte 6143-7914. Norderstedt (BoD) 2024.
- Band 10: April bis Oktober 2015, Rezepte 7915-8018. Norderstedt (BoD) 2024.
- Band 11: Oktober 2015 bis April 2016, Rezepte 8019-9046. Norderstedt (BoD) 2025
- Band 12: April bis Oktober 2016, Rezepte 9047-10203. Norderstedt (BoD) 2025
- Band 13: Oktober 2016 bis August 2017, Rezepte 10204-11373. Norderstedt (BoD) 2025.
- Band 14: August 2017 bis Juli 2019, Rezepte 11374-12302. Norderstedt (BoD) 2025.

Stichwortverzeichnis

Stichwortverzeichnis